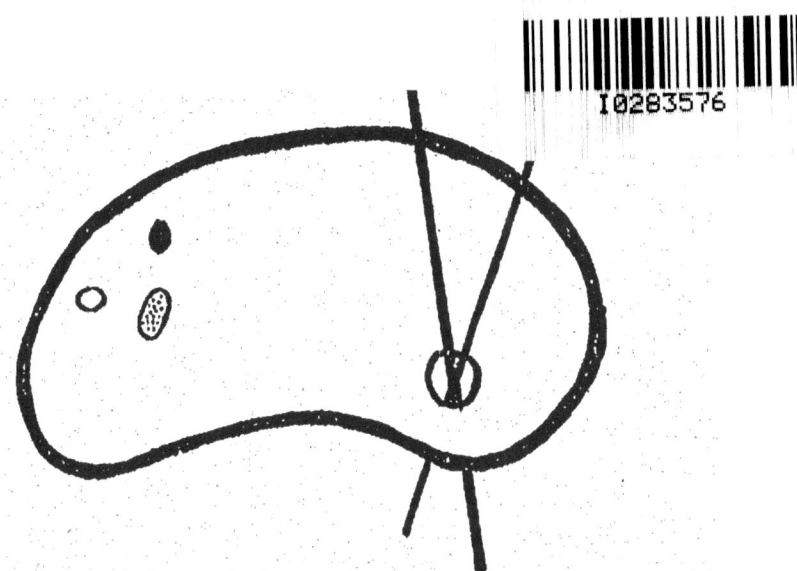

**COUVERTURE SUPERIEURE ET INFERIEURE
EN COULEUR**

QUESTIONS
RELIGIEUSES, PHILOSOPHIQUES
MORALES
HISTORIQUES ET SOCIALES

Par M. A. GIRARD.

BEAUNE
IMPRIMERIE ARTHUR BATAULT
1882

QUESTIONS
RELIGIEUSES, PHILOSOPHIQUES, MORALES
HISTORIQUES ET SOCIALES

QUESTIONS
RELIGIEUSES, PHILOSOPHIQUES
MORALES
HISTORIQUES ET SOCIALES

Par M. A. GIRARD.

BEAUNE

IMPRIMERIE ARTHUR BATAULT

1882

Monsieur Antoine-Adolphe Girard avait l'intention de faire imprimer ce livre. Une mort subite l'ayant enlevé à l'affection des siens, sa fille, son gendre et sa belle-fille, par respect pour la mémoire de leur père, ont tenu à livrer ces pages à la publicité.

Doué d'une rare intelligence, d'un caractère noble et élevé et surtout profondément religieux, M. Girard a donné à ce travail un cachet tout particulier.

Tel l'ouvrage a été composé, tel il a été imprimé.

Jugement de M. l'abbé Lajont sur ces Questions :

« Quelques-unes sont très-bonnes ; beaucoup sont
« bonnes; plusieurs médiocres; elles ne sont pas bana-
« les, sur toutes vous avez imprimé votre cachet parti-
« culier; il y a quelques aperçus hardis, cependant au-
« cune ne m'a paru entachée d'erreur doctrinale. »

Il ajoutait : « Laissez reposer la matière pendant 6 à
« 8 ans, puis revisez votre travail. »

M. l'abbé Lajont était vicaire général de l'archevê-
ché de Lyon, spécialement chargé de l'examen des
aspirants au sacerdoce.

Quand M. Lajont a prononcé le jugement ci-dessus,
il n'avait lu qu'une partie des Questions, à peu près
le tiers.

J'ai commencé ce travail à 70 ans.

Il a fait suite à plusieurs essais ambitieux, suivis d'avortements ; j'aurais peut-être, en dépit de mon incapacité, continué ces essais, si Dieu ne m'eût mis dans l'impossibilité de le faire.

C'était en 1874 ; à cette époque, tous les ans, régulièrement, je passais six mois dans le nord et six mois dans le midi de la France.

Lorsque je me trouvai en face de cette nécessité d'alterner entre le Midi et le Nord tous les six mois, je cherchai un genre d'occupation en harmonie avec ma position.

Cette vie nomade me mettait dans l'impossibilité de continuer un travail de longue haleine ; je ne pouvais avoir de livres à ma disposition.

Mais, que faire ? Là était la difficulté, car mon travail était un travail sans bibliothèque et bien que, plus tard, j'aie adopté un travail haché, circonscrit, borné à de simples Questions, cette privation de livres m'a été souvent pénible.

Avant de prendre aucun parti, je me mis, dans un simple but d'édification personnelle, à écrire les réflexions que m'inspirait la lecture de l'Evangile.

Ce travail me captiva, je le continuai pendant quelques années, sans autre but que d'occuper chrétiennement mon temps.

Plus tard, beaucoup plus tard, je pensai à conserver mon travail ; mais je redoutais la publicité pour deux motifs : défaut d'instruction et défaut d'élégance.

Je me suis trouvé quelquefois en face de questions difficiles, dont la solution exigeait une science théologique positive.

Cette science me faisait défaut et j'ai dû me contenter des lumières de la raison naturelle pour la solution de ces Questions.

Mais la raison est un guide peu sûr dans ces matières.

On peut le présenter à quelques amis en sollicitant leur indulgence, mais ce serait une impardonnable présomption que d'affronter, dans ces conditions, le grand jour de la publicité.

De plus, on ne peut se présenter devant le public sans avoir quelque teinture littéraire et quelque science de style.

Or, le style est un ornement dont je ne me suis pas le moindrement préoccupé ; je m'en serais préoccupé que, peut-être, le résultat n'en eût pas été sensiblement modifié.

Ces questions ont-elles quelque valeur ? je l'ignore entièrement; je l'espère pour quelques-unes.

Mais, fussent-elles toutes médiocres et ennuyeuses, je n'aurais aucun regret à ce petit travail, s'il avait pu être de quelque utilité à ma sanctification particulière.

Heureux celui qui, sur la fin de sa carrière, peut répéter avec l'auteur de l'*Imitation*, non de bouche, mais de cœur : *Ama nesciri et pro nihilo reputari*.

QUESTIONS RELIGIEUSES
PHILOSOPHIQUES, MORALES, HISTORIQUES, SOCIALES
OU ENCYCLOPÉDIE
D'UNE CERVELLE S'INSPIRANT DE L'ÉVANGILE

St MATTH. CAP IV. *I. Liber generationis Jesu Christi*

GÉNÉALOGIE DE JÉSUS-CHRIST

Il y a deux généalogies de Notre-Seigneur Jésus-Christ, l'une de Saint Matthieu, l'autre de Saint Luc.

Dans celle de Saint Matthieu, il est dit que Saint Joseph était le fils de Jacob.

Jacob autem genuit Joseph, virum Mariæ, de quâ natus est Jesus qui vocatur Christus.

Jacob engendra Joseph l'époux de Marie, de laquelle est né Jésus qui est appelé Christ (St M. Cap. IV 16.)

Dans celle de Saint Luc, il est dit que Joseph était fils d'Héli.

SAINT LUC. CAP *III. V, 23 ; et ipse Jesus erat incipiens, quasi unorum triginta, ut putabatur filius Joseph, qui fuit Héli.*

Jésus avait environ trente ans, lorsqu'il commença à paraître en public, étant selon l'opinion commune **fils de Joseph, qui fut fils d'Héli.**

Voilà une contradiction bien manifeste :

D'après un des Evangélistes, Joseph est le fils de Jacob : d'après l'autre, il est le fils d'Héli.

Mais cette *contradiction* n'est qu'à la surface.

Chacun sait que chez les Juifs, un frère était obligé d'épouser la veuve de son frère mort sans enfants, afin de lui laisser de la postérité : les enfants issus de ce mariage avaient alors deux pères :

L'un selon la loi, l'autre selon la nature.

Saint Joseph était dans ce cas, Héli et Jacob étaient frères utérins, fils d'une même mère appelée Estha, qui avait successivement épousé Mathan et Melchi.

Héli étant mort sans progéniture, Jacob, son frère, épousa sa veuve dont il eut Saint Joseph.

Joseph était donc fils légal d'Héli et enfant naturel de Jacob.

C'est pour exprimer cette différence d'origine que Saint Matthieu se sert du terme *genuit* (engendra) *Jacob autem genuit Joseph;* tandis que Saint Luc emploie le mot FUIT : *qui fuit Héli.*

Ces documents historiques nous sont fournis par Saint Jérôme *(Sup. Matt. Cap. I, sup. illud Jacob aut genuit Joseph)* et par Eusèbe de Césarée dans son Hist. ecclésiastique, livre 1, chap. 7.

Le meilleur argument à présenter, c'est de distinguer les deux généalogies, l'une charnelle, celle de Saint Matthieu, qui emploie le mot *genuit*, et l'autre légale, celle de Saint Luc, qui se sert du mot *fuit.*

Saint Luc a écrit son évangile longtemps après celui de Saint Matthieu ; il connaissait donc l'œuvre de cet Apôtre : car il nous apprend lui-même qu'il n'a écrit son livre que sur des renseignements certains et recueillis avec soin auprès de ceux qui ont été témoins des actions de N. S. J.-C. et les ministres de sa parole.

Si donc les deux généalogies avaient été contradictoires, les Juifs contemporains se seraient fait le malin plaisir de le signaler, Saint Luc ne s'y serait pas exposé.

Nous trouvons encore des preuves du caractère différent des deux généalogies dans la suite comparée des récits des deux évangélistes.

Saint Matthieu après avoir dit : *Jacob autem genuit Joseph*, ajoute : *Virum Mariæ de* QUA *natus est Jesus* : il ne dit pas *de quo natus est Jesus*; parce que *naturellement* Jésus est né de Marie; et il ne dit pas *Christus*, il dit *Jesus*, parce que dans le langage de l'Eglise par le mot *Jésus* on désigne plutôt l'homme; et par le mot *Christus* on désigne plutôt le Dieu.

Saint Luc ne s'exprime point ainsi :

Et d'abord il passe sous silence la mère naturelle; dans son récit il n'est pas question de Marie et cette omission est d'autant plus étonnante qu'on peut l'appeler à bon droit l'évangéliste de la Vierge.

C'est en effet l'historien spécial du mystère de l'Incarnation et de tout ce qui précède, suit et concerne ce mystère. S'il omet de parler de la mère naturelle de Jésus, cette omission est donc intentionnelle.

Légalement, Saint Joseph était le père de l'enfant, mais il ne l'était pas selon la légalité juive ;

Comment Saint Luc le désignera-t-il ?

Cet évangéliste emploie une expression **vague**, qui

n'a rien d'arrêté et de défini ; il dit : *ut putabatur filius Joseph :* il était fils de Joseph selon l'opinion commune.

A la vérité Joseph n'était pas le père de Jésus selon la légalité juive, mais il l'était d'après une autre légalité plus relevée : il l'était, parce qu'il était le véritable époux de Marie et que tout ce qui naissait de ce légitime mariage était le fruit des deux époux.

Pour cette naissance, l'assentiment de Joseph nous paraît nécessaire et nous avons vu dans une autre question qu'il ne faisait pas défaut.

Sous un certain point de vue, et nous appelons l'attention sur ce point, Joseph remplissait les conditions de père légal de Jésus.

Naturellement Joseph était mort, il était mort comme époux, car il avait sanctionné le vœu de virginité de Marie en se mariant avec elle, c'est-à-dire en unissant son vœu au sien. (Il ne pouvait sanctionner le vœu de son épouse, sans y joindre le sien.)

Saint Joseph, étant mort comme époux naturel, reste l'époux légal de Marie, il devient père légal de Jésus-Christ : d'autre part, le Saint-Esprit étant le formateur du corps de Jésus-Christ devient en quelque sorte frère de Saint Joseph père légal en J.-C. parenté de l'homme avec la Sainte Trinité.

Ainsi, *naturellement*, Saint Joseph était mort et mort sans enfants.

C'est pourquoi l'enfant de Marie devenait légalement le sien, comme il était lui-même légalement l'enfant d'Héli.

C'est pour signifier cette légalité mystérieuse du Christ, pour mettre l'âme chrétienne sur la voie de ce mystère que Saint Luc s'éloigne de la génération charnelle et dit en parlant de Joseph : *qui fuit Héli.*

Remarquons la bonté du Verbe qui devient le fils légal de Saint Joseph et celle du Saint-Esprit qui devient son frère légal. Les dieux des nations sont moins proches de leurs adorateurs que le Dieu véritable de son peuple.

Les deux évangélistes remplissent donc deux missions bien distinctes dont ils ont parfaitement conscience, et nous ne devons pas les considérer comme deux étourdis qui se prennent à un piège de contradiction grossière, comme l'a prétendu Julien l'Apostat et la suite nombreuse des insensés qui, à son exemple, ont répété la même insanité.

La généalogie charnelle de J.-C., qu'est-ce autre chose que l'histoire de cette chair de péché dont il s'est revêtu ?

C'est pourquoi l'apôtre chargé de la raconter ne devait pas taire les opprobres dont cette chair s'était souillée dans le cours des siècles.

Saint Matthieu remplit cette tâche qui devait lui être pénible.

C'est pourquoi, lorsqu'il arrive à Judas, il ne manque pas de mentionner que Jésus en descend par Pharès qui est le fruit de l'inceste de Judas avec Thamar sa belle-fille.

De même, lorsqu'il arrive à Salmon, Saint Matthieu fait remarquer que Jésus en descend par Rahab, messaline.

Puis, arrivé à David, il n'oublie pas de dire que

Jésus en descend par Salomon, avec la mère duquel le Roi prophète a péché.

Il ne craint pas de rappeler ce souvenir, car il ne cache pas la mère de Salomon sous son nom de Bethsabée; il la désigne au contraire par la notoriété de son crime : *ex eâ quæ fuit Uriæ*, telle est la désignation de la mère de Salomon.

Il ne faut pas oublier que si c'est Saint Matthieu qui tient la plume, c'est le Saint-Esprit qui dicte les paroles.

Un homme n'aurait pas agi ainsi; il aurait craint d'amoindrir son héros.

Mais, on ne peut pas amoindrir J.-C.

Le récit de Saint Matthieu constate donc cette vérité; c'est qu'à sa naissance J.-C. se trouve chargé des péchés de l'humanité.

Il en est chargé, mais il n'en est pas souillé; car ils ne lui sont ni personnels ni héréditaires: ils sont adoptifs.

Pourquoi la généalogie de Saint Matthieu descend-t-elle des pères aux enfants, tandis que celle de Saint Luc procède en sens contraire ?

La méthode suivie par Saint Matthieu n'a pas besoin d'explication et de justification; c'est la méthode naturelle suivie par tout le monde.

Cette généalogie descendante signifiait en outre que les générations humaines continueraient à suivre les penchants qui les inclinent vers la terre jusqu'à J.-C. qui seul pouvait arrêter l'humanité sur cette pente.

Pourquoi encore Saint Matthieu commence-t-il son arbre généalogique à Abraham ?

Pourquoi ne remonte-t-il pas plus haut, à Tharé par exemple, père d'Abraham, ou même à Sem et mieux encore à Noé ?

Il y avait sur la terre une race bénite ; une race choisie d'où devait sortir le Messie ;

C'était cette race que l'évangéliste était chargé d'indiquer.

Abraham est le chef de cette race, selon ces paroles : *in* TE *benedicentur universæ cognationes terræ* : en vous seront bénis tous les peuples de la terre.

C'est sur ces paroles qu'est fondée la paternité privilégiée d'Abraham ; elles ne remontent pas plus haut que lui : ainsi elles ne remontent pas à Tharé ni à aucun ancêtre d'Abraham.

Abraham est le premier ancêtre de J.-C. sur cette terre.

Charnellement, J.-C. est un circoncis, fils d'Abraham ; ce n'est pas un fils de Tharé, de Sem ou de Noé.

Voilà pourquoi la généalogie de Saint Matthieu commence à Abraham.

En agissant ainsi et en s'arrêtant au fils de Marie, l'annaliste inspiré indique clairement que ce fils de Marie, qui est en même temps fils d'Abraham par Isaac, est celui qui est désigné par ces paroles *in* TE *benedicentur omnes cognationes terræ.*

Cette généalogie, à proprement parler, est celle de la race bénite en Abraham.

C'est la période préparatoire à la venue de J.-C.

Elle renferme tout l'espace compris entre Abraham et Jésus-Christ.

La généalogie de Saint Luc n'est pas en contradiction avec celle de Saint Matthieu ; au contraire elle lui fait suite et la complète.

Jésus-Christ renfermant en lui deux natures, devait avoir deux généalogies, l'une naturelle, et l'autre surnaturelle.

Une seule eût été boiteuse et incomplète.

C'est pourquoi, et ceci est très-remarquable, la généalogie de Saint Luc qui devait être légale, ne commence pas au chef de la famille pour arriver à Jésus ; elle ne part pas de la crèche de Bethléem berceau naturel de Jésus, comme premier échelon, pour arriver par voie naturelle au chef de cette famille.

Non : elle commence à son baptême :

C'est sur le baptême qu'elle est fondée ; c'est là sa base, son levier, son point de départ.

Le baptême n'est pas une génération ou une généalogie ; c'est une régénération.

Ceci nous annonce déjà que la généalogie de Saint Luc sera une *régénéalogie*, s'il est permis d'employer ce mot.

La généalogie légale consistait à substituer des enfants à un père décédé.

C'était un arbre mort qui reverdissait de nouveau, par le moyen de l'adoption.

Saint Luc en choisissant le baptême pour base de cette *régénéalogie* ou de cette régénération, n'indiquerait-il pas clairement la régénération que le genre humain puisait en J.-C.; car le baptême est une adoption.

A un père mort, on suscite par le baptême des enfants vivants ; Adam mort se voit substituer des enfants par l'adoption de son frère J.-C.

C'est donc la génération spirituelle des enfants que Saint Luc voulait signifier en choisissant la généalogie légale.

J.-C. comme homme, comme israëlite, avait sa généalogie naturelle descendant d'Abraham à Joseph par Jacob dans Saint Matthieu.

En remontant à Adam par Joseph et Héli et en prenant le baptême pour base dans saint Luc, cet évangéliste raconte la généalogie de celui qui efface les péchés du monde; la première généalogie, la généalogie charnelle, avait montré le flot des générations entraînant dans ses eaux bourbeuses les immondices des péchés; la deuxième généalogie montrait cette même humanité sortant purifiée des eaux du baptême et remontant au ciel, vers Dieu son créateur : ainsi, le baptême est le premier anneau d'une chaîne dont le dernier est au ciel.

Pouvait-on mieux indiquer : 1° celui qui est chargé des péchés des hommes ; 2° celui qui les efface.

Saint Matthieu et Saint Luc se complètent l'un l'autre ; leurs généalogies montrent les deux faces de J.-C.

La première le montre recevant en sa personne les opprobres du péché; l'autre, J.-C. lavant ces opprobres et les expiant. Mais, cette généalogie ascendante, ayant le baptême pour point de départ, que peut-elle signifier ?

Car le baptême a des effets postérieurs, mais non des effets rétroactifs : il agit sur les générations postérieures à son institution, mais non sur les générations antérieures.

A la vérité, les générations qui avaient précédé

J.-C. n'avaient pas reçu directement les effets du baptême, mais ces générations n'avaient pas été privées d'une cérémonie instituée par Dieu pour effacer le péché originel.

La cérémonie instituée pour la société juive a été appelée circoncision. Il y eut probablement une cérémonie instituée pour la société antédiluvienne et dont le nom ne nous est pas parvenu. Eh bien ! nous pensons que ces cérémonies puisaient dans le sacrement de baptême à venir leur vertu régénératrice, et qu'ainsi le monde antérieur au Christ, comme le monde postérieur, a été sauvé par l'application de la vertu du baptême de J.-C.

C'est probablement ce qui est signifié par la généalogie de Saint Luc qui commence au baptême de J.-C. et se termine à Adam et à Dieu, son Créateur.

Il est superflu de faire remarquer que Saint Luc, se proposant un but différent de celui de Saint Matthieu, a dû omettre les faits qui s'écartaient de ce point. C'est pourquoi il se garde de parler de Thamar, de Rahab et de la femme d'Urie dont Saint Matthieu fait une mention spéciale : au contraire il remonte à David par Nathan, dont le nom rappelle l'expiation.

Les deux apôtres se proposent donc deux buts bien distincts : l'un d'eux nous montre l'humanité descendant jusqu'à J.-C. ; l'autre nous montre l'humanité adoptée par J.-C. dans le baptême, remontant au ciel sous la conduite et par la vertu de ce même J.-C. Ce qui paraissait une contradiction n'était donc que l'expression symbolique de vérités mystérieuses, au-dessus de la portée d'intelligences aveuglées *par l'orgueil*.

Examinons encore quelques difficultés auxquelles la généalogie de Saint Matthieu a donné naissance.

1°. L'évangéliste compte quatorze générations depuis Abraham jusqu'à David ; depuis David jusqu'à la transmigration des Juifs à Babylone, quatorze générations ; depuis cette transmigration jusqu'à J.-C., quatorze générations ; en tout quarante-deux.

Cependant, tout bien compté, il n'y en a que quarante et une.

Cette différence provient de ce que le roi Jéchonias est compté deux fois : une fois dans la série de David à la transmigration et une fois dans la série qui part de la transmigration et aboutit à J.-C. Mais, pourquoi Saint Matthieu compte-t-il deux fois le roi Jéchonias.

Le roi Jéchonias est la figure de J.-C. et la transmigration à Babylone, la figure du transfert de la foi chez les Gentils.

Ce n'est pas en punition de ses péchés que le roi Jéchonias a été chassé de son royaume, il était innocent.

De même que J.-C. innocent a été chassé de son royaume par les Juifs, de même Jéchonias bien qu'innocent a été exilé du sien : or J.-C. est la pierre angulaire des Juifs et des Gentils ; c'est à lui que la muraille fait un coude, un angle pour arriver chez les Gentils.

La pierre angulaire compte deux fois ; c'est la dernière de la muraille qui finit et la première du mur nouveau.

Jéchonias ne serait pas une figure exacte et fidèle de J.-C., s'il ne comptait pas deux fois. Il doit compter une fois chez les Juifs, et une autre fois chez les Gentils.

Une fois à Jérusalem, une seconde à Babylone; ainsi se justifie le calcul de l'évangéliste.

Cette explication est de saint Augustin ; le saint Evêque était heureux de l'avoir trouvée.

Cette explication suppose qu'il n'y a qu'un seul Jéchonias, mais saint Jérôme n'est pas d'accord avec saint Augustin ; il admet deux Jéchonias, le père et le fils, et par conséquent, quarante-deux générations.

2° D'après l'histoire, voici la série successive des rois de Juda :

Série des rois d'après la généalogie.

HISTOIRE

Joram.

Ochosias, fils de Joram.

Joas, fils d'Ochosias.

Amazias, fils de Joas.

Azarias ou *Ozias*, fils d'Amazias, Azarias, Ozias.

Joathan, fils d'Ozias.

La généalogie est ici en défaut, car nous voyons, d'après l'histoire, qu'il y a trois générations entre Joram et Ozias, savoir : Ochozias, Joas, Amazias, dont l'évangéliste ne parle pas.

Ici donc, la généalogie de saint Matthieu est prise en flagrant délit d'inexactitude.

Voici la réponse que fait saint Jérôme : nous la reproduisons.

Le roi Joram s'étant uni à la race de l'impie Jézabel, sa mémoire, pour ce motif, est effacée jusqu'à la troisième génération, de manière que ses successeurs ne figurent pas dans l'ordre des générations saintes. Et ainsi, comme le dit saint Chrysostôme, autant a été abondante la bénédiction répandue sur Jéhu qui avait tiré vengeance de la maison d'Achab et de Jézabel, autant la malédiction s'est appesantie sur la maison de Joram à cause de la fille de l'impie Achab et de Jézabel ; de manière que ses enfants ont été retranchés du nombre des rois jusqu'à la quatrième génération, selon ces paroles (Exode 20) : Je punirai l'iniquité des pères sur les enfants jusqu'à la troisième et quatrième génération.

Et, si l'on objecte qu'il y a d'autres rois prévaricateurs, aux enfants desquels cette malédiction n'a pas été appliquée, on doit répondre que cette impiété n'a pas été continue : car, comme on le voit, Salomon est resté sur le trône par le mérite de son père et Roboam par le mérite d'Asa son fils ; tandis que l'impiété des trois successeurs de Joram a été constante.

Ajoutons ceci : c'est que tout pécheur n'est pas un impie ; pour former un impie, il faut une habitude invétérée.

Saint Pierre et David ont commis de grands péchés, ce ne sont pas des impies, ce sont des pécheurs.

Terminons par quelques considérations sur les nombres comparés des générations de saint Matthieu et de saint Luc et sur les propriétés de ces nombres.

Ces nombres sont, pour la généalogie de saint Matthieu de 42 ou 40 en chiffres ronds ; et pour celle de saint Luc de 77.

Le nombre 40 appartient au temps de la vie présente, à cause des 40 années que les Israëlites passèrent dans le désert et pendant lesquelles tous moururent, moins deux ; ce qui indique bien la durée moyenne de cette vie mortelle qui se passe sous la direction du législateur chrétien.

Le nombre quarante contient quatre fois le nombre dix ; et le nombre 10 est produit par la somme des nombres jusqu'à 4. ($1+2+3+4=10$.)

On pourrait rapporter le nombre 10 au décalogue, et le nombre 4 à la vie présente, ou aux quatre évangiles, d'après lesquels le Christ *règne* en nous.

C'est pourquoi saint Matthieu, faisant connaître la personne royale du Christ, a énuméré 40 personnes, sans le compter lui-même.

Nous rapportons cette explication par respect pour le nom du père qui l'a mise en circulation, mais elle ne nous plaît pas..

Ce rapprochement, entre les quarante personnes qui font cortège à J.-C., considéré dans sa généalogie comme Roi, (on considère la généalogie de S. Matthieu comme la généalogie royale du Christ, et celle de saint Luc comme sa généalogie sacerdotale, le Christ étant roi et prêtre) et ce même nombre 40 produit du nombre 10 du décalogue, multiplié par le nombre 4 des quatre évangiles par lesquels J.-C. règne spirituellement en nous ; ce rapprochement, disons-nous, nous paraît forcé et l'intelligence ne l'accepte pas volontiers.

Le nombre 42, voulu par saint Jérôme, convient mieux à la sainte église ; car ce nombre est produit par le nombre 6 qui signifie le travail de la vie présente (les 6 jours de la semaine) et le nombre 7 qui indique le repos de la vie future; car, 6 × 7 donnent 42.

D'ailleurs, le nombre 14 étant formé par l'addition du nombre 10 et du nombre 4, peut avoir la même signification que celle qu'on attribue au nombre 40 qui résulte des mêmes nombres, mais par la multiplication. 10 × 4 = 40 : 4 × 10 = 40.

Mais le nombre 77 dont saint Luc fait usage dans sa généalogie du Christ signifie l'universalité des péchés : car le nombre 10, qui est en quelque sorte le nombre de la justice, se trouve dans les dix préceptes de la loi.

Le péché étant la transgression de la loi, le nombre 11 est la transgression du nombre 10.

Il symbolise donc le péché.

Le septenaire signifie l'universalité des choses, parce que tout le temps roule dans un nombre septenaire de jours.

Sept fois onze font 77, nombre des générations de la généalogie de saint Luc et, par conséquent, ce nombre signifie l'universalité des péchés qui sont détruits par celui qui efface les péchés du monde.

Nous répétons que ce qui précède, nous satisfait peu.

St MATT. CAP. I, V, 18.... *inventa est in utero habens de Spiritu Sancto.* Marie conçut dans son sein par l'opération du Saint-Esprit.

En ce temps là, il se passait dans Israël des choses bien merveilleuses. Une Vierge mit au monde un fils, un vrai fils, composé de chair et d'os ; et elle le mit au monde sans nuire à l'intégrité de son corps, et contrairement à cette condamnation prononcée contre Eve : tu enfanteras dans la douleur. Voilà un fait prodigieux; de plus, le divin et l'humain étaient unis; car ce fruit si extraordinaire de la Vierge était Dieu véritable et homme véritable, sans confusion ; ce qui augmente l'étonnement, c'est qu'il existait dans la nation juive des annales très-célèbres où ce fait était consigné plusieurs siècles à l'avance.

Voici en effet ce qu'on lit dans le prophète annaliste Isaïe : *Ecce Virgo in utero habebit et pari et filium : et vocabunt nomen ejus Emmanuel : quod est interpretatum : nobiscum Deus.*

Une Vierge concevra et elle enfantera un fils à qui on donnera le nom d'Emmanuel ; c'est-à-dire, Dieu avec nous : ainsi, il était positivement annoncé dans les annales prophétiques de la nation qu'une Vierge concevrait ; que le fruit de ses entrailles serait un fils et non une fille et qu'il recevrait le nom d'Emmanuel, ou Dieu avec nous.

Une Vierge devait enfanter un fils plutôt qu'une fille, parce qu'une Vierge est plus virile qu'une femme, selon l'étymologie latine du mot Vierge. *Virgo* : la racine de ce mot est *Vir* qui veut dire non pas *homo*, l'homme, entendu indifféremment pour les deux sexes, mais *Vir*, c'est-à-dire force.

Qu'est-ce, en effet, qu'une femme ? c'est une Vierge diminuée ; c'est une créature qui a perdu son intégrité ; c'est une créature découronnée.

La Vierge n'est pas soumise à l'homme; c'est le rôle de la femme. Ainsi la femme est d'un degré au-dessous de la Vierge: celle-ci est libre, celle-là est esclave.

Agar figure la femme ; Sara figure la vierge ; le fils de Sara figure le peuple libre ; le fils d'Agar figure le peuple esclave.

De toute nécessité l'enfant de la Vierge devait être un fils : avec une fille, l'union des deux natures n'aurait pas eu lieu, puisque la nature humaine n'est pas dans la femme. L'incarnation manquait.

Enfin, il était convenable que la nature humaine offrît à Dieu, pour cette union, le chef de l'humanité qui est l'homme.

On peut vérifier ce fait de l'annonce faite plusieurs siècles à l'avance qu'une vierge concevrait et enfanterait un fils. Que les bibliophiles et les savants consultent le prophète Isaïe ; que les ignorants nous croient sur parole.

Jamais faits aussi merveilleux n'avaient éclaté dans le monde.

Cet enfant, non pas contraire, mais supérieur à la nature, bien que consubstantiel à cette même nature, annonçait en effet une révolution complète, ou mieux une contre-révolution, c'est-à-dire le retour à l'ordre d'où l'homme était sorti, la régénération après la dégénérescence, l'ascension après la chute.

Qu'est-ce donc que la virginité ?

La virginité est la primeur, l'excellence, l'éclat des créatures.

L'aurore est la virginité du jour ;

La goutte de rosée, ce diamant qui orne la tête du brin d'herbe, est la virginité du matin ;

Le premier flot de la fontaine est la virginité du ruisseau ;

La première pensée, éclose dans un cerveau d'enfant, est la virginité de l'intelligence ;

Le premier sentiment d'amour, éclos sous l'inspiration du Saint-Esprit; ce premier sentiment, qui a nom la première communion, est la virginité du cœur ;

L'innocence du cœur et la pureté du sang combinés forment la virginité de la chair; le duvet de la fleur et du fruit est sa virginité. C'est Dieu qui est à l'origine de toutes les virginités, c'est lui qui en est le principe ; la virginité perdue est irrécouvrable.

La virginité a cela de particulier c'est qu'elle n'est pas transmissible; elle meurt en donnant le jour et avant de le donner; de sorte qu'on ne possède pas le fruit de la virginité ; et comme la virginité est la plus excellente des choses de ce monde, son fruit, si on pouvait l'obtenir, serait merveilleux et le meilleur de tous.

Le fruit de la virginité n'existe pas chez l'homme, comme nous venons de le voir, par une raison bien simple, c'est que dans tous les actes de l'homme, il y a imperfection et défectuosité : mais les fruits de la virginité existent en Dieu parce que tous les actes de Dieu sont parfaits, du premier au dernier.

A vrai dire, il n'y a en Dieu ni premier ni dernier acte.

La conception virginale est donc nécessairement un fait divin : c'est forcé, c'est fatal.

D'autre part une jeune vierge, dans le fait qui nous occupe, sert d'instrument à cette conception : elle a lieu dans la chair; c'est donc un fait humano-divin.

Lorsque, dans une opération, il y a un facteur humain et un facteur divin, c'est le divin qui l'emporte et le produit est divin.

Le fils de la vierge est donc un fait unique, car il n'y a qu'une Vierge-Mère.

Le fils de la vierge devait être le contraire du fils de la femme ; autrement, il eût été inutile.

Abel, fils d'Eve, n'était pas le contraire de Jésus, fils de Marie, mais ce n'était pas en sa qualité de fils d'Eve qu'Abel était la figure du Christ ; c'était par la grâce de ce même Christ.

Ce moment de la conception virginale est le point culminant de l'histoire de l'humanité. Le passé et le futur ont été coordonnés en vue de ce fait.

C'est la raison déterminante de la création, le motif pour lequel Dieu est sorti de son repos éternel.

Il n'est certainement pas téméraire de penser et de dire que c'est en vue de l'incarnation que la création a eu lieu.

Une remarque à faire, c'est que ces faits miraculeux, la conception et l'enfantement d'une vierge étaient des miracles sans témoins humains ; mais Dieu n'agirait pas, même dans l'ordre naturel, s'il était tenu de nous exposer la raison de ses actes ; un seul homme a été jugé digne de connaître ces mystères et cet homme est saint Joseph, celui que nous avons appelé l'Homme-Mystère.

C'est un privilège qu'il partage avec l'ange Gabriel ; seul avec l'ange, saint Joseph connaît la virginité de Marie et sa conception virginale : soit parce que cette connaissance était nécessaire au seul saint Joseph sur cette terre, soit que Dieu ait voulu par là nous révéler que l'époux de la Vierge atteignait à la sainteté des anges, et que pour ce motif, il partageait le privilège de l'ange.

Il est même permis de penser que saint Joseph voyait dans son germe la grande révolution annoncée par les faits miraculeux dont il était l'unique témoin.

Dans le cercle humanitaire, la fécondité virginale n'existe pas; c'est une contradiction, c'est un effet sans cause : il n'en est point ainsi dans le cercle divin, ou plutôt dans l'infini divin : il n'y a pas d'effet sans cause, car Dieu est lui-même la cause première de tout ce qui est et qui rend raison de tout.

Ainsi, quelle est la cause du monde ? Cette matière universelle de quoi Dieu l'a-t-il faite ? de rien, nous dit l'historien de la création. Cette matière est donc aussi un effet sans cause, si on n'admet pas Dieu comme cause première universelle.

Et le ciel que Dieu a fait, de quoi l'a-t-il fait ? de rien, nous dit le même historien.

Nous ne savons pas ce qu'il faut entendre par le mot ciel.

Si, par ce mot, on entend les corps célestes, le ciel fait partie de la matière universelle. Si, par ciel, on entend ce que les scholastiques appellent le Ciel Empyrée, soit un lieu créé par Dieu pour servir d'habitation aux anges et aux saints ; le lieu où S. Paul a été ravi avec ou sans son corps ; ce qu'en d'autres termes on appelle la Cité sainte ou la Jérusalem céleste ; quelle que soit d'ailleurs la substance dont Dieu ait composé ce ciel, il est certain qu'il a été fait de rien et que c'est aussi un prétendu effet sans cause ; car il n'y avait rien de préexistant dont ce ciel a été fait. Autrement Moïse n'aurait pas dit : Dieu créa le ciel.

Si Dieu avait créé le ciel et la terre avec des éléments préexistants, qu'on veuille bien le remarquer, il ne serait pas créateur, car il n'aurait rien créé : ce ne serait qu'un ouvrier à l'entreprise ou à façon ; ce ne serait qu'un potier qui reçoit l'argile dont il fabrique ses vases, ou un statuaire qui reçoit le marbre dont il fabrique ses idoles.

Le vrai créateur serait celui qui aurait créé les éléments préexistants. Si donc la fécondité virginale est un effet sans cause, il faut la rattacher à la cause première, c'est-à-dire à Dieu. Dieu est la cause de cette fécondité. Conclusion identique avec celle de l'évangile où nous lisons que la Vierge Marie conçut du Saint-Esprit. Il y a, sur ce fait, accord de la raison et de la foi.

Chose fort remarquable : Quand Dieu forma les diverses créatures avec la matière première qu'il avait créée, il chargea ces diverses créatures de se reproduire elles-mêmes. Il confia aux hommes et aux animaux le soin de perpétuer leurs espèces. C'est pourquoi, soit dit en passant, je ne crois pas aux générations spontanées.

Les plantes et les arbres dûrent se reproduire par les graines, mais il se réserva la création des créatures spirituelles, pour les honorer probablement. Pour la reproduction de chaque âme, il y a lieu à une création individuelle.

Peut-être aussi, dans la créature spirituelle, y a-t-il infécondité de nature ; l'unité ne se reproduit pas.

Ce qui a lieu pour l'âme a lieu également pour l'ange: la substance angélique ne se reproduit pas, parce qu'elle est une. Dieu se reproduit parce qu'il est trine.

Les faits divins, les mystères, ont cela de particulier, c'est qu'ils ne s'appuient sur aucune base humaine : le mépris de l'humain, voilà leur caractère distinctif.

On appuie un fait humain sur des témoins suffisamment nombreux ; ces témoins doivent inspirer la confiance par l'honorabilité de leur caractère ; ils ne doivent avoir aucun intérêt dans la question: de plus, le fait doit se passer en plein jour ; en résumé, on écarte soigneusement toute chance d'erreur. Rien de pareil dans la conception virginale dont nous nous occupons. D'abord elle a lieu à minuit, l'heure des ténèbres. Il n'y a pas de témoins ; la jeune Vierge seule et un ange. Comme témoignage humain, la jeune Vierge doit être récusée. Quant à l'ange, allez donc dans le ciel chercher son témoignage ! il échappe par ses conditions à l'investigation humaine.

Peut-on pousser plus loin le mépris de l'humain ? Et cependant la foi à ce mystère est raisonnable : il jouit du témoignage le plus magnifique et le plus infaillible. C'est pour affirmer ce mystère que J.-C. a fait indirectement tous ses miracles : il en a condensé l'autorité dans la Sainte Vierge et les Apôtres dont le témoignage en faveur de ce mystère lui donne pour fondement la puissance des miracles de J.-C., c'est-à-dire le témoignage de Dieu.

Aussi ce fait sans témoins, sans fondement humain, est-il cru par l'universalité des fidèles de l'église latine et de l'église grecque. Nul fait n'a une publicité si étendue.

S' Matt. Cap. 1, V. 24. *Exurgens autem Joseph à somno, fecit sicut præcepit angelus Domini, et accepit conjugem suam :*

Joseph, s'étant donc éveillé, fit ce que l'ange du Seigneur lui avait ordonné et l'accepta pour son épouse.

J.-C., devant servir de modèle à l'homme dans toutes les circonstances de la vie, a été en butte à la calomnie.

On l'accusait d'être un magicien, un conspirateur, un ennemi de Dieu, un violateur du Sabbat, un homme de bonne chère, etc.

Il n'a cependant pas permis que sa chasteté fût soupçonnée ; mais s'il n'a pas été atteint dans sa personne, il a été atteint dans celle de sa mère. Marie complète sous ce point de vue ce qui manquait à la Passion de J.-C., bien que la Passion n'ait pas été complètement dénuée de cette richesse, car la brutalité des bourreaux n'a pas ménagé la pudeur de N. S. J.-C.

Néanmoins, c'est dans sa mère que J.-C. a voulu subir les atteintes les plus douloureuses. Dans cette circonstance, Marie a prêté son âme à J.-C., ou l'âme de Jésus a souffert dans celle de Marie.

Le soupçon de saint Joseph a dû être d'autant plus pénible à son épouse que la sainteté de saint Joseph était plus éminente et que sa conduite était plus délicate.

Il s'est conduit, en effet, dans cette douloureuse conjoncture, avec une prudence toute divine.

D'une part, il ne voulait pas déshonorer Marie, en se séparant d'elle avec éclat; d'autre part, il ne voulait ni bénéficier de son inconduite, ni l'autoriser en demeurant avec elle. Il n'avait donc qu'un parti à prendre, c'était de la quitter secrètement. C'est ce à quoi il se décida.

Cette prudence fut récompensée. Un ange, envoyé par Dieu, rétablit non la paix, qui n'avait cessé de régner, mais l'harmonie entre deux cœurs dont l'union devait être éternelle.

Quelques amis timorés de la Vierge ont essayé de mettre en doute les soupçons de saint Joseph. Les Évangélistes sont trop affirmatifs pour que ces soupçons puissent être mis en doute et les amis de Marie me paraissent bien peureux. Quant à nous, nous ne redoutons rien pour Marie. Si les rayons du soleil peuvent s'arrêter et briller sur des ordures, sans contracter aucune souillure, à plus forte raison des soupçons seront impuissants à flétrir la pureté de Marie.

Dieu a justifié Marie : que reste-t-il donc quand la justification divine a passé quelque part ? On peut même dire que la justification a été surabondante, car, de cet incident, ressort non-seulement sa vertu de chasteté, mais encore l'éclat de sa virginité.

Le même Dieu qui avait fait les apparences, a fait la justification ; remarquons toutefois que Dieu, soigneux de la réputation de Marie, a renfermé le soupçon dans l'âme de saint Joseph.

Ces mots *exurgens somno* indiquent l'allégresse

avec laquelle saint Joseph se dégage des ombres du sommeil qui l'enveloppaient.

Comme Abraham son ancêtre, il a cru à la parole de l'ange et sa foi a été récompensée. La lumière a succédé aux ténèbres de l'erreur et cette tentation est le moyen dont Dieu s'est servi pour lui apprendre deux choses: la première que l'enfant que Marie avait conçu provenait du Saint-Esprit; la seconde, qu'il devra donner à cet enfant le nom de *Jesus*, parce que ce sera lui qui sauvera son peuple.

Saint Joseph est investi de par l'ange, c'est-à-dire de par Dieu, de cette prérogative paternelle de donner un nom à l'enfant pour indiquer à tous qu'il remplira le rôle de père à l'égard de l'enfant de Marie; mais ce nom ne vient pas de saint Joseph, il vient du ciel pour indiquer que dans cette circonstance sa paternité est une délégation céleste.

Nul doute que les soupçons de saint Joseph n'aient été pour lui et pour Marie le sujet d'une peine cruelle.

Car ces deux saints époux s'aimaient d'un amour qui n'avait pour limites que celles de sa pureté.

C'est pourquoi, à cette peine cruelle succéda dans le cœur de ces deux époux une joie inénarrable et bien supérieure à la peine; car, dans la sphère divine, la réaction du bonheur dépasse les profondeurs de la souffrance et du mal ; les joies de la Résurrection sont supérieures aux clous et aux épines de la Passion; les hauteurs et les splendeurs de l'Ascension dépassent les cavités du tombeau et de l'enfer ; le Thabor est plus haut que le Calvaire et Dieu n'a point de rival.

Saint Joseph se leva donc, *exurgens somno*, et il accourut vers Marie, se prosterna devant ce même tabernacle qui lui avait été une pierre de scandale et y adora l'Enfant-Dieu.

Nous laissons Marie et Joseph dans l'extase d'un bonheur dont l'Esprit-Saint est la source et qui doit être supérieur à celui des anges, si nous en croyons les lumières de notre faible raison.

De cet épisode des soupçons de Joseph, nous avons fait ressortir ce résultat : la manifestation, par Joseph, de la virginité de Marie.

Nous y puisons encore une leçon : c'est Dieu qui est l'auteur indirect de l'erreur de Saint Joseph ; nous disons l'auteur indirect, car Dieu n'a point trompé Joseph par de fausses apparences, Dieu ne trompe personne.

L'état de Marie n'était point une apparence trompeuse ; cet état était bien réel et, si Joseph se trompait, c'était sur la cause et non sur l'effet. Mais il s'agissait de l'Homme-Dieu et Dieu voulait nous apprendre que, lorsqu'il s'agit du Verbe fait chair, les sens sont insuffisants. La chair du Verbe est un voile qui trompe les sens ; l'esprit seul connaît le Verbe ; pour arriver à la connaissance du Verbe fait chair, il faut recourir à la foi : *Præstet fides supplementum sensuum defectui*.

C'est la raison de la mission de l'ange auprès de saint Joseph.

L'Évangéliste dit de saint Joseph, après que l'ange eut dissipé ses soupçons : *Incepit conjugem suam* ; il l'accepta pour son épouse.

Il y a donc ceci de particulier à saint Joseph, c'est qu'il a accepté deux fois Marie pour sa femme.

Que faut-il voir dans ce double fait ?

La première fois, saint Joseph a dû ratifier comme époux le vœu de virginité auquel Marie s'était vouée. Par là, il participait au mérite de ce vœu et il devenait l'époux de la Vierge ;

Par le second consentement, il acceptait la fécondité maternelle de Marie et il devenait le père de son fils. C'est la signification de cette double acceptation, Epoux de la Vierge, père de Jésus.

Saint Joseph ne devait-il pas, en effet, accepter librement l'honneur et la responsabilité de sa paternité ?

St MATT. CAP. II, V. 2. *Dicentes : ubi est qui natus est rex Judæorum ? Vidimus enim stellam ejus in Oriente et venimus adorare eum.*

Les Mages demandaient : Où est le roi des Juifs qui vient de naître ? Car nous avons vu son étoile en Orient, et nous sommes venus pour l'adorer.

Cet épisode des Mages est bien mystérieux :

Voilà trois nobles étrangers, Mages ou rois et Mages en même temps, qui arrivent à Jérusalem et qui demandent où est né le roi des Juifs ; car ils ont vu son étoile, et ils viennent l'adorer.

Le roi des Juifs ! mais le trône n'est pas vacant : c'est Hérode le Grand qui l'occupe, et il a quatre enfants. De quel roi voulez-vous donc parler, ô Mages ? De celui que l'univers attendait d'après une tradition constante, répandue chez tous les peuples et que le poète Virgile a lui-même constatée. Une étoile qui ne faisait pas partie du système planétaire, annonçait sa naissance à ces savants astronomes.

Au surplus, Hérode lui-même ne s'y trompe pas ; il ne s'applique pas la prophétie. Il rassemble les docteurs de la loi, ceux qui ont reçu mission de l'interpréter et il leur demande... Quoi ! Où est né le roi des Juifs ? Non. Il leur demande où doit naître le Christ. Ainsi le roi des Juifs et le Christ c'est le même personnage.

Les Mages ne demandent pas : Où est né un roi pour les Juifs ? Ils demandent : Où est né le roi des Juifs ? Ainsi il n'y a pas deux rois des Juifs, il n'y en a qu'un seul. Ce roi unique, c'est le Christ.

Et sans hésiter, les Docteurs de la loi répondent : A Bethléem de Juda ; car le prophète Michée avait dit : *Et tu Bethleem, terra Juda, nequaquam minima es in principibus Juda, ex te enim exiet dux qui regat populum meum Israel.*

Mais cette étoile, qu'était-elle ? et comment les Mages ont-il connu qu'elle annonçait la naissance du Christ ? Tout est surnaturel dans cet épisode des Mages.

Et puisque cette naissance a été annoncée à trois bergers, pourquoi, dans le même moment, d'autres anges ne l'avaient-ils pas révélée à trois saints personnages qui, au milieu de la gentilité, avaient conservé le culte du vrai Dieu. Ces anges les auraient invités à aller rendre leurs hommages à l'enfant divin sous la direction d'une étoile créée *ad hoc*. C'était peut-être une tradition orientale précieusement conservée dans l'enseignement astrologique.

Dans l'antiquité, l'astrologie était une science sacrée dont les phénomènes étaient soigneusement observés, parce qu'ils devaient servir à manifester le Christ. Les mages, les prêtres, les patriarches se transmettaient les traditions de cette science et l'astrologie n'était pas une science vaine.

Elle ne devait pas son origine, comme on l'a dit, aux bergers de la Chaldée, qui auraient observé les Cieux en gardant leurs troupeaux. Ces bergers mériteraient d'avoir leur place à l'Institut.

Dans tous les cas, leurs successeurs sont loin d'avoir leur sagacité et leur talent d'observation, et on peut affirmer que, sous le ciel de la Chaldée, nos bergers regarderaient bien le ciel pendant 2,000 ans, avant d'enrichir d'une étoile la science astronomique.

Le savant Bailly, qui a écrit l'histoire de l'astronomie chez tous les peuples de l'antiquité, constate que ces peuples ne possédaient pas les éléments de cette science, mais seulement les débris d'une science antérieure, et lui, Bailly, un philosophe, vaincu par l'évidence, affirme que cette science remonte aux temps antédiluviens.

Continuant son étude comparée des systèmes astronomiques, ce savant constate également et avec étonnement que le système astronomique des Patriarches, en avance de plusieurs milliers d'années sur le calendrier grégorien, divisait l'année en 365 jours 1/4 et une fraction. D'où on peut conclure que cette science faisait partie d'une révélation primitive.

En réfléchissant aux puits que creusaient les Patriarches à une grande profondeur, puits dont la solidité a défié les siècles, il m'avait toujours paru que ces grands hommes en savaient au moins autant qu'un élève de l'École normale. Les constructeurs de la tour de Babel, si voisins du déluge, valaient bien comme maçons ceux du XIXe siècle.

On trouve un autre témoignage rendu à la vérité par l'astrologie, dans le livre des Noms divins de saint Denis l'Aréopagite. Ce savant Athénien étudiait l'astrologie à Héliopolis d'Egypte auprès d'un prêtre égyptien, lorsque tout à coup le soleil s'obscurcit et les ténèbres enveloppent la surface de la terre. La position réciproque du soleil et de la lune rendait une éclipse de soleil impossible. Ce phénomène épouvanta Denis et son maître ; ce dernier s'écria : Il faut qu'un Dieu meure en ce moment.

En effet, c'était en ce moment que le Christ expirait. Plus tard, lorsque le savant Aréopagite se convertit, à la voix de saint Paul, la coïncidence de ce phénomène avec la mort de J.-C. contribua à sa conversion.

St Denis fut témoin de la mort de la Vierge Marie et c'est dans ce même livre des Noms divins qu'on lit de précieux détails sur cette glorieuse mort.

Mais l'épisode des Mages nous fait assister à un phénomène bien plus extraordinaire, à un miracle bien plus étonnant ; à savoir, la révélation à la doctrine évangélique sur la pauvreté, l'humilité et le mépris.

Voilà des étrangers habitués au faste qui accompagne la royauté en Orient. Ils arrivent à Bethléem ; en dehors de cette petite ville, ils entrent dans une étable formée par une cavité de rocher. Là, se trouvaient un âne et un bœuf, dit-on, plus loin, un petit enfant, couché dans un ratelier sur du foin ; à côté de lui, sa mère, jeune vierge de 15 à 16 ans. Voilà le palais, voilà la cour de cet enfant royal ! Cependant, les Mages n'hésitent pas : leur âme, éclairée par la lumière divine, comme leurs yeux l'avaient été par la lumière de l'étoile, reconnaît dans cet enfant couché sur du foin, le roi qu'ils cherchaient. Ils se prosternent et l'adorent : puis, ouvrant leurs trésors, ils lui offrent des dons symboliques.

De l'encens, comme à un Dieu.

De l'or, comme à un roi.

De la myrrhe, comme à un homme.

Ces présents indiquent peut-être la patrie de ces hommes mystérieux.

L'or était abondant en Chaldée et en Perse.

On sait que Nabuchodonosor fit ériger une statue d'or de 60 coudées de hauteur sur 6 de largeur. On peut évaluer la coudée à un pied et demi, soit 50 centimètres: ce qui suppose un cube d'or de 270 mètres ! C'est un vrai prodige californien.

L'Arabie, produit l'encens.

L'Ethiopie, produit la myrrhe.

Voilà un miracle de l'ordre moral, plus extraordinaire que celui de l'étoile qui a conduit ces hommes au saint berceau.

Mais, dira-t-on, comment l'astrologie rend-elle témoignage à la vérité ? En ce sens que la science des phénomènes astrologiques naturels rend évidents les phénomènes extra-naturels.

L'apparition des Mages à la grotte de Bethléem restera toujours un fait très-mystérieux, et inexplicable par l'histoire et la raison.

Mais l'église grecque et l'église latine ont toujours cru à ce fait, et il ne peut être contesté. Il n'y a qu'à s'incliner et croire. Du reste la fête de l'Epiphanie a été de tout temps célébrée pompeusement dans l'église; les empereurs même ne pensaient pas pouvoir se dispenser d'assister à la célébration de cette fête. Ajoutons que, d'après la tradition de l'église, après la mort de N. Sauveur, saint Thomas, étant allé évangéliser la Perse, y trouva les Mages, et qu'il leur conféra l'épiscopat; que ces trois personnages furent martyrisés; que leurs reliques furent transportées à Constantinople, par les soins de sainte Hélène; de là à Milan, et enfin à Cologne.

Cette histoire ne réunit-elle pas, aux avantages de la vérité, tout l'attrait du merveilleux?

St Matt. Cap. ii, V. 7. *Tunc Herodes, clam vocatis Magis, diligenter, didicit ab eis tempus stellæ quæ apparuit eis.*

Alors Hérode, ayant appelé les Mages en secret, s'enquit d'eux avec grand soin, du temps auquel l'étoile leur était apparue.

Hérode était le prince le plus cruel de son siècle, et ce n'est pas peu dire, car ce siècle avait été témoin des proscriptions du triumvirat romain d'Antoine, Octave et Lépide, si célèbre dans les fastes historiques, et nul siècle n'avait vu une effusion aussi abondante de sang humain.

Mais la cruauté d'Hérode était une cruauté savante, qui atteignait d'autant plus sûrement son but, qu'elle était gouvernée par la raison.

Fureur et cruauté marchent presque toujours de compagnie : mais la fureur est maladroite ; elle combine mal ses plans, et le plus souvent ils avortent au détriment de la cruauté.

La cruauté d'Hérode était bien plus formidable : il savait commander à ses passions et soumettre la plus ingouvernable de toutes aux lois de la raison.

Hérode régissait sa cruauté.

Chez lui, le loup était gouverné et dirigé par le renard.

C'était, avons-nous dit, le prince le plus cruel de son siècle ; c'en était aussi le plus habile.

En face de ce prince, ou mieux en face de ce loup, l'Évangéliste met un agneau qui vient de naître.

C'est le plus simple, le plus doux, le plus innocent et le plus beau des enfants ; c'est la rosée du ciel et le lis d'Israël.

Sur lui reposent les destinées de l'humanité.

Pour le défendre, il n'a que sa mère, vierge de seize ans, dont les mains innocentes ne savent qu'invoquer le ciel.

Il a encore pour protecteur le mari de sa mère, un ouvrier déjà âgé.

D'un côté donc, se trouvent la cruauté et l'adresse au service de la puissance ;

De l'autre, la simplicité, l'innocence, la faiblesse.

Cependant Hérode, inquiet malgré tous ces avantages, ne néglige aucune précaution : il veut agir à coup sûr.

S'il ébruite ses projets homicides, si même il les laisse deviner, il éveillera la méfiance des parents de l'enfant : cela est douteux, car ils sont bien simples ;

mais cela est possible, et Hérode ne veut laisser aucune chance au hasard.

Il s'enveloppe donc de mystère.

Il fait venir en secret les Mages au palais ; il profite des ténèbres de la nuit, et il leur dit : Allez, informez-vous exactement de cet enfant ; lorsque vous l'aurez trouvé, informez-m'en, afin que, moi aussi, j'aille l'adorer.

Ce dernier trait est un trait de maître.

Il comble de joie les Mages. Ces derniers anneaux de la chaîne traditionnelle, ces héritiers de Noé, de Job, de Melchisédech, d'Abraham, de Moyse et des prophètes, sont flattés d'avoir, chemin faisant, fait la conquête d'un grand roi ; ils n'arriveront pas à Bethléem les mains vides.

Ils se mettent donc en route avec allégresse.

Le ciel paraît s'associer à leur joie : à peine sont-ils en route, que l'étoile de l'enfant apparaît : n'est-ce pas une manifestation de la volonté de Dieu? n'est-ce pas une approbation divine ?

Alors, dit l'Évangéliste, lorsqu'ils virent l'étoile, ils furent transportés d'une extrême joie : *Gavisi sunt gaudio magno valde.*

Aussitôt arrivés, les Mages se promettent bien d'aider aux saints désirs d'Hérode.

Qui pouvait donc s'y opposer ; ces desseins étaient couverts d'un mystère impénétrable, et les Mages trompés s'en faisaient les complices.

Jusque là donc, tout allait bien pour les projets d'Hérode : rien ne paraissait devoir entraver leur réussite.

Humainement parlant, l'enfant était perdu ; mais,

quand il s'agit de J.-C., le raisonnement humain est en défaut.

Qu'arriva-t-il, en effet ? un ange déjoua le plan si habilement combiné d'Hérode, et Jésus fut sauvé.

Ce que Dieu garde est bien gardé, dirons-nous avec le peuple chrétien.

St Matt. Cap. II, V. 6. *Et tu, Bethleem, terra Juda, nequaquam minima es in principibus Juda; ex te enim exiet dux, qui regat populum meum Israel.*

Et vous Bethléem, terre de Juda, vous n'êtes pas la moindre entre les principales villes de Juda, car c'est de vous que sortira le chef qui doit conduire mon peuple d'Israël.

Par lui-même, le nombre n'a aucune valeur, s'il ne renferme des éléments de cohésion qui sont, dans l'ordre matériel, ce que l'unité est dans l'ordre moral ; c'est-à-dire, s'il n'y a pas dans le nombre quelque chose de divin, le nombre n'est rien.

Devant Dieu, le nombre ne compte pas. Il a plu à ce souverain maître de nous faire assister, dans une conversation avec Abraham, au jugement des habitants de Sodôme. Le nombre des habitants de cette ville n'y est pas indiqué : ils étaient peut-être dix mille ; ils ne comptent pas même pour *dix*.

Paris, Londres, Pékin, ne comptent que pour le nombre de justes qu'ils renferment dans leur sein ; ce qui est peut-être rigoureusement vrai, car le mal n'a pas de substance, et l'homme mauvais participe à la privation de la vie.

Lorsque l'homme fait de sa raison un usage légitime, il porte sur le nombre le même jugement que Dieu.

Ce n'est pas le nombre, en effet, qui fait la noblesse et la dignité d'une ville ou d'une nation, et ce n'est pas la cité qui anoblit l'homme, c'est l'homme qui anoblit la cité.

Par une fiction qui flatte l'amour-propre et qui n'est pas complètement vaine, l'homme est considéré comme un produit du sol.

Thèbes, du Péloponèse, a vécu de longs siècles et produit un grand nombre d'hommes; ils sont ensevelis dans l'oubli de leur tombe; deux noms seuls ont surnagé : Pélopidas et Epaminondas. Le nombre brutal ne suffit pas pour assurer l'immortalité à une ville; un grand cœur et une grande intelligence donnent l'immortalité : le nombre ne la donne pas.

Athènes et Sparte n'étaient que des bicoques: elles étaient cependant supérieures à tout l'empire des Perses.

Les soldats de Marathon, de Salamine et de Platée, les dix mille Grecs de Xénophon valaient mieux que les innombrables cohues de Xercès et d'Artaxercès.

Au lieu d'imiter les cohues allemandes, nous devrions créer un puissant organisme militaire. C'est surtout par l'organisation que le Français vaut. Les Perses étaient le nombre; les Grecs étaient la vertu ou la force.

A l'époque moderne, les Chinois et les Indous sont le nombre, les Anglais sont l'intelligence et la force. J'ai honte et peine à citer les seuls Anglais; jadis on aurait pu citer les Français, mais ils ont abjuré l'intelligence, et ils se sont rangés sous la bannière du nombre ; c'est au nombre qu'ils demandent la souveraineté et la sagesse gouvernementales.

Ils adoptent ainsi la mesure la plus contraire à leur tempérament national, car ils sont les derniers venus des peuples quant à la fécondité.

La France est la nation la moins prolifique du globe.

Supposons un instant l'établissement d'une République humanitaire, fondée sur le type de la République française, ayant à sa base le nombre.

Que pèseraient, dans cette république, les peuples intelligents du globe, les Anglais, par exemple, et les Français.

Ils seraient noyés dans cet océan de peuples asiatiques, les Chinois, les Indous et le reste.

Nous reculerions de par le nombre, jusqu'à la civilisation de Pékin et de Delhi.

Le nombre, c'est l'échelon le plus bas de la civilisation humanitaire, imposé comme type et comme modèle au reste du monde.

A l'époque où Rome était la capitale du bon sens et de la raison, la législation excluait le nombre.

Voulez-vous faire une faute ou commettre un crime, consultez non *la Nation*, mais le peuple, nous ne disons pas la *Nation*, parce que le mot *nation* suppose une organisation : on ne devient pas une nation sans avoir traversé les couches primitives de la civilisation ; le peuple, c'est la poussière cosmique. Consulter le peuple, c'est rétrograder jusqu'à l'état moléculaire de la création. Les ambitieux aiment cette poussière : elle se prête aux manipulations de leur ambition. C'est le nombre ou le peuple qui a adoré le veau d'or ; l'absurdité païenne est le produit du nombre ; le nombre est l'image du chaos.

Une assemblée nombreuse est impuissante, radicalement impuissante ; impuissante à ce point qu'elle est obligée de se démettre entre les mains d'un comité. C'est l'abdication du nombre pour cause d'impuissance.

Le nombre, c'est la tempête où les éléments sont confondus ; c'est l'orage où les tourbillons de poussière, la pluie, la grêle, obscurcissent la lumière du soleil et produisent la nuit en plein jour.

Voulez-vous jouir du bienfait de la lumière ? Calmez les vents, abattez la poussière, c'est-à-dire, anéantissez le nombre.

Le nombre, ce sont les flots, c'est la mer réduite à l'état de poussière liquide par la violence des vents.

On ne peut naviguer sur une mer en poussière : voulez-vous rendre la navigation possible ; rendez à la mer son unité, anéantissez le nombre.

Toute nation qui veut rendre possible la navigation du vaisseau de l'État, doit anéantir le nombre.

Le nombre est idiot, le nombre est stupide.

La plus stupide des populations du globe prises en masse, c'est Paris : ce serait Londres, si à Londres le nombre dominait ; mais à Londres, le nombre est comprimé. La populace y est à l'état de bête de somme. C'est pourquoi l'ordre règne. Le boule-dogue anglais *au naturel*, serait au-dessous de Jacques Bonhomme.

C'est donc Paris qui est la capitale du nombre ou de la bêtise.

L'histoire en main, nous nous faisons fort de prouver que, dans tous les temps, même sous la monarchie, la populace de Paris a approuvé tous les crimes, a acclamé toutes les mesures qui conduisent la France au suicide.

Je hais le nombre de toute la puissance de mon patriotisme.

Je le hais de toute la puissance de mon catholicisme.

C'est le nombre qui a condamné Aristide ; c'est le nombre qui a élevé l'échafaud de Louis XVI et celui de Marie-Antoinette ; c'est le souffle du nombre qui, passant par la poitrine du savetier Simon, a asphyxié l'enfant royal.

Prêtez l'oreille : entendez-vous cette foule abêtie qui rugit selon les époques : les chrétiens aux bêtes ! Mort aux cléricaux ! A bas les aristos ! Ou bien encore : A bas le tyran! A bas madame *Veto!* A la lanterne. Ou bien encore, remontant de quelques siècles, écoutez cette foule plus coupable, qui acclame Barabbas et qui hurle : *Crucifige! crucifige !* Oh ! nombre, je te déteste !

Dans les arts, dans les lettres, le nombre c'est la barbarie. Le nombre c'est le contraire du génie; c'est le contraire de l'éloquence. L'artiste, le littérateur, l'orateur, qui se mettent au service du nombre, prostituent leur talent.

C'est le cheval au service de l'âne, c'est l'esprit soumis à la matière, c'est l'ingénieur dirigé par la chaudière, ou l'officier de marine dirigé par l'hélice ou la voile.

Le nombre enfin, c'est l'innombrable troupeau des

pourceaux d'Epicure, c'est encore la fermentation, c'est le fumier, c'est la cuve de Satan, c'est l'agglomération des matières putrides s'unissant dans un amour infect.

L'unité c'est la vérité, le nombre c'est l'erreur.

Il n'y a qu'une vérité; l'erreur est multiple. Tous les hommes, si nombreux qu'ils soient, qui croient à la vérité, ne produisent pas le nombre, car ils ne sont qu'*un* cœur et qu'*une* âme. En d'autres termes, Dieu s'appelle unité, Satan s'appelle pluralité.

Une chose fort remarquable et qui favorise notre thèse, c'est que plus on descend dans l'échelle des êtres, plus on rencontre le nombre.

L'animalité est plus nombreuse que l'humanité; l'animalité est le nombre à l'égard de l'humanité; le poisson est inférieur au quadrupède : or, le poisson est plus fécond et plus nombreux, sans comparaison, que le quadrupède. Parmi les poissons, les êtres inférieurs sont les polypes. Or, les polypes sont tellement nombreux qu'ils forment de vastes continents. Le polype, c'est le nombre et en même temps la privation de toute intelligence.

Nous trouvons la même analogie dans le corps humain. Les membres inférieurs, les membres vils sont le nombre relativement aux organes nobles. Le cerveau et le cœur qui sont les deux organes nobles par excellence, sont inférieurs comme quantité, comme nombre à tous les viscères qui remplissent le ventre.

La loi du nombre les domine.

La création apparaît comme une pyramide ayant le nombre à sa base et l'unité au sommet.

Les peuples et les cités sont des unités morales ; il y a des cités coupables et des cités saintes : Babylone, Sodome, Gomorrhe, Capharnaüm, Jérusalem, étaient des cités coupables ; Jérusalem surtout, de qui la Vérité a dit : il ne convient pas qu'un prophète soit mis à mort, ailleurs qu'à Jérusalem. Cette ville a le monopole du crime.

La matière, le lieu, l'espace, n'ont de valeur que par les grands hommes qu'ils ont produit ; le lieu participe de la noblesse de l'homme.

Des millions et des centaines de millions passeront comme autant de zéros sans jeter aucun éclat sur leur patrie ; mais, voilà qu'un génie apparaît dans un lieu jusqu'alors obscur et ignoré, soit le génie de la sainteté, soit le génie de la science et ce lieu est soudain éclairé de la lumière qui y a pris naissance.

Il y a, près de Dijon, un petit village qui, depuis le commencement du monde, était resté parfaitement ignoré. Au douzième siècle, une brillante lumière s'est levée sur ce village. S. Bernard a communiqué sa célébrité au village de Fontaine ; ce nom ne périra plus.

De même, sur les confins de la Bourgogne et de la Lorraine, on rencontre un petit village qui avait été enseveli dans la nuit des temps jusqu'au XIVe siècle. A ce moment, un prodige de sainteté apparaît au village d'Arc ; Jeanne, cette figure héroïque et chaste entre toutes, cette sainte et sublime Française, a inscrit le nom de son village en caractères impérissables dans les fastes de l'histoire.

Si la graine de sénevé est la plus petite de toutes

les graines, la Grèce est le plus petit de tous les royaumes. A qui donc, ce petit pays doit-il sa grande célébrité ? A ses orateurs, à ses généraux, à ses hommes d'Etat, à ses grands hommes en tous genres.

Athènes est plus célèbre que Suze et Ecbatane.

Il est donc bien vrai que ce n'est pas la population d'une ville ou d'un pays qui fait sa réputation ; ce sont les grands hommes qu'ils ont produit. Comme autant de fanaux, ces grands hommes éclairent les pays qui les ont vu naître. En vain, produiriez-vous des hommes; si ces hommes ne sont que des corps opaques, il ne projetteront ni lumière ni éclat. Des zéros, quelque nombreux qu'ils soient, ne produiront jamais une unité ; des milliards de zéros, c'est le nombre sans valeur ; multipliez des fractions, vous diminuerez la valeur et vous augmenterez la quantité. Ainsi ce n'est pas le nombre qui fait la valeur.

C'est d'après ces règles, que le prophète estime la cité de Bethléem : *Et tu, Bethléem, terra Judæ, nequaquam minima es in principibus Juda, ex te enim exiet dux qui regat populum meum Israel.*

Et toi, Bethléen, terre de Juda, tu n'es pas la moindre entre les principales villes de Juda : et pourquoi ?

Parce que, dit le prophète, c'est de toi que sortira le chef qui doit conduire mon peuple d'Israel.

De même qu'il y a, dans la sphère humaine, des lieux célèbres et consacrés par des actions éclatantes ou par la naissance des grands hommes, de même, il y a dans la sphère religieuse des lieux sanctifiés par les mystères divins ou par les souvenirs de la vie et de la mort des saints et des martyrs.

Ces lieux sont véritablement saints; d'abord, parce qu'ils rappellent naturellement à l'esprit les mystères et les actions généreuses dont ces lieux ont été les témoins et qu'ils excitent l'émulation d'imiter ces beaux exemples ; en second lieu, parce qu'il plaît à Dieu infiniment libéral de communiquer ses grâces dans ces lieux sanctifiés, plutôt que dans d'autres.

C'est pour ce motif que les âmes pieuses accourent dans les sanctuaires célèbres de la sainte Vierge et des saints, et que souvent leur zèle pieux est récompensé par des miracles, preuve sans réplique que cette dévotion est agréable à Dieu, car le miracle, c'est la signature de Dieu.

L'Eglise n'est pas du côté du nombre, c'est elle qui dit : Seigneur, vous avez augmenté le nombre, vous n'avez pas augmenté la joie.

Dans son sein, ce n'est pas le peuple qui est infaillible, c'est le chef ; et si tous sont d'un avis et que le chef soit d'un avis opposé, c'est le sentiment du chef qui l'emporte. Le nombre cède à l'unité.

L'Eglise pèse, elle ne compte pas. L'innombrable Babylone n'est pas comptée, elle est pesée et elle est trouvée légère. Rome fait exception aux grandes villes. Rome moderne n'est pas une grande ville, dans le vrai sens du mot, et elle ne contient pas un peuple nombreux, mais Rome, avant l'invasion piémontaise, était une cité qui avait une importance nécessaire, non pas comme cité, mais comme organisme du catholicisme.

C'était la tête du catholicisme : à un corps il faut bien une tête et une tête ayant avec le corps des proportions normales. Rome a été mutilée : plusieurs membres sont privés de leurs organes. Si l'établissement piémontais se consolide, Rome sera comme les autres capitales, elle deviendra nombre, c'est-à-dire canaille. Elle perdra et elle a déjà perdu sa valeur morale. Le parfum de Rome se perdra dans les odeurs de Rome. La physionomie de Bethléem n'a pas changé.

C'est toujours une petite bourgade s'épanouissant au soleil dans un air pur, loin des agitations de la politique et des brûlantes préoccupations du commerce et de l'industrie, se contentant des récoltes d'un sol fécondé par les travaux agricoles, et jouissant de ce jardin naturel que Dieu a mis à la portée de tous les hommes et qu'on appelle la campagne, dont les fruits sont de procurer le bien-être au corps et la paix à l'âme.

Bethléem est l'opposé de ces immenses charniers qui portent le nom de Pékin, Londres et Paris, où l'homme se nourrit d'alcool et de poussière, participe à l'infection qui se dégage de toutes ces poitrines en fermentation; où l'âme surexcitée, est prédisposée à tous les sentiments violents et sue le crime par tous les pores.

L'habitant de la grande ville ne peut être qu'un saint, un criminel, ou un homme taré, habitué aux satisfactions du vice ou de la vanité : un saint qui se dévoue, comme le Frère de la Merci dans le bagne ; un criminel qui se cache ; un vaniteux qui se montre; un voluptueux qui boit sa honte, et quelque rare savant qui travaille.

Honneur donc à la petite bourgade de Bethléem !

elle a conservé, à travers les siècles, le parfum que l'Enfant-Jésus y a déposé.

Il n'y a rien de plus suave sur cette terre, si ce n'est Nazareth, plus mystérieux encore, et plus mystique surtout.

C'est encore le souvenir de l'Enfant-Jésus et de sa crèche ; son innocence, sa pauvreté, sa sainteté; c'est encore la maternité et la virginité de Marie, à son éclosion, le tout encadré dans la pureté, la douceur et la maturité de saint Joseph; quelle gracieuse image !

Le tableau de la sainte Famille plane toujours sur Bethléem.

Terminons par cette observation : c'est que, dans la dernière semaine de sa vie, N. S. venait tous les jours prêcher à Jérusalem, mais, chose remarquable, il évitait de coucher dans cette grande cité. Est-ce que l'atmosphère du crime oppressait sa poitrine ? Je ne sais, mais il sortait tous les soirs de Jérusalem, pour aller coucher à Béthanie, sous le toit de l'amitié.

Le nombre, cependant, lorsqu'il est organisé avec poids et mesure, contribue à l'harmonie universelle.

Omnia cum pondere, numero et mensurâ disposuisti, dit l'Esprit-Saint.

Les étoiles, si elles étaient semées sans ordre dans l'univers, produiraient la confusion du nombre ; ordonnées comme elles le sont et balancées harmonieusement, leur nombre contribue à la beauté et elles offrent à l'esprit et à l'œil un spectacle ravissant.

Une armée nombreuse ordonnée en divisions, en

brigades, en régiments, en bataillons, en compagnies, offre le spectacle de l'ordre et de la force ; cette même armée, en déroute ou en révolte, c'est toujours le nombre, mais c'est la faiblesse.

Une nation divisée par familles, sous la direction de ses chefs légitimes, offre l'exemple d'une harmonie universelle se produisant sous l'impulsion des sentiments les plus doux. Rompez les liens de la famille, vous obtenez une promiscuité hideuse à voir.

Le nombre a besoin de Dieu ; sans Dieu c'est le chaos.

Un mot seulement de politique.

Que penser du nombre électoral, d'après cette règle que l'élément divin doit pénétrer le nombre ?

On doit conclure : 1° que le nombre électoral, qui, non-seulement évite l'église, mais encore s'inspire du club et du cabaret, travaille pour le roi de Prusse, ouvrage déjà fort avancé ; 2° que le suffrage universel ne peut inspirer de confiance que lorsqu'il priera Dieu.

St MATT. CAP. II, V, 11. *Et intrantes domum, invenerunt puerum, cum Mariâ, matre ejus.*

Les Mages, entrant dans la maison, trouvèrent l'enfant avec Marie, sa mère.

Lorsque, sur l'invitation des anges, les pasteurs se rendirent à la Crèche, l'Evangéliste dit : *Et venerunt festinantes et invenerunt Mariam et Joseph et infantem positum in præsepio* : S'étant donc hâtés d'y aller, ils trouvèrent Marie et Joseph, avec l'enfant couché dans une crèche.

Ainsi, les bergers trouvèrent Marie et Joseph avec l'enfant, tandis que les Mages ne font mention que de l'enfant avec sa mère. Pourquoi n'est-il pas question de saint Joseph, dans cette circonstance mémorable?

A cela il peut y avoir plusieurs raisons. Il faut peut-être chercher la première dans l'humilité de saint Joseph. Ce saint, si humble, avait toujours devant les yeux la grandeur de son fils adoptif et la dignité de son épouse, qui était la mère véritable de cet enfant divin : il n'oubliait pas que, lui, il n'en était que le père adoptif, et il maintenait avec un soin jaloux la distance qui existait entre l'enfant, Marie sa mère et lui. Saint Joseph, ce compagnon des anges, était respectueux de la hiérarchie. Ces considérations le maintenaient dans une humilité profonde.

La visite des trois bergers s'accomplissait dans des conditions bien humbles : ces hommes simples étaient agréables à Dieu, mais méprisables selon le monde. Humainement parlant, ils étaient d'une condition inférieure à celle de saint Joseph ; car, ces pasteurs n'étaient pas les propriétaires de leurs troupeaux, ils n'en étaient que les gardiens salariés. Il n'y avait donc aucun honneur à recevoir ces hommes, mais, au contraire, il y avait à exercer envers eux un acte de charité et d'humilité, c'est pourquoi saint Joseph est présent lorsqu'ils se présentent à l'étable de Bethléem.

Ajoutons encore ce motif : c'est que saint Joseph, Marie et le nouveau-né, n'avaient pas deux appartements ; ils n'en avaient qu'un, c'était la grotte. Saint Joseph était forcé d'être dans cette grotte.

Mais les circonstances avaient bien changé.

Au moment de l'arrivée des Mages, il n'est plus question de l'étable. Saint Matthieu dit positivement : *Et intrantes domum*, les Mages entrant dans la maison, trouvèrent l'enfant avec sa mère.

Ce n'était que par nécessité et à défaut d'autre local que Marie et Joseph s'étaient réfugiés dans une étable, et Dieu l'avait voulu ainsi, pour indiquer que celui qui la choisissait pour le lieu de sa naissance, ne répugnait à aucune condition sociale.

Mais ce n'était qu'une installation provisoire.

Saint Joseph souffrait de voir la mère et l'enfant dans un local si peu convenable et surtout si incommode. Il était d'ailleurs contraire à la modestie, que ces saints époux n'eussent pour habitation qu'une pièce unique. Il paraît donc certain que saint Joseph se mit en quête d'un appartement simple et convenable à Bethléem, ou que la sainte Famille retournât à Nazareth ; mais on doit écarter cette dernière hypothèse, car elle est contraire au texte évangélique : il est en effet dit positivement des Mages, qu'ils se dirigèrent de Jérusalem sur Bethléem, où l'étoile s'arrêta au-dessus du local qu'habitait l'enfant. Il faut donc s'arrêter à cette hypothèse, c'est que saint Joseph trouva à Bethléem le logement qu'il cherchait, et le loua.

L'arrivée des Mages et celle des bergers, avait lieu dans des conditions tout opposées. Autant la visite des bergers était humble, autant celle des Mages était magnifique et glorieuse.

Les Mages étaient des personnages riches et considérables, sinon des rois ; peut-être réunissaient-ils sur leur tête la dignité sacerdotale à la majesté royale: ils étaient, de plus, dépositaires de la tradition et de la science.

Entre nous, catholiques, je soupçonne que ces mystérieux personnages, venus de l'Orient et qui avaient conservé si intact le dépôt de la révélation primitive, appartenaient à la famille spirituelle de ce mystérieux Melchisédech et de Job l'Oriental.

C'est une simple investigation que font les pasteurs ; aussi Jésus ne se dérange pas; il reste couché dans sa crèche et enveloppé de langes. La crèche et les langes étaient les signes auxquels on devait le reconnaître, il prend donc la position favorable à l'examen et il y reste.

Les pasteurs, satisfaits de leur examen, s'en retournent convaincus de la vérité des paroles des anges, mais on ne voit pas qu'ils aient rendu hommage à Jésus.

Toutefois, cet hommage paraît certain ; c'est une conséquence de la conviction des bergers. Un esprit convaincu ne refuse pas son hommage.

Tel n'est pas le caractère de la démarche des Mages. L'étoile qui les guide est le symbole de la lumière qui inonde leur âme. Ils ne viennent pas vérifier Jésus, ils viennent l'adorer.

Leur ambassade est une ambassade solennelle ; ils se présentent, comme on se présente à un roi, avec leurs chameaux et leurs domestiques, chargés de présents, et la nature de ces présents constate que dans cet enfant ils voient non-seulement un roi, mais encore un Dieu.

Ne devons-nous pas voir dans ces étrangers l'hommage de l'humanité présentant au Christ le dernier fruit de la révélation traditionnelle conservée dans son sein, jusqu'à celui qui en est le but final ? C'est le dernier anneau de la foi traditionnelle qui part d'Adam et aboutit à J.-C.

Aussi Jésus leur fait une réception officielle ; pour recevoir ces étrangers, il voulut siéger sur son trône. Or, le trône d'un enfant, même roi, quel est-il ? les bras de sa mère.

Les Mages se prosternèrent donc devant ce Dieu-Enfant, et l'adorèrent dans les bras de Marie.

Mais l'adoration des Mages ne s'adresse qu'à Jésus : seul il est adorable.

Marie seule pouvait être présente, d'abord parce que *naturellement* elle ne forme qu'un avec Jésus, et ensuite, parce que Marie est le trône de Jésus.

Dans la visite des bergers, Marie était séparée de Jésus : il était dans sa crèche, conformément à l'indication donnée par les anges.

Mais, à la venue des Mages, Jésus était dans les bras de sa mère, ce qui indique son union avec elle. Dans cette union, saint Joseph n'est pour rien ; il ne devait donc pas être présent. Un tiers y assistait, mais il était invisible : ce tiers invisible, c'était le Saint-Esprit.

Si grand que soit Joseph, il n'y avait pas place pour lui : il l'avait bien senti, c'est pourquoi il s'était dérobé.

Et, confondu avec la suite des Mages, prosterné avec eux, il adorait le fils de la Vierge.

Saint Joseph est un modèle de tact et de convenance, en même temps que d'*humilité*.

N'omettons pas de faire remarquer la contexture divinement inspirée du texte évangélique.

Si l'évangéliste saint Luc, racontant la visite des pasteurs à la Crèche, fait mention de saint Joseph, en disant : *Invenerunt Mariam et Joseph*, et si d'autre part, saint Matthieu rendant compte de celle des Mages, omet de parler de saint Joseph, disant simplement : *Invenerunt puerum cum Mariâ, matre ejus*, on pourrait croire que ces deux circonstances sont indifférentes et que l'un des Évangélistes a omis, sans intention, une circonstance, un détail sans importance, rapporté par l'autre.

Il n'en est rien : c'est le Saint-Esprit qui a voulu cette mention et cette omission. Ces deux circonstances ne sont pas l'effet du hasard, elles sont intentionnelles.

Le Saint-Esprit a voulu glorifier saint Joseph en signalant, par cette différence, son humilité aux chrétiens habitués à méditer la parole de Dieu.

De la différence entre ces deux textes, on peut aussi conclure à une différence entre les dons faits aux pasteurs, et ceux faits aux Mages.

En effet, que trouvèrent les premiers ? ils trouvèrent Marie, Joseph et l'enfant enveloppé de langes, couché dans une crèche, signes entièrement conformes à ceux indiqués par les anges, mais le lien qui unit ces personnages ne leur est pas révélé.

Mais les Mages, que trouvèrent-ils ? ils trouvèrent l'enfant *avec* sa mère : *cum matre suâ*, ce qui paraîtrait dire que la maternité de Marie *leur a été révélée*.

Nous avons dit qu'il était contraire à la modestie

que les saints époux n'aient qu'une pièce unique pour leur habitation. On nous objectera que Dieu, dont la volonté se manifeste par la nécessité, avait voulu que l'accouchement de Marie eut lieu dans la grotte qui leur servait de demeure commune.

Mais, personne n'ignore que le corps subtil de J.-C. est venu au monde dans des conditions si glorieuses pour Marie, que cet évènement pouvait, sans blesser la modestie la plus exacte, se passer en présence de témoins.

C'était un miracle !

La vie commune ne pouvait compter sur un miracle permanent.

S' MATT. CAP. II. V. 14. *Qui consurgens accepit puerum et matrem ejus nocte, et secessit in Ægyptum.*

Joseph, s'étant levé, prit l'enfant et sa mère pendant la nuit, et se retira en Egypte.

Cette fuite en Egypte, qui paraît bien peu de chose, contient une grande leçon.

Voilà Joseph, Marie, Jésus qui vont en Egypte manger pendant plusieurs années le pain amer de l'exil : eux, les amis de Dieu, fuient devant un cruel tyran.

Aux yeux de la sagesse humaine, il était bien plus simple à celui qui dispose souverainement de la vie et de la mort de faire un signe à l'ange de la mort et de trancher les jours d'Hérode ; par ce moyen, on épargnait de grandes tribulations à la sainte Famille, on évitait le massacre des Innocents, et la justice divine punissait un grand coupable.

Eh bien, non ! c'est Hérode qui reste sur son trône et Jésus qui fuit et part pour l'exil.

Il en est de même des Mages ; ils viennent en grande pompe adorer J.-C., tous les évènements favorisent ce pieux désir ; une étoile les dirige : lorsque ce guide fait défaut, et il devait faire défaut (car un flambeau matériel ne pouvait indiquer les qualités morales et les conditions généalogiques et historiques de celui qu'ils cherchaient), Dieu suscite des guides moraux prédisposés à l'avance ; les Mages obtiennent d'eux les renseignements dont ils ont besoin et ils arrivent heureusement à leur but.

Mais, on dirait que J.-C. leur porte malheur, si contradiction signifie malheur.

La persécution qui s'attache à sa personne les englobe. A peine se sont-ils acquittés de leur devoir d'adoration, qu'ils sont obligés de fuir et de prendre, pour retourner dans leur pays, des chemins de traverse : ils se cachent comme des criminels et ils ne se plaignent ni ne murmurent, car le disciple n'est pas plus que le maître et ils ne font que précéder de quelques heures l'Enfant-Dieu dans la carrière des persécutions.

C'est une doctrine dangereuse, à notre humble avis, que celle de certains catholiques zélés qui prétendent prouver la dignité papale et la vérité de l'Eglise par la punition temporelle de ceux qui ont lutté contre le pape et persécuté l'Eglise.

S'il y a quelques évènements en faveur de cette thèse, il y en a un nombre bien plus grand en faveur de la thèse opposée.

Les faits de l'histoire ne militent pas en faveur de J.-C., selon leur sens matériel et humain ; prenons-en notre parti ; son royaume n'est pas de ce monde, et les triomphes matériels ne sont pas ceux de l'Eglise.

Voilà, par exemple, de nos jours, une lutte entre Pie IX et les puissances révolutionnaires.

A propos de cette lutte, les catholiques ont fait remarquer que Pie IX avait enterré Cavour, Victor-Emmanuel et Napoléon III : cela est vrai, et ils ont fait valoir cette longévité comme un signe de la protection spéciale de Dieu sur le pape.

Mais, il est permis de faire remarquer également que Victor-Emmanuel et ce rêveur de Napoléon III n'étaient pas les ennemis les plus haineux et les plus acharnés de l'Eglise et du pape. Sous leur règne, l'Eglise jouissait d'une certaine somme de liberté. Ils étaient même, dans un sens, les derniers remparts de la papauté.

Victor-Emmanuel, au milieu de ses aberrations, avait conservé la foi : il aimait et respectait Pie IX. Quant à Napoléon, il avait tenu à grand honneur de donner Pie IX pour parrain à son fils ; ce qui, dans la pensée de cet homme, plus superstitieux que religieux, atteignait un double but : le premier de porter bonheur à son fils, le second d'assurer un protecteur au pape.

Napoléon était naturellement bon, à ce qu'affirment ses familiers.

Ne pourrait-on pas, d'ailleurs, plaider les circonstances atténuantes en faveur de ces deux grands coupables ?

Ont-ils eu conscience du mal qu'ils faisaient à l'Eglise, en découronnant la papauté ?

Certes, ce n'est pas nous qui les excuserons ; nous, qui professons le respect de toute autorité légitime et détestons toute usurpation révolutionnaire ; à plus forte raison, détestons-nous une usurpation doublée d'un sacrilège.

Mais, Victor-Emmanuel et son complice ont pu croire que l'Etat pontifical n'était pas nécessaire à l'Eglise de J.-C., ce qui est rigoureusement vrai : car, si l'Etat pontifical est bien utile, il n'est pas indispensable.

Ils ont pu croire que la nation italienne existait au même titre que les autres nations, et qu'elle pouvait modifier son état social.

Cet état, humainement parlant, paraissait défectueux : l'Italie, depuis des siècles, était un champ de bataille où tour à tour Normands, Allemands, Siciliens, Français, Angevins, Lombards, Guelfes, Gibelins vidaient leurs sanglantes querelles. Constituer un pouvoir assez fort pour affranchir l'Italie de cette servitude était une pensée généreuse et patriotique.

Deux voies se présentaient pour atteindre ce but : l'une, pacifique et légitime ; l'autre violente et révolutionnaire.

La première consistait à réunir dans un congrès les pouvoirs légitimes de la Péninsule et à accepter ses décisions.

La seconde consistait à briser tous ces pouvoirs, et à les remplacer par un pouvoir unique et inique.

La Révolution a choisi ce dernier moyen qui secondait sa haine contre la papauté et elle l'a imposé à ses deux premiers esclaves : Napoléon et Victor-Emmanuel.

Certes, ces deux hommes ne sont pas des ennemis bien formidables de l'Eglise.

Il en est un bien plus venimeux, bien plus à craindre, véritablement vomi par l'enfer, le chef incontesté des sociétés secrètes : c'est Garibaldi, le contemporain de Pie IX. Eh bien, Pie IX, l'honneur de l'Eglise et de l'Humanité, Pie IX subit les humiliations de la tombe, et son ennemi direct et personnel, Garibaldi, cet homme qui déshonorerait même Barabbas, Garibaldi lui survit.

Retenons ce fait historique entre tant d'autres dans la lutte entre les papes.

Catherine d'Aragon, Marie, sa fille et Philippe, son mari, représentent la papauté d'une part ;

Henri VIII, Élisabeth sa fille bâtarde, représentent la révolte contre la papauté d'autre part.

Qui donc triomphe, n'est-ce pas la révolte ?

L'Armada est détruite par les éléments, ces créatures de Dieu ; l'Angleterre, pour triompher, n'a pas besoin de combattre, c'est Dieu qui combat pour elle.

La même leçon nous est fournie par les successeurs d'Elisabeth.

D'une part, nous voyons Jacques II, roi catholique et légitime ; d'autre part, Guillaume le Taciturne, cet hérétique, cet usurpateur d'autant plus odieux qu'il portait ses armes sacriléges contre son beau-père.

Qui donc a triomphé ? Guillaume ! et non-seulement Guillaume, mais les représentants de Guillaume.

Dieu et la papauté ont-ils pris leur revanche ? regardez et voyez : le cadavre de la royauté catholique est encore couché sur l'arbre de la guillotine et le Vatican sert de prison au pape.

Pendant ce temps, l'héritière de Guillaume le Taciturne, est proclamée impératrice des Indes, et la nation d'Henri VIII et d'Elisabeth est la reine des nations. Déjà l'héritier d'un rénégat de l'Eglise romaine avait précédé Victoria dans la carrière des honneurs. Guillaume de Prusse ceignait la couronne de Charlemagne, à *Versailles*.

Mais, levons les yeux plus haut encore : qui donc domine sur l'Europe et l'Asie ? le fils de l'anti-pape Photius.

Que dire des triomphes persistants des ennemis de Dieu depuis un siècle; ils sont si évidents qu'ils frappent les yeux les moins clairvoyants.

Stuarts, Polonais, Vendéens, Bretons, Irlandais, Suisses du Sunderbund, Carlistes, Basques, Zouaves, tout ce qui lève l'étendard de la Croix et du droit est anéanti.

Pour succomber, il suffit d'être ami de Dieu et de l'Eglise; et, en remontant de quelques siècles, que dire des triomphes des Musulmans et des Grecs sur les chrétiens des Croisades et en particulier de celle de S. Louis sur le rivage de Tunis, si scandaleuse par ses catastrophes, qu'il fallait l'âme d'un héros et d'un saint pour l'accepter.

Que dire, sinon cette boutade d'un homme d'esprit qui a réussi, parce qu'elle soulageait la conscience publique du fardeau écrasant des Croisades :

« Chaque Croisade a manqué son but, mais toutes
« ont réussi. »

Si les Musulmans et les Grecs ont connu cette gasconnade, ils ont du se dérider, surtout, lorsqu'à l'appui de cette thèse, ils ont pu voir de graves auteurs porter au crédit des Croisades et vanter outre mesure quelques petits avantages matériels si méprisés des religieux contemporains de cette époque. Avantages trop compensés d'ailleurs par l'introduction de la lèpre en Europe.

Il en est des Croisades comme des autres actes religieux : la Croix est la végétation naturelle du saint Tombeau.

C'est une illusion que de rechercher dans le triomphe un argument en faveur de la vérité, ce serait plutôt le contraire qui serait vrai.

Nous ne continuerons pas ce parallèle, il nous conduirait trop loin ; nous le ferons un jour, si Dieu nous en donne le temps. Disons, en attendant, que ce serait méconnaître l'esprit de l'Église et fausser l'histoire que de lui donner le succès pour cachet et pour sanction.

En ce moment, plusieurs parmi les catholiques traitent avec mépris la royauté éphémère d'Italie. Royauté éphémère, c'est possible ; mais, qui sera le successeur de cette royauté ? C'est là qu'est le problème.

En résumé, il nous paraît dangereux de présenter les triomphes du siècle comme une preuve de la protection divine.

Si la survivance de Pie IX sur quelques-uns de ses principaux ennemis était une preuve de la protection divine sur ce pape, que signifierait la survivance de Garibaldi sur Pie IX ?

Sans doute, Dieu est le souverain maître des évènements ; mais, dans l'intérêt des âmes et de l'Eglise, il a jugé à propos de ne triompher que rarement et à son heure. Après trois siècles de luttes, il envoie Constantin, mais il a soin de le signaler clairement et par un miracle : ce triomphe n'est pas abandonné à l'interprétation individuelle.

Constantin est évidemment un homme providentiel envoyé par Dieu. J'en dirais autant de Clovis à Tolbiac, autant de Jeanne d'Arc et de quelques autres. Quand Dieu parle, il parle clairement et le son de sa voix atteint jusqu'aux extrémités de la terre. Des autres évènements qui manquent de ce cachet divin, on ne peut rien conclure de certain, comme signe de la volonté divine.

Les lois humanitaires régissent ce monde et nous ne connaissons pas le ressort divin qui leur donne le mouvement. Lactance s'est plu à décrire la mort des persécuteurs ; d'autres ont écrit celle des révolutionnaires.

Nous ne nions pas le doigt de Dieu sur ces grands criminels ; mais nous n'oserions pas l'affirmer ; nous y verrions plutôt l'accomplissement de cette sentence de N. S. J.-C. : Celui qui se servira de l'épée, périra par l'épée ; ce que j'interprète ainsi : les hommes violents mourront de mort violente. Il ne faut pas, toujours, prendre au pied de la lettre ces paroles évangéliques ; car plusieurs meurent dans le lit, après avoir porté l'épée, notamment David.

Quant aux hommes violents et qui ont versé le

sang, il est rare en effet que la majeure partie ne meure pas d'une mort violente, à quel parti qu'ils appartiennent, témoins Coligny et le duc de Guise.

Il reste à expliquer ou à justifier le triomphe des méchants sur cette terre : l'expiation est la loi dominante du Christianisme. Nous n'avons pas d'autre explication à fournir.

S¹ Matt. Cap. ii, V. 16...... *Et mittens, occidit omnes pueros qui erant in Bethleem et in omnibus finibus ejus, a bimatu et infrà, secundum tempus quod exquisierat a Magis.*

...... Hérode envoya tuer tous les enfants âgés de deux ans et au-dessous, selon le temps dont il s'était enquis exactement des Mages, qui étaient dans Bethléem et dans tout le pays d'alentour.

Le massacre des saints Innocents nous offre l'exemple d'un martyre auquel la volonté n'a pas participé, mais auquel elle n'a pas refusé sa coopération.

Nous acceptons cette décision de l'Eglise avec soumission, comme tout ce qui nous vient d'elle; mais nous éprouvons le besoin de la justifier au tribunal de notre raison, et cela ne nous est pas facile, car en ce mois de mars 1878, les vicissitudes de l'existence nous ont relégué à Hyères et nous n'y avions pas le secours d'une bibliothèque. La raison fera donc tous les frais de cette justification.

Dieu est le moteur de la volonté, et c'est par suite de cette motion que l'homme accomplit le bien. Ainsi le germe du martyre se trouve dans cette motion ; et comme la volonté de ces enfants immolés est incapable d'accepter ou de rejeter cette motion divine, Dieu se substitue à ces enfants et leur attribue le mérite de l'action qu'ils subissent, qui n'était en eux qu'à l'état de germe.

En réalité, c'est Dieu, qui dans le martyre des saints Innocents, comme du reste dans *tous* les martyres, est le témoin de J.-C. ; mais comme Dieu n'a besoin de l'application d'aucun mérite, il gratifie de ce mérite les victimes d'Hérode. Ils se trouvent en puissance des volontés à l'état de germe. Dieu bénit ces germes, et les faisant passer de la puissance à l'acte, il leur applique les mérites de l'acte du martyre.

C'est à peu près ce que Dieu fait dans le saint baptême, lorsqu'il attribue à des enfants le mérite de la volonté de leurs représentants. Un nouveau-né qu'on baptise, qu'est-ce autre chose qu'un enfant d'Adam qu'on immole à J.-C. sans consulter sa volonté, ni dans certains cas celle de ses parents ; la similitude est si grande qu'on a appelé le martyre un baptême de sang.

L'action d'Hérode est une contrefaçon du baptême; mais si le baptême d'eau, involontaire de la part de l'enfant, sort son plein et entier effet, pourquoi le baptême de sang également involontaire ne sortirait-il pas le sien ?

Cette explication nous paraît digne de Dieu et conforme à l'idée que nous devons avoir de sa libéralité et de sa miséricorde. Ces petits enfants peuvent encore être considérés comme martyrs et par suite de la réversibilité des mérites et par suite de leur unité morale avec J.-C.

Si on verse leur sang si frais et si jeune, si on poursuit leur innocence et leur faiblesse, n'est-ce pas le sang, l'innocence et la faiblesse de J.-C. qu'on poursuit en eux? Ils ne font donc qu'un avec le fils de Dieu ; on ne peut les séparer et, dès lors, il doivent participer à ses mérites.

Considérés sous ce point de vue, les Innocents sont également martyrs.

Ce martyre bien qu'involontaire est donc justifié, et l'Église infaillible a rendu un oracle vrai en déclarant martyrs les Innocents, petits compatriotes de J.-C. C'est pourquoi nous devons en eux honorer Jésus-Christ.

Dans l'antiquité païenne, l'immolation des enfants entrait dans les pratiques du culte. Babylone, Tyr, Carthage et d'autres contrées offraient aux démons des sacrifices d'enfants. Ces hécatombes étaient abominables devant le Dieu véritable, surtout dans leur but, et c'est le sacrifice de la Croix qui y a mis fin.

Pourquoi donc, dira-t-on, Dieu les permettait-il ?

Nous ferons d'abord cette réponse générale : par la même raison qu'il permet les autres maux qui inondent cette terre. En second lieu, sous le paganisme, l'homme naissait enfant de colère et destiné à la mort. C'était l'issue fatale, il ne pouvait y échapper.

Dès lors, il importait peu que cet événement arrivât à une époque de la vie plutôt qu'à une autre.

On peut même dire qu'il était préférable pour l'homme qu'il mourût à l'âge d'innocence plutôt qu'à l'âge de raison ; à la vérité, il passait de l'enfance à la mort, mais il subissait la mort simple, c'est-à-dire la privation de Dieu : celle que subissent nos enfants morts sans baptême; tandis que l'homme mort à l'âge adulte subissait la mort et le jugement avec ses conséquences. La mort à l'âge de l'innocence était donc une faveur pour le païen.

En raison du saint baptême, la mort est souvent une faveur pour le chrétien; nous disons *souvent*, mais pas *toujours :* nous exceptons les adultes dont la vie a été pleine de mérites. Pour ceux-là, une longue vie est une faveur.

Combien ces conclusions sont différentes de celles des hommes !

On plaint le malheur des enfants de Bethléem et de ceux en général dont le fil de la vie a été impitoyablement tranché à leur aurore : *Vox in Ramâ audita est, ploratus et ululatus multus : Rachel plorans filios suos, et noluit consolari, quia non sunt.* On a entendu dans Rama une voix, des pleurs et de grands cris ; Rachel pleurant ses enfants et ne voulant point recevoir de consolation parce qu'ils ne sont plus.

Voilà généralement comme le monde accueille des catastrophes semblables.

Rachel avait tort : c'était le crime d'Hérode qu'elle devait pleurer et non la mort de son enfant.

L'enfant était plus heureux que celle qui le pleurait.

La vie peut être un sujet de larmes, la mort un sujet de joie; tout cela dépend du but que l'homme se propose.

La mort de l'âme entraîne toujours celle du corps et justifie nos larmes.

La réciproque n'est pas vraie.

S' MATT. CAP. II. V. 19. *Defuncto autem Herode, ecce angelus Domini apparuit in somnis Joseph in Ægypto;*

V. 20. Dicens : Surge et accipe puerum et matrem ejus et vade in terram Israel, defuncti sunt enim qui quærebant animam pueri.

V. 19. Or, après la mort d'Hérode, un ange du Seigneur apparut en songe à Joseph, en Egypte;

V. 20. Et il lui dit : Levez-vous, prenez l'enfant et sa mère et retournez en la terre d'Israël; car ceux qui cherchaient l'enfant pour lui ôter la vie sont morts.

La république chrétienne est un modèle d'ordre et de régularité : toutes les puissances, toutes les influences s'y meuvent dans les limites qui leur ont été tracées.

Marie, quoique mère de Jésus et supérieure en sainteté à saint Joseph, n'empiète pas sur ses droits, et saint Joseph respecte les prérogatives de Marie.

Nous l'avons vu s'effaçant pour ne pas paraître participer à l'adoration que les Mages rendaient à J.-C. dans les bras de sa mère ; quand le devoir l'appelle, il sait ses obligations. Il est époux et père, et à ce titre, chef de la sainte Famille : c'est lui qui doit la diriger.

Aussi voyez : lorsqu'il s'agit de fuir en Egypte, à qui s'adresse l'ange ?

Est-ce à Marie leur Reine, ou à Joseph leur inférieur ? l'ange s'adresse à Joseph, par ce motif unique, c'est que Joseph est établi de Dieu le chef de la famille.

L'ange ne voit que Dieu et la juridiction établie de Dieu.

Lorsqu'il faut revenir d'Egypte, l'ange s'adresse également à Joseph. Marie réclame-t-elle ? Oh non ; elle est heureuse non-seulement d'obéir aux ordres de Dieu dont elle est la servante et la mère, mais encore de ce que ces ordres lui sont transmis par l'intermédiaire de son cher époux.

Marie, la plus aimante de toutes les épouses, en est aussi la plus obéissante ; et je ne crains pas de dire ce qui paraîtra peut-être un blasphème à des yeux peu éclairés, c'est que, pour ce qui concernait la direction de la famille confiée à saint Joseph, ce grand saint était plus éclairé que la sainte Vierge.

Cette vérité nous est signifiée par la préférence dont saint Joseph est le sujet de la part de l'ange. La mission de l'ange, c'est pour nous le rayon lumineux qui, d'une part, s'échappe du foyer divin, et d'autre part, aboutit à l'intelligence de saint Joseph, qu'elle éclaire.

Le plus éclairé, dans l'Eglise, n'est pas le plus capable, le plus savant, ni le plus saint. N'est-ce pas celui à qui Dieu envoie son ange.

Dans un diocèse, il peut y avoir beaucoup de personnages plus capables et plus saints que l'évêque, mais l'évêque seul a reçu de Dieu le rayon directeur.

Dans un ordre religieux, plusieurs sont supérieurs à l'abbé en sainteté et en science, mais l'abbé est éclairé du rayon directeur.

L'abbé Rey, de Cîteaux, était remarquablement doué de cette lumière directrice et ne possédait qu'à un degré ordinaire la lumière sacerdotale.

Le même phénomène se reproduit dans l'ordre social. Le chef de famille est souvent inférieur à son fils ; mais lorsqu'il n'en est pas indigne, la lumière directrice ne lui fait pas défaut, et les membres de la famille ne peuvent s'y soustraire sans dommages. Cette vérité se manifeste surtout dans la conclusion des mariages. C'est pour moi une vérité d'expérience.

Tout mariage, conclu en dehors de l'approbation paternelle, est gros de catastrophes certaines; il serait facile d'en indiquer les causes dont la principale est celle-ci : le père est à l'abri de la passion charnelle, la plus aveugle de toutes. Je ne crains pas d'avancer que le hasard ou un choix peu intelligent servirait mieux les parties que les choix faits par l'amour.

Si Dieu a mis le discernement des époux sous la direction exclusive de l'autorité paternelle, c'est que le mariage est l'œuvre par excellence de la famille. C'est du mariage que dépend la beauté du sang et la perpétuité des générations. Il réclame toutes les lumières de la sagesse.

Dieu pouvait-il l'abandonner aux fantaisies du caprice ?

Pour cette œuvre, comme pour les autres, Dieu a également son ange, ou son rayon directeur. Cet ange nous est manifesté dans l'histoire de Tobie.

Disons en terminant que cette intervention divine est la raison de l'obéissance due aux supérieurs légitimes.

S¹ MATT. II, 23. *Et veniens, habitavit in civitate quæ vocatur Nazareth.*

Il vint demeurer dans une petite ville appelée Nazareth.

Que signifient donc ces pérégrinations diverses de N. S. J.-C. ? A Nazareth, il est conçu du Saint-Esprit : cette conception a été préparée par un ange. Elle vient donc du ciel, mais elle est consommée dans la chair. C'est une œuvre mixte ; une œuvre humano-divine.

Jésus quitte Nazareth ; c'est à Bethléem qu'il vient au monde. Il quitte Bethléem, mais c'est en fugitif, il cherche un refuge en Egypte. Enfin, il abandonne l'Egypte et revient en Judée : ce n'est pas à Bethléem où il est né, mais à Nazareth où il a été conçu.

Si toutes ces allées et venues sont symboliques, il faut convenir que voilà un texte bien mystique, pour une intelligence qui ne l'est guère.

Abordons-le néanmoins, et si nous faisons naufrage, le mal ne sera pas grand. Aidons-nous d'abord des étymologies des lieux.

Nazareth, le lieu de la conception, signifie fleur. Bethléem, le lieu de la naissance, signifie maison du pain.

Il y a symbolisme parfait entre les noms de ces deux villes et les évènements qui s'y passent. La conception est à l'enfant ce que la fleur est au fruit figuré par le pain.

Mais pourquoi la naissance a-t-elle lieu dans un

endroit autre que celui de la conception ? Conçu dans un lieu, Jésus vient au monde dans un autre, pour indiquer qu'il naît dans un lieu qui lui est étranger. Comment étranger ?

Bethléem est la patrie de David, aïeul de Jésus par sa mère : loin d'être un lieu étranger, Bethléem ramène Jésus dans le berceau de ses pères, mais de ses pères selon le monde, et c'est pourquoi Bethléem lui est étranger. Cela est vrai : mais, dans son cours, le canal générateur en se détournant à Nazareth a reçu la rosée du ciel, de sorte que le fruit de Bethléem lui était en quelque sorte étranger. Jésus signale par là le changement qui s'est opéré dans le cours régulier des générations.

A la vérité, il naît à Bethléem, la ville de David, mais il ne naît pas de David selon le cours ordinaire des choses. Voilà pourquoi il naît en voyage et pourquoi il paraît étranger dans le pays de ses pères selon le monde. Cette naissance de Jésus en dehors de Nazareth est profondément symbolique : elle est indicative des mystères qui ont présidé à l'incarnation.

Nazareth figure en quelque sorte le ciel ou la patrie du Christ ; car, c'est à Nazareth qu'on rencontre les trois personnes divines, comme nous l'avons remarqué ; là où est la sainte Trinité, là est le ciel. Dans le mystère qui s'opère à Nazareth, l'homme est passif ; Dieu est actif : c'est Dieu qui fait tout.

En effet, ce n'est pas l'homme qui se fait Dieu, c'est Dieu qui se fait homme : c'est le Verbe qui est venu s'unir à la nature humaine produite miraculeusement par le Saint-Esprit. A Nazareth donc, l'homme est passif. Dieu seul agit.

Il n'en est point ainsi à Bethléem : ce qui paraît, c'est l'homme, et comme cet homme a emprunté sa chair, son sang, sa vie à la Vierge Marie, fille de David, cet homme a dû venir au monde dans la cité de David appelée maison du pain, ce qui signifie au figuré, nourriture spirituelle, et littéralement nourriture ordinaire, pour indiquer que le corps du Christ servira de nourriture à l'humanité. Mais, cette humanité était un emprunt : Bethléem donc, qui est le lieu de la naissance, était pour le Christ un lieu étranger : sa patrie véritable est le ciel. Jésus vient au monde en voyage : il n'est pas chez lui, aussi personne ne le reçoit.

Entre David et Jésus-Christ se trouve Nazareth, c'est-à-dire, le Verbe fait chair ; cette fleur du ciel, en s'unissant à la terre, se fait chair ou pain et c'est pour indiquer cette permutation que le Christ naît dans la maison du pain. Nous voyons dans ce lieu de la nativité différent du lieu de l'incarnation le symbolisme de la double origine de J.-C. et de sa double nature.

A peine la royauté céleste du fils de Marie a-t-elle été reconnue par les Mages à Bethléem, c'est-à-dire dans ce lieu qui lui est étranger, que le prince de ce monde où Jésus est né lui déclare la guerre.

La lutte entre la chair et l'esprit ; cette lutte, aussi ancienne que le monde, éclate ; mais il faut noter qu'elle n'éclate qu'après que la royauté de J.-C. a été reconnue par les Mages. Le temps n'était pas encore venu : c'est pourquoi Jésus fuit et se cache, et ce n'est pas Ismaël qui est chassé dans le désert.

C'est le véritable Isaac qui fuit la persécution.

Mais pourquoi se retire-t-il en Egypte, ce pays qui a toujours symbolisé les ténèbres et l'esclavage du péché ? Est-ce pour honorer le lieu qui a servi de refuge à un des plus saints précurseurs du Messie, Joseph, qui comme lui fut chaste, comme lui, a été persécuté et vendu par ses frères, comme lui, les a nourris de son pain et leur a offert une demeure dans la région la plus fertile de ses États, de même que J.-C. a offert aux Juifs, dans son Eglise, la place d'honneur réservée aux fils aînés.

Cette fuite en Egypte nous fournit un modèle et une leçon. Elle nous apprend l'utilité des pays de ténèbres et d'hérésie.

Si la nuit est favorable au voleur et au criminel, son ombre protège également l'innocence.

Lorsque la lumière de la vérité brille dans une contrée et que son éclat offusque les yeux de ceux qui ne peuvent souffrir qu'elle éclaire leurs actions mauvaises, tous les méchants se réunissent pour éteindre cette lumière odieuse. Alors il faut fuir, se cacher : mais où fuir, où se cacher, sinon dans les ténèbres profondes où la lumière n'est pas encore parvenue, ou bien d'où elle a émigré.

C'est ainsi que le clergé français, persécuté pendant la Révolution, a trouvé un refuge dans les ténèbres de l'anglicanisme, du luthérianisme et du schisme grec.

Lorsque le cours *naturel* des choses a amené la fin de la persécution, Jésus quitte l'Egypte et rentre dans sa patrie ; ce n'est pas au lieu de sa nativité, ce n'est pas à Bethléem où il se rattacherait aux destinées royales de David, dont il descend par sa mère, que Jésus vient demeurer ; c'est au lieu de son incarnation, au lieu de son origine céleste ; c'est à Nazareth où il greffe sa vie inconnue sur son invisible et mystérieuse incarnation ;

C'est dans le mystère de sa conception miraculeuse qu'il s'enveloppe et qu'il se cache pendant un grand nombre d'années ; jusqu'à ce que, par sa vie publique et ses miracles, il donne suite à la manifestation de sa royauté célébrée par les Mages.

La vie publique de J.-C. se rattache à la manifestation des Mages à Bethléem, comme sa vie cachée fait suite à sa conception à Nazareth.

Les trente ans de la vie cachée de Jésus, soit dans le lieu de sa conception, soit dans les ténèbres de l'Egypte, signifient probablement la longue incubation de l'Église dans le sein des Catacombes.

Enfin le Christ, conçu à Nazareth, né à Bethléem, ne mourra ni dans le lieu de sa naissance, ni dans celui de sa conception : il choisit Jérusalem pour le lieu de sa mort. C'est dans la cité royale de David, son aïeul, qu'il veut mourir ; il veut mourir ignominieusement là où ses ancêtres ont régné glorieusement.

Mais pourquoi le Christ a-t-il choisi Jérusalem pour le lieu de sa mort ignominieuse ? De même que nous avons trouvé dans l'étymologie de Nazareth et de Bethléem des rapports avec les mystères de l'Incarnation et de la Nativité, peut-être trouverons-nous dans l'étymologie de Jérusalem des rapports mystérieux avec la mort du Christ ; Jérusalem signifie *Visio pacis*, vision de la paix.

C'est dire une chose banale que de dire que la mort de J.-C. nous a réconciliés avec Dieu et que la paix a été scellée de son sang sur la croix : grâce à cette mort, l'horizon de la paix éternelle s'est ouvert devant nos yeux.

Voilà, selon nous, la signification des diverses étapes de la pérégrination de N. S. J.-C. sur la terre.

S¹ Matth. Cap. iii. **V, 3**. *Hic est enim qui dictus est per Isaïam prophetam : Vox clamantis in deserto : parate viam Domini; rectas facite semitas ejus.*

Car c'est de lui que le prophète Isaïe a parlé, lorsqu'il a dit : On entendra dans le désert la voix de celui qui crie : préparez la voie du Seigneur ; rendez droits ses sentiers.

Ordinairement, celui qui veut parler aux foules va les chercher où elles sont, c'est-à-dire dans les grands centres de population. Ici, rien de pareil : Jean prêche dans le désert.

C'est une particularité spéciale à Jean et tellement spéciale que c'est à ce signe qu'on doit le reconnaître. C'était en effet le signalement de Jean, donné par le prophète Isaïe plusieurs siècles avant sa naissance.

Que faut-il voir, dans cette circonstance ? une bizarrerie, une excentricité particulière à un saint ? Ce point de vue serait irrévérencieux et indigne de Dieu.

Le Saint-Esprit n'aurait pas pris la peine d'indiquer à l'avance une défectuosité de caractère. Il n'est pas permis de s'arrêter, ne fût-ce qu'un instant, à cette interprétation.

Nous pensons que, par ces mots : *Vox clamantis in*

deserto, le Saint-Esprit a voulu signaler la grande austérité de Jean.

De même que la voix du monde est une voix flatteuse et pleine de charmes, de même la voix qu'on entend dans le désert est rude et pénitente. Qu'est-ce que le désert ? C'est la privation de tout le bien-être que procure la société ; prêcher dans le désert, c'est prêcher dans la privation du bien-être, ou dans l'esprit de pénitence ; prêcher dans le désert, signifie donc proprement prêcher d'exemple.

C'est bien ce que faisait Jean, dont la vie était si mortifiée, qu'on disait de lui qu'il ne buvait ni ne mangeait ; c'est-à-dire qu'il ne se nourrissait pas des mêmes aliments que les autres hommes.

Cette vie miraculeuse, cette voix du désert, cette prédication par l'exemple ne manquait pas d'éloquence et de force, car elle soulevait les populations, elle les chassait des villes et elle les dépeuplait au profit du désert. Jérusalem était déserte et le désert était peuplé : les rôles étaient intervertis.

Quant aux moyens que Jean employait, l'Évangéliste nous les indique.

Sa prédication était simple et sans ornement ; elle était nue comme le désert ; il dédaignait les artifices de l'éloquence ; il n'avait qu'un mérite, celui de la vérité ; sa préparation consistait dans l'austérité de sa vie et la rudesse de ses vêtements : le repas de cet anachorète se composait de sauterelles et de miel sauvage ; sa robe était un cilice de poil de chameau.

Ainsi, tout était en harmonie : le terrain sur lequel il prêchait, sa parole nue, rude et simple, son vêtement emprunté à l'animal qui symbolise le désert, sa nourriture composée de sauterelles du désert, tout en lui complétait l'éloquence du désert. Ce qu'il ne faut pas oublier, c'est que le miel de la douceur se trouvait dans la bouche de ce lion du désert.

Jean apprenait par là à ses auditeurs que les douceurs de l'âme étaient le produit d'une vie de pénitence et d'austérité. C'est par le dénûment du désert qu'on parvient aux joies spirituelles; la pierre du désert se métamorphose en douceurs. *De petrâ melle saturavit eos.*

Voilà la leçon que donne la voix qui crie dans le désert. C'est celle qui avait été figurée par Samson lorsqu'il proposa aux Philistins cette énigme : *De comedente exivit cibus et de forti egressa est dulcedo.* La nourriture est sortie de celui qui mangeait et la douceur est sortie du fort.

Cette vérité : qu'une habitude morale enfante son contraire, nous est également prêchée par cette petite mouche dont la piqûre est si douloureuse et qui, du même aiguillon qui cause une vive souffrance, produit le plus doux des aliments.

Voyons donc dans le désert le symbole de la pénitence et les fruits qu'elle donne ; c'est-à-dire la pénitence produisant la douceur, ou la pierre du désert produisant le miel des consolations.

Le désert de Jean avait encore une autre signification : sa prédication différait de toutes celles qui l'avaient précédé.

Les prophètes ou les prédicateurs qui avaient précédé Jean n'avaient pour but que de faire repentir le peuple des prévarications qu'il avait commises contre la loi. Leur but était atteint si le peuple se repentait et rentrait dans les observances de la loi. Les prophètes étaient satisfaits et le Dieu d'Israël ne demandait rien de plus à son peuple.

Mais Jean demande davantage. Il faut que Jérusalem abandonne ses foyers, ses autels, son temple, pour entrer dans le désert, figure de l'Eglise.

C'est bien ce qui arrive au temps de saint Jean, car saint Matthieu nous dit textuellement: *Tunc exibat ad eum Hierosolyma et omnis Judæ et omnis regio circa Jordanem.* Jérusalem, la Judée et tout le pays voisin du Jourdain venaient à lui.

On le voit, c'est une émigration complète. C'est un second partage dans le désert; mais cette fois Israël ne sort pas de l'Egypte, il sort de la terre promise. C'est un second accomplissement, une seconde initiation, en sens contraire.

La première émigration n'était qu'une préparation sous la conduite de Moïse. Une seconde plus parfaite est annoncée par le précurseur. Dans cette seconde émigration, nous remarquons deux pratiques nouvelles ou du moins plus universelles : la confession et le baptême. Ce n'est pas encore le christianisme; c'en est le portique.

Dans la première émigration, le Jourdain était le passage qui conduisait à la terre promise, c'est-à-dire aux biens terrestres, récompense promise aux fidèles observateurs de la loi. Dans la seconde émigration c'est absolument le contraire.

Le Jourdain conduit au désert, c'est-à-dire à l'Eglise. Que trouve-t-on en effet, au désert? On y trouve Jean qui prêche la pénitence par ses paroles et surtout par son exemple ; qui confesse et qui baptise : c'est-à-dire qu'on y trouve les biens spirituels auquel Jean convie ses auditeurs.

Pour obtenir ces biens, il faut qu'ils traversent le Jourdain, ou qu'ils tournent le dos aux biens de la terre figurés par Jérusalem, la Judée et les environs du Jourdain.

Si donc Jean convoque ses auditeurs dans le désert, c'est pour leur apprendre que sa doctrine n'a pas pour but comme celle de Moïse, de leur procurer la graisse de la terre, puisqu'elle conduit au désert. De même que le baptême du Saint-Esprit ouvre les portes de l'Eglise, de même le baptême du Jourdain ouvre les portes du désert.

Nous avons dit que le Saint-Esprit, par la bouche d'Isaïe, avait à l'avance annoncé que Jean était la voix qui criait dans le désert : Préparez la voie du Seigneur....

Le désert est la figure de l'Eglise, et c'était bien un désert au temps de Jean. Car la préparation de Jean n'était pas la loi et ce n'était pas encore l'Eglise; c'était un passage ou un désert.

C'est pourquoi, Jean était bien, véritablement et non-seulement métaphoriquement, la voix de celui qui crie dans le désert.

Cette position de Jean est unique dans l'Eglise.

S' Matt. Cap. iii. V, 10. *Omnis ergo arbor quæ non facit fructum bonum excidetur et in ignem mittetur.*

Tout arbre donc, qui ne produit pas de bons fruits, sera coupé et jeté au feu.

Le point de doctrine le plus méconnu de la religion chrétienne, c'est sans contredit celui de la culpabilité d'une vie inutile ; et cependant, il n'y a peut-être pas de maladie spirituelle contre laquelle J.-C. et son saint précurseur aient plus prémuni les hommes.

L'homme gaspille sa vie sans remords et souvent se croit à l'abri de tout reproche, et on l'étonnerait beaucoup si on lui disait qu'en recevant la vie, il a contracté l'obligation de l'employer utilement.

Le temps est un fardeau dont les inutiles cherchent à se débarrasser : ils s'étudient à le tuer et quand ils y sont parvenus en partie, ils s'en félicitent.

Ce n'était pas cette doctrine qui retentissait dans le désert de la Judée : Tout arbre qui ne produit pas de bons fruits, disait Jean, sera coupé et jeté au feu.

Quel est donc l'arbre qui ne produit pas de bons fruits ?

C'est celui qui donne des fruits impropres à la nourriture de l'homme ;

C'est encore celui qui donne des fruits gâtés ;

C'est aussi celui qui ne produit point.

L'arbre est tenu de produire et de produire de bons fruits.

Au moral, la stérilité est coupable ; celui qui ne fait aucune œuvre est assimilé à celui qui fait une œuvre mauvaise ; et il y a beaucoup d'hommes qui ne font aucune œuvre. Il y a d'abord ceux qui ne font rien ; et il y a ceux qui ne font que des riens.

Faire des riens ou ne faire rien aboutit absolument au même résultat. Que de gens ont déployé sur cette terre une activité dévorante et, pendant une longue vie, n'ont pas produit une seule œuvre.

L'homme le plus affairé du XIXe siècle, c'est sans contredit M. Thiers. A-t-il fait une seule œuvre ? c'est douteux. Faire des riens est une chose fort dangereuse. C'est vivre dans une illusion perpétuelle. Extérieurement, le rien ressemble à l'œuvre ; c'est le même corps, la même forme ; les accidents sont les mêmes, le travail est le même, mais l'intention et le but diffèrent : c'est l'intention et le but qui donnent à l'œuvre sa valeur et son mérite.

L'homme qui ne fait rien, se nourrit également d'illusions ; il pose en principe qu'il ne doit rien, en quoi il se trompe grossièrement.

L'homme qui ne fait rien n'est souvent pas hostile à Dieu ; il ne regarde pas son inutilité comme coupable ; il ne fait rien, donc il ne fait point de mal. Le rien, ce n'est ni le bien ni le mal ; c'est le milieu entre l'unité et la non-unité.

Erreur ? En dehors de l'unité, il n'y a que la fraction, et la fraction n'est pas la négation de l'unité, c'est une diminution de l'unité. La fraction existe, mais la négation complète n'existe pas.

De même, dans la nature humaine, la négation humaine n'existe pas ; la négation complète de l'homme ne serait plus l'homme. On ne peut donc imaginer l'homme à l'état de rien.

L'homme-rien n'est pas. L'homme-rien est physiologiquement impossible ; il l'est aussi psychologiquement ; l'homme-rien est une absurdité.

On ne peut donc pas rêver une position mixte entre le bien et le mal, où on ne serait ni bien ni mal, et où on ne serait redevable de quoi que ce soit.

Le polype a son utilité.

Puisque l'homme est quelque chose, puisqu'il ne peut être une pure négation, il doit ce qu'il est ; il doit son être, car il ne se l'est pas donné. Dès lors qu'il doit, il faut qu'il paie, sous peine d'y être contraint; car le créancier de l'homme a de son côté la force et le droit.

Or, l'homme qui ne fait rien ne peut payer sa dette, pas plus que celui qui fait des riens. Pour s'acquitter, il faut des œuvres, il faut des réalités.

C'est donc partir d'un principe très-faux que de dire : Je ne fais rien, il est vrai, mais je ne fais point de mal ; donc, je ne suis redevable à qui que ce soit et de quoi que ce soit ; et, sur ce faux raisonnement, il y a des chrétiens inutiles, des chrétiens qui ne font rien et qui vivent dans la quiétude la plus parfaite, et on les étonnerait beaucoup si on voulait leur inspirer quelques inquiétudes de conscience sur l'inutilité de leur vie.

Il n'en est pas ainsi : l'homme est redevable, avant de naître ; il l'est dans le sein de sa mère ; sa dette est simultanée avec sa formation.

Tout homme a reçu, sinon dix, au moins *un* talent; ce talent, il le doit ; il ne lui est pas permis de l'enfouir ; non-seulement on doit conserver ce talent, il faut encore le faire fructifier ; le conserver ne suffit pas.

C'est rien faire que de le conserver ; et moins que cela encore, de se décharger sur la terre du soin de le conserver; que ce talent soit la proie des voleurs, peu importe au serviteur; c'est le bien de son maître, ce n'est pas le sien. Ce que le serviteur offre, c'est le bien de son maître ; ce bien, le maître n'en a que faire ; ce qu'il veut, c'est un fruit personnel, un fruit provenant de l'initiative privée.

Voilà votre bien, dit le serviteur : *Ecce quod tuum est*. Nous voyons en effet le bien du maître ; ce que nous désirerions voir et ce que nous ne voyons pas, c'est le bien du serviteur.

Où est sa mise de fonds ? Le serviteur n'a pas de mise de fonds, le bon pas plus que le mauvais ; c'est là ce qui distingue le maître du serviteur.

Le maître possède par lui-même ; il est riche de son propre fonds *et il ne peut rien gagner*.

C'est le contraire du serviteur : il ne peut devenir riche qu'autant qu'il accepte avec reconnaissance des mains du maître sa mise de fonds et qu'il la fait valoir; sinon il est condamné à une misère irrémédiable et éternelle.

Remarquons la propriété des termes dont se sert N. S. J.-C; avec quel soin, dans sa parabole, il écarte l'idée d'indépendance !

Pour désigner l'homme, il choisit le mot *serviteur* : N. S. qui est la sagesse même, ne pouvait pas supposer l'homme indépendant. C'eût été une erreur radicale. De toutes parts, l'homme est limité, dépendant, borné. C'est sa définition propre, c'est la notion qu'on a de lui. Pour le résumer en un seul mot, c'est un serviteur.

Ce n'est pas un esclave, c'est un serviteur. Il fait partie de la maison, il y a ses fonctions distinctes et il lui doit son travail et son temps.

Rien n'est plus formel dans l'Evangile que la nécessité de la coopération personnelle de l'homme à l'œuvre de son salut. C'est à lui d'y travailler de ses mains. Dieu l'aidera, mais il ne fera pas tout.

L'oracle est positif : il faut que l'arbre soit fécond et fécond en bons fruits ; donc, tout arbre qui ne produit pas de bons fruits sera coupé et jeté au feu. Saint Jean nous le dit, au chap. III. V. 10 de saint Matthieu, et N. S. J.-C. confirme cet oracle, de sa bouche divine, dans des termes absolument identiques, au chap. VII, V. 16 du même saint Matthieu.

Si N. S. répète la même vérité dans des termes absolument identiques, c'est, d'une part, pour graver plus fortement dans l'esprit la vérité qu'il annonce et en montrer l'importance ; c'est, d'autre part, pour recommander aux populations l'enseignement de Jean, et en faire ressortir la conformité avec sa doctrine.

Cet homme, qui enfouit son talent, a la prétention de tenir la balance parfaitement égale entre Dieu et ses ennemis. Il n'est ni pour, ni contre. Il n'est pas pour, car il s'est dépouillé de l'unique talent qu'il avait reçu de lui ; il n'est pas contre, car il ne s'occupe pas de lui : *Ecce habes quod tuum est.* Je n'ai rien à démêler avec vous.

Il se félicite de son impartialité : c'est là qu'à ses

yeux gît la suprême sagesse. Il se tient à égale distance de l'amour et de la haine du bien suprême, car, philosophiquement, l'amour et la haine sont deux causes d'erreur. Cette prétendue impartialité recèle une injustice profonde, et d'abord, qui l'a établi juge? Dieu l'a-t-il accepté pour arbitre ? Nullement.

De même qu'il est sans droit pour juger, de même le serviteur prononce sans équité.

N'est-ce pas, en effet, une chose injuste et outrageante pour Dieu que d'enfouir en terre un talent, c'est-à-dire un don façonné à l'usage de l'homme.

Si Dieu avait voulu enfouir en terre la valeur d'un talent d'or ou d'argent, il ne se serait pas donné la peine de lui faire subir la préparation d'une monnaie précieuse à l'usage du commerce des hommes. On peut dire que cette préparation en indiquait clairement la destination.

Enfouir en terre un talent, c'est agir en insensé, c'est méconnaître la fin des créatures, c'est confondre la nature brute avec l'ordre social.

Aussi, qu'arrive-t-il à ce talent enfoui ? La terre lui imprimera son cachet d'infériorité; il se couvrira de rouille; il retournera à l'état brut et deviendra impropre à l'usage pour lequel il avait été façonné. Le talent de Dieu devient inutile.

Voilà comment ne rien faire équivaut à faire mal.

Chaque créature a une œuvre *active* à faire : c'est exprès que je dis œuvre active, quoique ce soit un pléonasme; mais c'est pour mieux exprimer ma pensée. Si cette œuvre active fait défaut, le travail de néant et de destruction, qui fait le fonds de la créature, se développe et envahit le globe.

C'est absolument comme si Dieu, après avoir créé le monde, n'avait pas pourvu à sa conservation; mais après avoir créé les animaux et l'homme, que fit Dieu? Il dit aux animaux et à l'homme : *Crescite et multiplicamini* : et, par ces paroles, il opposa un obstacle invincible à l'action incessante du germe mortel déposé dans la créature (1).

Que si nous considérons sous le point de vue moral la parabole du serviteur inutile, nous arrivons à des conclusions aussi désastreuses. Sous ce point de vue élevé, la conduite de cet homme paraît encore plus insensée et plus coupable.

En effet, que doit-on entendre au moral par ce talent ? On doit entendre l'âme façonnée et ornée par le Créateur; et par la terre on doit entendre les bas instincts de l'humanité.

Enfouir un talent en terre, c'est donc assujettir son âme aux passions les plus grossières de l'humanité, en donnant pour excuse qu'en agissant ainsi, on n'a fait qu'obéir aux lois et aux penchants irrésistibles de la nature.

Remarquons que ce serviteur n'est pas pris au dépourvu : en lui confiant son talent, le maître lui avait appris l'usage qu'il en devait faire. C'est le serviteur lui-même qui nous apprend ces particularités.

---

(1) Remarquons que, dans la Genèse, l'action de créer s'appelle travailler ; l'action conservatrice s'appelle repos.

Le repos est donc une action et le mot n'est pas synonyme de mort ; de même que le mot action n'est pas synonyme de mouvement ; ce serait plutôt le contraire.

La vie animale est une action interrompue, à laquelle succédera, chez l'homme, une autre vie qui sera également une action interrompue et même sans sommeil, mais non sans repos; car cette vie sans sommeil et toujours active s'appellera le repos éternel. Ainsi le repos est compatible sinon avec le travail, du moins avec l'action.

Nous avons déjà fait cette remarque à l'occasion du Sabbat.

Seigneur, dit-il à son maître, je *sais* que vous êtes un homme dur, que vous moissonnez où vous n'avez point semé et que vous recueillez où vous n'avez rien mis...

Sans doute, cette interprétation des instructions du maître est pleine d'injustice et, à la mauvaise foi de ces appréciations, on pourrait se croire en face d'un de ces modernes malfaiteurs embusqués dans les buissons du journalisme ; mais, si injuste qu'elle soit, elle prouve au moins ce fait, c'est que le serviteur n'a pas été pris au dépourvu et qu'il avait reçu d'amples instructions de son maître.

Le maître ne s'amuse pas à réfuter les injustes déclamations du serviteur. Le temps des justifications est passé ; celui de la justice est arrivé ; mais le don de Dieu n'est pas perdu et ne peut pas l'être. Son héritage lui est d'abord enlevé et donné aux bons serviteurs, puis l'arbre inutile est coupé et jeté au feu.

Et quand est-il inutile ? C'est lorsque la créature a été dépouillée de ce qu'elle tenait de Dieu, c'est-à-dire de tout atôme créateur.

N. S. attache une grande importance à inculquer cette vérité : *L'inutilité est un mal*.

C'est une maxime aussi certaine et aussi juste que celle-ci : Il faut payer ses dettes.

A vrai dire, c'est la même maxime en d'autres termes.

Si l'homme inutile est coupable, c'est parce qu'il doit ; l'homme naît avec une dette. Il doit ce qu'il a. Pour qu'il ne dût rien, il faudrait qu'il n'eût rien,

alors il ne serait pas. Telle est la condition de l'homme :
Ou n'être pas, ou devoir ce qu'il a.

Toute créature, par cela seul qu'elle est, doit à celui qui est.

Celui qui est, voilà le créancier universel.

Aussi, ce n'est pas légèrement et à la hâte que N. S. prêche cette doctrine; il y insiste, il la présente sous plusieurs faces, afin de la mieux graver dans les intelligences.

C'est d'abord, sous la figure d'un arbre qui doit son fruit et qui, s'il ne le donne pas, sera coupé et jeté au feu.

Puis, c'est encore un arbre : un figuier qui n'a point de fruits, il est vrai, mais qui est orné d'un très beau feuillage. Ce figuier se dessèche sous une parole de malédiction. A Dieu l'ornement ne suffit pas, il lui faut du fruit, c'est-à-dire des œuvres. La prière, elle-même, si elle n'est qu'un son retentissant et vide, la prière est insuffisante. Écoutons le Maître : Tous ceux qui me disent Seigneur, Seigneur, n'entreront pas dans le royaume des cieux, mais seulement celui-là qui fait la volonté de mon père qui est dans les cieux.

Il s'agit ici de coopérer activement à une volonté étrangère à la sienne.

Aussi rien n'est mieux constaté que cette vérité : l'inutilité, c'est-à-dire le défaut de coopération, la faillite morale. L'inutilité constitue une culpabilité suffisante pour être condamné ; ce n'est pas nous qui le disons, c'est Jésus-Christ.

Cette doctrine contrarie peut-être notre raison.

Selon nous, là où il n'y a point d'action, il n'y a

pas de responsabilité et il suffirait de se procurer un sommeil prolongé pour échapper à toute responsabilité.

Le néant, ajoute-t-on, correspond au néant. Oui, c'est possible, mais le néant n'est pas ; nulle part vous ne le trouverez.

Il est introuvable parce qu'il n'est pas. Partout, au contraire, vous trouverez la créature, c'est-à-dire un débiteur, c'est-à-dire un coupable, un hideux banqueroutier, *s'il ne s'acquitte pas.*

Donc la créature inutile est coupable, donc inutilité est synonyme de culpabilité.

La créature est redevable envers son créateur, au même titre que le fils est redevable envers son père.

S'il est une vérité généralement acceptée dans notre société, si dégradée qu'elle soit, c'est que le fils a des devoirs à remplir envers son père ; devoirs imposés par la nature et que l'homme contracte par le seul fait de sa naissance ; et, dans la société honnête, on considérerait comme un homme dénaturé, comme un monstre, le fils qui violerait les obligations qui lui sont imposées par la nature vis-à-vis de son père.

Mais les droits de Dieu sont plus sacrés que ceux du père ; car il est père et c'est en lui que la paternité puise sa sainteté, sa majesté et ses droits ; donc, la créature qui viole ses obligations vis-à-vis de Dieu est plus coupable que le fils qui viole ses obligations vis-à-vis de son père ; donc forcément, logiquement, le serviteur inutile est un monstre. Nous disons plus : C'est qu'entre serviteur et inutile il y a contradiction dans les termes. L'un de ces termes détruit l'autre. Un serviteur inutile n'est pas un serviteur ; la notion de serviteur renferme celle de services à rendre, et par suite, celle d'utilité.

Un serviteur inutile, c'est une brebis sans toison, un chien muet, une vache sans mamelles, une poule inféconde, un soleil sans chaleur et sans lumière,une nuée sans eau, le lis et la rose sans parfum, le vin sans alcool, etc…, c'est-à-dire la création insensée, sans but comme sans utilité. Voilà le serviteur inutile.

Cette doctrine est sévère, dira-t-on : *Durus est hic sermo*. Ah ! oui, c'est possible : Dieu ne reçoit pas sa règle, il l'impose.

C'est selon l'idée que l'on se fait de Dieu. Généralement, l'homme agit avec Dieu avec beaucoup de sans-façon ; il croit ce grand Dieu trop honoré quand l'homme consent à lui adresser quelque léger hommage. C'est si rare un hommage à Dieu et par suite si précieux !

Quelle aberration ! Et qu'est-ce que l'homme devant Dieu ?

La foule, il est vrai, s'éloigne de Dieu ; mais, en quoi Dieu en est-il diminué, et que fait à Dieu la multitude ? Est-ce qu'il reculera devant les bataillons de Satan ? Dieu ne capitulera pas.

L'Evangile ne fait point de concessions. Les temps sont mauvais ; les iniquités abondent ; l'homme serait disposé à faciliter les voies qui conduisent au ciel. Devant la multitude, il s'étonne : son âme fléchit. Mais l'Évangile est écrit, il ne sera point effacé. La vérité de Dieu,est immuable : *Veritas Domini manet in æternum*.

Le serviteur soleil est fait pour éclairer et échauffer, le serviteur chien pour aboyer, le serviteur brebis doit sa laine, le serviteur vache doit son lait, et le serviteur âme doit faire valoir les dons spirituels qu'il a reçus ; il ne peut les enfouir. La logique le veut ainsi ; la logique, c'est-à-dire cette règle inflexible et droite qui dérive de l'intelligence du λογος.

Parmi les vies inutiles de notre siècle, qu'on nous permette d'en citer une ; non certes la plus coupable, mais sans contredit la plus absurde, et qui offre, à notre sens, de grands dangers sociaux en ce sens qu'elle favorise la grossièreté des mœurs et transforme les salons en cabarets, ou, ce qui est la même chose, fait monter le cabaret au salon. Je veux parler de l'homme-cigare ou de l'homme-pipe.

Il y a des hommes qui emploient une partie importante de leur journée à produire de la fumée ; à leur bouche se trouve comme maçonné un rouleau de tabac, ou une petite cheminée en miniature qui produit constamment une fumée âcre et nauséabonde ; elle provoque une salivation abondante et répugnante, pour laquelle il a été nécessaire de créer un récipient dégoûtant appelé crachoir. Ces mœurs de corps de garde sont devenues celles de la fleur de l'aristocratie.

Le voyou du ruisseau, l'habitué des bouges et des clubs, le pilier de café, l'ivrogne du cabaret, le communard de Nouméa, le bourgeois républicain, le prêtre trop ami des distractions et plus amateur des parfums du tabac que de la bonne odeur de J.-C., plus zélateur du *gloria*, final d'une tasse de café, que du *gloria*, final d'un psaume, et le fils des Croisés, allié à la révolution, s'unissent d'une manière touchante dans les marécages nuageux de la tabagie. Ils sucent à la carotte du tabac la flétrissure de leur sang, l'odeur empoisonnée de leur haleine, la nuance jaunie de leurs dents, l'engourdissement de leur intelligence, l'affaiblissement de leurs facultés morales, l'incapacité de travail, l'inutilité de la vie, le nivellement social dans l'ignoble et la communion dans la nicotine.

Ces habitudes dégradantes sont un péril social : elles propagent les mœurs grossières ; elles établissent une espèce de niveau entre tous ceux qui sont attachés au râtelier du tabac ; et cette funeste habitude grandit jusqu'au péché lorsqu'elle devient l'occupation la plus importante et presque exclusive de la journée, ou lorsque cette habitude absorbe tellement l'homme qu'elle le rend impropre à remplir le but de sa création. Il y a l'ivrognerie du tabac comme il y a l'ivrognerie du vin.

Que d'aristocrates blâment un pauvre ouvrier soudé à sa demi-bouteille, qui eux-mêmes sont soudés à leur cigare. Et cependant, si une habitude est excusable, n'est-ce pas plutôt celle du vin que celle du tabac.

Nous la trouvons surtout dangereuse sous le point de vue social ; elle nous apparaît comme le moule et la prédisposition propre à engendrer le révolutionnaire, de même que la formation du corps humain est une prédisposition à la création d'une âme.

S¹ Matt. Cap. iv. V. 12. *Cum audisset Jesus quod Joannes traditus esset, secessit in Galileam.*

Jésus, ayant ouï dire que Jean avait été mis en prison, se retira dans la Galilée supérieure.

Jésus n'avait pas encore prêché publiquement et déjà il avait des ennemis, et des ennemis mortels.

Il avait 30 ans, et quoiqu'il n'eût pas prêché publiquement, il avait dû en particulier ne négliger aucune occasion de répandre sa doctrine. Nous savons, en effet, que le zèle de la maison de Dieu dévorait Jésus-Christ; l'éclat de sa sainteté suffisait d'ailleurs pour le signaler à la haine des prévaricateurs de la loi.

On a dit, de nos jours : Voulez-vous faire la conquête du cœur de l'homme ; commencez par l'aimer. Il y a, dans cette maxime, une parcelle de vérité : il est certain qu'humainement parlant, l'homme n'aimera jamais celui qui ne l'aime pas ; il ne s'ensuit pas que l'homme aimera nécessairement celui qui l'aime ! Si l'amour faisait infailliblement la conquête du cœur humain, J.-C. n'aurait point d'ennemis et la croix n'eut pas été plantée sur le Calvaire. C'est à la haine que nous devons ce signe de l'amour.

Il y a une autre maxime plus vraie, c'est celle-ci : La sainteté et la haine croissent dans des proportions parallèles : plus un homme est saint, plus il amoncelle sur sa tête des montagnes de haine. Ceci est absolument vrai, aux époques néfastes de l'humanité. L'histoire fourmille d'exemples à l'appui de cette vérité, de cette maxime.

C'est pour ce motif que N. S. J.-C., avant même d'avoir prêché sa doctrine et par le seul fait de son éminente sainteté, avait suscité contre lui une foule d'ennemis : la meute de Satan. La haine, cette maladie humanitaire, est bien ancienne ; elle remonte aux premiers jours du monde. Toutes les générations ont donné des successeurs à Caïn, et les filles d'Eve en enfanteront jusqu'à la fin des siècles.

Sous la pression des évènements, J.-C. quitte Nazareth, il abandonne son pays natal, le lieu où il a vécu les douces années de son enfance, en compagnie de sa mère et de saint Joseph.

La petite maison de Nazareth, que quitte aujourd'hui Jésus, a eu sur la terre un honneur unique : c'est le seul lieu qui ait donné l'hospitalité aux trois personnes de la Sainte Trinité.

C'est là que le Saint-Esprit a formé miraculeusement le corps de Jésus.

C'est là que, par une action simultanée, le père donnait son fils et que le fils, confirmant cette donation, s'unissait à la nature humaine. C'est donc dans cette petite maison que s'est consommé le plus mystérieux des mystères : l'union hypostatique de la divinité avec l'humanité dont le mode nous sera peut-être révélé dans le ciel ; car, dans le ciel, la plus grande gloire de Dieu ne lui viendra pas des anges, mais des hommes. Elle lui viendra de J.-C., qui est homme.

Si les hommes n'eussent pas été créés, le ciel ne posséderait pas J.-C. qui en est la plus grande gloire ; ni la Sainte Vierge qui est la mère de Dieu et la reine des anges ; le ciel eût été incomplet, puisqu'il pouvait recevoir un complément. Et, pour louer et glorifier Dieu, les anges emprunteront le ministère du fils de Marie et de Joseph ; de celui qui se plaisait à s'appeler le Fils de l'homme.

Entre les hommes et les anges, sur cette terre, il y a une grande différence; mais, dans le ciel, et grâce à l'Homme-Dieu, cette distance sera comblée : les anges et les hommes ne formeront qu'une seule famille ; ils n'auront qu'un seul chef par lequel ils glorifieront Dieu.

En présence de Jésus-Christ, si les anges osaient se dire plus que les hommes, ils se mettraient au-dessus du fils de Marie : ils se mettraient au-dessus de la mère de Dieu. Il nous semble qu'ils insulteraient à la dignité de celui qui a été conçu du Saint-Esprit dans cette petite maison de Nazareth qui nous a inspiré cette digression.

Terminons-la en remarquant que l'homme tire toute sa gloire de l'incarnation de J.-C. puisqu'elle l'égale aux anges. C'est à l'incarnation que remontent les titres de noblesse de l'homme.

C'est une vérité dont la démonstration sera complète dans le ciel : elle brillera comme le soleil, même sur cette terre, au jour solennel où J.-C. jugera tous les hommes : car ce sera son jour. Quand cette vérité apparaîtra, quelle ne sera pas la confusion, quel ne sera pas le désespoir de ses ennemis !

Le souvenir du mystère de Nazareth devait plaire à l'Homme-Dieu et il devait préférer comme séjour le lieu où il s'était accompli. Il quitte cependant ce séjour béni ; il quitte également sa mère ; nous ne dirons pas toutefois qu'il s'arrache de ses bras ; cette expression respire trop la tendresse charnelle et nous respectons trop la réserve pleine de dignité qui existait entre Marie et son fils.

En effet, nous ne voyons nulle part dans l'Evangile, entre Jésus et sa mère, aucun témoignage d'affection humaine ; non pas qu'il condamne ces témoignages extérieurs, car il a bien voulu, en quelques rares circonstances et pour la consolation de notre faiblesse, approuver ces démonstrations ; mais chez lui, elles ne sont pas le thermomètre de l'amour ; ainsi, il a pleuré Lazare mort naturellement ; il n'a pas pleuré Jean-Baptiste mort martyr, et qu'il aimait probablement plus que Lazare.

Nous verrions plutôt une réserve excessive dans les rapports entre Jésus et sa mère, soit aux noces de Cana, soit lorsque les parents de Jésus le rencontrent au temple discutant avec les docteurs, soit lorsque Jésus mourant lègue sa mère à saint Jean, en prononçant ces paroles qui paraissent si froides dans un pareil moment : *Femme*, voilà votre fils.

Hâtons-nous de dire que Jésus, qui connaissait l'avenir, savait que les premiers chrétiens seraient tentés de décerner à Marie les honneurs divins. Par ce mot de *femme*, prononcé du haut de la chaire érigée sur le Calvaire, il détruisait cette idolâtrie, surtout lorsqu'il ajoutait : Voilà votre fils, l'origine humaine de Jean étant connue de tous, Jésus signalait une équation, une égalité de nature entre Marie et Jean, il allait au-devant de l'apothéose de sa mère; il l'humanisait. C'est comme s'il avait dit : Jean est votre égal selon la nature, car la mère et le fils sont de même nature.

En prononçant ce mot *femme*, Jésus voulait aussi indiquer la différence de substance qui existait entre lui et sa mère. Ce mot qui nous paraît si dur était donc nécessaire, c'est pourquoi J.-C. n'a pas hésité à le prononcer. La charité l'exigeait. Quant à Marie, elle répétait intérieurement ces paroles de son fils : *Calicem quem dedit mihi Jesus non bibam illum ?* Refuserai-je de boire le calice que Jésus me présente ?

C'est que l'amour de Jésus pour sa mère était un amour où le naturel était soumis au surnaturel. J.-C. en agissait avec sa mère comme il agit avec les âmes fortes ; aux âmes privilégiées il supprime les douceurs. Les ruisseaux de miel et de lait sont la récompense des Juifs charnels.

Les épines et la croix sont le partage des amis de J.-C., le disciple n'est pas plus que le maître. D'ailleurs le lait et le miel ne sont pas une nourriture fortifiante. A la vérité, Jean se nourrissait de miel ; mais qu'était-ce que ce miel ? L'Evangile dit que c'était du miel des bois ou du miel sauvage, *mel sylvestre*, et je soupçonne fort que ce miel renfermait de l'amertume.

Peut-être aussi, par une conduite aussi réservée, N. S. voulait-il nous mettre en garde contre les dangers d'une tendresse trop humaine. L'amour est une force ; c'est la source des résolutions vigoureuses et des vertus héroïques. La tendresse est une faiblesse: c'est d'elle que viennent les défections et les capitulations de conscience.

Ce n'était pas de la tendresse, c'était de l'amour

et de l'amour de bon aloi que la mère des Machabées témoignait à ses 7 fils, lorsqu'en présence de leurs effroyables tourments, elle les exhortait à souffrir courageusement. Quelle tendresse maternelle ne s'effacerait devant cet héroïsme de l'amour ?

Si Marie, notre mère à tous, titre d'honneur qu'elle a gagné au pied de la croix, n'avait trouvé dans son cœur que de la tendresse, elle n'aurait jamais consenti à cet énergique sacrifice du Calvaire qui atteint aux extrêmes limites de l'amour, puisque l'esprit ne conçoit rien au-delà.

On a dit de l'amour qu'il était plus fort que la mort, et rien n'est plus vrai. Sous l'impulsion de la grâce, on voit encore tous les jours des âmes généreuses s'offrir en holocaustes pour leurs frères.

Si J.-C. quitte aujourd'hui sa patrie, s'il quitte sa mère, s'il abandonne sa modeste maison, c'est un sacrifice qu'il fait aux intérêts de Dieu. Les haines insensées que le spectacle de ses vertus avait soulevées contre lui étaient parvenues à un tel degré d'intensité que l'exercice de son ministère était devenu impossible ; il était condamné à l'inutilité.

Dans ces conditions, J.-C. n'hésite pas ; il abandonne toutes les consolations légitimes que l'homme trouve dans la famille et dans la patrie, il émigre. Mais où dirigera-t-il ses pas ?

Là encore, J.-C. est un modèle : sa voie a été tracée, il y entrera. Il *obéit* à cette voix qui avait dit :
« Le peuple de Zabulon et le peuple de Nephtali qui
« était assis dans les ténèbres a vu une grande lu-
« mière, et la lumière est venue éclairer ceux qui

« étaient assis dans la région de l'ombre de la mort. »

J.-C. pratiquait toutes les vertus jusqu'à l'héroïsme. On dirait cependant qu'entre toutes, l'obéissance lui était chère ; c'était cette vertu qu'il recommandait spécialement lorsqu'il disait : Apprenez de moi que je suis doux et humble de cœur ; c'est-à-dire que je suis obéissant, car l'obéissance est la *pratique* de la vertu dont l'humilité est la *théorie.*

Saint Paul indique, en quelques paroles, combien cette vertu a été suréminente en J.-C. : *Factus est obediens usque ad mortem, mortem autem crucis* ; il a été obéissant, dit-il, jusqu'à la mort et à la mort de la croix.

Les rares personnes qui pratiquent l'obéissance savent seules combien il est pénible et conséquemment combien il est méritoire de renoncer à sa volonté pour faire celle des autres.

Il y a des chrétiens qui suivent J.-C. dans la voie des souffrances ; il y en a d'autres qui imitent sa chasteté ; d'autres le suivent dans la voie de la pauvreté ; mais, à l'entrée de la voie de l'obéissance les plus intrépides s'arrêtent ; ils hésitent à s'engager au milieu des épines de l'obéissance où ils doivent laisser, tous les jours et même à toutes les heures, un lambeau de leur chair ; c'est la mort goutte à goutte, c'est la mort à petit feu ; c'est plus que cela.

Celui qui obéit à la volonté d'un autre, dit à cet autre : Vous êtes mon maître, c'est-à-dire vous êtes mon Dieu, car l'homme n'a qu'un maître direct et légitime, c'est celui à qui nous disons tous les jours : « Que votre volonté soit faite sur la terre comme au ciel. »

Faire la volonté d'un autre, indépendamment de toute croyance religieuse, c'est une adoration, j'ajouterai même, c'est une idolâtrie. Aussi la vertu d'obéissance est si antipathique à l'homme, qu'il préfère la liberté à tous les biens de ce monde et que, pour se la procurer, il sacrifie tous les autres biens.

C'est une question sur laquelle l'homme n'entend pas raison : il veut la liberté *per fas et nefas*, et sa prétention est légitime.

La liberté est un bien naturel dont l'homme ne doit qu'à Dieu le sacrifice direct ou indirect et ce n'est qu'au nom de Dieu qu'on peut demander ce sacrifice à l'homme. Dieu est une chose très-utile. En général, on relègue Dieu en dehors de la vie commune de l'homme; c'est une erreur capitale : Dieu intervient comme cause et comme instrument dans toutes les pensées, les actions, les mouvements de l'homme.

Sans ce rouage divin, la vie naturelle s'arrête, de même que la vie sociale. Le peuple le plus éclairé sur ses droits, devient le plus ingouvernable.

Envisagée sous ce point de vue, l'obéissance est une vertu éminemment sociale, digne d'appeler les méditations de l'homme politique.

L'obéissance, antipathique à l'homme, l'est surtout à la jeunesse. Le jeune homme, semblable à un jeune poulain, est impatient du joug. Le vieillard l'accepte plus volontiers, non par vertu, mais par infirmité.

Accepter le frein est pour le jeune homme un acte héroïque, c'est un beau spectacle que celui d'un jeune homme qui met sa fougue et sa force sous le joug de la discipline et au service de la vérité. A l'époque où nous sommes, J.-C. a environ 30 ans : il est dans toute sa force et sa beauté. C'est le modèle du jeune homme dont nous parlons.

Si le sacrifice de Jésus a eu lieu à l'âge de 30 à 33 ans, au moment physiologique où la nature humaine a atteint l'apogée de sa perfection, c'était afin d'offrir à Dieu une victime plus parfaite, une chair et un sang plus frais et plus vermeil, l'âme et le corps dans son intégrité.

Obéissant donc aux ordres du Saint-Esprit, J.-C. vient habiter une contrée sauvage et aux trois quarts païenne : enveloppée de toutes parts par les païens, cette partie de la Galilée, que pour ce motif on appelait la Galilée des nations, avait été envahie par les mœurs et les doctrines païennes auxquelles elle ne croyait pas ; mais elle ne croyait pas davantage aux doctrines Mosaïques, de sorte qu'elle ne croyait plus à rien. C'est le résultat infaillible de tout peuple tiraillé en sens contraire par des doctrines contradictoires.

Voilà la contrée assignée au zèle apostolique de Jésus !

Il s'y rend et choisit Capharnaüm pour sa demeure. Il n'est pas sans intérêt de connaître la ville que J.-C. a choisie pour sa demeure. Voici la photographie morale de cette ville, tracée par J.-C. lui même :

« Et toi, Capharnaüm, t'élèveras-tu toujours jus-
« qu'au ciel ? Tu seras abaissée jusqu'au fond des en-
« fers, parce que si les miracles qui ont été faits au
« milieu de toi avaient été faits dans Sodôme, elle
« subsisterait peut-être encore aujourd'hui. »

Un mode d'existence très-pénible, c'est celui d'un homme condamné à vivre au milieu de gens dont les mœurs, les habitudes, les croyances sont contraires aux siennes. On insulte à tout ce qu'il respecte; on froisse toutes ses délicatesses; on blesse tous ses sentiments.

Il est obligé d'assister au triomphe de l'erreur : il voudrait bien, au contraire, procurer celui de la vérité, mais il ne le peut ; le nombre et la force l'écrasent : cette impuissance est pour lui un supplice, un véritable martyre moral. Il trouve sa consolation unique dans ces paroles du Maître : *Beati qui esuriunt et sitiunt justitiam; quoniam ipsi saturabuntur* : Bienheureux ceux qui sont affamés et altérés de justice, parce qu'ils seront rassasiés.

Tel était Jésus, au milieu de ces peuples de Zabulon et de Nephtali : il n'avait fait qu'échanger une croix contre une autre. Alors, dira-t-on, autant aurait valu rester à Nazareth, la croix n'y manquait pas: il était bien inutile de venir la chercher à Capharnaüm.

Ce n'est pas la croix que Jésus-Christ fuit et qu'il redoute ; ce qu'il redoute, c'est la stérilité à laquelle son ministère est condamné. Sans doute, il trouve des ennemis dans la Galilée des Gentils, mais des ennemis naturels, comme il en trouve partout; avec ce genre d'ennemis, son ministère peut être fructueux et il le fut dans une certaine mesure. On peut même dire que ce genre d'ennemis forme la clientèle habituelle de Jésus ; ce sont des ennemis, il est vrai, ou plutôt des malades, et c'est pour les guérir que le docteur divin est venu sur la terre : les ennemis qu'il fuyait n'étaient pas des ennemis naturels, c'était des révoltés. La différence entre ces deux genres d'ennemis, c'est que l'ennemi naturel a péché contre le Fils de l'homme, et le révolté a péché contre le Saint-Esprit.

J.-C. fait, à l'endroit des Nazaréens, ce que beaucoup de prêtres français font à l'égard de leurs compatriotes révoltés : ils abandonnent leur patrie où leur ministère est frappé de stérilité, pour se transporter sur les rives du fleuve Jaune ou celles du Missouri. Ils savent qu'ils y trouveront des ennemis naturels, mais non des révoltés, pleins d'une haine farouche, et qui ont sciemment rejeté l'Évangile qu'ils avaient reçu en héritage.

Ainsi, le vrai motif de l'expatriation de Jésus, c'est la stérilité de son ministère. Quand J.-C. ne peut faire du bien, il s'éloigne : il est clair que Jésus n'est pas venu sur cette terre pour ne rien faire et que, si sa mission eût dû échouer, il serait resté dans le ciel.

Ce que fuyait Jésus, c'était aussi la mort prématurée, avant que son œuvre fût fondée ; car, plus tard, il acceptera la mort : elle servira même de base à son édifice.

Avant de terminer, reposons nos regards sur l'humilité de J.-C. Il choisit pour son partage, dans l'apostolat du monde, les bords du Jourdain et du lac de Génésareth. Il s'en éloignera peu : c'est là qu'il a prodigué ses miracles ; c'est dans ce petit champ de la Galilée que se consumera sa vie d'apôtre. C'est de là qu'il est parti pour faire la conquête du monde.

J.-C. n'est pas ambitieux : il ne fait pas grand, il

fait petit. Pendant qu'inconnu sur ce petit théâtre de la Galilée, ce point imperceptible de l'empire romain, ce coin si méprisé des maîtres du monde; pendant, dis-je, qu'inconnu il posait les fondements de son futur empire, qui donc dans l'orgueilleuse capitale du monde, soupçonnait son pacifique vainqueur? J.-C. ne fait pas grand, mais il aboutit au grand, en partant de l'infiniment petit. Il y met du sien ; c'est pourquoi, sous sa main divine, le petit devient grand et le fini l'infini.

St MATT. CAP. IV. V. 18. *Ambulans autem Jesus juxtà mare Galileæ, vidit duos fratres, Simonem qui vocatur Petrus et Andræam, fratrem ejus, mittentes rete in mare ; erant enim piscatores.*

19. Et ait illis : Venite post me et faciam vos fieri piscatores hominum.

V. 18. Or il arriva que Jésus marchant le long de la mer de Galilée, vit deux frères, Simon appelé Pierre, et André, son frère, qui jetaient leurs filets dans la mer; car il étaient pêcheurs,

19. Et il leur dit : Suivez-moi, et je vous ferai devenir pêcheurs d'hommes.

Nous pensons qu'il y a entre la nature et la grâce des harmonies secrètes et que la nature est une préparation à la grâce ; et c'est ce que paraît insinuer N. S. J.-C. par ces paroles : Suivez moi et je vous ferai pêcheurs d'hommes. C'est comme s'il disait : Cette industrie naturelle acquise, je l'utiliserai en la transformant.

Ce n'est point un simple jeu de mots qu'a voulu faire N. S. J.-C. : il a surtout voulu indiquer les rapports qui existaient entre la profession de pêcheur et celle d'apôtre. En effet, l'éducation du pêcheur prédispose aux fonctions de l'apostolat.

Et d'abord le spectacle de la mer est propre à agrandir les idées, et à sortir l'homme du cercle étroit où il se meut. L'homme de mer est toujours en face du péril et de la mort : sa lutte contre les flots est incessante ; elle le prépare à la lutte contre les passions et au support des contradictions. Il doit être doué pour cette lutte d'une santé de fer, d'une force physique peu commune, et d'une âme vigoureusement trempée.

Dans cette profession de pêcheur, il apprend la confiance en Dieu et la patience. La confiance : car son industrie est presque nulle et sa réussite repose sur l'action providentielle. La patience : car il est exposé à de longs chômages qu'il ne dépend pas de lui d'abréger, et à un travail longtemps et souvent stérile.

Pour faire un bon pêcheur, il faut donc une bonne santé, une grande force physique, une âme vigoureuse, l'habitude des contradictions, la confiance en Dieu et la patience : qualités et vertus fort utiles dans l'apostolat.

Ce n'est pas parmi les rudes pêcheurs de l'Océan et de la Méditerranée qu'on recrutera cette population bigarrée, énervée, dégradée, étiolée, qui renferme dans son sein les utopies les plus absurdes. Pour favoriser l'éclosion et la croissance de ces plantes vénéneuses, il faut deux choses : la doctrine impie du journalisme et les loisirs du cabaret.

Le vrai remède à ces théories creuses et fausses, serait dans la rude discipline et dans les durs travaux du pêcheur. Voulez-vous guérir des malheureux atteints de maladies socialistes ? condamnez-les aux travaux hygiéniques de la vie du pêcheur. Ah! comme leurs théories s'écrouleront vite en face des réalités d'une vie sérieuse, pleine de périls, pénible et occupée !

Si l'Allemagne et la France écoulaient le trop plein de leurs Universités, de leurs ateliers, et surtout le trop plein de leurs presses, dans les saines et vigoureuses populations adonnées aux travaux de la pêche, quel calme et quelle tranquillité renaîtraient en Europe !

Parmi les disciplines, une des meilleures, c'est la mer : et il y a lieu de s'étonner que les nations n'aient pas érigé la mer en école de correction. Chose fort remarquable ; c'est parmi cette population rude et saine que Jésus choisit les chefs de son Église ; les quatre colonnes principales de son édifice.

Pour sa profession personnelle et celle de son père, il a choisi celle d'ouvrier charpentier ou menuisier. La profession de corroyeur lui a fourni l'apôtre saint Paul. Celle de médecin lui a fourni saint Luc. Saint Matthieu a été pris au bureau des impôts. Nous ne voyons pas que la plus nombreuse des professions, celle d'agriculteur, ait été favorisée d'une seule vocation.

La profession agricole favoriserait-elle moins la vocation religieuse que celle de pêcheur et celle d'ouvrier ? Cela est possible.

Nous avons vu les rapports qui existent entre la

profession de pêcheur et celle d'apôtre ; l'ouvrier a cela de spécial, c'est qu'il est, moins que tout autre, impliqué dans les embarras de ce monde. Pour gagner sa vie et celle de sa famille, quelques instruments qu'il peut porter à dos lui suffisent ; il porte donc partout avec lui ses moyens d'existence : son indépendance est à peu près complète. Il n'en est point ainsi du laboureur. Pour cultiver la terre, il lui faut un attirail considérable.

La charrue ne peut marcher qu'avec des bœufs ou des chevaux; pour fumer les champs, il faut des moutons; pour nourrir les enfants et les domestiques, la vache est bien utile. Il faut donc acheter du bétail, le soigner d'une manière intelligente, veiller à sa multiplication, etc. Entre l'agriculteur, son bétail et ses champs, il se forme des liens nombreux qui l'enchaînent.

L'agriculteur n'est pas libre ; le naturalisme l'enveloppe de toutes parts et le domine. C'est pour ce motif peut-être que J.-C. n'a pas choisi d'apôtre dans cette profession. Sans doute, l'agriculture produit des saints, mais des saints par la voie des préceptes, non par celle des conseils.

Celui qui se contenterait de lire dans saint Matthieu le récit de la vocation de Pierre et de son frère André et celle des deux fils de Zébédée pourrait croire que Dieu a fait usage de son pouvoir divin pour déterminer la vocation de ces deux groupes de frères, car ils paraissent obéir avec la plus grande facilité à une simple invitation de J.-C. : il n'en est rien.

J.-C. a fait un miracle spécial, un miracle *ad hoc*,

uniquement pour décider la vocation de Simon et de ses compagnons ; un miracle enfin qui était directement à l'adresse des pêcheurs, car il consistait à procurer une pêche phénoménale par son abondance, et évidemment miraculeuse.

C'est à la vue de cette pêche que Simon, épouvanté de la puissance de Jésus, prononça ces paroles devenues si célèbres et qui peignent si bien les sentiments divers qui remplissaient son âme : *Exi à me, Domine, quia homo peccator sum.* Et comme les actions de Jésus ont souvent plusieurs côtés utiles, ce miracle, en même temps qu'il était le motif déterminant de la vocation de Simon et de ses compagnons, était le symbole de la fécondité tout à fait miraculeuse de leur apostolat.

Tels sont les commencements de la mission de Jésus dans la haute Galilée où l'obéissance l'avait conduit. C'est en se promenant sur le bord de son lac, que Jésus, avec la plus grande aisance, sans tension d'esprit et comme en se jouant, résout cette grave question du choix de ses premiers disciples.

Ce lac a des souvenirs bien doux : il a été témoin des principales actions de Jésus ; c'est sur ses rives que sa vie s'est écoulée. C'est de là qu'est partie la lumière qui éclaire le monde depuis 18 siècles et dont les ténèbres s'efforcent en vain de ternir l'éclat.

Un pèlerin trouverait beaucoup de bonheur à parcourir ce délicieux théâtre, témoin des actions de l'Homme-Dieu. Sans doute Nazareth, Bethléem, et surtout le Golgotha, rappellent de plus grands et de plus solennels mystères ; mais le cadre du lac galiléen est plein de charme, et il ferait bon vivre, respirer et penser où Jésus a vécu, respiré et pensé.

Pour déterminer Pierre et ses compagnons à le suivre, Jésus leur a fait une promesse dont l'accomplissement paraît dépasser les forces humaines : il leur a promis qu'il les ferait pêcheurs d'hommes. Pêcher des hommes, c'est les prendre à un hameçon quelconque.

Quel hameçon possède donc Jésus ? Est-ce l'hameçon de la fortune ? Non, Jésus est pauvre. Est-ce l'hameçon du pouvoir ? Non, Jésus n'est point né sur les marches d'un trône.

Est-ce l'hameçon de la science ? Non, Jésus n'appartient à aucune académie, ni à aucun corps savant. Au contraire, il cumule toutes les impossibilités, et toutes les forces sociales s'insurgent contre lui.

Il le voit très-bien, et toutefois il n'hésite pas, il affirme à Pierre et à ses compagnons, qu'il les fera pêcheurs d'hommes. S'il réussit, on voudra bien nous accorder qu'il y a dans ce fait quelque chose de surhumain.

Cependant les évènements se développent selon leur logique rationnelle. Dans sa lutte contre ses ennemis, Jésus faible et sans appui succombe ; il meurt sur un gibet.

Ainsi, à ses disciples auxquels il a promis de les faire pêcheurs d'hommes, Jésus lègue la montagne d'impossibilités qui l'écrasait lui-même. Il lègue de plus l'infamie de son supplice. Mais voilà où est le miracle !

Transportons-nous à un siècle ou un siècle et demi

Pierre et André sont morts sur un échafaud comme leur maître, mais après avoir pris dans les filets de de Jésus, soit par eux-mêmes, soit par leurs disciples, une partie du monde romain et la plus nombreuse, au témoignage de Tertullien ; et si vous désirez connaître l'hameçon de Jésus, celui dont Pierre, ses compagnons et ses successeurs se sont servis, adressez-vous à eux, ils vous diront : Cet hameçon, c'est la croix.

Singulier appât, sans contredit, et qui cependant a réussi ; ainsi la promesse de Jésus s'est accomplie : de Pierre et de ses compagnons il a fait à la lettre des pêcheurs d'hommes. Il a eu raison contre la raison : c'est pourquoi il a soumis la raison ; et maintenant la saine raison lui fait cortège, elle marche à sa suite.

St Matt. Cap. v. V. *3. Beati pauperes spiritu.*

Bienheureux les pauvres d'esprit.

N. S. était venu sur cette terre, pour indiquer aux hommes la voie qui conduit au bonheur. Aujourd'hui donc, il expose à ses disciples sa théorie du bonheur, et le premier article de cette théorie c'est cet axiôme devenu si célèbre : Bienheureux les pauvres d'esprit.

Les sept autres articles de cette théorie sont aussi extraordinaires que le premier, de sorte que l'ensemble de cette théorie du bonheur repose sur la collectivité des misères de l'humanité.

Voilà dix-huit siècles que cette espèce de défi a été jeté à la sagesse humaine, et l'expérience a donné raison à J.-C.

Le motif pour lequel les pauvres d'esprit sont bienheureux, est celui-ci : *Parce que le royaume des Cieux leur appartient.* La preuve sur laquelle s'appuie N. S. J.-C. échappe complètement à l'investigation humaine. L'homme ne peut pas vérifier si le royaume du ciel appartient aux pauvres : il n'aperçoit qu'une des faces de la question, celle qui regarde cette terre; il n'aperçoit pas celle qui regarde le ciel, et comme la lumière d'un hémisphère n'éclaire pas l'autre, l'homme est dans l'impossibilité de juger sainement ce qui se passe dans l'hémisphère qui lui est opposé.

J.-C. apprend à l'homme qu'il y a des questions qui dépassent la portée de l'intelligence humaine. Elles reposent sur des idées plus élevées; refuser l'aide et le secours de cette juridiction, c'est se priver des sublimes vérités qui en dépendent.

J.-C. seul est compétent dans cette question du bonheur. Il n'ignorait pas les inconvénients et les humiliations de la pauvreté, lui qui était né pauvre et dans les rangs du peuple si méprisé et si opprimé à l'époque où il vivait.

Jésus, par sa naissance divine, pénétrait les secrets du royaume des cieux, ou mieux, le royaume des cieux n'avait point de secrets pour lui; il était donc parfaitement compétent sur la question, et c'est en pleine connaissance de cause qu'il prononce cette sentence : Bienheureux les pauvres d'esprit, non pas parce qu'ils sont pauvres, mais parce que le royaume des cieux leur appartient. La pauvreté est le moyen, le royaume des cieux est le but. On peut aimer le moyen à cause de J.-C., on doit aimer le but pour lui-même.

Aimer le moyen est un conseil ; aimer le but est un précepte. Ainsi les hommes sont placés dans cette alternative : ou ignorer éternellement cette question du bonheur dont une des faces leur échappe ; ou croire sur la foi en J.-C.

Si, véritablement, un royaume quelconque, mais surtout le royaume des cieux appartient aux pauvres, il est certain qu'ils sont heureux et même bienheureux, quelle que soit d'ailleurs leur condition actuelle ; car, selon l'opinion commune, le royaume des cieux est un royaume dont la durée est éternelle, qui renferme toutes les conditions de bonheur et qui exclut toutes les chances de malheur.

La position des pauvres serait donc celle-ci : pendant la durée de cette vie qui n'est qu'un point imperceptible dans le temps, le pauvre endure des souffrances très-limitées dans leur intensité et très-tolérables ; mais en échange, il reçoit une vie éternellement heureuse.

Si N. S. dit vrai, où est le privilégié ? N'est-ce pas celui qui échange un instant de misère contre une éternité de bonheur ? La question est donc là : Jésus dit-il vrai ? Faut-il croire que le royame des cieux appartient aux pauvres ?

C'est une question de foi ou un acte de confiance, ce qui est la même chose : car la confiance dérive de la foi, *fid-ucia* dérive de *fid-es*. C'est pourquoi cette question n'en est pas une pour les catholiques ; elle n'en est une que pour les incroyants.

Où sont donc les preuves de N. S. J.-C.

J.-C. a pour garants les trois personnes divines :

le Père et le Fils d'abord, qui ont été proclamés au baptême de J.-C. par cette voix sortie des cieux : Celui-ci est mon fils bien-aimé, etc. ; voix qui donnait à la mission de N. S. l'autorité la plus haute et la plus sacrée; puis, le Saint-Esprit qui le reconnaît pour son organe en se reposant sur lui. J.-C. apporte encore en preuves les nombreux miracles qu'il a opérés dans la Galilée, depuis le commencement de sa mission : de sorte que le miracle confirme le miracle. Preuve et contre-épreuve qui témoignent infailliblement de la divinité de J.-C.

Il se présente donc avec un cortège de preuves qui écarte toute chance d'erreur. Nous remarquons cependant que, dans cette circonstance, c'est à ses seuls disciples qu'il s'adresse, car l'évangéliste dit : *Accesserunt ad eum discipuli ejus et, aperiens os suum, docebat eos.* Ses disciples s'approchèrent et, ouvrant sa bouche, il les enseignait.

N. S. jugeait peut-être que cette vérité ne pouvait encore être exposée aux yeux de tous.

Cependant J.-C. n'excluait personne de ses instructions, et ceux d'entre le peuple qui avaient la foi et le zèle des disciples pouvaient prendre place derrière eux et participer aux bienfaits de ses instructions.

Il y avait là les disciples que j'appellerai officiels et ceux qu'un doux et puissant attrait seul attachait à Jésus. Ces deux catégories de disciples, ces privilégiés de la grâce, ne discutent pas la parole de Jésus ; ils l'acceptent avec empressement parce qu'ils en ont l'intuition ; ceux qui aiment Dieu le comprennent. Ce langage s'appelle intuition.

C'est celui de la nourrice et de l'enfant ; c'est celui qui me charmait hier entre ma petite fille de 2 mois, et la jeune piémontaise, sa nourrice (juin 1878); rien n'égale le charme de ce langage qui ne peut s'exprimer par la parole. L'âme, pour manifester ses sentiments, sort de son enveloppe mortelle : elle apparaît novice encore dans la vie sur le visage de l'enfant, dans ses yeux et dans le tressaillement de son petit corps. Que tout cela est touchant et combien Dieu est admirable dans les petites choses ! En général, ceux qui s'aiment se comprennent.

L'amour divin surtout est un flambeau qui éclaire et échauffe tous ceux qui sont soumis à l'action de son foyer. Ceci n'est point du mysticisme : c'est une vérité que le philosophe et le moraliste ne désavoueront pas.

J.-C. s'adressait en ce moment à ses disciples officiels et secrets : plus tard, et lorsque la lumière sera devenue plus éclatante, cette même maxime sera prêchée à tous par le ministère de ceux qui l'auront reçue directement de la bouche sacrée du fils de Dieu. J.-C. proportionne la vérité à la lumière. On trouve bien encore dans l'évangile et dans l'Eglise une troisième catégorie de disciples; celle-là bien parfaite et bien rare.

Nous avons vu ceux qui ont été appelés par la parole; ceux qui ont été appelés par un attrait intérieur; il y a encore ceux qui sont repoussés ou qui paraissent l'être.

Le type de ces derniers se trouve dans la Chananéenne. Celui qui les repousse connaît la force du lien qui les attache à lui. Il sait que ce lien est à l'épreuve et ne rompra pas ; au contraire, le nœud se resserrera. Cette catégorie de disciples est peu nombreuse ; elle ne se recrute que sur les hauts sommets de la perfection.

Mais, dira-t-on, quel rapport absolu, rationnel, y a-t-il entre la pauvreté et le royaume des cieux pour que l'une enfante l'autre ! Absolument parlant, il n'y en a aucun. Naturellement parlant, la pauvreté est un mal ; et sous le règne de la justice, nous osons dire que J.-C. n'aurait pas prêché cette maxime. Mais il y a une chose qu'il ne faut jamais perdre de vue quand il s'agit d'une appréciation morale de l'homme ; c'est l'immense perturbation survenue dans la nature.

Dans sa constitution primitive, l'homme devait s'attacher aux biens selon leur hiérarchie : tous les biens naturels n'auraient pu à ses yeux contrebalancer un bien de la grâce. Naturellement et sans effort, il aurait préféré un seul bien surnaturel à tous les biens naturels. Aucune injustice, aucun désordre n'étaient donc à redouter ; il n'y avait pas lieu de craindre que l'amour des biens naturels fît concurrence dans le cœur de l'homme à ceux de la grâce : l'homme ne pouvait infliger à Dieu cet outrage.

Il possédait les biens naturels, il est vrai, mais il en était le maître et non l'esclave et c'est ce qui constitue l'esprit de pauvreté qui n'est jamais plus pur qu'au milieu des richesses.

Quand N. S. a dit : Bienheureux les pauvres d'esprit ; en réalité que disait-il, sinon : bienheureux ceux qui préfèrent les biens de la grâce aux biens de la nature, proposition qui, certes, n'a rien que de conforme à la droite raison.

Voilà pourquoi N. S. dit anathème aux biens de la terre. Par eux-mêmes et intrinsèquement, ils sont bons, car c'est Dieu qui en est l'auteur; mais dans l'état actuel de l'homme, ils sont un danger et c'est pourquoi Jésus les proscrit. Ils sont un danger, parce que, dans sa condition présente, l'homme ne peut les posséder sans s'y attacher, et c'est là un mal immense, un outrage direct au souverain bien. C'est en effet préférer les biens naturels aux biens de la grâce, le royaume de la terre à celui des cieux.

Par l'application de cette maxime, J.-C. recommande le contraire; il recommande de préférer le royaume des cieux à celui de la terre. En raison de la bassesse de ses inclinations, l'homme courait le danger d'accorder son estime aux biens de la terre et de mépriser ceux du ciel, car l'homme ne peut avoir deux maîtres. Réduite à ces termes, la question n'a rien qui choque la raison.

Pourquoi, dira-t-on, J.-C. n'a-t-il pas fait usage d'un langage plus en harmonie avec la raison? La formule dont s'est servie N. S. J.-C. lui appartient seule: Langue imagée, colorée, profonde, saisissant vivement l'intelligence, se burinant dans la mémoire d'une manière impérissable, provoquant la méditation; si riche, qu'elle a provoqué dans mon esprit cette confession. C'est qu'à lui seul, J.-G. a enrichi le langage humain plus que tous les autres hommes. Contentons-nous de faire observer que cette formule si laconique choisie par J.-C. :Bienheureux les pauvres d'esprit, est si favorable à la méditation qu'elle a enfanté des volumes.

A nos yeux le premier linguiste du monde, sans comparaison, c'est J.-C. Remarquons bien : ce n'est pas la pauvreté que J.-C. recommande ; la pauvreté, même la misère, sont compatibles avec le désir et l'estime des biens inférieurs et avec le mépris des biens de la grâce : c'est *l'esprit de pauvreté*, ce qui est bien différent. L'esprit de pauvreté, c'est l'appréciation saine des biens selon leur hiérarchie divine; c'est l'ordre et la règle dans les affections.

Abraham était riche et cependant il avait l'esprit de pauvreté; Job était riche, il avait également l'esprit de pauvreté; Zachée était riche et il a reçu de Jésus l'esprit de pauvreté ; Simon était riche, mais il n'avait pas l'esprit de pauvreté; il estimait l'argent plus que les dons du Saint-Esprit et il a mérité de donner son nom à une prévarication nouvelle dans l'Eglise. Judas était pauvre et il aimait l'argent jusqu'à la prévarication des commandements de Dieu. Qu'il soit donc bien entendu que la pauvreté est recommandée à titre hygiénique et comme remède à des malades.

Poussons plus loin la comparaison et supposons qu'une maladie contagieuse, le choléra par exemple, envahisse une nation, et que le remède infaillible à ce choléra soit l'huile de foie de morue ; est-ce que le docteur officiel, chargé d'appliquer ce remède, ne serait pas autorisé à le recommander aux populations en s'écriant : Bienheureux ceux qui ont une provision d'huile de foie de morue, parce que la vie est entre leurs mains.

Considérons donc la pauvreté comme un remède.

Le cachet de la vérité est de ne pas se contredire et d'être toujours conséquente avec elle-même. La maxime de J.-C. sur la pauvreté a subi cette épreuve. Le Saint-Esprit avait dit : Celui qui sème dans les larmes, moissonnera dans la joie. C'est la même vérité exprimée dans d'autres termes.

Cette célèbre proposition de N. S. J.-C. a suscité des contradicteurs dans tous les siècles : ils ne lui ont pas fait défaut dans le nôtre. Les uns, appelés économistes, ont dit au peuple : Enrichissez-vous et vous serez heureux. Ces paroles ont agréablement résonné aux oreilles du peuple.

Les hommes qui, jusque là, avaient écouté J.-C., l'ont abandonné. Vous avez raison, ont-ils répondu aux nouveaux apôtres ; pour être heureux, il faut être riche. Enrichissez-nous, car nous sommes pauvres. Les économistes ont répondu : Travaillez et vous deviendrez riches ; le travail mène à la fortune. Les pauvres ont riposté : Le travail est un moyen bien long, si même c'est un moyen ; le salaire du travailleur suffit à peine aux besoins de sa famille ; si nous pouvons à peine vivre, comment pourrons-nous économiser ?

Vos plaintes sont fondées, ont dit les économistes, nous y ferons droit ; nous augmenterons vos salaires. Et on a augmenté le salaire de l'ouvrier ; on a doublé ces salaires.

Cette fois, l'ouvrier sera-t-il heureux? Les besoins se sont multipliés ; la table a été mieux servie ; son mobilier est devenu plus somptueux ; sa femme a été mieux vêtue ; elle a voulu imiter la dame. Sans aucun profit pour la santé et le bonheur de la famille, le luxe de la table et des vêtements a mangé l'augmentation des salaires.

Pour comble de malheur, un résultat imprévu s'est manifesté. Pour satisfaire aux besoins factices qu'il s'est créé, l'ouvrier a consommé davantage : alors, les objets de consommation ont augmenté; les salaires avaient été doublés, les objets de consommation ont doublé. L'ouvrier est devenu plus pauvre après qu'avant.

Il est revenu à la charge auprès de l'économiste et il lui a dit : Nous sommes plus pauvres qu'avant, nos besoins sont devenus plus impérieux et nous ne pouvons les satisfaire, car les denrées de toute espèce ont doublé de valeur. Vous nous aviez promis que le travail nous enrichirait, nous n'avons pas le temps d'attendre, la vie n'est pas suffisamment longue, la mort nous talonne, la vie éternelle est une chimère. vous nous l'avez affirmé et nous le croyons. Le bonheur est dans ce monde, et nous voulons en jouir.

Vous êtes riches, vous, et vous avez le bonheur ; faites-nous en part, sinon nous emploierons la force, car nous nous appelons légion. La question en est là entre l'ouvrier et l'économiste, et nous n'avons pas chargé le tableau.

J.-C. avait encore dit ces paroles profondes : Vous aurez toujours des pauvres parmi vous ; vérité fondée sur l'expérience et l'observation. Ces paroles ont exaspéré les partisans du progrès illimité.

L'industrie fera des merveilles, a-t-il répondu : elle prodiguera les richesses, il y en aura pour tous. On s'est mis à l'œuvre, on a construit des machines, on a fabriqué des marchandises, on en a produit des montagnes. Mais il fallait les écouler : on a conquis des royaumes, on les a rendus tributaires de l'industrie. Sous une autre forme on a rétabli le servage.

C'est l'Angleterre qui est allée en avant dans cette voie. Elle a imposé ses marchandises à une partie du globe ; l'Angleterre est un pactole où roule l'or de l'univers.

C'est bien, marchands de Londres, Birmingham et Manchester, vous êtes riches et très-riches ; mais vos tributaires sont pauvres. La richesse d'un marchand anglais représente l'appauvrissement de cent tributaires.

On croirait peut-être que ces tributaires sont pris exclusivement chez les peuples esclaves de la moderne Carthage : il n'en est rien. L'Anglais a exploité sa famille, son frère cadet est devenu son tributaire.

Les fils de Jacob avaient, par jalousie, vendu leur frère Joseph à des marchands Ismaëlites, qui ont revendu leur esclave aux princes de l'Egypte. Déjà Ismaël exploitait l'Egypte, cette proie de la moderne Angleterre. Les Ismaëlites, précurseurs des Anglais, n'étaient que des enfants ; on vend une marchandise qui se détériore, sans réparer le dommage que le temps lui cause; on ne vend pas une marchandise qui travaille et qui gagne, on s'en sert. L'Anglais a donc fait travailler son frère cadet ; il en a fait la bête de somme du globe; moins que cela peut-être, l'auxiliaire de la machine.

C'est auprès de ce déshérité que la misère s'est réfugiée. On dit qu'à Londres même, cette capitale du commerce et de l'industrie, ce point central des capitaux du globe, à côté de la riche habitation du banquier et du lord, se trouve un hideux refuge des mendiants ; et l'Irlande, cette sœur aînée de l'orgueilleuse Albion, n'est-elle pas le vrai royaume du paupérisme ?

Quand il n'y aura plus de tributaires, plus d'exploités, et ce moment arrivera, à son tour l'Angleterre sera pauvre, et la Tyr moderne pleurera sur ses docks en ruine. La grandeur de ses ruines étonnera les nations et nos descendants s'écrieront : Quelle était donc la puissance de cette nation !!!

Chose remarquable, la sagesse antique avait entrevu les avantages de la pauvreté pour la perfection de l'homme. La pauvreté était en honneur dans les beaux siècles de Rome, d'Athènes et de Sparte ; la pratique de la pauvreté faisait même partie de la législation de cette dernière République.

C'est à la philosophie grecque qu'appartient cette maxime : Voulez-vous être heureux ? contentez-vous de peu. En supprimant un désir, vous supprimez un tyran. Cette philosophie classique, bien qu'elle surajoutât les lumières de la raison à celles de la révélation, n'a pas eu la puissance de convaincre l'homme du progrès moderne.

Devant cette vieille philosophie, il a haussé les épaules, et il a dit : « Voulez-vous être heureux ? « créez-vous des besoins afin de les satisfaire. Celui « qui n'a pas de besoins, est semblable à un végétal « ou à une huître; son bonheur est négatif, c'est-à-dire « qu'il n'a point de bonheur. » En quoi la sagesse moderne a montré son ignorance des conditions vitales de l'humanité. Les besoins factices, ou mieux les désirs, procèdent de l'âme; ils sont infinis. Les satisfactions procèdent des sens et des organes; elles sont limitées.

Il n'y a pas équation entre les désirs de l'âme et la puissance de satisfaction par les sens. L'âme a des aspirations infinies et des désirs sans cesse renaissants. Elle demande aux sens ce qu'ils ne peuvent pas lui donner. L'âme est une substance spirituelle; les sens une substance matérielle. Il faut à l'âme des satisfactions en harmonie avec la dignité de sa nature; elle se trompe de porte en s'adressant aux sens. Ils ne peuvent donner à l'âme que l'eau de la Samaritaine qui ne désaltère pas. Après en avoir bu, on est altéré. Ce qu'il faut à l'âme, c'est cette eau qui rejaillit dans la vie éternelle et que seul J.-C. possède. C'est donc en vain que les sens s'épuisent à satisfaire l'âme; ils sont dans l'impuissance absolue de le faire. C'est pourquoi l'âme demande et elle demande encore; elle demande jusqu'à ce que, dans cette lutte, l'organisme succombe. La mort! voilà trop souvent le résultat de cette doctrine de la surexcitation des désirs. Il est facile d'allumer le feu des désirs, il est difficile de l'éteindre.

La sagesse moderne, ou le progrès, a donc fait fausse route et l'expérience a donné raison à l'économiste Galiléen, vieux de 18 siècles.

D'autres contradicteurs ont surgi et ont dit : Oui, tout le monde doit être riche : le capital social est suffisant, la répartition seule est vicieuse, les uns ont tout, les autres n'ont rien : nous réformerons cela, tout le monde participera également à la richesse sociale, il n'y aura plus de déshérités sur cette terre.

En conséquence, ils ont attaqué la constitution sociale que Dieu avait faite et que J.-C. avait respectée.

Cette théorie repose sur une double erreur : Et d'abord, le capital social est-il surabondant? et serait-il suffisant pour, après partage, enrichir tous les hommes ?

On a plusieurs fois établi ce bilan, et la balance a constaté l'insuffisance du capital social divisé entre les hommes et fixé dans leurs mains d'une manière incommutable. Dans ces conditions tous les hommes seraient pauvres et très-pauvres. En second lieu, quel sera le répartiteur et le conservateur de ce capital social? l'état seul aurait la force, mais sa main paralyserait l'activité individuelle et anéantirait le travail, ce facteur de la richesse sociale. Immédiatement la mort succéderait à la vie.

Conclusion : l'homme ne peut être propriétaire incommutable du capital social partagé ; pour que l'homme soit riche, il faut qu'il ne soit que propriétaire momentané d'un capital social flottant. Le secret de la richesse d'une nation n'est autre chose que la science de la circulation rapide, et entre toutes les mains, du capital social. Supposons deux nations d'une population égale, possédant un capital social d'un million. Si ce capital social circule mille fois par an chez l'une de ces nations, et cent fois chez l'autre, celle où le capital social aura circulé mille fois, représente un million multiplié par 1000, soit un milliard ; celle où le capital social aura circulé cent fois, représente un million multiplié par 100, soit cent millions. C'est le secret d'un jardinier qui sait tirer d'un même terrain trois récoltes au lieu d'une.

Maintenant quel est l'agent qui opère cette rotation plus ou moins rapide au profit des individus qui composent la nation ? Cet agent répartiteur est multiple; mais l'agent principal et à peu près universel, c'est l'activité individuelle mise en mouvement par l'intérêt personnel.

C'est donc le travail qui est le répartiteur et le diviseur de la richesse sociale. Selon sa notion économique et scientifique, l'homme ne peut pas être propriétaire du capital social partagé et fixé dans les mêmes mains; ce capital serait insuffisant. Il doit se multiplier par la circulation, il ne peut être immobilisé. C'est un cours d'eau qui doit arroser successivement plusieurs jardins: ce cours d'eau, ainsi multiplié par la circulation, enrichit toute une contrée; immobilisé, il serait nuisible; partagé, il serait insuffisant.

L'homme ne peut donc être propriétaire incommutable et immobilisé; il est donc forcément usufruitier. L'importance et la durée de cet usufruit sont soumis à la loi du travail, de l'industrie, de la moralité et de l'intelligence humaine : de là la propriété se modifie à peu près selon la personnalité; elle en suit les phases diverses. C'est pourquoi, elle est ondoyante et changeante. La propriété est faite à l'image de l'homme ; elle change avec lui.

Le véritable répartiteur de l'usufruit social étant l'industrie et le travail individuel, il faut intéresser l'homme à la prospérité de son usufruit qui doit être plus ou moins abondant, selon que les efforts sont plus ou moins grands.

Si la société veut, elle-même, se faire le répartiteur et le diviseur de l'usufruit social, elle empiète sur le domaine de l'individu ; elle tue l'activité individuelle qui reste sans récompense ; elle produit l'oisiveté et la mort. C'est le socialisme.

L'application de ce système demanderait une race abâtardie habituée au double joug du despotisme politique et religieux : telles sont les tribus arabes dont quelques-unes sont courbées sous cette règle de fer. La misère de ces tribus est un témoignage des vices de ce système.

La France n'en était pas arrivée à ce degré d'humiliation et le bon sens universel a fait promptement justice de cette doctrine insensée.

Le travail de dissolution sociale, entrepris par la révolution, n'est point encore assez avancé pour que cette doctrine absurde soit applicable à notre nation.

Ce pauvre pays, dans sa déchéance, rencontre des obstacles qui ralentissent la rapidité de sa chute, et plusieurs siècles s'écouleront probablement encore, avant que les termites révolutionnaires aient réussi à la dépouiller complètement de ses qualités naturelles ; car elle était richement douée. Oh ! la noble race avant les affreux ravages de l'intoxication Voltairienne.

Si les hommes mesuraient la haine au mal, Voltaire tiendrait le second rang dans la haine de l'humanité, le premier étant occupé par Satan.

Dans le système social actuel tel que le temps, ce ministre légitime de la Providence, l'a fait, c'est l'homme qui acquiert par son travail sa portion légitime de l'usufruit social ; il y a harmonie entre le travail et la récompense. Il y a aussi activité et émulation parce que l'homme recueille ce qu'il a semé.

Comme il y a inégalité entre les forces des hommes, qu'il y a d'ailleurs des salaires mieux rétribués que d'autres, qu'il y a aussi une inégalité très-grande dans les dispositions morales des hommes ; que les uns sont sobres, que les autres sont dissipateurs et gourmands, il en résulte qu'il y a une inégalité très-grande dans la jouissance de l'usufruit social.

Cette inégalité est constitutionnelle et forcée : elle résulte de la nature des choses. C'est pourquoi J.-C., ce moraliste divin et infaillible, a pu dire ces paroles : Vous aurez toujours des pauvres au milieu de vous ; car la pauvreté est une chose nécessaire, fatale. Elle a fait son entrée dans le monde avec le péché originel et elle n'en sortira qu'avec lui, c'est-à-dire qu'elle subsistera toujours.

Dieu a tiré le bien du mal : c'est cette inégalité des biens qui enfante d'une part la charité, d'autre part la reconnaissance. Dans l'économie divine, les hommes ne doivent pas être indépendants les uns des autres ; ils doivent être unis par les liens de la charité et des services réciproques.

La société, c'est un lien. Qui le fournit ? l'inégalité sociale. De même que, dans un concert, l'harmonie résulte de la contrariété savante des voix et des instruments, de même dans la société, l'ordre et l'harmonie résultent de l'inégalité des conditions.

Ainsi, la richesse sociale repose en partie sur la circulation du capital social. Cette rotation, elle-même, est le résultat de l'activité individuelle qui devient le répartiteur de cette richesse. Si une loi de fer ordonnaît le partage de ce capital social, puis, après, qu'elle l'immobilisât dans les mêmes mains pour maintenir l'égalité primitive, la circulation s'arrêterait et avec la circulation, la vie.

La propriété, telle qu'elle est constituée, n'est donc qu'un usufruit : elle en a la mobilité ; c'est à cette mobilité qu'est dûe la richesse sociale qui devient le prix de l'activité individuelle et des vertus naturelles.

La fraction du capital social, qui doit former l'usufruit revenant à chacun, est la timbale à décrocher par ceux qui courent dans la lice.

Pour obvier à cette rotation trop rapide qui peut être un mal, on a imaginé de substituer les biens, c'est-à-dire de les immobiliser par la loi.

Nous pensons que cette mesure, si elle se généralisait, serait désastreuse. De même, nous croyons que l'année sabbatique n'était applicable qu'à la société juive et pour des motifs particuliers à cette société ; mais que cette mesure serait nuisible à l'économie sociale.

De ce qui précède, il suit que la richesse sociale repose sur l'usufruit substitué à la propriété incommutable.

Mais l'usufruit substitué à la propriété, qu'est-ce ? sinon l'esprit de pauvreté substitué à l'attachement aux richesses, sinon réellement, du moins symboliquement.

Les conclusions de la véritable science économique sont donc les mêmes que celles de l'Évangile : la vie sociale repose sur l'usufruit social, figure de l'esprit de pauvreté.

La mort sociale est la conséquence de l'incommutabilité de la propriété, comme la mort éternelle est le résultat de l'attache aux biens de la terre.

L'homme n'est pas créé pour ne former qu'un tout incommutable avec la matière. Ce serait lier un cadavre à un corps vivant.

Nous trouvons entre le système solaire et le système social une analogie qui vient à l'appui de la vérité de ce dernier système.

Pour un monde, Dieu n'a créé qu'un soleil, et c'est cet unique soleil qui porte la lumière et la vie dans l'univers tout entier, par une disposition merveilleuse du Créateur; la terre, accomplissant sa révolution autour du soleil, présente successivement à cet astre bienfaisant toutes les récoltes qu'elle renferme dans son sein afin qu'il leur donne la fécondité, la croissance et la maturité.

C'est la terre qui vient prendre part à la richesse solaire. Cette richesse représente le capital social, et la rotation de la terre qui s'empresse de procurer les bienfaits solaires aux fruits que son sein renferme, représente l'activité individuelle qui vient prendre sa part du capital social.

Par cette combinaison admirable, la terre est riche parce qu'elle participe à toute la richesse solaire. Sa circulation ou sa rotation multiplie sa richesse, de même que l'activité individuelle multiplie la richesse sociale.

Cette richesse a cela de remarquable, c'est qu'elle se prodigue sans éprouver de diminution.

Si la terre ne possédait pas son mouvement de rotation, la fraction seule de la terre exposée à l'action solaire, profiterait de ses bienfaits, le reste de la terre enseveli dans les ténèbres serait frappé de stérilité ; peut-être même que, privée des variations atmosphériques, un implacable soleil grillerait les plantes terrestres exposées à ses ardeurs.

Une erreur dans les lois qui régissent le système du monde donnerait la mort au monde. De même une erreur dans les lois qui régissent le système social aurait sur la société les conséquences les plus déplorables.

Si les conclusions ne sont pas identiques, si la mort n'est pas la conséquence immédiate de la violation des lois sociales, comme elle serait le résultat immédiat de la violation des lois physiques, c'est que ces lois diffèrent dans leurs principes et dans leur essence.

La loi physique participe du despotisme et de la rigidité de la matière.

La loi morale participe de l'élasticité, du libéralisme, de l'indulgence de l'esprit.

Lorsqu'on entre dans la sphère des lois morales, à leur douceur, on sent qu'on approche de Dieu.

C'est donc sur la rotation que repose la richesse de l'univers, comme c'est sur elle que repose la richesse sociale.

Elle multiplie le soleil, modère son action, le rend apte au but de sa création. Avec la rotation, la puissance solaire est un grand bienfait : sans elle, cette puissance serait un fléau.

Économe dans ses moyens, Dieu est magnifique dans ses résultats.

Les biens sociaux se divisent en deux catégories : biens spirituels, biens matériels. Les biens spirituels ont cela de particulier, c'est qu'en se communiquant si abondamment que ce soit, ils ne s'épuisent pas. Que le bienfait de l'amour ou celui de la vérité se communique à mille personnes ou à dix mille, la source de l'amour et de la vérité n'en est pas diminuée; elle est toujours aussi abondante, et elle peut couler sans cesse, sans subir ni altération ni diminution.

Les biens matériels se subdivisent en deux catégories : les biens patrimoniaux, d'ordre inférieur, qui s'épuisent par le partage et la division, tels que la terre, les récoltes, les métaux ; et les biens matériels, d'ordre supérieur qui participent à ce privilège des biens spirituels, celui de se communiquer sans subir de diminution ; tels sont la chaleur, le son, l'air, etc.

Qu'il y ait 100 ou 1000 personnes réunies, elles percevront toutes le même son, jouiront toutes du même degré de chaleur, respireront toutes le même air, sans en diminuer ou épuiser la quantité. La substance d'un corps est une modification de la matière qui nous est inconnue, mais elle doit appartenir aux biens supérieurs de la matière, c'est-à-dire à cette catégorie de biens qui se divise à l'infini sans subir de diminution.

C'est pourquoi *peut-être*, et sans miracle, la substance du corps de Jésus peut devenir la propriété de toute créature intelligente, sans subir ni altération ni diminution.

S¹ MATT. CAP. v. V. 4. *Beati mites, quoniam possidebunt terram.*

Bienheureux ceux qui sont doux, parce qu'ils posséderont la terre.

Que signifie ce mot, la terre ? La terre signifie l'homme, l'humanité : comme les cieux signifient les anges. Posséder la terre, c'est entrer en possession de l'humanité ; et comme le fruit le plus merveilleux de la terre, c'est l'humanité de J.-C., posséder la terre, c'est posséder son fruit ; c'est posséder l'humanité de J.-C.

La science de la douceur est une science très-parfaite dont J.-C. est le modèle. C'est pour nous donner une idée de cette perfection que J.-C. nous dit : Apprenez de moi que je suis doux et humble de cœur. Il veut qu'on apprenne cette science directement de lui. Ainsi les doux entreront en possession de celui qui est doux par excellence. Ils posséderont la terre dans son fruit le plus exquis, de même qu'on possède un homme quand on possède son cœur.

Une remarque générale à faire, c'est qu'à chacune des béatitudes correspond une récompense spéciale. Sans doute tous les élus jouiront du bonheur du ciel, mais chacun d'eux jouira plus spécialement de la récompense affectée à la vertu qu'il a plus particulièrement pratiquée : car tous les élus ont pratiqué toutes les vertus qui seront récompensées dans le ciel.

Ainsi les hommes doux ont pratiqué le détachement. Ils ont pleuré leurs péchés ; ils ont eu faim et soif de justice ; mais leur vertu héroïque, spéciale a été la douceur. Ils jouiront donc abondamment et sans mesure du bonheur attaché à la vertu de douceur; ils jouiront dans une certaine mesure du bonheur affecté aux vertus qu'ils auront pratiquées avec mesure.

J'en dirais autant de chacune des huit béatitudes en particulier. Elles se pénètrent réciproquement. C'est un même arbre à huit branches, dont chacune produit un fruit délicieux et néanmoins varié ; cependant ces huit branches sont pénétrées d'une même sève : la charité.

Nous disions, naguère, que la douceur était le seul moyen de faire la conquête du cœur humain, mais que ce n'était pas un moyen infaillible ; que chez plusieurs, au contraire, la haine croissait dans une proportion parallèle à celle de la sainteté et de la douceur.

C'est ce qui explique la grande immolation du Calvaire, celles de la place de la Révolution, celles des Carmes, et dernièrement celles de la Roquette, sans préjudice de celles de l'avenir. Cependant, il se manifeste chez les bourreaux une certaine lassitude, tandis que les victimes, fraîches et reposées, sont prêtes pour le sacrifice.

Il est un fait avéré : c'est que la victime lassera le bourreau et que l'enclume usera le marteau. Il ne faut pas dépasser le niveau de la férocité humaine. La satiété engendre le dégoût et produit la réaction. Une révolution modérée est plus dangereuse, plus durable, plus humaine qu'une révolution folle : c'est la sagesse dans le mal. Encore une Commune, si elle est possible, et le genre humain, saisi d'horreur, se lèvera contre le bourreau.

La conquête finale de la terre, c'est-à-dire des cœurs, appartient donc à la douceur, et il est vrai de dire : *Beati mites, quoniam possidebunt terram.* Ce qui cache cette vérité aux yeux des hommes, c'est que la lutte est formidable, et pendant longtemps la victoire est incertaine ; car la terre a deux faces : une face qui regarde le ciel, et une face qui regarde l'abîme.

De même que les corps exercent sur eux-mêmes et réciproquement une action proportionnelle à leur distance et à leur volume, de même le ciel et l'abîme exercent une action morale sur la face de la terre soumise à leur attraction. De là, cette lutte dont nous parlons, et dont la terre, c'est-à-dire les hommes, sont l'enjeu.

La lutte actuelle, avec des fortunes diverses, a été pleine de terreurs et d'épouvantes. Sans doute, elle approche de sa fin, mais l'agonie du monstre sera terrible et nous n'avons pas encore le droit de chanter victoire. Cette lutte, dont nous avons été les témoins attristés, a eu sans doute des proportions gigantesques, et plusieurs fois nous avons répété avec terreur ce cri des Apôtres : *Domine, salva nos, perimus.* Sauvez-nous, Seigneur, nous périssons. Et cependant le monde avait vu une lutte plus formidable encore.

Pour glorifier le Christ, Dieu avait favorisé la formation d'un empire qu'on peut à bon droit appeler le règne de la violence : nous avons nommé l'empire Romain.

Rome avait réuni et discipliné savamment tout ce

que la terre contenait d'éléments de violence : elle en avait formé un faisceau formidable contre lequel nulle puissance sur la terre ne pouvait lutter. Ce monstre, ce Léviathan, était à l'apogée de sa force, lorsque les doux et faibles disciples de Jésus vinrent se heurter contre lui.

Dans les luttes homériques, il y a une pensée qui nous plaît : c'est l'intervention des dieux. Chez Homère, ce n'est pas la violence et la force qui triomphent ; les héros d'Homère triomphent avec le secours divin. C'est une très-belle pensée et une pensée très-vraie. Ce secours divin, en langage orthodoxe, s'appelle la grâce ou l'assistance miraculeuse.

C'est avec ce secours divin que la douceur de Jésus entra en lutte contre la puissance romaine. Cette lutte, avec ses phases diverses, est, sans doute, l'histoire la plus émouvante et la plus instructive qu'il soit donné à l'homme de lire. Elle se résume en un triomphe complet de la douceur sur la violence. Après une lutte de trois siècles, le triomphe de Jésus n'était pas douteux ; et afin qu'il fût plus éclatant, la croix, symbole et fruit de la douceur, dominait le faîte du Capitole.

La citadelle de la violence arborait l'étendard du crucifié. Ce fait ne peut être nié ; il s'impose à tous, amis et ennemis.

Entre les triomphes de la douceur et ceux de la violence, nous signalerons une différence très remarquable : c'est le soldat victorieux qui plante lui-même son glorieux drapeau sur la citadelle du vaincu. Le vaincu n'accepte pas ; il se soumet, la rage dans le cœur.

Dans les triomphes de Jésus, c'est le vaincu qui vient lui-même demander l'étendard du vainqueur, et qui se glorifie d'en orner sa citadelle. Qui donc a planté la croix au Capitole ? Ce n'est pas Jésus, c'est Constantin.

Il fallait qu'il en fût ainsi pour que la parole de Jésus se vérifiât : *Beati mites quoniam possidebunt terram*; heureux les doux, parce qu'ils posséderont la terre. La douceur possède ceux qu'elle soumet; la violence ne possède pas ceux qu'elle dompte.

La promesse faite à ceux qui sont doux a reçu son accomplissement dans N. S. J.-C. d'une manière toute spéciale et exclusive. Il est le seul en qui elle se soit accomplie d'une manière qui s'étende à tous les temps et à tous les lieux.

Fixons bien la signification de ce terme : posséder la terre. De ce qui précède, il résulte clairement que posséder la terre, c'est posséder le cœur de l'homme. C'est par l'amour qu'on prend possession de l'homme. Eh bien, J.-C. est le seul homme qui ait été aimé catholiquement.

Ce privilège unique n'a pas échappé à la perspicacité de Napoléon le Grand. « De tous les hommes, disait-il à Sainte-Hélène, Jésus-Christ est le seul qui ait été aimé, même et surtout après sa mort. Voilà dix-huit siècles qu'il est mort, et il y a une multitude d'âmes qui aiment J.-C. plus qu'elles-mêmes ; elles l'aiment jusqu'à donner leur vie pour lui.

« Qui donc aujourd'hui aime Platon, Socrate, Alexandre, César, Trajan, etc. » Puis, faisant un retour sur lui-même, il ajoutait : « J'ai eu de chauds partisans, des hommes que mon génie a fanatisés; d'autres qui m'ont témoigné une honorable fidélité; mais quelques années après ma mort, ma mémoire sera tombée dans l'oubli. »

S'il avait pu lire dans les cœurs, ce grand homme y aurait vu que l'oubli n'attendait pas la mort, et que, de son vivant, il était déjà pour ses fidèles compagnons de Sainte-Hélène un fardeau dont ils souhaitaient d'être délivrés.

J.-C. est donc le seul homme qui ait été aimé, et ce qu'il y a de plus extraordinaire, c'est qu'il l'a été dans des conditions qui dépassent la puissance affective de l'homme.

Les proches parents, le mari, la femme, la mère, le fils, le frère, la sœur, s'aiment fortement et tendrement; eh bien, quelque puissant que soit cet amour, l'expérience prouve qu'il ne résiste pas au temps. La puissance du souvenir est limitée à une certaine période de temps. Les traits d'une personne chérie finissent même par s'effacer. L'homme ne résiste pas à ce travail incessant de décomposition qui a lieu dans l'âme humaine et qui est sa loi. Il y a un instant fatal où l'oubli arrive. Retardez-le tant qu'il vous plaira; ajournez-le à cent ans, à deux cents ans, le moment fatal arrivera toujours.

Voilà dix-huit cents ans que J.-C. est mort; eh bien, l'humanité a résisté aux conditions de sa nature; l'heure de l'oubli n'a pas sonné pour J.-C. C'est que si J.-C. est mort, il n'est pas resté la conquête de la mort; il est vivant dans l'Église, vivant dans l'Eucharistie.

Et c'est un vivant que nous aimons lorsque nous

aimons J.-C. Il n'est pas vivant comme Abraham, Isaac et Jacob, qui vivent dans leur âme mais non dans leur corps. Il vit par son âme et par son corps naturel qui est dans le ciel; il vit par son corps substantiel qui est sur la terre.

Constatons donc ce privilège que J.-C. ne partage avec personne: c'est qu'il est le seul qui ait trouvé un foyer permanent d'amour dans les cœurs qui se sont succédé à travers les siècles. C'est le seul, car c'est de Jésus qu'un rayon de cet amour est descendu sur les justes, puisqu'il est dit d'eux : *In memoriâ æternâ erunt justi.*

S¹ MATT. CAP. V. V. 5. *Beati qui lugent quoniam consolabuntur.*

Bienheureux ceux qui pleurent, parce qu'ils seront consolés.

Ils sont nombreux ceux qui pleurent.

Qui donc n'a pas vu son foyer dévasté par la mort ? Vous êtes solitaire auprès de ce foyer qui était embelli par la présence d'une épouse chérie ou d'un enfant bien-aimé. Vous étiez deux dans un même lit; l'un a été enlevé, l'autre a été laissé. Celui qui a été laissé pleure sa compagne.

Une mère pleure son enfant; une fille pleure sa mère. Des parents pleurent un fils qui dépense sa fortune et sa vie dans des débauches dégradantes. Une femme pleure son mari qui lui préfère une prostituée à laquelle il prodigue le bien de ses enfants. Est-il heureux cet homme de joie et de plaisir, lorsque la douleur et la maladie viennent le visiter ; lorsqu'il est face à face avec sa conscience, et que les affres de la mort s'imposent à sa pensée ?

Le champ de deuil est immense : il englobe l'univers. L'Eglise appelle ce monde une vallée de larmes. Cependant la joie est à la surface ; le deuil se cache, la joie se montre.

Les hommes du monde font beaucoup de fracas. Ils boivent, ils mangent, ils fréquentent les lieux publics, le théâtre ; ils s'étourdissent, ils se font illusion.

Le bruit est grand ; le bonheur est petit. Quand on rentre chez soi, le silence est bien triste. Chez quelques-uns, l'enfant souffre, la femme pleure ; chez d'autres, c'est la gêne, quelquefois la misère ; chez tous, c'est un vide qui ne peut se combler, et souvent le remords, ce vautour de Prométhée, déchire leurs entrailles.

Jetez les yeux sur la surface de la terre, vous n'y verrez qu'un consolateur ; c'est Jésus-Christ.

Jésus-Christ ne vous promet pas de changer les conditions de ce monde. C'est bon pour les charlatans. Il ne promet pas le paradis terrestre à l'homme qui l'a perdu.

Mais à celui qui pleure saintement devant Dieu, il dit : Les larmes sont d'or ; elles achètent un paradis.

En dehors de J.-C. où sont donc les consolateurs de l'humanité ? Ce ne sont pas les déistes. Le Dieu des déistes est un Dieu apathique, égoïste, qui ne s'occupe pas des hommes sur cette terre, indifférent au bien comme au mal ; et, comme il est immuable, il sera vis à vis des hommes, après leur mort, comme il a été pendant cette vie. Ils deviendront bien ce qu'ils pourront ; il n'en a aucun souci. Tant mieux pour ceux qui seront heureux, tant pis pour ceux qui seront malheureux. C'est le *Fatum* antique.

Le paradis des Mahométans est absurde : ils supposent, après cette vie, un corps capable des joies sensuelles. Si le sensualisme survit à cette vie, ce sensualisme sera capable de souffrances, comme il sera capable de voluptés. Si le corps conserve ses qualités telles qu'elles sont dans ce monde, s'il reste matière organisée, s'il n'est pas transformé, il sera sujet aux misères de cette vie, à la maladie, à la mort. Ce sera une réédition de la vie présente. S'il est transformé, il ne sera pas capable des voluptés sensuelles. Ce paradis est donc absurde.

Ce n'est pas l'athéisme qui nous offrira des consolations; toute sa théorie, c'est le néant. Cette doctrine est la plus désolante, car ils n'y croient pas au néant. Pour eux, l'éternité est un abîme dans lequel ils se jettent, tête baissée et les yeux fermés. Ils ont beau invoquer le néant, le néant reste muet. Ils voudraient bien anéantir le créateur ; c'est bien gênant ce créateur. Car enfin, ils vivent, ils sont, d'où viennent-ils donc ? quelle est leur Genèse ? Un d'entr'eux a dit : Nous venons du singe. Fort bien; mais le singe, d'où vient-il ? Est-il plus difficile de créer un homme qu'un singe.

Cependant cette doctrine a fait fortune : les mêmes hommes, si difficiles en fait de preuves, quand il s'agit du christianisme, ont cru sans preuves à cette origine simiesque : et ils se disent savants !

Je lisais dernièrement qu'un de ces prétendus savants croyait avoir répondu très-spirituellement à un adversaire du darwinisme : « J'aime mieux, dit-il, être un singe perfectionné, qu'un Adam dégénéré. » Et d'abord, est-il un singe perfectionné ? C'est très-douteux. Quant à être un Adam dégénéré, il l'est évidemment. Mais ces hommes, si savants sur l'histoire des singes, ignorent-ils donc leur propre histoire ? Ne savent-ils pas que si il y a eu un Adam dégénéré, il y a aussi un Adam plus parfait, en qui et par qui l'homme est régénéré.

Cette réponse n'est donc nullement satisfaisante ; c'est une singerie de mauvais aloi ; une triste singerie. Leurs pères, les singes, faisaient des singeries et des gentillesses amusantes. Ils faisaient rire.

Leurs descendants sont funèbres ; ils feraient plutôt pleurer, ce qui prouve qu'ils ne sont point des singes perfectionnés. Ce sont des singes dégradés et des hommes dégénérés. Ce n'est pas dans cette triste doctrine que l'humanité peut trouver des consolations.

J.-C. est donc le seul consolateur, et ses disciples en font l'épreuve journalière. Je connais des chrétiens qui ne sont pas des saints, et qui cependant ont reçu des consolations surabondantes et qui surpassaient leurs douleurs. Ils pleuraient, mais leurs larmes étaient pleines de joie. On pourrait comparer cet état d'une âme, pénétrée de joie et de tristesse, à ces fruits acides et amers, qui deviennent délicieux lorsque l'art du confiseur a su les pénétrer de certaines substances sucrées.

Le divin confiseur ne peut-il pas convertir les amertumes morales en douceurs ; le fiel en miel, comme le confiseur humain sait convertir les fruits acides en fruits agréables au palais.

Ces mots : *Beati qui lugent* peuvent encore recevoir une autre interprétation.

Nous dirons des larmes, ce que nous avons dit de la pauvreté : Les larmes sont un mal naturel.

Dans l'état de justice, elles ne doivent pas exister ; et au ciel, où règne la justice, elles n'existent pas ; mais c'est un remède, et c'est à titre de remède que J.-C. recommande les larmes.

Une vérité qu'on ne saurait trop répéter, parce que l'homme a une grande propension à l'oublier et même à la nier, c'est qu'on tromperait grossièrement une âme malade, en lui appliquant le traitement qui convient à une âme saine et valide. A une âme valide il faut une nourriture solide ; à une âme malade il faut un remède. Les larmes sont un remède, comme la pauvreté, comme les autres béatitudes.

On peut dire que les huit béatitudes sont un recueil, un *Codex medicinalis ad usum animæ ægrotæ et maculatæ*; un traité de la régénération de l'âme ; et la raison pour laquelle le divin médecin recommande les larmes est la même que celle pour laquelle il recommande l'esprit de pauvreté.

Nous avons dit que la possession des biens ou la richesse n'offrait aucun péril dans l'état de justice, parce que, dans cet état, l'âme, attirée puissamment vers le souverain bien, ne risquait en aucune façon de préférer les biens terrestres aux biens spirituels.

De même dans l'état de justice, l'âme fortement attirée vers les joies spirituelles, pourrait sans aucun danger posséder les joies terrestres, celles du moins permises par la loi. Ces joies ne troubleraient pas le calme de l'homme ; il leur assignerait avec autorité la place subordonnée et très-subordonnée qu'elles doivent occuper dans la hiérarchie des joies destinées à faire le bonheur de l'homme.

Bienheureux ceux qui pleurent, revient donc à dire : Bienheureux ceux qui savent subordonner les joies terrestres ou les fausses joies aux joies véritables ; et en cas d'incompatibilité, sacrifier les unes aux autres ; ce qui n'a rien que de parfaitement conforme à la raison.

Il est vrai que N. S. s'exprime plus énergiquement. Non-seulement il conseille de préférer les joies célestes aux joies de la terre; sa pensée va plus loin : il conseille de supprimer complètement ces joies, et de choisir les larmes qui en sont l'opposé. Ce conseil est infiniment sage.

Les joies terrestres sont tellement dangereuses pour l'homme qu'il ne peut les goûter à demi. C'est pour l'âme ce qu'est un engrenage mécanique pour le corps. Quand l'âme s'y engage si peu que ce soit, il faut qu'elle y passe toute entière. Quand il s'agit de volupté, la privation est plus facile que la modération. C'est une pente savonnée et glissante sur laquelle il est impossible de trouver un point d'arrêt.

La volupté a pour effet d'enivrer l'homme ; et qui donc, dans l'état d'ivresse, saura écouter la voix austère du devoir ?

Voyez ces jeunes personnes qui fréquentent les bals, les concerts, que font-elles, sinon d'ouvrir leurs sens aux amorces de la volupté? La musique, la chaleur des becs de gaz, le courant électrique qui circule dans la salle, les effluves sensuelles qui se dégagent de toutes ces poitrines incandescentes, sont un immense péril pour la chasteté ; et si les corps restent intacts, qui peut en dire autant des âmes ? C'est un secret qui ne peut être confié qu'à l'oreille discrète du confesseur.

Une vérité incontestable, c'est que toutes les joies, quelles qu'elles soient, communiquent à l'âme qui les goûte le délire et la fièvre, de même que le vin, qui fortifie l'homme bien portant, enflamme le sang de l'homme malade et le brûle des ardeurs de la fièvre.

Parcourez toutes les catégories des joies de ce monde; visitez les bals, les théâtres, les soirées, les repas, les revues, les grandes agglomérations où brillent les équipages et les toilettes; toutes ces réunions communiquent à l'âme une immense surexcitation, et c'est cette surexcitation qu'on appelle joie et qui en fait le danger. Otez la surexcitation, il n'y a plus de joie.

En général, les réunions et les assemblées nombreuses exercent sur ceux qui les composent une fascination qui pèse sur leur libre arbitre. Cette fascination est plus ou moins forte suivant l'âge, le sang et le caractère, mais nul n'échappe à son influence.

Plusieurs membres de la Convention, qui ont voté la mort de Louis XVI, n'ont pu s'expliquer ce vote criminel que par une fascination qui les a privés de leur libre arbitre. N'est-ce pas au milieu d'un repas qu'Alexandre le Grand a tué son ami Clitus ? etc...

Notre Seigneur, pénétré de cette vérité, considérant du haut de la croix la surexcitation de cette foule qui acclamait sa mort, a plaidé lui-même les circonstances atténuantes, en disant à son père : Pardonnez-leur, car ils ne savent ce qu'ils font.

C'est donc avec la plus grande sagesse que N. S. prohibe toutes ces joies qui prédisposent au crime, et fait l'éloge des larmes qui éteignent le feu des sens, procurent à l'âme un réfrigérant salutaire, rendent à la raison sa clairvoyance et son sang froid, attirent les grâces du ciel et rétablissent entre les forces et les aspirations de l'âme l'équilibre détruit par nos inclinations terrestres.

Bienheureuses larmes, en effet, qui seront suivies de consolations surabondantes ! Mon Dieu, donnez-moi ces larmes !

St Matt. Cap. v. V. 6. *Beati qui esuriunt et sitiunt justitiam, quoniam ipsi saturabuntur.*

Bienheureux ceux qui ont faim et soif de la justice, parce qu'ils seront rassasiés.

Par ces paroles, N. S. J.-C. prémunit l'âme chrétienne contre le scandale du triomphe de l'injustice dans ce monde et contre le découragement qui en résulte.

L'injustice triomphe sans compensation sur cette terre, et J.-C. nous apprend qu'il ne faut pas la chercher dans ce monde. La compensation, l'équilibre n'aura lieu que dans une autre vie ; il en est ainsi de toutes les béatitudes ; leur récompense et leur triomphe sont ajournés à une vie future. Que celui qui n'y croit pas ferme l'Evangile, car c'est le fondement de la doctrine de J.-C.

C'est là et non ailleurs que l'âme altérée et affamée sera pleinement rassasiée ; nous disons pleinement rassasiée, car nous serions coupable d'une ingratitude personnelle, si nous niions les consolations que la religion répand dans l'âme. Nous affirmons même que ces consolations dépassent tout bonheur terrestre. Pourquoi ? c'est que Dieu est dans la consolation. C'est pour cela que la consolation renferme plus de douceurs que le bonheur. La religion est le charme des labeurs de la vie.

Il y a une école historique, plus zélée qu'éclairée, qui voudrait prouver que, dès ce monde, les catastrophes, les vengeances divines, atteignent spécialement les ennemis de l'Eglise. Nous croyons que c'est une erreur ; Dieu fait luire son soleil sur les bons et sur les méchants. Il ne faut voir, dans les catastrophes qui atteignent les hommes, que l'exécution de ces lois naturelles et éternelles, d'après lesquelles la Providence gouverne le monde. C'est ainsi, par exemple, que les hommes de violence, à quelque parti et à quelque religion qu'ils appartiennent, meurent d'une mort violente. C'est l'application de cette sentence : Celui qui se sert de l'épée, périra par l'épée.

Guise, le catholique, meurt assassiné ; son adversaire Coligny, le protestant, meurt assassiné.

Charles X et Louis-Philippe tombent successivement du trône ; puis, Ferdinand d'Espagne, Charles V, Isabelle....

Le grand saint Bernard, au nom du pape, prêche

la Croisade en France et en Allemagne. Il croit pouvoir promettre la victoire ; l'évènement lui inflige un solennel et cruel démenti.

Une des expéditions les plus malheureuses dont l'histoire ait conservé le souvenir c'est, sans contredit, l'expédition de saint Louis devant Tunis. Quelle catastrophe porte à un plus haut point le caractère d'une vengeance divine ? Du côté des hommes, rien ne manquait ; le chef était un brave et vaillant soldat; de plus, c'était un saint. Ce n'est pas une impiété de dire que, du côté de Dieu, tout a manqué; non-seulement tout a manqué, mais tout a été hostile.

Dieu ne favorise pas directement le mal, mais il permet aux puissances des ténèbres de mouvoir les causes secondes.

La peste a vaincu saint Louis ; la mer a englouti ceux que la peste avait épargnés ; et le fils du saint Roi n'a ramené dans sa capitale que les cercueils de la famille royale.

Pourquoi cette catastrophe, et qui en donnera l'explication? En général, les causes génératrices des catastrophes sont complexes ; elles appartiennent à plusieurs ordres de causes.

Napoléon Ier a dû sa chute à la violation de toutes les lois. Cent causes ont concouru à cette chute, sans qu'on puisse dire laquelle a été prédominante ; une seule était suffisante pour déterminer cette chute. On en peut dire autant de tous les ennemis de l'Eglise.

A part quelques faits historiques, qui restent illuminés d'une lumière éclatante tels que la victoire de Constantin au pont Milvius, celle de Licinius sur Maximin, la victoire de Tolbiac, celle de Muret, l'intervention miraculeuse de Jeanne d'Arc, etc..., faits relativement peu nombreux, les causes des catastrophes flottent dans une pénombre providentielle.

La justice de Dieu est certaine; elle nous est affirmée par ces paroles de saint Luc, XVIII. V. 5. « *Tamen
« quia molesta est mihi hæc vidua, vindicabo illam, ne
« in novissimo veniens suggillet me.*

« 6. *Ait autem Dominus : Audite quid judex iniqui-
« tatis dicit.*

« 7. *Deus autem non faciet vindictam electorum suo-
« rum clamantium ad se die ac nocte, et patientiam ha-
« bebit in illis ?*

« 8. *Dico vobis, quia cito faciet vindictam illorum.* »

5.... Néanmoins parce que cette veuve m'importune, je lui ferai justice de peur qu'à la fin elle ne me vienne faire quelque affront.

6. Vous voyez, ajouta le Seigneur, ce que dit ce juge inique.

7. Et Dieu ne fera pas justice à ses élus qui crient à lui jour et nuit; il souffrira plus longtemps qu'on les opprime ?

8. Je vous dis, en vérité, qu'il ne tardera pas à les venger.

Mais si la vengeance divine est inévitable, l'application nous échappe; elle est au-dessus de notre portée.

Les causes des catastrophes flottent donc dans une pénombre providentielle. Cette demi-lumière est une combinaison merveilleuse.

Il faut en effet que la lumière soit ménagée de telle manière qu'elle soit suffisante pour les hommes de foi. Si la lumière était plus éclatante, la foi n'aurait aucun mérite. Il faut aussi que les ténèbres soient assez habilement ménagées pour aveugler ceux qui veulent fermer les yeux à la lumière. Si les ténèbres étaient plus grandes, l'homme de mauvaise foi ne serait pas coupable.

La pénombre est admirablement ménagée pour donner lieu à l'usage du libre arbitre. Elle se modifie suivant la volonté. Selon la volonté, elle éclaire un aveugle, de sorte que le mérite ou la culpabilité remontent à l'homme et dépendent de lui. C'est la lumière spéciale de l'épreuve. C'est dans cette demi-lumière qu'il faut classer l'histoire de l'Europe moderne et surtout celle de l'Angleterre, dans ces derniers temps.

Nous l'avons lue et relue ; nous y avons cherché la revanche du bon Dieu ; nous ne l'avons par trouvée.

En Angleterre, Henri VIII, tyran sanguinaire et impudique, viole les saintes lois du mariage, condamne à un long et douloureux martyre Catherine d'Aragon, sa sainte femme, déshonore son trône en y faisant asseoir une prostituée. Il lutte contre le Souverain Pontife, arrache son royaume à l'Eglise, entraîne ses sujets dans son apostasie et meurt tranquillement, après avoir bravé les foudres de l'Eglise.

Sa bâtarde, Élisabeth, après deux règnes courts et ternes, lui succède. Vierge impudique (le grave docteur Lingard a accumulé les preuves de cette impudicité), elle marche sur les traces de son père. Apostate et même relapse, elle assassine juridiquement sa cousine Marie Stuart, la catholique, après lui avoir fait subir une cruelle détention de vingt années.

Elle persécute l'Eglise, verse le sang de ses enfants; puis, comme son père, elle meurt tranquillement, après avoir élevé l'Angleterre à un point de prospérité qu'elle n'avait pas encore connu.

Poursuivons : Guillaume le Taciturne, après avoir vaincu son beau-père dans une guerre immorale et impie, s'assied sur ce trône déshonoré ; il le transmet à sa postérité hérétique, avec la complicité de la nation anglaise.

Malgré les crises révolutionnaires, la prospérité anglaise se développe, et aujourd'hui le trône de la reine Victoria, héritière de Henri VIII et d'Élisabeth, est le plus glorieux trône du monde.

Jusqu'à présent, j'ai vu l'Angleterre humiliant la papauté et l'Eglise : je cherche vainement la revanche de la papauté et de l'Eglise.

Au seizième siècle, l'Allemagne est déchirée, par l'hérésie en deux fractions à peu près égales. A cette époque, la catholique maison de Hapsbourg dominait l'Allemagne. Aujourd'hui, et après des luttes sanglantes, l'hérésie triomphe ; la maison de Hapsbourg est chassée et remplacée par la maison protestante de Hohenzollern.

Ce nouvel empire écrase Rome et la France catholique représentée, il est vrai, par un être amphibie dont on ne saurait indiquer la foi religieuse ; il arrache des mains débiles de la France vaincue le sceptre de l'Europe.

Et, comme pour mieux accentuer le triomphe du mal sur le bien, cette nouvelle puissance se rattache à une origine ignominieuse et souillée. Un grand-maître de l'Ordre Teutonique et une religieuse, tous deux traîtres à leurs serments, sont les fondateurs de la puissance prussienne.

La Russie complète cette trilogie.

Cette nation schismatique, ennemie particulière du pontificat romain, prend un accroissement continu et règne sur une immense partie du globe ; et, par une espèce de balance, pendant que les nations hérétiques et schismatiques croissent en gloire et en puissance, les nations catholiques décroissent dans une proportion inverse.

Qu'est devenue l'Espagne, qui pouvait se vanter que le soleil ne se couchait pas sur ses possessions ?

Qu'est devenu l'Empire d'Autriche, si puissant encore à la fin du XVIII° siècle, et qui a pu, dans des batailles épiques, contrebalancer la fortune de Napoléon le Grand. Essling et Wagram annonçaient Waterloo.

Il y a deux siècles à peine, Léopold d'Autriche, usant du privilège de sa dignité impériale, conférait la dignité royale au petit potentat de la Prusse ; novembre 1700. Aujourd'hui, le successeur de Léopold ne règne qu'avec la permission et sous le bon plaisir de ce petit potentat ; et la France, la pauvre France, l'aînée des nations de l'Europe, celle dont la noblesse, la dignité, la grandeur avaient tellement frappé l'imagination des peuples asiatiques qu'ils avaient donné le nom de Francs à tous les Européens, qu'est-elle devenue ?

Il faudrait un Jérémie pour pleurer tous ses malheurs.

Maintenant, ces fils des Francs, on les appelle Républicains dans le langage poli, et *Voyous* dans le langage vulgaire. Ce peuple de voyous a enfanté un pouvoir nouveau, hostile à l'Eglise. Ce nouvel ennemi s'appelle la Révolution.

Sur ce terrain encore, l'Eglise a été humiliée. C'est en vain qu'on a combattu la Révolution. Les Vendéens, ces modernes Machabées, se sont levés contre elle ; ils ont été noyés dans leur sang. Nouveaux Vendéens, les Basques, les Navarrais, ont relevé la croix et l'étendard royal; ils ont été écrasés.

C'est en vain que les valeureux catholiques de France, saisissant les armes des révolutionnaires, ont cherché à les vaincre avec leurs propres armes.

Ils ont employé contre leurs ennemis la liberté de la presse ; ils ont engagé les phalanges catholiques à descendre dans le champ clos des élections ; partout ils ont été battus. Les armes révolutionnaires ne conviennent pas à des mains loyales. Aujourd'hui, les descendants de Voltaire et de Robespierre, unis dans une haine commune, triomphent.

Nous catholiques, nous enfants de l'Eglise, fils de J.-C., nous luttons en vain contre le mal : nous sommes vaincus, et nous avons la douleur d'assister au triomphe des ennemis de Jésus, pour lequel nous nous trouverions heureux de verser notre sang.

Afin de bien constater son triomphe, la Révolution s'est attachée au chef de l'Eglise, au représentant direct de J.-C.; il lui a été permis de le précipiter de son trône.

Ainsi, la révolte commencée par Luther, accrue et envenimée par Voltaire, officiellement établie et couronnée par la révolution française, se complète par la déchéance royale du Souverain Pontife.

Luther triomphant, Pie IX détrôné, tels sont à ce moment les deux termes extrêmes de la lutte dont Louis XVI et Marie-Antoinette ont été de lugubres incidents.

Chose remarquable et bien remarquée : l'abaissement de la France coïncide avec l'abaissement de la Papauté.

Cette communauté de destinée fait supposer que, s'il plaît à Dieu de restaurer le trône papal, il restaurera également la royauté française : et cela se fera peut-être par les fils des voyous repentants. C'était la pensée de Pie IX.

Voilà trois siècles que la lutte dure : c'est la durée de l'ère des martyrs. Dieu tient-il un Constantin en réserve ? nous ne le pensons pas. Les circonstances ne sont pas les mêmes.

Au IV° siècle, c'était le lever du soleil catholique ; au XIX° siècle, c'est le déclin. Non pas que le soleil catholique en lui-même, intrinsèquemment, éprouve quelque altération, mais le sujet sur lequel il agit est bien différent ; la même lumière solaire agit diversement selon les organes qui la reçoivent.

Ces royaumes hérétiques triomphants, ces nations catholiques abaissées et déchues, mais unies dans une haine commune contre l'Eglise, ne s'arrêteront pas en chemin... Maintenant, que feront-elles de leur victime ? C'est le secret de Dieu. Nous en sommes là...

Dans sa vie journalière, le chrétien est froissé, peiné, crucifié par le spectacle de l'injustice triomphante, par celui de la violation des prescriptions évangéliques.

Où sont donc les catastrophes spéciales, exceptionnelles qui ont atteint l'Angleterre, la Prusse, la Russie dans leur lutte trois fois séculaire contre l'Eglise et la papauté ? C'est plutôt le contraire qui est vrai.

Ces nations ennemies de l'Eglise, sauf quelques éclipses, ont marché de triomphe en triomphe : tout leur a réussi ; l'Eglise et ses enfants n'ont connu que des défaites.

Il en est des catastrophes de la vie privée comme de celles de la vie publique : elles atteignent l'homme religieux, l'homme hostile et impie comme l'homme indifférent à des titres divers, je le veux bien, mais sans qu'on puisse en indiquer les causes d'une manière certaine.

C'est donc un travail vain que celui de l'école historique dont nous avons parlé plus haut, et qu'on pourrait désigner sous le nom d'école des fils de Zébédée ou d'enfants du tonnerre, à moins donc que cette école ne borne ses prétentions à apprécier les faits en bien petit nombre où la main de Dieu est manifeste ; et je mets dans ce nombre les effroyables catastrophes de l'année 1870, où la première puissance militaire du monde a été balayée en trois mois ; et balayée aussi complètement qu'un tourbillon de poussière soulevé par un vent d'orage. Si le doigt de Dieu n'est pas là, il n'est nulle part.

Et cependant, ce fait, enveloppé pour ainsi dire dans le mouvement général du monde, n'a pas été vu de ceux qu'il devait éclairer ; car, pour voir, le concours de deux choses est nécessaire : la lumière qui éclaire, et l'organe qui perçoit cette lumière.

Mais l'école des fils de Zébédée doit circonscrire ses affirmations à ces faits lumineux et certains.

Autrement, il sera toujours facile d'opposer une catastrophe catholique à une catastrophe non catholique, car les catastrophes ne manquent pas aux enfants de Dieu, par cette raison bien simple : c'est que Dieu châtie ceux qu'il aime ; et la discussion sera vaine, rien ne ressemblant plus au châtiment miséricordieux que le châtiment du réprouvé, et nul sur cette terre ne saurait faire entre eux le discernement. Nous ajoutons : et il faut qu'il en soit ainsi.

Nous naissons sur un champ de bataille : quand nous venons au monde, nous trouvons la lutte engagée et nous sommes forcés d'y prendre part, car cette lutte est une des conditions de notre existence ; mais il faut que cette lutte soit possible et c'est par l'accomplissement des lois naturelles que cette lutte devient possible.

Si Dieu intervenait directement avec sa toute-puissance, s'il éclairait d'une manière lumineuse et irréfragable les évènements et leurs causes, la lutte ne serait ni intéressante, ni possible ; l'ombre doit planer sur les faits humains. Il faut que les conditions de l'équité naturelle soient exactement observées même contre Dieu ; que Dieu triomphe selon les lois naturelles, de même qu'il succombe selon ces mêmes lois ; en un mot, que, selon l'expression pittoresque de Napoléon le Grand, la victoire appartienne aux gros bataillons, toutes choses égales d'ailleurs. Il est clair que si ces gros bataillons conduits par un âne, Napoléon IV par exemple, se postent dans un lieu exposé de toutes parts au feu de l'ennemi, et où leurs mouvements seraient impossibles, il est clair que ces gros bataillons seraient battus, mais ils le seraient toujours par la même cause: violation d'une loi naturelle, la prudence.

Dieu aime tellement la justice qu'il en exécute les lois contre lui-même.

Si les hommes, qui sont sur cette terre les représentants des intérêts divins, blessent les lois naturelles, ils seront vaincus.

Si le général qui conduit au combat les soldats de la foi, manque aux règles de la stratégie ; s'il est moins prudent et moins habile que son adversaire, s'il néglige les précautions et les mesures indiquées par l'expérience ; eh bien, quelle que soit la justice et l'honorabilité de sa cause, quels que soient le courage et la piété de ses soldats, il sera vaincu. Annibal triomphera toujours de Varron à Cannes, Varron fut-il catholique.

Les soldats de saint Louis seront toujours battus à la Massoure, bien que la cause de saint Louis fût agréable au ciel. Je me permettrai une variante à la maxime des gros bataillons de Napoléon le Grand, et je dirai : La victoire appartient, non à la justice de la cause, mais à la justice des moyens.

Plus tard, Dieu arrivera avec tous ses attributs, mais ce sera au jugement dernier et quand il ne voudra plus de lutte. Pour le temps actuel, il cache ses attributs, et c'est par le ministère des hommes qu'i combat ; de sorte que ses adversaires, ne voyant devant eux que des hommes faibles comme eux et en apparence plus faibles qu'eux, espèrent une victoire non-seulement possible, mais facile.

Est-ce que Gambetta (moins méchant qu'il en a l'air), n'espère pas extirper la lèpre dévorante du clergé ? En apparence n'est-il pas plus fort que les cléricaux, vrai troupeau de moutons sans armes et sans discipline visible ; car ce troupeau, cette cohue est unie par un lien invisible plus fort que toutes les disciplines.

Est-ce que Louis-Philippe ne paraissait pas plus fort que Mgr de Quélen; Napoléon le Grand plus fort que Pie VII. Hélas ! ce doux agneau, que paraissait-il devant ce lion formidable ? Voltaire, n'espérait-il pas écraser l'infâme ; Guillaume et Bismarck ne paraissent-ils pas plus forts que la petite phalange catholique de l'empire allemand ; et le Czar, n'est-il pas autorisé à considérer comme des insensés les quelques Polonais catholiques qui osent déployer le drapeau de J.-C. en face de sa toute-puissance ?

C'est ainsi que la lutte a presque toujours apparu. La faiblesse matérielle de l'Eglise est soutenue suffisamment, mais non pas abondamment par une force secrète, cachée, invisible.

Cette force n'est pas surabondante ; car les succès et les revers se succèdent, et si, dans son ensemble, l'Eglise ne peut être vaincue, elle essuie partiellement de cruelles défaites.

En présence de ces alternatives de victoires et de défaites, ce n'est pas une folie aux ennemis de J.-C d'espérer le triomphe.

Ce sage équilibre, établi par Dieu dans la lutte entre J.-C. et les puissances du monde, nous est indiqué par le pape saint Léon.

« Dans ce combat, dit-il, que J.-C. a engagé pour

nous contre le démon, il l'a fait d'une manière pleine de justice ; car, quoi qu'il soit le tout-puissant, il n'a pas voulu attaquer ce cruel ennemi avec tout l'éclat de sa majesté, mais avec la faiblesse de notre chair, et il a opposé au démon une nature semblable à la nôtre, mortelle comme la nôtre, mais exempte de toute souillure. » A ces paroles du pape saint Léon nous croyons devoir ajouter : non-seulement une nature exempte de toute souillure (Eve au commencement de la lutte était exempte de souillure), mais appuyée sur le Verbe, et invisiblement unie à lui.

Dans l'œuvre de la Rédemption, c'est l'invisible qui opère tout, qui soutient tout, qui produit tout.

Le visible, c'est l'accident ;

L'invisible, c'est la substance.

C'est pourquoi nous pensons que la substance du corps de J.-C. est en même temps symbole et réalité. Notre opinion est que la lutte angélique s'est faite dans des conditions identiques à celle qui a lieu sur cette terre : hommes contre hommes, ici-bas ; anges contre anges, dans le ciel.

Aussi, un écho de ces luttes entre les puissances célestes, qui est venu jusqu'à nous, nous apprend que le chef des rebelles était Satan, et que Michel était le nom du chef des fidèles.

Satan était trop intelligent pour entreprendre contre Dieu une lutte impossible ; il a combattu contre des anges semblables à lui et peut-être inférieurs en puissance et en force. Il a dû accepter et livrer le combat dans des conditions où la victoire lui paraissait certaine.

Les anges étaient le prix de la victoire, de même que, dans la lutte actuelle, les âmes en sont le prix.

Mais la force de Dieu, qui est cachée aux anges rebelles aussi bien qu'aux hommes ennemis de Dieu, fortifiait les anges fidèles comme elle fortifie les hommes fidèles, et c'est cette force cachée, la grâce, qui donne la victoire dans les luttes spirituelles, de même que, dans les luttes naturelles et sociales, ce sont les moyens naturels et sociaux.

Le respect de Dieu pour les lois naturelles dont il est l'auteur est si grand, qu'il prête toute sa puissance à leur accomplissement, lors même que c'est en violation de ses lois positives : cet homme sème et laboure le dimanche par un temps favorable ; Dieu lui prête le secours de ses éléments et lui donnera une belle récolte. Son voisin, par respect pour la loi religieuse, s'en abstiendra ; par suite, il sera forcé de labourer et semer dans de mauvaises conditions : sa récolte sera mauvaise. Il n'aura pas mérité d'avoir une bonne récolte parce qu'il aura violé la loi naturelle, mais il aura mérité une récompense supérieure qui ne lui sera pas refusée.

Ce sera le contraire pour son voisin.

C'est Dieu qui donne la vie à l'enfant naturel et à l'enfant légitime ; c'est Dieu qui donne le succès et la réussite au révolté, au méchant, au coupable, lorsque ce prévaricateur prend des mesures raisonnables et sages. C'est Dieu au service du mal ; c'est la sagesse dans le mal.

La lutte de l'Eglise contre les puissances des ténèbres est une lutte infiniment savante et d'une étendue immense.

Le champ de bataille n'a pas d'autres limites que celles de l'âme. Les combattants des deux côtés ignorent certainement l'étendue du champ de bataille et les dispositions stratégiques des chefs. Comme, dans tous les champs de bataille, le soldat ne voit que l'ennemi qui est devant lui et surtout celui qui est au-dedans de lui. L'ensemble du combat lui est caché.

Une chose d'abord frappe les yeux : c'est que l'agresseur est du côté de l'Eglise.

L'agresseur, c'est J.-C. ; c'est le fils de la femme, ou plutôt le fils de la Vierge. Seul sur cette terre, il avait le pouvoir et le vouloir d'affranchir l'homme : il savait cependant bien qu'il y laisserait sa vie, mais il consentait à ce qu'elle fut le prix de la victoire (1).

Par droit de conquête, le genre humain appartenait à Satan. Le genre humain était sa propriété légitime, car la conquête est considérée comme un droit légitime de possession ; et ce droit était d'autant plus légitime qu'il était volontaire ; son droit sur l'homme, Satan le tenait de la volonté de l'homme.

Dans cette lutte, sans doute, Satan s'était servi de

---

(1) Qui donc a inspiré à Homère cette belle pensée que les Grecs prendraient Troie, mais au prix de la vie d'Achille ; condition à laquelle Achille lui même avait consenti? Évidemment cette pensée avait son type, son image dans une pensée antérieure; le Paradis contenait un symbolisme complet dont l'homme avait la clef ; ce qui nous est signifié par ces paroles : qu'il lui était permis de manger de tous les fruits sauf un. L'arbre qui produisait le fruit de vie est généralement considéré comme le symbole de N. S. J.-C., Il en était ainsi des autres arbres. Quelques-uns voudraient reconstituer ce langage : cela nous paraît difficile, très-intéressant, mais peu utile; l'Évangile remplace avantageusement ce langage.

moyens coupables : le mensonge avait été son moyen principal; il avait trompé sa victime, mais, à mon avis, elle avait été sciemment trompée.

Toutefois, il n'avait pas usé de violence ; et non-seulement il avait obtenu l'assentiment de sa victime, mais il l'avait complètement séduite, de telle sorte qu'elle ne faisait qu'un avec son vainqueur, qu'elle en épousait les intérêts, qu'elle combattait pour lui, qu'elle considérait la maison de Satan comme la sienne : l'assimilation était complète.

Si, de temps en temps, quelques âmes généreuses revendiquaient leur dignité, cette tentative d'affranchissement échouait dans l'impuissance. En effet, si l'homme, dans la force et l'intégrité de sa création, n'avait pu résister à la puissance de Satan, comment pouvait-il espérer le triomphe, dépouillé qu'il était de tous ces avantages ? aussi, l'empire et la domination de Satan étaient-ils incontestés. Cependant, voilà qu'un homme apparaît dans les campagnes de la Judée ; il prêche publiquement le royaume de Dieu ; il lève contre Satan l'étendard de la révolte ; il appelle tous les hommes à s'affranchir de son joug.

A cet appel, Satan s'émeut ; il accourt pour défendre son royaume attaqué. Un duel d'un nouveau genre s'engage entre Satan et ce nouveau venu ; à son tour, le vainqueur de la femme est vaincu. (Je fais allusion à la tentation de J.-C.)

Ce duel marque le commencement d'une lutte nouvelle qui durera autant que le monde. Elle commence sous les auspices du Christ. Avant d'appeler ses frères au combat, il paie lui-même de sa personne : c'est le chef des victorieux.

Nous avons dit que cette lutte se faisait dans des conditions de justice et d'impartialité.

Ce n'est pas Dieu qui combat *directement* contre Satan. Dieu n'avait pas été vaincu ; il n'avait point de revanche à prendre; car, malheureusement pour lui, dans le combat du paradis terrestre, l'homme, représenté par la femme, n'avait pas appelé Dieu à son secours.

C'est l'homme qui se présente au combat, mais l'homme revêtu de la force de Dieu. Ce secours était un moyen légitime, une arme loyale ; c'était, même, le moyen de rétablir l'équilibre. En effet, si on considère les conditions de la lutte, on voit que tous les avantages sont du côté de Satan.

Et d'abord, tous les moyens lui sont bons ; il n'est arrêté par aucun scrupule de conscience, il fait appel à la calomnie, au mensonge, à la vanité, à l'orgueil, au sensualisme, et il trouve un complice dans tous les bas instincts du cœur de l'homme.

Contre ces armes si dangereuses J.-C. ne possède que la vérité ; la vérité de laquelle on a pu dire avec justice : L'homme est de feu pour le mensonge, mais il est de glace pour la vérité. Qui pourrait compter cette infinie végétation d'immondices, d'insanités, de calomnies, de mensonges qui éclosent quotidiennement sur le fumier de l'impiété.

Ainsi, contre les appels de Satan aux voluptés de l'orgueil et des sens, quelles sont les armes de J.-C.? l'humilité et l'esprit de sacrifice.

Dans ces conditions, la lutte serait-elle possible ? non, sans doute. Nous osons même dire qu'elle serait absurde et, qu'ainsi posée, Dieu se ferait l'auxiliaire de Satan.

C'est pourquoi, contre toutes ces puissances, Dieu est venu par sa grâce au secours de l'homme dans une sage mesure. La grâce rétablit l'équilibre, elle ne le détruit pas.

Mais, dira-t-on, dans cette lutte, J.-C. ne pouvait pas être vaincu.

Sans doute, J.-C. à cause de sa dignité divine ne pouvait être vaincu ; mais, personnellement, J.-C. devait combattre peu de temps sur cette terre, et la lutte devait être éternelle et se continuer par le ministère des hommes et pour leur utilité ; d'ailleurs, J.-C. n'a-t-il pas été vaincu sur le Golgotha ? C'était aux hommes que Dieu avait réservé la conquête du monde ; c'est pourquoi, le jour de son Ascension et avant de les quitter, J.-C. dit à ses apôtres et à leurs successeurs : *Euntes docete omnes gentes* ; allez, enseignez toutes les nations. Quant à lui, sa mission était restreinte à la famille israëlite.

Lorsque Jésus monta au ciel, ses disciples ne dépassaient pas cinq cents personnes. C'était l'embryon de l'Eglise ; c'était son organisme. Déjà cet organisme était pourvu de tout ce qui était nécessaire à son développement et à sa durée.

Voilà le résultat apparent, tangible, du travail personnel de J.-C. On peut dire qu'il n'a fait sur cette terre qu'un travail d'organisation ; il a laissé le reste, c'est-à-dire le monde, à ceux qui devaient venir après lui, c'est-à-dire à des hommes.

Remarquons bien que c'est avec des instruments faibles et défectueux que J.-C. entre en lutte ; non-seulement avec des instruments faibles, mais avec des âmes dont toutes les affections conspirent contre lui en faveur de son ennemi ; avec des âmes sur lesquelles son ennemi règne et règnera toujours naturellement; ennemi qui possède au cœur de la place un traître toujours prêt à la lui livrer.

Voilà l'instrument qui est à la disposition de J.-C.

C'est donc cette âme que l'équité ordonne d'armer pour la lutte, et c'est là qu'éclatent la sagesse et la science de J.-C. ; car, s'il se trompe, s'il ne régénère pas les âmes faibles et ennemies qui sont à sa disposition, ces âmes resteront le jouet de leur antique ennemi, et le nom de J.-C. tombe dans l'opprobre éternel. Au contraire, la gloire de Jésus sera grande s'il ramène la victoire sous ses drapeaux avec des instruments aussi défectueux.

Mais d'abord, avant d'entreprendre la cure de cette âme, il fallait la connaître ; il ne s'agit pas, en effet, d'en avoir une connaissance fausse et superficielle, comme celle des écoles philosophiques. Socrate, Aristote, Platon, Confucius et leurs successeurs et prédécesseurs ne sont que des enfants qui, depuis le commencement du monde, bégaient quelques formules de métaphysique, où parmi quelques vérités surnage un océan d'erreurs. Cette théorie était trop imparfaite pour servir de base à la restauration de l'âme.

Cette restauration demandait non-seulement une pleine connaissance de l'âme et de ses facultés, mais encore la disposition des moyens spirituels aptes à opérer cette restauration ; non-seulement la connaissance de la maladie et du remède, mais la fabrication et la disposition de ce remède. C'est l'œuvre merveilleuse qu'a faite Jésus-Christ dans l'établissement de son Église. Par sa doctrine, il a éclairé l'âme ; par ses sacrements, il l'a nourrie, fortifiée, purifiée.

Il faudrait une intelligence d'une vaste envergure pour comprendre les harmonies qui existent entre l'âme déchue et les secours qu'elle trouve dans le sein de l'Église.

Saint Thomas, ce grand génie devant lequel nos plus savants académiciens ne sont que des pygmées, serait insuffisant pour nous exposer et nous faire comprendre l'œuvre scientifique de N. S. J.-C.

Quoiqu'il en soit, c'est au moyen de cette armure spirituelle que J.-C. se crée des athlètes invincibles à Satan, invincibles, entendons-nous, tant que leur volonté, qui est entre leurs mains, restera en union avec celle de J.-C.

Et qu'on ne vienne pas dire que cette grâce qui est invincible, rend la lutte inégale ; car, comme nous l'avons déjà dit : La grâce ne détruit pas l'équilibre, elle le rétablit.

A la vérité, la grâce est invincible, mais elle repose sur la volonté qui est muable.

Le chrétien, armé par J.-C., est donc un être humano-divin : invincible, par l'élément divin qui est en lui ; faible et vulnérable, par l'élément humain.

Les chutes journalières ne prouvent que trop la fragilité humaine ; et, celui-là seul, qui n'a jamais péché, a le droit de prétendre que l'homme est impeccable. Mais où est-il cet homme immaculé ? Ainsi donc, la grâce est un des éléments de la lutte ; non-seulement la grâce, mais encore le miracle.

Il existe, en effet, des époques critiques et difficiles, où le miracle est absolument nécessaire pour qu'il y ait impartialité dans la lutte : la grâce et le miracle complètent l'équilibre.

Telle est l'époque où vivait J.-C. ; telle est également l'ère des martyrs. Il fallait bien que J.-C. et ses disciples prouvassent leur mission divine ; le miracle seul fournissait le moyen.

Mais Dieu n'a pas abusé du miracle ; on pourrait plutôt dire qu'il en a été avare. Lorsqu'il n'a plus été nécessaire, le miracle n'a pas disparu, mais il est devenu plus rare ; on a même dit qu'il avait disparu. Toutefois, il reparaît de nos jours, sous les auspices de l'arche d'alliance : symptôme bien consolant.

Dans les jours bénis de N. S. J.-C., les démons se sont plaints de son agression : « Pourquoi, lui disaient-ils, nous attaquez-vous ? il n'y a rien de commun entre nous et vous ; nous ne vous provoquons pas, car nous savons qui vous êtes ; vous êtes le saint de Dieu. Laissez-nous donc notre domaine sur les hommes. » Mais jamais, ils ne se sont plaints des injustes conditions de la lutte. Ils acceptaient les miracles ; ils se contentaient de les rendre suspects aux hommes, en inspirant aux pharisiens de dire que J.-C. les opérait par la puissance de Belzébuth.

La lutte a donc lieu à armes égales : d'un côté, le démon avec sa puissance acquise sur l'homme, avec les violents penchants de l'homme en sa faveur, avec son domaine entier sur la nature ; d'un autre côté, l'homme intérieurement restauré et fortifié par les sacrements, et aidé, selon les temps et les besoins, de la puissance miraculeuse du Verbe.

Telles sont les conditions de la lutte depuis l'avènement du Christ, et les alternatives de triomphes et de défaites témoignent d'une équité dont, nous autres, catholiques, nous sommes tentés de nous plaindre.

Si, sur le terrain spirituel, l'impartialité divine est si complète, combien plus ne l'est-elle pas sur le terrain matériel ? C'est pourquoi, l'histoire à la main, nous disons que, dans l'ordre naturel, ce sont les causes naturelles qui triomphent. Le surnaturel est une exception que Dieu produit dans une mesure calculée par sa sagesse.

Ce n'est que rarement que Dieu sort de son obscurité et qu'il apparaît au milieu de la foudre et des éclairs. Dans ces cas exceptionnels, l'homme pénètre les ressorts du gouvernement providentiel, mais, dans le gouvernement ordinaire des choses, l'homme ne saurait rattacher les effets aux causes.

Au milieu de cette complication de faits et de causes, il y a cependant un fait certain : c'est que, de cet ensemble, surgit un courant qui aboutit à l'Eglise et qui pousse la barque de Pierre au port du salut.

Une remarque qu'il n'est pas superflu de faire, c'est que la lutte paradisiaque a été une lutte spirituelle ; c'est sur le terrain de l'âme que Satan l'avait transportée, et c'est sur ce terrain qu'il l'avait vaincue. Il savait bien, ce malin, que le maître de l'âme serait le maître du corps. Satan, d'ailleurs, était une puissance spirituelle, et il devait naturellement transporter la lutte sur son terrain. Il avait donc fait la conquête de la volonté.

Ce n'est pas lui qui a cueilli la pomme pour la présenter à la femme, ce qu'il pouvait faire ; ce n'est pas lui qui a conduit le bras de la femme, c'eût été exercer une demi-violence et faire une maladresse ; il n'aurait pas engagé assez profondément l'humanité dans la révolte. C'est Eve qui, de son plein assentiment, porte une main audacieuse sur le fruit défendu.

Entre recevoir le fruit de la main de Satan, ou prêter son bras à la puissance de Satan pour le cueillir, la différence nous paraît grande.

Dans le premier cas, la volonté est opprimée ou fortement diminuée ; le mal est commis, il est vrai, mais avec regret, et peut-être eût-il été véniel?

Dans le second cas, Eve entre à pleines voiles dans le conseil de Satan.

Il faut, en effet, qu'elle se lève, qu'elle se dirige vers l'arbre, qu'elle lève le bras et qu'elle détache le fruit : quatre actions, quatre obstacles qu'elle a dû franchir et qui indiquent la perversité profonde de sa volonté, et son union spirituelle avec Satan, son séducteur ; cette œuvre perverse, elle la continue vis à vis de son mari. Nous avons dit que la lutte entre Satan et Eve avait été une lutte spirituelle : si Satan a choisi ce genre de lutte, c'est qu'il y voyait son avantage. C'est dans l'âme qu'est la *nature*, c'est dans l'âme qu'est la vie du corps ; en faisant la conquête de l'âme, il faisait celle de l'homme. A quoi lui eût servi d'asservir le corps seul ?

Il eût été le maître d'un corps ; voilà tout, Il eût fait une conquête individuelle et méprisable. En faisant la conquête de l'âme, il enveloppait tous les hommes dans ses filets. Dans la première âme toute l'humanité était contenue, comme dans son germe. De même que Satan avait fait la conquête de la volonté de l'homme, de même N. S. J.-C. devait faire celle de l'esclave dont il brisait les fers.

La liberté, avec sa lourde responsabilité, est l'apanage de la créature intelligente. Mais, le labeur de J.-C. est bien plus rude que celui de Satan ; ce n'est pas une conquête collective que fait J.-C., c'est une conquête individuelle ; chaque âme lui coûte un combat.

Dans ce grand fait de la déchéance et de la régénération de l'homme, il y a une circonstance fort remarquable, c'est le rôle joué par la femme. La déchéance ou la mort est une œuvre satano-gyne. La régénération est une œuvre théogyne. La première œuvre a produit le panthéisme ; la seconde a produit l'Eglise.

Nous avons dit plus haut que l'histoire de l'Europe en général, depuis trois siècles, et en particulier celle de l'Angleterre, était pour nous une pierre d'achoppement, un véritable scandale ; qu'à la vérité nous apercevions le triomphe des ennemis de la vérité, mais que nous n'apercevions nulle part les vengeances divines et le triomphe de l'Eglise. Les catholiques ont-ils une notion bien juste de ce qu'il faut entendre par le triomphe de l'Eglise et les vengeances divines ? il est permis d'en douter. Et d'abord, constatons ce fait, c'est que le labeur qui conduit à ce triomphe, et qui en fait partie, se cache sous les apparences de la défaite.

Les éléments du triomphe matériel se composent d'une série de succès et de faits glorieux, sous lesquels les vaincus succombent.

Les éléments du triomphe de l'Eglise, au contraire, se composent d'une série d'injustices, de calomnies, de mensonges, d'erreurs, sous lesquels l'Eglise paraît ensevelie. C'est là, à proprement parler, le tissu du triomphe. N'est-ce pas la férocité du bourreau qui fait resplendir la douceur du martyr ?

C'est la spoliation qui manifeste l'esprit de pauvreté ; la calomnie et le mensonge font briller la vérité.

Les opprobres font ressortir l'humilité, etc..., de sorte que l'Eglise ne triomphe jamais plus que lorsqu'elle paraît vaincue, et le triomphe matériel, lorsque Dieu l'accorde, est une trêve ménagée pour le salut du plus grand nombre, une consolation pour les élus de Dieu, et un repos nécessaire à l'Eglise.

Quant aux vengeances divines, elles ne sont pas toujours marquées au coin de la colère et de la justice ; souvent elles sont miséricordieuses : elles ne donnent pas la mort au pécheur, elles le convertissent. Qui sait si les conversions partielles au catholicisme, si nombreuses en Angleterre, ne sont pas la seule vengeance que Dieu veuille exercer sur cette île, appelée autrefois l'Ile des Saints.

Nous plaindrons-nous si Dieu épargne les enfants en considération des prières et des mérites des pères, qui sont dans le ciel. Qui de nous saura peser et répartir d'une manière équitable le trésor de la solidarité humaine ? Dieu n'a-t-il pas épargné Salomon en considération de David, son père ? Cette vengeance miséricordieuse rentre bien dans l'esprit de l'Evangile.

N. S., par ces paroles qui sont en tête de ces réflexions, et que nous reproduisons : *Beati qui esuriunt et sitiunt justiciam* et le reste ; N. S., dis-je, s'adresse aussi et plus particulièrement aux âmes qui visent à la perfection. J.-C., ce soleil de justice, marche devant elles et leur montre toujours de nouveaux sommets à atteindre : il les sollicite de gravir ces sommets. Toujours altérées de justice, elles suivent leur divin maître sur son douloureux calvaire.

Elles expient pour leurs péchés et pour ceux du peuple chrétien : à l'imitation de J.-C., elles s'offrent comme des victimes volontaires ; et quoique fassent ces âmes généreuses, elles désirent toujours faire davantage.

Deux grandes saintes ont parfaitement formulé ces dispositions. L'une d'elles a dit : Ou souffrir ou mourir ; l'autre, gravissant d'un degré l'échelle de la perfection, a dit : Toujours souffrir et jamais mourir. Réjouissez-vous, âmes bienheureuses, Dieu désaltérera votre soif, et apaisera votre faim, quelqu'infinies qu'elles soient. Vous boirez aux fontaines du Sauveur et il sera votre nourriture.

Pourquoi N. S. dit-il : *Quoniam ipsi saturabuntur* : Eux-mêmes seront rassasiés. C'est précisément parce qu'il y aura deux catégories d'altérés et d'affamés de justice. Ceux qui souffrent dans leur corps mystique des injustices générales faites à l'Eglise et qui seront rassasiés et désaltérés avec tous les enfants de l'Eglise d'une réfection générale ; et ceux, plus parfaits, qui exercent sur leurs corps de saintes violences et de saintes austérités pour expier personnellement, sur eux-mêmes, les outrages faits à Dieu.

Ces chrétiens plus parfaits souffrent avec l'Eglise des maux généraux de l'Eglise et ils souffrent personnellement dans des disciplines dont ils auront affligé leurs corps et leurs âmes. Ils seront doublement désaltérés et rassasiés ; d'abord, de cette nourriture et de ce breuvage universels applicables à tous les enfants de l'Eglise; puis, d'une nourriture et d'un breuvage de choix pour les justices particulières qu'ils auront exercées sur eux-mêmes. Ce sont cette nourriture et ce breuvage de choix qui sont désignés par ces paroles : *Quoniam ipsi consolabuntur ;* Parce qu'eux-mêmes seront consolés.

S‍t MATT. CAP. v. V. 7. *Beati misericordes quoniam ipsi misericordiam consequentur.*

Heureux ceux qui sont miséricordieux, parce qu'eux-mêmes obtiendront miséricorde.

Que signifie le mot miséricorde ? Ce mot est composé de deux autres : *miser*, malheureux, ou *miseria* misère, et *cor*, cœur.

C'est donc un cœur qui s'incline pour verser son amour dans le sein du malheureux.

La miséricorde présuppose la misère : la miséricorde n'est autre chose que l'amour à l'état de fusion. La miséricorde est née le jour où Adam a été chassé du paradis terrestre.

En compensation de ce qu'il a perdu, Dieu lui a appliqué la miséricorde. Ce remède, que Dieu a trouvé dans son cœur, renferme de si grandes douceurs que l'homme a eu lieu de bénir sa misère.

Semblable à l'enfant, à qui dans ses désolations

Dieu indique le sein de sa mère, il s'y réfugie, et, dans les caresses et les consolations maternelles, il trouve une douceur qui dépasse l'amertume de son chagrin.

Telle est la miséricorde divine : elle a le secret d'élever la consolation au-dessus de la douleur, de sucrer les larmes. Et cependant qui dira l'étendue et la profondeur des misères de cet exilé du paradis ?

Les éléments, qui n'avaient pour lui que des influences amies, lui sont devenus hostiles ; les animaux sauvages, qui lui obéissaient, lui font entendre des rugissements furieux ; il a faim, et la terre nue ne lui offrira qu'une nourriture insuffisante jusqu'à ce que, par un travail pénible, il l'ait forcée de produire des récoltes.

Et ce n'étaient là que les moindres de ses maux.

La peine la plus cuisante qu'il soit donné à l'homme de ressentir, c'est l'incertitude ou l'inquiétude sur le salut d'une âme qui vous est chère, surtout s'il s'y joint cette aggravation que vous avez contribué à la perte de cette âme. Oh ! alors, la vie est intolérable, et on peut dire de cette personne qu'il vaudrait mieux qu'on lui eût attaché au cou une meule de moulin et qu'on l'ait jetée au fond de la mer que de lui avoir donné l'existence.

Cette peine a été surtout celle d'Adam, car ses reins étaient pleins de malédictions qu'il devait transmettre à ses enfants.

Quel sera le remède assez efficace pour adoucir de si grandes peines, pour charmer tant de maux ?

A cet océan de misères, Dieu oppose l'infini miséricordieux.

Il paraît probable qu'il envoya à Adam une vision merveilleuse où il lui montra J.-C. Adam vit le mystère de l'Incarnation s'accomplir par le ministère de la Vierge Marie, sa fille, et cette vue le consola surabondamment.

Il ne fallait rien moins pour empêcher Adam de mourir de douleur.

La miséricorde de Dieu s'étendit aux détails les plus vulgaires. Lorqu'Adam fut chassé du paradis, il était nu ; Dieu lui fit des habits de peau pour couvrir sa nudité : il le revêtit d'une peau de bête. C'était un acte miséricordieux, sans doute, mais c'était en même temps une leçon. Le roi de la création descendu à ce degré de pauvreté qu'il est obligé de mendier son vêtement aux animaux !

Il cachait sa peau fine, douce, blanche et rose, sous une peau de bête âpre et rugueuse : ce changement de vêtement indiquait le changement d'inclinations.

Sa peau fine et douce annonçait la douceur et la perfection de son caractère ; la couleur blanche était le symbole de sa chasteté, la couleur rose, symbole de vie et de bonne odeur, indiquait que cette chair n'éprouverait jamais les horreurs de la corruption et de la mort. Tout cela disparaît sous une peau de bête morte, afin que l'homme ait toujours sous les yeux le spectacle de la mort. L'homme disparaît, la bête le remplace.

Pauvre humanité !.... tu sortiras de cet affreux linceul et tu reprendras ton beau vêtement ; mais tu le reprendras plus brillant. Ta chair sera honorée, elle sera même adorée ; mais ce sera lorsque, semblable à la rose, elle aura reçu une couronne d'épines, été consacrée sur la croix, et empourprée du sang du Verbe.

Cette circonstance, je veux dire cette peau de bête, insignifiante en apparence, nous apprend que la mort, qui venait de faire invasion dans l'humanité par le péché, préexistait dans la création, car cette peau de bête appartenait certainement à un animal qui avait vécu.

Pour sa nourriture, Dieu donna à Adam, comme aux animaux, les fruits de la terre; encore une leçon.

Les premiers hommes étaient herbivores et fructivores; c'était je crois, une nécessité. Ce n'est que plus tard qu'ils devinrent carnivores.

Quant au corps, l'homme, par son industrie et son travail, a promptement amélioré sa position: bientôt, il a été mieux logé, mieux nourri, mieux vêtu; cependant, il est toujours vêtu des dépouilles des bêtes. Quelles que soient les métamorphoses que l'industrie fasse subir à ces dépouilles, toujours est-il que l'homme emprunte ses vêtements soit aux végétaux, soit aux animaux; et il en est fier!

Combien de femmes et même d'hommes se glorifient de porter de belles fourrures! C'est si beau de ressembler à un ours ou à une panthère depuis qu'on a perdu la ressemblance avec Dieu.

Néanmoins, et malgré le bien-être que l'homme s'est procuré, les maladies du corps et celles de l'âme surtout sont nombreuses.

La miséricorde consiste à soulager toutes ces misères et à les guérir, si l'on peut.

On doit à l'âme l'instruction pour dissiper son

ignorance, la lumière pour éclairer ses ténèbres, de bons conseils, des paroles affectueuses et surtout des prières. C'est la miséricorde la plus efficace et peut-être la plus négligée. Par la prière, Dieu devient pour l'homme un merveilleux instrument, au moyen duquel il atteint au loin doucement et fortement.

Cette vertu de miséricorde éclate dans toutes les paroles et tous les actes de N. S. J.-C.

Il guérit toutes les maladies et les infirmités corporelles ; par ses paroles, par sa doctrine, par ses prières, il éclaire, assiste et fortifie les âmes. Il pardonne à la femme adultère : il convertit Madeleine. Sa vertu ne s'effarouche pas d'une pauvre pécheresse qui avait cinq maris.

Il n'éteint pas la mèche qui fume encore.

On ne voit pas que J.-C. ait rejeté aucun de ceux qui ont imploré sa miséricorde. Il réserve toutes ses foudres pour ceux qui outragent cette vertu. Il est sans entrailles pour ceux qui n'en ont point.

Mais, voilà un rapport étonnant : de même que Jésus énumère huit béatitudes en faveur de ceux qui pratiquent la charité à un degré quelconque et sous une forme quelconque, comme si ce nombre huit indiquait le complément des vertus et celui des récompenses, de même, il lance huit anathèmes contre ceux qui blessent la miséricorde, comme si, en outrageant cette vertu, on les outrageait toutes.

La miséricorde est un acte de supérieur à inférieur ; cet acte, qui se rattache à la grande loi de la charité, renferme spécialement l'idée de pardon.

Celui qui fait miséricorde remet une dette, et celui qui accepte la miséricorde se reconnaît débiteur de cette dette.

Un acte miséricordieux est donc un composé de charité et d'humilité. Mais comment l'offenseur a-t-il contracté cette dette ? C'est qu'il y a une loi dont il a enfreint les dispositions ; car s'il n'y avait pas de loi, il n'y aurait pas d'infraction. La miséricorde suppose donc un code de lois et par conséquent un législateur.

Dans la théorie libre-penseuse, il n'y a pas de législateur, conséquemment pas de loi, pas d'infraction, pas de dette, et par suite pas de miséricorde.

Logiquement, il n'y a point de lois, point de crimes, point de tribunaux, point de juges.

A la vérité, une société libre-penseuse peut bien faire des lois, mais, si le législateur suprême n'existait pas, ces lois n'auraient point de sanction dans la conscience.

Le mot conscience lui-même n'aurait aucune signification, et je suis stupéfait de l'illogisme des libres-penseurs réclamant la liberté de conscience.

Qu'est-ce en effet que la conscience ?

La conscience c'est la science des devoirs imposés à l'homme ; c'est la loi naturelle écrite dans le cœur de tous les hommes. Mais, qui a pu imposer cette loi, si ce n'est le Créateur ?

La conscience est donc l'affirmation d'une loi et d'un législateur. C'est la soumission à une loi ; c'est un esclavage ; c'est un outrage à la liberté, c'est la négation de la libre-pensée.

Réclamer la liberté de conscience est donc une absurdité puisqu'il n'y a pas de conscience dans le système libre-penseur.

Un lien logique unit tous les articles de la loi : l'ignorant ou le malfaiteur, qui détruit un seul de ces articles, détruit la loi.

Voilà une des conséquences de la libre-pensée : la destruction de la loi. Il y en a beaucoup d'autres et notamment celle-ci qui rentre dans notre sujet : c'est que cette triste doctrine est sans entrailles ; elle tarit la miséricorde dans sa source.

Adam, exilé et malheureux, a trouvé sa consolation dans la miséricorde ; mais si elle eût été absente, qui eût pansé ses plaies ?

Oh, que ces sinistres sectaires sont coupables ! A ces criminels, l'humanité ne doit qu'une chose : un gibet.

Mais, laissons de côté ces théories insensées auxquelles on ne doit que le mépris ; abandonnons aux pourceaux ces fruits amers et gâtés d'une civilisation putréfiée et, pour nous purifier de ces souillures, prenons un bain d'air évangélique, écoutons J.-C.

Il nous recommande la miséricorde, et pour nous déterminer à la pratiquer, il fait un appel à notre intérêt personnel.

C'est pourquoi, après avoir dit : Bienheureux ceux qui sont miséricordieux, il ajoute : Parce qu'eux-mêmes obtiendront miséricorde.

C'est un échange, un marché que J.-C. propose à l'homme, un échange où l'homme a tout à gagner comme dans tous les marchés avec Dieu.

Qu'y a-t-il de plus raisonnable et en même temps

de plus profitable que d'accorder miséricorde pour l'obtenir quand soi-même on en a besoin.

Quel est l'intérêt majeur du condamné ? C'est d'éviter le supplice.

Si on disait à un malheureux qu'on conduit à l'échafaud: Faites miséricorde à celui qui vous a offensé et vous obtiendrez la remise de votre peine, avec quel empressement ne saisirait-il pas cette planche de salut ? C'est cette planche de salut que J.-C. nous offre aujourd'hui.

Il offre la miséricorde à l'homme condamné à la mort éternelle, à cette condition qu'il fera lui-même miséricorde.

Et comme les offenses faites contre l'homme sont des offenses naturellement bornées et que les offenses dont il s'est rendu coupable sont d'une gravité infinie sous un point de vue, l'échange qui lui est offert présente de grands avantages : on lui offre d'échanger la remise d'une offense grave et infinie en durée contre la remise d'une offense légère.

Nous avons dit que les offenses contre l'homme étaient naturellement bornées ; nous croyons même que si la majesté divine n'y était pas intéressée, le mal serait bien mince.

Mais, on ne demande pas à l'homme de pardonner l'offense faite à Dieu ; ce n'est pas son affaire, c'est celle de Dieu : on ne lui demande que le pardon de l'offense qui lui est personnelle.

Nous disons que, raisonnablement et dans son intérêt, il ne peut pas le refuser.

Et si N. S. J.-C., dans cette circonstance, fait appel à la raison et à l'intérêt personnel, c'est pour nous apprendre qu'il y a union étroite entre la foi et la raison et entre la foi et nos intérêts véritables.

S¹ MATT. CAP. V. V. 8. *Beati mundo corde quoniam ipsi Deum videbunt.*

Bienheureux ceux qui ont le cœur pur, parce qu'ils verront Dieu.

N. S. a bien mis le doigt sur la plaie. La condition la plus importante pour voir Dieu, c'est la pureté du cœur; et on peut affirmer hautement que, si les hommes ne voient pas Dieu, c'est qu'ils ont le cœur souillé. Voulez-vous voir Dieu ? Purifiez votre cœur.

Le cœur humain est une glace où Dieu se réfléchit. Une glace ternie ne réfléchit pas les objets, ou elle les réfléchit d'une manière incomplète et défectueuse. Tel est le cœur.

C'est bien en vain que l'esprit humain se met à la torture pour expliquer les causes de son incrédulité; c'est en vain que l'apostat entasse une montagne d'arguments pour justifier son apostasie et pour prouver qu'une lumière nouvelle est venue éclairer son intelligence. Personne n'est dupe de cette comédie, que ceux qui veulent bien l'être.

C'est en vain que Henri VIII s'agite sur les tréteaux de la royauté pour innocenter son apostasie; derrière lui apparaissent Anne de Boleyn et ses impures compagnes qui crient au public : Ne l'écoutez pas.

Le motif vrai de son changement, c'est nous. Laissez de côté les arguments de l'école, ils n'ont rien à faire ici. Creusez le fumier de la chair, vous y trouverez l'argument vrai, le motif déterminant.

Le docteur de Virtemberg, cet apôtre qui voulait ramener son siècle à la pureté des temps apostoliques, voulez-vous connaître son argument péremptoire; cherchez-le dans une jeune religieuse de 26 ans enlevée du monastère de Nimpstchen : il s'appelle Catherine de Born. C'est dans ce port qu'a abordé ce réformateur austère.

Et ce pauvre Loyson, ce dernier venu des apostats, a-t-il trouvé des arguments meilleurs et plus nouveaux que ses devanciers. Au contraire, cet esprit, jadis si brillant, s'est trouvé sur les traces de Calvin.

L'apostat de Noyon n'était pas fier : il s'était contenté des restes d'un anabaptiste ; Idelette était la veuve d'un anabaptiste. Madame Merrimann-Loyson n'est pas même veuve ; c'est l'écume de la prostitution légale : une divorcée.

Laissons de côté Occolampade et le reste de ce troupeau d'Epicure; mais faisons mention de ce vieux moine libertin dont les amours sentent le rance. Nous voulons parler d'Albert de Brandebourg, grand-maître de l'ordre Teutonique. Il avait 69 ans, lorsqu'il se maria avec Dorothée de Holstein. Peut-être, cette princesse fut-elle séduite par les beaux yeux de la cassette de l'ordre Teutonique ; car Albert s'en appropria la plus grande partie. Ce moine était libertin et voleur.

« J'admire, dit à ce sujet Erasme, ces prétendus
« réformateurs qui prennent la qualité d'apôtres et
« qui ne manquent point de quitter la profession so-
« lennelle du célibat pour prendre des femmes ; au

« lieu que les vrais apôtres de N. S. quittaient leurs
« femmes pour embrasser le célibat. »

Ce honteux argument est un argument d'un usage universel ; mais il n'est pas le seul, il a un frère cadet, moins répandu mais plus tenace et plus dangereux. Nous l'avons vu employé par Albert le Teutonique : Pourquoi l'aristocratie anglaise a-t-elle suivi l'apostat royal, ce monstre des temps modernes, pourquoi l'a-t-elle suivi dans son apostasie ?

A-t-elle été éclairée d'une lumière nouvelle ? Non : Henri VIII a acheté leurs consciences avec les biens des couvents et de l'Eglise. Ces lords, comtes et barons ont vendu J.-C. ; et leur sol, le sol britannique, peut s'appeler Haceldama.

L'aristocratie anglaise est une caverne de voleurs : son triomphe insolent et trop prolongé est le grand scandale des temps modernes. Il justifie cet axiome : La propriété, c'est le vol (1). Tout cela est bien misérable. Tout cela, semblable à certains animaux, se traîne sur les charognes (2) de l'humanité.

Tous ces gens là ont cru au Christ ; ils n'y croient plus. Qui donc a changé ? Est-ce le Christ ? Non ; mais le cœur qui était pur est devenu impur.

Le cœur est le siège des affections ; c'est la faculté maîtresse de l'âme, elle représente dans l'âme, ce que

---

(1) Je reviens très-souvent, trop souvent, sur l'épisode historique de l'apostasie de la nation anglaise.
Cet échec infligé à N. S. J.-C. et à l'Eglise me bouleverse ; j'avoue que je ne peux le digérer ; bien que j'en aie essayé une explication il y a quelques jours dans le dogme de la solidarité des saints.
(2) Ce terme est devenu impropre : nous dirons, pour notre justification, que St. François de Sales l'employait et qu'il n'a pas de remplaçant dans la langue française.

la charité représente en Dieu et ce que le feu représente dans l'ordre naturel.

Le feu est un élément d'une grande puissance. C'est une force aussi puissante pour le bien que pour le mal. Soumis à l'intelligence, circonscrit et dirigé par elle, le feu rend à l'homme et à la société d'immenses services.

La marine, l'industrie, les chemins de fer sont les tributaires du feu, c'est à lui qu'ils demandent leurs puissants moteurs. Une société privée de cet élément resterait dans l'enfance.

De même, le cœur est le moteur de l'âme : c'est lui qui met en mouvement toutes ses puissances et leur donne l'impulsion.

La raison se plaît dans la théorie ; le cœur se plaît dans l'action. La raison est une lumière calme et tranquille, ce n'est pas une force.

Le cœur est une force qui cherche son emploi et qui fera des ravages s'il ne rend pas des services ; c'est une arme à deux tranchants.

Lorsque N. S. voulut faire la conquête de l'univers, c'est au cœur qu'il s'adressa ; il alluma dans le cœur de l'homme une flamme morale, ardente, épurée, brillante, qui, se communiquant de proche en proche, embrasa les cœurs, les purifia et les illumina.

Le contraire arrive lorsque le foyer du cœur reçoit pour aliments des matières grossières, tourbeuses, terreuses. Le cœur s'encrasse ; il dégage une épaisse vapeur qui produit les ténèbres. Ces matières embrasées causent un violent incendie qu'il est impossible d'éteindre.

Le cœur aveuglé refuse de se laisser guider. La raison se présente bien pour lui servir de guide; mais, que pèse la raison devant le cœur ? Ce que pèse une barque légère dirigée par quelques rameurs, devant un puissant bateau à vapeur ; ou un brin de paille qui se présente pour servir de frein à un train de chemin de fer.

Toutefois, il s'établit une lutte entre le cœur et la raison. La raison, flambeau de Dieu, reproche au cœur le dérèglement et la bassesse de ses attachements et de ses affections : elle excite ses remords.

Le cœur résiste, il ne veut pas abandonner ses affections; il y tient plus qu'à la lumière, ou pour mieux dire, il hait la lumière et il cherche à l'éteindre. Il épaissit les ténèbres et pour faire taire les réclamations de la raison, il lui suggère le sophisme qui est une contrefaçon de la lumière de la raison.

Le sophisme a été inventé par un cœur souillé. La raison aveuglée par les ténèbres du cœur finit par capituler : elle accepte les sophismes qui lui sont suggérés, elle les adopte; elle les fait siens; elle leur prête le secours de sa lumière ; elle devient la complice du cœur.

Pendant la lutte entre le cœur et la raison, l'homme n'était pas heureux : il y avait déchirement intérieur, guerre civile. La raison vaincue, la guerre intestine cesse ; il y a apaisement.

C'est le simulacre de la paix ; ce n'est pas la paix : *Non est pax impiis.* C'est au moins la cessation de la lutte; et alors l'homme trouve dans le mal une espèce de tranquillité, de bonheur.

Le remords qui est une convulsion, une lutte, un

signe de vie, a cessé. La mort, qui ressemble à la paix, lui succède. Dans cet état, l'homme ne voit plus Dieu et il n'en sent plus le besoin : son âme déchue dans les sens se contente de la vie animale.

Parvenu à sa dernière heure, il conserve ordinairement sa tranquillité; nulle terreur ne vient l'assaillir.

Dans nos campagnes de la Côte-d'Or, où la foi est complètement éteinte et où les hommes vivent sans donner aucun signe religieux, j'ai voulu savoir comment ils mouraient. Je me suis adressé aux curés. En général, m'a-t-il été répondu, ils meurent tranquillement, après avoir fait une confession *in extremis*. Souvent même ils appellent le prêtre tardivement et ne peuvent faire ce semblant de confession.

Il n'y a pas de différence entre leur mort et celle des animaux de leurs étables. Des ténèbres de cette vie, ils entrent de plain-pied dans celles de l'autre vie.

Les paroles de N. S. doivent être reçues avec un respect égal à l'adoration, parce qu'elles viennent d'un Dieu, et avec reconnaissance, parce qu'elles n'ont pour but que notre salut; cependant nous ferons, sur ces paroles : Bienheureux ceux qui ont le cœur pur, une objection :

La pureté de cœur que demande N. S. J.-C. est une œuvre supérieure à toute la puissance et à toute l'industrie humaines ; il y a dans la vie chrétienne des choses bien difficiles, mais toutes sont renfermées dans la pureté du cœur. Il est bien difficile à un homme de pardonner à un ennemi qui vient de l'offenser, et plus difficile encore de faire la première démarche conciliatrice, car c'est écraser l'orgueil dans son œuf.

Il est bien difficile à un homme de se renfermer dans les règles étroites du mariage chrétien ; car, après avoir reçu de leur maître ces règles si pures et si saintes, les apôtres lui dirent: (XIX-10) « Si la conduite d'un homme est telle à l'égard de sa femme, il n'est pas avantageux de se marier. Tous ne sont pas capables de cette résolution, répondit Jésus, mais ceux-là seulement qui en ont reçu le don. »

Il est bien difficile à un homme riche d'arriver à un détachement complet, car N. S. a dit (XIX-24) : « Il est plus aisé à un chameau de passer par le trou d'une aiguille qu'à un riche d'entrer dans le royaume des Cieux ; » ce qu'entendant, les apôtres disaient : Qui pourra donc être sauvé ?

A la vérité, dit Jésus, ceci est impossible aux hommes, mais tout est possible à Dieu. Il en est de la pureté du cœur comme de ces vertus ; elle est impossible à l'homme, car elle présuppose non-seulement la pratique d'une de ces vertus si difficiles, mais celle de toutes les vertus, et si l'une d'elles faisait défaut, le cœur ne serait pas pur.

La pureté du cœur est l'œuvre de Dieu. C'est pourquoi, David s'adressant à Dieu, lui dit : *Cor mundum crea in me Deus.* Mon Dieu, créez en moi un cœur pur.

Est-ce que David n'avait point de cœur qu'il dit à Dieu : Créez en moi un cœur pur. David avait bien un cœur, mais un cœur souillé comme celui de tous les hommes ; il ne veut pas de ce cœur incliné vers le mal et saturé d'impureté : ce cœur lui inspire du dégoût. C'est pourquoi il demande à Dieu de lui en créer un autre.

Dieu n'en fera rien : il restaure, il ne détruit pas ; et, si impur que soit votre cœur, ô Prophète, il y reste une étincelle divine, et c'est elle qui vous inspire de demander la pureté.

Mais, si la pureté du cœur est l'œuvre de Dieu, comment faut-il entendre ces paroles : Bienheureux ceux qui ont le cœur pur, etc. Pourquoi J.-C. s'adresse-t-il à l'homme qui ne peut rien, au lieu de s'adresser à Dieu qui peut tout.

Nous pensons qu'il faut entendre ces paroles dans le sens de celles qui ont été dites à saint Pierre (XVI-XVII) : «Vous êtes bien heureux, Simon fils de Jean, car ce n'est point la chair ni le sang qui vous ont révélé ceci, mais mon père qui est dans le ciel. Ces mêmes paroles sont applicables à ceux qui ont le cœur pur ; car ce n'est point la chair ni le sang qui ont contribué à cette pureté, mais mon père qui est dans les cieux ; avec cette différence toutefois, c'est que Dieu n'avait pas besoin du concours de Pierre pour éclairer son intelligence, tandis que pour purifier le cœur, il demande le concours de l'homme.

C'est pourquoi N. S. J.-C. s'adresse à l'homme : c'est son concours qu'il demande. Dans cette œuvre commune, le concours divin ne fera pas défaut à l'homme de bonne volonté.

La vue de Dieu est une récompense : c'est la récompense d'un acte. Ce n'est pas le privilège d'une intelligence plus ou moins développée, c'est la récompense d'un acte et d'un acte d'amour ; bien que cependant la vue de Dieu soit le privilège de la créature intelligente, en ce sens que la créature sans intelligence est frappée d'une incapacité radicale de voir Dieu ; cependant ce n'est pas à cet attribut exclusivement et nécessairement qu'elle doit ce bonheur ; car il y a beaucoup de créatures intelligentes qui en seront privées.

L'intelligence est un organe nécessaire pour voir Dieu, mais incapable par lui-même d'entrer en jouissance de ce bien. C'est par le cœur qu'a lieu cette entrée en jouissance, et, comme nous l'avons dit, c'est le résultat d'un acte d'amour. Dieu est la récompense d'un acte d'amour.

C'est une chose bien mystérieuse, bien profanée et bien sainte que cette faculté d'aimer, dont le type est en Dieu. Son essence nous échappe ; ses effets se font sentir dans toute la création. C'est la vie, le lien et la cohésion de tout ce qui existe.

Privez pour un instant, si court que ce soit, la création de cet élément nécessaire, et l'univers s'écroule, aussi bien l'univers moral que l'univers physique.

L'amour est le bonheur intime de la sainte Trinité ; c'est aussi celui de l'homme dans les diverses positions de la vie.

L'intelligence ne suffit pas au bonheur ; il n'y a pas équation entre l'intelligence et le bonheur. Non-seulement l'amour y suffit, mais il donne à l'âme une mesure pleine, comble et surabondante ; il noie l'âme dans le bonheur. O la noble faculté !

Plus noble que l'intelligence, l'amour est un composé qui emprunte au Père l'intelligence ; au Verbe, dont la sagesse se joue avec aisance dans l'univers, la liberté ; au Saint-Esprit, cette faculté mystérieuse inconnue dans son essence, et qui s'appelle proprement l'amour.

Un des caractères de l'amour, c'est d'aimer à se donner. Cette spécialité de l'amour nous explique le Calvaire ; l'âme qui aime n'est satisfaite qu'autant qu'elle peut se donner ou donner son fruit et elle donne toujours son fruit le plus exquis. Abel offre à Dieu ses meilleurs fruits.

Sous l'action divine, toute créature qui aime agit ainsi. Voyez cette brebis : elle nourrit son agneau de sa substance pendant de longs mois, elle forme sa chair et elle ne le livre à l'homme que lorsqu'il est apte à lui servir de nourriture. Ainsi fait la vache, ainsi fait la poule, ainsi fait l'abeille, et le reste.

Ainsi fait aussi la vigne. Pendant un long temps, elle se livre à un travail mystérieux ; elle élabore avec soin son fruit, puis elle le mûrit et enfin elle le livre à l'homme lorsqu'il est devenu un fruit délicieux à manger, ou apte à faire une boisson agréable et fortifiante. C'est l'amour sous ses diverses faces.

On pourrait ainsi parcourir la série innombrable des créatures et y constater l'action de l'amour qui consiste à se donner dans son fruit ; c'est-à-dire à renfermer et à concentrer sous un petit volume toute la substance de la créature, pour l'incorporer à la créature supérieure qui est son but et sa raison d'être.

Nous ne connaissons qu'un fruit qui ne s'incorpore pas à une créature supérieure : c'est le corps de J.-C. C'est une exception produite par l'amour ; il faut en demander la raison au cœur de J.-C., lui seul peut la donner.

Une chose à remarquer, c'est que la créature seule qui a le cœur pur produit son fruit et atteint son but. Une créature gâtée dans son cœur, dans ses parties essentielles, ou produit un mauvais fruit, ou n'en produit pas du tout.

Le cœur est le laboratoire où s'élabore le fruit divin ; c'est pourquoi il doit être pur.

St Matt. Cap. v. V. 9. *Beati pacifici quoniam filii Dei vocabuntur.*

Bienheureux ceux qui sont pacifiques, parce qu'ils seront appelés les enfants de Dieu.

Ainsi, les pacifiques recevront le plus beau nom qui puisse être donné à une créature, celui de fils de Dieu, celui que porte J.-C. lui-même.

Nous disons que ce nom est beau ; en effet, ce nom de fils de Dieu égale en quelque sorte celui qui le porte à Dieu lui-même ou à J.-C. son fils, qui est égal à lui. Car le Fils est égal au Père et si l'homme pacifique appelé Fils de Dieu, n'est pas égal en substance à Dieu le Père, il lui est semblable ; et il n'est pas douteux que par ce nom de Fils, J.-C. n'ait voulu éveiller en nous une pensée sinon d'égalité au moins de similitude.

Mais comment le pacifique est-il égal ou semblable à Dieu ? Le règne de Dieu est un règne de paix ; c'est à la paix que Dieu tend et lorsque les temps seront accomplis et que les siècles seront passés, le royaume de Dieu obtenu avec le concours des volontés libres ou des fils de Dieu, jouira d'une paix éternelle.

Les pacifiques sont semblables à Dieu en ce sens qu'ils tendent au même but et travaillent de concert à la même fin qui est la paix. La paix, ce bien suprême, a été, cela n'est pas douteux, le but que Dieu s'est proposé dans la création du monde. La création a été le résultat d'une pensée de paix et d'amour.

Mais, dira-t-on, comment se fait-il que Dieu n'ait pas atteint son but, car la création de Satan a été suivie de sa révolte.

Que Satan se soit révolté contre son créateur, c'est un fait certain ; mais que Dieu n'ait pas atteint son but, c'est une autre question.

Pour résoudre ce problème, il faudrait préalablement débattre avec le créateur des questions préliminaires : Quelle était la créature que Dieu avait en vue ? Convenait-il qu'elle fut forcée de recevoir despotiquement la volonté de Dieu ? etc...

Au fur et à mesure que les créatures s'élèvent dans l'échelle des êtres, elles sont douées de perfections plus grandes. Arrivées à un certain degré, Dieu les rapproche de lui en les douant de ses propres perfections, qui sont l'intelligence et la liberté ; car la liberté est le corollaire de l'intelligence.

Cette faculté de la liberté implique de la part de celui qui la concède l'idée de dessaisissement de son domaine, de sa propriété, de sa domination ; plus que cela peut-être, l'idée de partage, l'idée d'égalité, plus que cela encore, l'idée d'investissement ; puis, par une suite naturelle, l'idée d'indépendance et de révolte.

La liberté est un attribut divin, attribut que dans son amour le créateur communique à sa créature.

Mais cet attribut, par cela même qu'il y a du divin en lui, est difficile à porter. La créature naturellement dépendante, devient maîtresse d'elle-même. Cette prérogative l'éblouit ; elle la grise en quelque sorte. C'est l'écueil, mais c'est inhérent au don.

Dieu ne pouvait donner le don sans donner l'écueil ; de même qu'on ne peut donner le vin sans donner l'alcool, puisque sans alcool, il n'y a pas de vin.

Le problème était donc celui-ci : Ou concéder à la créature l'intelligence et la liberté qui en est le corollaire et la révolte était possible ; ou supprimer la créature intelligente et à ce prix il n'y aurait pas eu de révolte. Mais alors il fallait décapiter la création, lui enlever ce qui faisait son honneur et sa gloire ; se contenter d'une création infime, restreinte aux créatures végétales et animales, création qui aurait ignoré son créateur ; création qui aurait réfléchi très-imparfaitement l'image du Créateur.

On dirait en lisant dans Moïse le récit de la création, que ce redoutable problème s'est présenté à l'intelligence divine ; car avant de créer l'homme, Dieu tient conseil. Il consulte les trois personnes de la Très-Sainte Trinité, et le résultat de ce conseil nous est divulgué par ces paroles : Faisons l'homme à notre image ; c'est-à-dire, dotons-le d'intelligence et de liberté. Dieu a bien voulu nous apprendre que ce grand problème s'est présenté à son esprit et que ce n'est qu'après mûre réflexion qu'il a été résolu dans le sens que nous voyons.

La sagesse divine a préféré une création sublime, où la révolte serait possible, à une création infime sans révolte, une création où, à la vérité, il pourrait trouver des ennemis ; mais aussi où il trouverait des amis et des enfants, à une création où il ne trouverait que des esclaves.

Disons, en passant, que c'est de cette pensée divine qu'est née la famille. L'enfant, ou l'être obéissant et aimant, est une conception spéciale qui dérive de la liberté ; c'est une idée éclose dans le cœur de Dieu.

Dieu ne pouvait pas plus supprimer l'écueil inhérent à la liberté sans détruire la liberté, qu'il ne peut détruire la rotondité du cercle sans détruire le cercle.

La révolte entrait donc dans la création par la porte de la liberté. Elle était possible, elle n'était pas nécessaire. Cet écueil s'est produit : l'ange d'abord, l'homme ensuite, se sont révoltés contre Dieu. Que fera Dieu, dans cette circonstance?

Par amour de la paix, tolèrera-t-il la révolte de sa créature ? loin de là. Ce serait abandonner à sa créature le sceptre de l'univers. Ce serait faire de cet harmonieux univers le lieu de la plus horrible confusion, bouleverser les éléments, introduire la guerre parmi les créatures et faire succéder la mort à la vie.

Ce serait substituer l'injustice à la justice, le mal au bien, les ténèbres à la lumière ; l'erreur à la vérité. Ce serait un suicide, c'est-à-dire un déicide. Ce serait une paix à la Pilate. Qu'aurait gagné le monde à cette paix à la Pilate ? Au lieu d'un Dieu, il aurait eu un tyran.

Dieu ne le peut et ce faux amour de la paix aboutirait à la guerre et au désordre universel et éternel. Il n'en sera point ainsi : les conséquences de la révolte seront la guerre dans le temps, la paix dans l'éternité. Un instant de guerre, une éternité de paix.

La paix dans le droit, voilà la véritable notion du pacifique. La notion de révolte suppose la notion du droit. S'il n'y avait pas de droit, il n'y aurait pas de révolte ; de sorte que le révolté témoigne contre lui-même, comme l'ombre témoigne en faveur du soleil.

Ce témoignage est l'utilité de la révolte et la punition du révolté. Ce témoignage universel et forcé de l'erreur en faveur de la vérité est pour nous la preuve d'une sagesse qui nous ravit et que nous ne saurions trop admirer : nous le signalons au passage.

Dans le siècle où nous vivons, une révolte heureuse est une révolte glorieuse. La révolte triomphante, c'est la force au service de l'injustice. Beaucoup prennent la force pour le droit; c'est une erreur, mais une erreur qui a son excuse parce qu'elle a pour base une vérité.

La force est inhérente au droit et la force accompagne toujours le droit absolu comme la lumière accompagne le soleil, ou comme elle accompagne le feu. Le divorce de la force et du droit, la séparation, le déchirement de l'un avec l'autre, n'existent que passagèrement et dans une période d'épreuves, et c'est un abus de la liberté ; c'est encore un crime à inscrire à son débit.

L'homme a le sentiment ; il a l'intuition de cette union de la force et du droit dans l'état de justice : c'est pourquoi il se fait illusion et transporte à la force les attributs du droit ; car l'erreur est toujours appuyée sur quelque atôme de vérité.

Il n'y a pas d'erreur qui n'ait une vérité pour base ou pour appui. Une erreur qui ne s'appuierait sur aucune vérité, se serait le non-être ; c'est-à-dire le néant. On ne peut pas plus comprendre une erreur à l'état pur qu'on ne peut connaître un homme qui n'a jamais existé.

Il ne faut pas confondre la négation avec le néant. La négation vit de la vérité qu'elle nie ; mais le néant ne nie rien; il n'est pas. Dieu est la vérité absolue; en dehors de Dieu, toutes les vérités sont contingentes.

La vérité contingente est essentiellement antérieure à la négation. Le néant, au contraire, est antérieur, comme idée abstraite, à la créature, et par conséquent antérieur à la vérité contingente et relative.

Et cependant cette idée *néant* n'existerait pas si la créature n'existait pas. Puisque cette idée repose sur la privation de l'être contingent, Dieu ou l'être est antérieur au néant. Nous ne disons pas privation de la vie ; la privation de la vie, c'est la mort, c'est-à-dire la dissolution ; nous disons : *privation de l'être*. Or, on ne peut avoir cette idée de la privation de l'être, qu'autant qu'on a connu l'être.

Le protestantisme est postérieur au catholicisme, de la substance duquel il vit et dont il est la négation ; le néant au contraire, duquel Dieu a fait toutes choses, est antérieur à la promulgation de la vérité catholique. La négation et le néant ne sont pas identiques et il ne faut pas les confondre. J'ai connu des personnes instruites qui confondaient la négation avec le néant ; cela m'a toujours choqué. La négation est même l'opposé du néant ; la négation est essentiellement l'affirmation qu'une vérité n'est pas ; on ne nie que ce qui est. Le néant ne nie rien.

Dans le même ordre d'idées on ne pourrait pas définir la haine en disant que c'est la négation de l'amour : cette définition serait insuffisante. La haine est un sentiment vif et ardent qui puise son ardeur et sa vigueur à la source de l'amour; c'est l'amour vicié. C'est un vin tourné qui conserve tout l'alcool du vin pur. C'est une espèce d'enfant bâtard qui conserve la vigueur du sang paternel.

Et la souffrance, ce problème insondable, ce mystère inexplicable, qu'est-ce donc ? La souffrance, c'est la viciation de la vie ; c'est l'enfant bâtard de la vie, dont le bonheur est l'enfant légitime.

Les deux s'abreuvent à la même source ; la puissance et l'énergie de la vie se retrouvent dans la souffrance : le feu, la délectation du bonheur deviennent l'aiguillon de la douleur.

Ce terme d'enfant bâtard, dont nous nous sommes servi, peut paraître extraordinaire ; il n'est que juste, car tout péché est une fornication, et nous considérons ici la haine et la souffrance comme des conséquences du péché ; *comme choses non créées par Dieu*. Nous parlons de la haine telle qu'elle a existé dans le cœur de Judas et dans celui de Caïn ; car la haine du mal rentre dans la conception de l'amour.

Ce n'est pas Dieu, avons-nous dit, qui a créé la souffrance, la haine et tous leurs congénères du péché. Il n'y a cependant pas d'autres créatures que celles que Dieu a faites; comment donc se fait-il qu'on en trouve d'autres ? Il n'y en a pas d'autres, en effet, et celles qu'on rencontre sous d'autres noms sont bien celles que Dieu a créées, mais qui, s'étant corrompues, ont reçu un nom autre que celui de leur création. Ce nom, c'est leur vêtement de corruption.

C'est ainsi que l'amour corrompu s'appelle haine ; la vérité à l'état de corruption s'appelle mensonge, etc. Il y a ainsi tout un monde en dehors du monde fait par Dieu, et comme ce monde n'a pas la vie en lui, il emprunte sa vie au monde fait par Dieu. C'est un parasite qui vit aux dépens de la créature sortie des mains du créateur.

Revenons à notre sujet dont nous nous sommes momentanément écarté : Le droit et le devoir de Dieu est de punir le révolté ; c'est aussi le droit et le devoir de ceux qui, dans la société, ont l'honneur de représenter Dieu à des degrés divers ; c'est le droit et le devoir d'un roi de punir le sujet révolté ; c'est le droit et le devoir d'un père de punir un fils rebelle.

Ainsi, de deux individus en lutte, il y en a un qui est le pacifique et l'autre le révolté, l'un qui est le représentant du droit et l'autre celui de la violence ; il n'est pas permis au pacifique, sous prétexte qu'il aime la paix, d'abandonner le combat ; ce serait le droit à la lâcheté.

Pour obtenir la paix, il n'était pas permis à Pilate d'abandonner J.-C. à la foule insurgée ; son droit et son devoir étaient de se saisir du glaive de la justice qui lui avait été confié et d'exterminer cette canaille. A ce titre, il aurait mérité le titre de pacifique, car il aurait conquis la paix.

Il n'était pas permis à Louis XVI de capituler devant l'émeute, sous ce spécieux prétexte qu'il ne voulait pas que le sang coulât pour sa cause. Sa cause personnelle n'était pas seule en jeu. Louis de Bourbon ou Louis Capet n'était rien, mais dans Louis de

Bourbon, il y avait le roi de France qui avait le droit et le devoir de se défendre, et il fut coupable de n'avoir pas versé le sang. Louis XVI, en défendant le droit de Dieu, restait dans les conditions d'un souverain pacifique.

Celui qui tue un animal enragé mérite bien de l'humanité. Un homme faible est, dans certaines positions, plus nuisible qu'un homme féroce, mais juste. Le sang d'un coquin, versé à propos, épargne celui d'un millier d'honnêtes gens.

Aujourd'hui, les idées du juste et de l'injuste sont tellement confondues, que le sang d'un émeutier est plus précieux que celui des martyrs. En France, ce qui manque, c'est un justicier; nous avons faim et soif d'un justicier.

Nous avons dit le devoir de Louis XVI, mais nous ne blâmons pas ce saint roi. Louis XVI n'était pas responsable; il n'avait pas la taille exigée pour sa place. Là où il fallait un héros, Dieu avait mis un martyr.

Le roi manquait pour que la nation fût punie et expiât. Le martyr existait pour qu'en lui la royauté trouvât son expiation, afin que le roi et le peuple se renouvelassent dans la pénitence.

Il y a en Dieu deux attributs à concilier : la miséricorde et la justice. Dieu est appelé le Dieu de la paix: on l'appelle aussi le Dieu des armées; y a-t-il contradiction ? Non. La paix, cette chose éminemment bonne, qui résulte de l'harmonie de toutes choses entre elles, ne peut être que l'œuvre de Dieu; et si cette harmonie vient à être troublée par le jeu coupable d'une volonté libre, le fait qui rétablit l'ordre, bien qu'un fait de force, est néanmoins une œuvre pacifique : la paix est dans la force.

Quand on considère Dieu, comme l'auteur de l'harmonie universelle, on l'appelle Dieu de paix ; quand on le considère comme le chef des phalanges spirituelles ou corporelles, employées à rétablir l'harmonie primitive troublée par une volonté libre, et à la rétablir par les moyens qui lui sont propres, même par la force, on appelle Dieu, le Dieu des armées. Dans ce cas, la force n'est qu'un serviteur dans la maison de Dieu ou la maison de la paix.

C'est Dieu qui présidait les armées dont saint Michel était chef ; c'est Dieu qui présidait les armées de Josué. La victoire extérieure ne s'attache pas toujours aux étendards du Dieu des armées. Les exigences du libre arbitre modifient ou paraissent modifier la politique providentielle, et c'est souvent par des défaites apparentes que Dieu arrive à son but. Il suffisait d'un Israélite prévaricateur pour changer en défaites les victoires de Josué. Les victoires spirituelles, d'ailleurs, n'ont pas les mêmes symptômes que les victoires corporelles.

C'est souvent par une longue série de défaites apparentes que Dieu prépare la victoire définitive. Quand Satan a cloué J.-C. sur la croix, il croyait bien triompher ; c'était le contraire.

Que faire contre celui à qui la mort est un instrument de vie.

Pour s'entendre, il faut parler le même langage ; or, l'Eglise et le monde parlent deux langues différentes. Le chrétien, qui accepte volontairement la mort pour conserver la vie de son âme, est un vainqueur aux yeux de l'Eglise; c'est un vaincu aux yeux du monde, En effet, il a obtenu le triomphe qu'il ambitionnait, la vie de son âme, et il l'a obtenu aux dépens de la vie de son corps qu'il méprisait. Dans un duel entre deux armées, il y a lutte de corps contre corps, et le vaincu est bien en effet celui qui succombe. Celui qui fait choix de ce genre de lutte, en accepte les conséquences ; il accepte pour juge la force matérielle, et la force matérielle lui répond : il a ce qu'il a voulu. Si J.-C., semblable en cela à Mahomet et aux dieux des nations, eût fait choix de la force matérielle pour juge de la vérité de sa doctrine, il serait, en effet, tenu de remporter constamment la victoire.

Moyen anti-providentiel, complétement opposé à la nature de l'homme et destructeur du libre arbitre. Moyen brutal, bon pour le mulet, l'âne et le cheval. Pour J.-C. la victoire n'est pas dans le nombre brutal, ni dans la force des canons.

Cette victoire est dans l'âme humaine; elle est dans le libre arbitre. Elle dépend de la volonté de l'homme qui est son maître au spirituel et qui peut se donner à qui il lui plaît.

C'est pourquoi un million de martyrs, prodigues de leur vie matérielle, proclament la divinité de J.-C. et son triomphe beaucoup plus sûrement qu'une armée de soldats mus par des motifs bas et humains, soumis d'ailleurs à toutes les éventualités d'un triomphe matériel. Car Dieu, quoi qu'il arrive, conserve les lois organiques de la création. Il n'est pas esclave absolu de ce qu'il a fait, mais il le respecte. Les Vendéens, ces martyrs de J.-C , ont peut-être eu tort de faire choix de la force matérielle ; c'est un mauvais terrain, sur lequel ils ont été vaincus. Cependant, Dieu l'a béni ; il a été pour eux le terrain du Calvaire.

J.-C. a déclaré cette vérité à saint Pierre qui avait tiré le glaive matériel en sa faveur : « Remettez le glaive dans le fourreau. Si j'avais besoin d'auxiliaires, n'ai-je pas des légions d'anges à ma disposition. Je triompherai à ma façon par ma mort matérielle. » De cette réponse il paraît résulter que si Dieu choisissait pour juge la force matérielle, il ne prendrait pas les hommes pour instruments ; c'est à la créature angélique qu'il confierait ses intérêts, soit à une nature bien supérieure à la nature humaine.

C'est, en effet, cette créature qui sera chargée de sa vengeance et qui devra verser sur les hommes les fléaux de sa justice.

Le même Dieu, qui pousse l'amour de la paix jusqu'à ses plus extrêmes limites ; qui, pour obtenir cette paix, subit les plus grands outrages, et paraît même dans certaines circonstances abandonner les intérêts de sa dignité et de sa majesté, semble se contredire et pousser également à l'extrême les rigueurs de sa justice. Qui nous expliquera ces apparentes contradictions ?

Ainsi, N. S. qui est si bon et qui a pu dire de lui : Apprenez de moi que je suis doux et humble de cœur ; N. S. s'est trouvé sur cette terre en rapport avec un grand nombre de ces créatures misérables, déchues de leur ancienne splendeur et qu'on appelle démons : nous ne voyons pas dans l'Évangile que J.-C. leur ait donné aucun signe d'intérêt, aucun témoignage de pitié ; au contraire, il les poursuit partout où il les rencontre, et les démons de Gérasa lui attribuent l'intention de les reléguer dans les enfers : *Venisti hùc antè tempus torquere nos* ; Êtes-vous venu avant le temps nous torturer ? Un autre démon, tourmenté par la présence de Jésus, lui disait aussi, dans la synagogue de Capharnaüm, en l'appelant par son nom : Jésus de Nazareth, laissez-nous là.... êtes-vous venu pour nous perdre ? etc.....

C'est ce même J.-C. qui, pour sauver les hommes, acceptera le supplice de la croix ; c'est le même qui prononce cette terrible sentence contre le convive qui n'était pas revêtu de la robe nuptiale : Liez-lui les *pieds* et les *mains*. N'est-ce pas dire : Le temps du libre arbitre, signifié par les pieds et les mains, est passé ! il ne peut plus rien pour le bien. Et le jetez dans les ténèbres extérieures : c'est là qu'il y aura des pleurs et des grincements de dents.

Le même phénomène a lieu dans les guerres de Josué contre les peuples de Chanaan. Ce Dieu dont J.-C. exalte avec tant de vérité la bonté et les miséricordes, et qu'il nous propose pour modèle lorsqu'il dit : Imitez votre père (remarquons que N. S. J.-C. se sert du mot *Père*, c'est pour nous indiquer que Dieu en agit ainsi, seulement pendant la période des miséricordes) céleste, qui fait luire son soleil sur les bons et sur les méchants ; ce même Dieu, disons-nous, ordonne d'exterminer sans pitié tous les peuples de Chanaan qu'il livrera entre les mains d'Israël ; il fait plus, il punit sévèrement ceux qui, mus d'une fausse pitié ou animés d'un motif moins noble, épargnaient les Chananéens (sous ce nom je désigne les sept ou huit peuples, tous descendus de Chanaan, qui habitaient la terre promise).

Ainsi, nous lisons dans les Nombres, chap. 31, V. et § 7 : Ils combattirent donc contre les Madianites ; et les ayant vaincus, ils passèrent tous les mâles au fil de l'épée et tuèrent leurs rois, Evi, Recem, Sur, Hur et Rebé ; prirent leurs femmes, leurs petits enfants et tous leurs troupeaux ; ils brûlèrent toutes leurs villes, tous leurs villages et tous leurs châteaux ; ils présentèrent à Moïse les femmes et les enfants; et Moïse irrité (c etait un homme très-doux) leur dit : Pourquoi avez-vous sauvé les femmes ? Ne sont-ce pas elles qui ont séduit les enfants d'Israël ? etc..... *Ergo cunctos interficite quidquid est generis masculini, etiam in parvulis, et mulieres quæ noverunt viros, jugulate.*

Tuez donc tous les mâles, même les enfants et égorgez les femmes qui ont eu commerce avec les hommes.

Nous lisons encore au Deut. II. V. 32 : Séhon, roi d'Hésébon (en deça du Jourdain par rapport aux Israélites qui arrivaient du désert, mais au-delà par rapport à Jérusalem) marcha au-devant de nous avec tout son peuple pour nous donner bataille à Jasa. Mais le Seigneur, notre Dieu, nous le livra, et nous le défîmes avec ses enfants et tout son peuple ; nous prîmes en même temps toutes ses villes ; nous en tuâmes tous les habitants, hommes, femmes et petits enfants, et nous n'y laissâmes rien du tout en vie.

Puis, Deut. chap. III. V. 1. Ayant donc pris un autre chemin, nous allâmes vers Bazan, et Og, roi de Bazan, marcha au-devant avec tout son peuple pour nous donner bataille à Edraï.... Le Seigneur, notre Dieu, nous livra donc Og, roi de Bazan, et tout son peuple. Nous les tuâmes tous, sans en épargner aucun. Dans ce moment les Israélites se trouvaient dans les quartiers habités autrefois par les géants.

Le pays des géants était situé dans la région qui devint le royaume de Juda et celui d'Israël. Og, ce roi de Bazan, qui fut vaincu et mis à mort par les Israélites, était le dernier des géants qui ont régné en Bazan. On montrait à Rabbath, dans le pays d'Ammon, son lit de fer, qui avait 9 coudées de long et 4 de large. La coudée ordinaire varie entre 50 et 60 centimètres. Si on adopte la mesure de 60 centimètres, Og mesurait 5^m 40 de hauteur et de largeur 2^m 40. Un homme ordinaire de nos jours mesure de 1^m 70 à 1^m 75. Og avait donc une taille triple de celle d'un homme ordinaire : il n'aurait pu tenir debout dans les appartements actuels. C'était un beau et vigoureux spécimen de la race humaine.

Josué fait mention d'une ville tombée dans le lot de Caleb, nommée Cariat Sepher, c'est-à-dire la Ville des Lettres : c'était la ville savante des Chananéens, celle où la jeunesse du pays faisait ses études et où se trouvait la bibliothèque nationale. Cette ville académique florissait environ l'an du monde 2500. Elle a droit au respect des antiquaires et des savants.

Nous terminerons cette série de vengeances, par un fait bien saillant. Dieu ayant donné cet ordre à Saül : Marchez contre Amalec ; taillez-le en pièces et détruisez tout ce qui est à lui: ne lui pardonnez point;

ne désirez rien de ce qui lui appartient, mais tuez tout, depuis l'homme jusqu'à la femme.... jusqu'aux petits enfants et ceux qui sont encore à la mamelle... Malgré cet ordre si formel, Saül jugea à propos d'épargner Agag, roi d'Amalec ; il réforma de son chef le jugement de Dieu. Ce péché ne lui fut pas pardonné ; le Seigneur rejeta Saül et il lui fit signifier cette sentence par le ministère du prophète Samuel. Mais Dieu ne s'en tint pas là.

Le jugement rendu contre Agag n'avait pas été exécuté ; il devait l'être. Amenez-moi Agag, dit le prophète Samuel. On lui présenta Agag, qui était fort gras et tout tremblant... Samuel lui dit : Comme votre épée a ravi les enfants à tant de mères, ainsi votre mère, parmi les femmes, sera sans enfants; et il le coupa en morceaux devant le Seigneur, à Galgala.

Ces paroles du prophète, qui précèdent l'exécution, sont les considérants du jugement divin. Son exécution par les mains du prophète peut paraître choquante à ceux qui ne réfléchissent pas que les anges sont les exécuteurs des jugements divins. En prêtant ainsi leur ministère à l'exécution des vengeances divines, ces esprits célestes témoignent qu'ils s'y associent. Ainsi, c'est par l'ange exterminateur qu'il fit tuer tous les premiers-nés des Égyptiens ; c'est par le ministère des anges que l'armée d'Holopherne a été exterminée, et c'est par leur ministère, nous dit l'Apocalypse, que viendront sur les hommes les fléaux qui précèderont le jugement dernier.

Voici ce que dit N. S. J.-C. lui-même sur le ministère des anges, à la fin du monde : « Le Fils de « l'homme enverra ses anges qui ramasseront et en-

« lèveront hors de son royaume tous les scandaleux
« et tous ceux qui y commettent l'iniquité et il les jet-
« teront dans la fournaise du feu : c'est là qu'il y aura
« des pleurs et des grincements de dents. »

Le prophète Samuel, en procédant lui-même à l'exécution d'Agag, a voulu témoigner qu'il s'associait au jugement de Dieu et réparer le scandale donné par Saül, qui avait paru le blâmer.

Comment concilier ce Dieu dont nous venons d'entendre les arrêts rigoureux avec le Dieu de paix dont nous parle l'Evangile ? Et d'abord, nous ne devons pas considérer l'épisode historique que nous avons cité comme une guerre normale de peuple à peuple, comme un code de guerre.

Le droit des gens n'a rien à voir dans les exemples que nous venons de citer : ce n'est pas un code de lois militaires que Dieu établit, c'est une exécution qu'il fait : oui, une exécution. C'est le vrai mot pour signifier la chose.

Pour les peuples comme pour les individus, il arrive un moment où la mesure est comblée, selon la parole de J.-C.

L'habitude du péché, leur multitude, la résistance aux inspirations de la grâce produisent un péché collectif, une espèce de carapace criminelle dans laquelle le cœur s'enveloppe ; sous cette cuirasse, il devient impénétrable aux influences divines. L'âme est rivée au mal ; elle ne fait qu'un avec le mal.

Ce péché collectif, ce péché légion, composé de la malice de tous les péchés, cette unité criminelle, c'est le péché contre le Saint-Esprit, qui ne peut être pardonné, ni dans ce monde, ni dans l'autre. A ce moment fatal que Dieu seul connaît, la miséricorde, devenue inutile, se retire ; elle cède la place à la justice. Tel était le cas des peuples de Chanaan.

Dans les circonstances dont nous avons fait mention, Dieu n'agit pas en législateur, mais en juge. Pour l'exécution des quatre villes coupables situées sur la mer Morte, il s'était servi d'une pluie de soufre et de feu : pour exécuter la sentence portée contre les peuples de Chanaan, il se sert des Israélites.

Voir l'application du code militaire des Israélites dans l'invasion du pays de Chanaan par les enfants de Jacob, ce serait faire preuve d'une grande naïveté et d'une grande simplicité. Cette phase historique a tout le caractère d'une vengeance divine, et c'est pour nous une figure du jugement dernier.

Ces peuples étaient condamnés ; Dieu proclame cette sentence de mort à plusieurs reprises, et je dirais presque à satiété, si ce terme était respectueux. En effet, après avoir détaillé dans le chapitre xviii du Lévitique tous les crimes qu'il prohibe, le législateur des Hébreux ajoute : 24 Lév. Vous ne vous souillerez point par toutes ces infamies, dont se sont souillés tous les peuples que je chasserai devant vous et qui ont déshonoré ce pays-là, et je punirai moi-même les crimes détestables de cette terre, de sorte qu'elle rejettera avec horreur les habitants de son sein......... Car ceux qui ont habité cette terre avant vous ont commis toutes ces infamies et l'ont tout à fait souillée.

Puis, Nomb. 33. V. 52 : Exterminez tous les habitants de ce pays là, brisez les pierres érigées en l'honneur des faux dieux, rompez les statues, pour

purifier ainsi la terre, afin que vous y habitiez, etc...
55. Que, si vous ne voulez pas tuer *tous* les habitants du pays, ceux qui en seront restés vous deviendront comme des clous dans les yeux et comme des lances aux côtés ; et ils vous combattront dans le pays que vous devez habiter. Puis encore, Deut. vii. V. 2: Lorsque le Seigneur votre Dieu vous les aura livrés, vous les ferez tous passer au fil de l'épée, sans qu'il en demeure un seul. Vous ne ferez point alliance avec eux et vous n'aurez aucune compassion d'eux. Le Seigneur votre Dieu enverra même contre eux des frelons, jusqu'à ce qu'il ait détruit et perdu entièrement tous ceux qui auront pu vous échapper et se cacher, etc...

Dieu nous dévoile les motifs de l'exécution. Ces motifs sont, en premier lieu, la punition des infamies commises par les Chananéens ; en second lieu, des motifs de préservation pour les Israélites. Dieu craint pour eux la contagion du scandale, et c'est ce qu'il exprime par ces mots : Ceux qui seront restés, seront pour vous, comme des clous dans les yeux.

Dieu craint également que les indigènes ne soient pour les vainqueurs des ennemis internes et c'est ce que signifient ces mots : Ils vous seront comme des lances aux côtés. A ces motifs, joignons celui de l'extirpation de l'idolâtrie.

Si vous entendez dire que des enfants de Bélial sont sortis du milieu de vous, qu'ils ont perverti les habitants d'une ville, en leur persuadant de servir les dieux étrangers, vous ferez passer aussitôt au fil de l'épée les habitants de cette ville, et vous la détruirez avec tout ce qui s'y rencontre, jusqu'aux bêtes. Et ce qui suit, qui paraît une répétition de ce qui précède :

Si l'on trouve parmi vous un homme ou une femme qui commettent le mal devant le Seigneur et *qui violent son alliance*, en adorant les dieux étrangers, savoir le soleil, la lune et toutes les étoiles du ciel........ vous amènerez à la porte de la ville l'homme ou la femme qui auront fait une chose si détestable, et (ô liberté de conscience, voile ta face) ! ils seront lapidés. Quant aux *guerres ordinaires*, vous ferez passer tous les mâles au fil de l'épée, réservant les femmes, les enfants, les bêtes et le reste.

Mais, quant à ces villes qu'on vous doit donner pour votre habitation, vous ne laisserez la vie à aucun de leurs habitants ; mais vous les ferez tous passer au fil de l'épée, à savoir les Hétéens, les Amorrhéens, les Chananéens, les Phéréséens, les Hévéens et les Jébuséens, de peur qu'ils ne vous apprennent à commettre toutes les abominations qu'ils ont commises eux-mêmes. Voilà donc les motifs véritables de l'extermination de ces peuples. Ce sont des condamnés à mort pour leurs crimes : Israël est l'exécuteur de la justice divine. Toute créature, condamnée par Dieu, ne mérite pas de vivre et celui qui la tue, par ordre de Dieu, fait une bonne œuvre ; c'est pourquoi Phinée a reçu les louanges de tous les siècles.

Nous avons dit que l'invasion israélite avait atteint la contrée autrefois habitée par les géants. Josué ayant marché contre les géants du pays des montagnes, les tua et les extermina d'Hébron, de Dabir, d'Anab et de toute la montagne ; il ne laissa aucun de la race des géants, hors ceux des villes de Gaza, de Geth et d'Azot.

Goliath était de Geth ; il avait 6 coudées et une palme de haut, c'est-à-dire 3^m 25 c. ou 9 p. 1/2. Nous avons vu qu'Og, roi de Bazan, avait 9 coudées, soit 16 pieds et une fraction.

Nous pensons que les géants constituent ce qu'on appelle un atavisme : nous voulons dire que nous pensons que ces géants ont reproduit la taille des hommes antédiluviens. On doit conclure logiquement de la longévité des hommes primitifs, à un temps de croissance en harmonie avec cette longévité. Buffon a remarqué que le temps de la croissance d'un animal était à peu près le cinquième de sa longévité. Cette règle doit comporter de nombreuses exceptions. Chez l'homme du XIXe siècle, la proportion entre le temps de la croissance et celui de la vie, est plutôt du quart que du cinquième. Ainsi, l'homme qui vit de 70 à 72 ans, croît pendant 16 à 18 ans.

L'homme du XIXe siècle atteint une taille moyenne de 1^m 70 à 1^m 72 ; ce qui donne pour la croissance moyenne de l'année, 0^m 10 à 0^m 11 centimètres.

En supposant que l'homme primitif jouissait d'une longévité moyenne de 700 ans, et en lui appliquant les bases ci-dessus, le temps de sa croissance eût été de 170 à 175 ans : à raison de 10 centimètres par an ; ce qui produirait une taille de 17 mètres au moins, soit 51 pieds.

Ce résultat doit être exagéré, bien qu'il concorde avec un passage de Flavius Joseph, dans lequel cet auteur attribue à Adam une taille de 50 pieds.

Nous croyons que les moyens de contrôle font complètement défaut. Il n'existe, croyons-nous, aucune construction antédiluvienne. En fait d'antiquités, nous ne voyons que l'arche de Noé : nous en sommes donc réduit à consulter ce vénérable débris; il ne justifie pas nos conclusions. La hauteur de l'arche était de 30 coudées, soit 18 mètres ; et encore cette hauteur était-elle partagée en trois étages; ce qui donne 6 mètres par étage, à supposer qu'ils fussent égaux. Dans tous les cas, et à supposer que ces compartiments fussent inégaux, les dimensions de l'arche seraient insuffisantes pour des hommes de cinquante pieds.

Il faut croire que lorsque Dieu a voulu diminuer la vie de l'homme, un des principaux moyens qu'il a employés, c'est de changer les proportions de la croissance. Voulant obtenir un homme proportionnellement plus faible, il lui donne une croissance plus rapide ; il se hâte en quelque sorte, il perfectionne moins; il fait en un an, par exemple, ce qu'auparavant il faisait en quatre ans. L'estomac, la poitrine et les autres organes qu'il se plaisait à perfectionner et corroborer, sont faits avec moins de soin et plus de rapidité. On sait que le temps ne respecte que ses œuvres ; nous pensons donc que la proportionnalité de croissance n'existe pas entre les hommes anté et post-diluviens; que cette proportionnalité a été altérée par Dieu intentionnellement ; et qu'il faut réduire la taille des antédiluviens à peu près à celle des fils d'Enac.

Les vengeances de Dieu, comme ses récompenses, paraissent excessives : elles nous manifestent les grandeurs de Dieu et celles de l'offense par celles de l'expiation.

Nous avons vu la punition des nations définitivement rejetées et condamnées, et pour lesquelles il n'y a plus de miséricorde.

Voyons maintenant combien est laborieuse l'expiation du pécheur qui a trouvé grâce devant Dieu. Ainsi, le péché d'Adam est puni par la mort du genre humain tout entier, et toutes les générations sont venues payer un tribut à la justice de Dieu sans épuiser sa colère. Elle est aussi entière que le premier jour.

Moïse commet contre Dieu un péché qui nous paraît léger ; 40 ans après, Dieu s'en souvient encore et, sans égard pour les services rendus par Moïse, il lui interdit l'entrée de la terre promise.

David commet un péché d'orgueil ; il ordonne le recensement de tous les guerriers d'Israël ; il en trouve huit cent mille des diverses tribus d'Israël et cinq cent mille de la tribu de Juda ; en tout treize cent mille. David se glorifie de sa puissance ; puis le remords entre dans son cœur et il dit au Seigneur : J'ai commis un grand péché dans cette action, mais je vous prie, Seigneur, de détourner vos yeux de l'iniquité de votre serviteur, car j'ai fait une chose très insensée. Le lendemain matin, lorsque David se fut levé, le Seigneur adressa la parole à Gad, prophète et voyant de David, et lui dit : Allez dire à David : Voici ce que dit le Seigneur : je vous donne le choix de trois fléaux ; choisissez celui que vous voulez que je vous envoie. Gad étant donc venu vers David, lui dit de la part du Seigneur : Ou votre pays sera affligé de la famine pendant trois ans (à ce moment Israël souffrait de la famine depuis quatre ans, en punition d'un autre péché), ou vous fuirez durant trois mois devant vos ennemis qui vous poursuivront, ou la peste sera dans vos Etats pendant trois jours. David répondit à Gad : Je me trouve dans une étrange perplexité ; mais il vaut mieux que je tombe entre les mains du Seigneur, parce qu'il est plein de miséricorde, qu'entre les mains des hommes... Le Seigneur envoya donc la peste dans Israël, depuis le matin de ce jour jusqu'au temps arrêté ; et depuis Dan jusqu'à Bersabée, il mourut du peuple 70,000 hommes.

On pourrait multiplier ces exemples à l'infini, mais ceux-là suffisent.

On peut dire avec vérité que trois choses marchent ensemble : péché, pardon, quand il est sollicité, *expiation*; l'expiation accompagne toujours le pardon.

Les hommes habitués à réfléchir découvrent en eux l'accomplissement de cette loi. Ils gémissent sur les douleurs d'une expiation qui n'a d'autres limites que celles de la vie, mais qui s'accroît avec les années et dont le poids augmente sans cesse. Ils gémissent surtout sur le péché qui en est la cause. Ah ! c'est que la racine du péché est bien amère ! Son amertume fait mourir.

C'est la raison de tous ces morts désespérés, de tous ces suicides, dont les nouvelles éclatent tous les matins dans les journaux, comme une artillerie funèbre : c'est l'artillerie du désespoir. Dans le glas funèbre de la cloche, il y a des larmes, cette rosée de la miséricorde ; mais la crépitation de l'artillerie qui sonne le suicide est sèche, plus sèche que le couperet ; elle est sans tendresse et sans larmes. Si les hommes connaissaient les douloureuses conséquences du péché sur l'âme humaine, ils l'éviteraient, indépendamment de tout motif surnaturel, avec autant de soin qu'on évite la vipère. A tout prendre, et au sens humain, la vie innocente est la vie heureuse, le monde étant donné ce qu'il est. Hélas, la justice de Dieu est bien lourde et l'homme bien faible.

Il y a dans le péché une malice si grande, le venin qu'il distille dans les veines est d'une nature si subtile, qu'on dirait que la puissance divine est inhabile à en détruire les conséquences. Ainsi, le baptême, qui est le remède du péché originel, ne rétablit pas l'homme dans l'état où il était avant le péché.

Le baptisé conserve le foyer de la concupiscence, qui n'existait pas chez l'homme innocent : ce foyer devient, pour l'avantage de l'homme, un champ d'exercices, le sujet d'une gymnastique spirituelle (l'homme, dans l'état de justice, était-il d'ailleurs complétement affranchi du foyer concupiscentiel ? Nous avons quelque doute à ce sujet ; et l'histoire de la tentation d'Eve par Satan viendrait en confirmation de ce doute). Quand nous disons que nous avons quelque doute à ce sujet, c'est toujours : *Salvâ auctoritate Ecclesiæ.*!

Un pécheur, après sa conversion, n'est pas rétabli dans l'état de l'homme avant le péché actuel, Si, par ses excès, il avait tari en lui les sources de la vie, s'il avait altéré la pureté de son sang, déshonoré sa chair, étiolé son organisme, débilité ses nerfs ; même après son pardon, il conservera ces flétrissures du péché ; c'est un héritage qu'il transmettra à sa postérité. C'est pourquoi les fils des saints portent les stigmates du péché. Un pécheur avait des habitudes invétérées, arrivées à l'état de seconde nature, qui, si elles étaient consenties, constitueraient le péché. Ce pécheur, se convertit, recevra-t-il la force de corriger ses habitudes ? Je ne sais. On dirait vraiment que la malice du péché défie la puissance de Dieu.

Ces deux attributs de Dieu, dont la conciliation nous paraît difficile, la miséricorde et la justice, correspondent à deux états différents de la créature : l'état de liberté ou l'état transitoire, que nous appelons encore le temps de l'épreuve et l'état définitif, dont la créature a fait choix et qui épuise son droit à la liberté. A l'état de liberté correspond la miséricorde et la paix ; à l'état définitif correspond la justice.

Il y a dans la création deux catégories de créatures intelligentes, jouissant ou ayant joui de leur liberté : les anges et les hommes. Nous avons vu que Dieu, avant de donner à l'homme ce redoutable don de la liberté, avait tenu conseil et que le résultat de ses délibérations était exprimé par ces paroles des Livres Saints : Faisons l'homme à notre image ; c'est-à-dire, donnons-lui l'intelligence et la liberté.

Or, de même que la respiration est la fonction nécessaire du poumon, de même que la fonction nécessaire de l'estomac, son but, sa vocation, si on peut s'exprimer ainsi, est la nutrition du corps, de même, la faculté de choisir est le mode de fonctionnement de la liberté ; c'est son mode d'action.

Le choix est, à proprement parler, l'acte vital de la liberté. Toute liberté, qui n'a pas été mise à portée de faire un choix, est une liberté qui n'a pas vécu :

c'est un enfant mort-né. L'intelligence ne comprend pas, pour la liberté, un autre mode d'action que celui du choix. L'épreuve a ce résultat, c'est de transformer la créature, de l'identifier au bien ou de l'idenfier au mal, de l'unifier à l'un ou à l'autre. A la suite de l'épreuve, il y a changement du bien en mal, ou du mal en bien. De cette notion de la liberté, il résulte que l'homme, en venant au monde, n'est qu'une ébauche.

Les organes du corps, l'estomac en particulier, sont chargés de perfectionner l'ébauche du corps ; la lumière intellectuelle, surtout la liberté, compagne nécessaire de l'intelligence (*aut vice versâ*), sont chargés de perfectionner l'ébauche de l'âme : ils remplissent auprès d'elle les fonctions de l'organisme auprès du corps. Elles l'initient aux beautés de la doctrine du Christ, et, par une série d'épreuves, la conduisent aux splendeurs de la sainteté : c'est la liberté, c'est l'épreuve qui conduit à ce but. C'est sous l'action de la liberté que ce germe spirituel, cette âme à l'état de fœtus devient la compagne et l'émule des anges, qui sont eux-mêmes parvenus à la perfection par le même moyen.

Telle est la raison d'être, la justification de la liberté, comme nous l'avons déjà montré ; toutefois, cette médaille a son revers. Si la liberté, bien dirigée, conduit aux splendeurs de la sainteté, sous une fausse direction, elle conduit à l'abrutissement et aux profondeurs du crime.

Mais, l'épreuve n'a pas été la même pour l'ange et pour l'homme; elle a varié selon le degré et la nature de l'intelligence. La chute de l'ange a été rapide comme l'éclair : c'est N. S. J.-C. qui nous l'apprend; pendant que l'homme, au contraire, est soumis à une série d'épreuves successives qui se renouvellent pendant un laps de temps fixé par Dieu, l'ange ne subit qu'une seule épreuve et c'est justice.

La raison de l'homme est courte, paresseuse et bornée ; c'est une lumière nuageuse et insuffisante ; elle s'élève péniblement à la contemplation de la vérité, elle ne la voit pas dans son ensemble ; elle est obligée de gravir des échelons, c'est-à-dire, d'employer la méthode du raisonnement, de marcher de déductions en déductions ; et, dans cette marche, elle est exposée à s'égarer; une organisation aussi imparfaite demandait une épreuve en harmonie avec sa défectuosité. Dieu lui a donné le temps, l'expérience et surtout la lumière révélée.

L'expérience et la révélation ont formé le complément de la raison humaine et porté la lumière au degré voulu pour que l'épreuve reçoive sa sanction équitable et définitive.

Nous pensons que la raison, aidée de l'expérience et de l'enseignement de l'Eglise, acquiert une lumière équivalente à celle de l'ange, ou tout au moins suffisante pour éclairer son choix. Car, nous ne voyons pas que l'intelligence de l'ange ait eu besoin, comme celle de l'homme, de l'aide d'un enseignement extérieur : dans le monde angélique, il n'y a, que nous sachions, ni séminaire, ni collège, ni académie, ni lycée, ni enseignement quelconque. Ces institutions sont des béquilles pour les faibles et les boiteux, les forts s'en passent. Pour l'ange, la vérité n'est pas au fond d'un puits, elle est au rez-de-chaussée, et sa lumière entre de plain-pied et toutes fenêtres ouvertes.

Il y a, au surplus, dans l'homme, une catégorie de vérités qui nous représente peut-être le mode de perception de l'intelligence angélique : ce sont les vérités que nous appelons vérités évidentes ou d'intuition. Pour la belle intelligence de l'ange, toutes les vérités sont évidentes : la lumière dans laquelle il les voit est éclatante, spontanée, complète; le temps et l'expérience n'y ajoutent rien.

C'est pourquoi Dieu n'a pas accordé à l'épreuve de l'ange les conditions du temps. Une épreuve en vaut mille. Il était donc inutile de recommencer cette épreuve, une seule a suffi.

Les hommes ont généralement une fausse idée de la liberté ; ils la considèrent comme un but. C'est une erreur : la liberté est un état incertain, vacillant, indécis, transitoire. C'est l'état du jeune homme qui cherche sa voie ; c'est celui de la jeune fille qui hésite entre le cloître et le mariage.

Cette hésitation ne peut être éternelle; il faut prendre un parti. La liberté est une voie, un chemin ; elle n'est pas un but. C'est une tente, un abri, ce n'est pas une demeure. Ce chemin aboutit fatalement à deux issues : le souverain bien ou le souverain mal.

Il n'y a pas de milieu et il ne peut y en avoir, par cette raison très-logique, c'est qu'il n'y a qu'un seul Dieu. C'est ce seul Dieu qu'il faut choisir, ou son contraire; c'est forcé. L'épreuve a été entourée de toutes les garanties que réclame la justice : aucune lumière, aucun avertissement n'ont fait défaut. Quand Dieu met fin à l'épreuve, c'est que le cœur, arrivé à sa maturité ou à l'endurcissement, ne peut plus changer ; il a fait son choix définitif. Une épreuve plus longue serait inutile, peut-être même nuisible, en ce qu'elle rendrait la créature plus coupable.

Il est temps de mettre fin au régime transitoire de la liberté. Quand le choix est fait, la liberté n'existe plus. La jeune fille qui se marie, a aliéné sa liberté ; la vierge qui a fait vœu de virginité, a également sacrifié sa liberté ; le jeune lévite a échangé la sienne contre la dignité sacerdotale ; la clarisse, la carmélite, le trappiste, le chartreux, etc., ont abdiqué leur liberté en faveur du cloître. La liberté est le prix dont ils ont payé, celle-ci les joies du mariage et de la maternité ; cette autre, les joies contenues et angéliques de la virginité ; ce jeune prêtre, les âpres et mâles voluptés de l'immolation et du sacrifice ; ces filles de sainte Claire et de sainte Thérèse, ces enfants de saint Bernard et de saint Bruno, les joies extatiques du martyre et des austérités, qui élèvent leurs âmes jusqu'à la contemplation divine.

La liberté est donc un bien, un capital, dirait un financier, que tout homme a entre ses mains, et au moyen duquel il s'agit d'acheter le bonheur. Ce bien, ce capital est suffisant pour satisfaire tous les désirs de l'homme ; mais le choix, une fois fait, épuise la faculté.

On ne peut pas avoir en même temps le capital et le bien contre lequel on l'a échangé. La liberté est semblable à un arbre qui meurt après avoir donné son fruit. Le choix une fois fait, la liberté n'est plus; elle a vécu.

L'ère de paix n'a donc pour but que le temps de

l'épreuve ; en dehors de ce temps, la paix, considérée comme lien volontaire de l'âme avec Dieu, n'existe pas ; car la paix est un lien : *Vinculum pacis*.

C'est dans cet espace, c'est sur ce terrain, c'est dans le cercle de la vie actuelle qu'est circonscrit l'esprit de paix et de charité. C'est pendant ce temps, relativement si court, que Dieu fait jouer tous les ressorts de sa diplomatie divine pour disposer l'homme à la paix avec son créateur. Le choix de l'homme dans le temps est d'une importance infinie, puisque ses conséquences s'étendent à l'éternité. C'est pourquoi Dieu ne néglige rien pour faire pencher le plateau de la balance du côté du ciel. Sans détruire le libre arbitre, il pèse sur la volonté de tout le poids de sa miséricorde et de son amour. Il est allé même jusqu'à mettre son Fils dans un des plateaux de cette balance, sous la forme et la réalité d'une victime immolée, afin de décider la réussite de cette redoutable épreuve de la liberté.

Ce travail pacifique est le labeur quotidien de Dieu; on dirait même que c'est le labeur exclusif de Dieu ; labeur qui se renouvelle sans cesse sur toute la surface du globe, labeur auquel Dieu concourt directement et indirectement : directement, par l'action de la grâce sur les âmes et indirectement, par l'action de l'Eglise et des sacrements.

J.-C. veut la paix ; il donnera sa vie sur un gibet pour l'obtenir ; lui et ses disciples, accepteront dans ce but les souffrances, les humiliations, les opprobres ; il pardonnera tous les crimes ; la miséricorde n'aura point de bornes ; il ne cessera ses sollicitations auprès du pécheur, que lorsque celui-ci lui dira : Retire-toi, car je te hais, ta croix m'est odieuse; j'ai ton sang en horreur et, dans la plénitude de ma liberté, je veux te haïr et dans le temps et dans l'éternité. Le choix est fait, la liberté s'envole, le règne de la paix a pris fin ; celui de la justice commence.

Ainsi, pour expliquer la contradiction apparente entre le Dieu des miséricordes et celui des justices, entre le Dieu de l'Evangile et celui de Josué, il faut voir le Dieu pacifique de l'épreuve et le même Dieu après l'épreuve, le Dieu de la créature libre et celui de la créature enchaînée et rivée à Satan et au mal pour l'éternité; et notamment dans la punition des peuples de Chanaan, le Dieu d'une société endurcie et réprouvée pour ses crimes. Que l'homme comprend mal la liberté !

La liberté n'a qu'un but et ce but est sublime : c'est l'acquisition de Dieu, rien de moins ; et cela est incontestable. Supprimez la liberté, il n'y a plus de Dieu pour l'homme; il n'y a plus de lutte ; la victoire serait sans triomphe et sans gloire ; la défaite serait sans confusion et sans honte. C'est pourquoi, lorsque par le choix définitif de la créature, la liberté a pris fin, le monde prend fin également; il disparaît avec la liberté, qui est la condition essentielle, nécessaire de ce monde transitoire.

Non-seulement Dieu est un Dieu de paix, en ce qu'il fait converger tous les évènements de ce monde vers ce but unique, qui est de procurer ce bienfait à ceux qui sont dans l'état provisoire de la liberté et dont le choix n'est pas définitivement fixé ; mais encore parce qu'il impose par sa puissance et par sa force, sinon la paix, au moins la soumission et une obéissance forcée à ceux qui ont été sourds à la voix de l'amour.

Dieu est encore le Dieu de paix, en ce sens qu'il apporte ce bien dans l'âme de celui qui le reçoit ; la paix est le premier et le plus sensible bonheur de celui qui se réconcilie avec Dieu, et ce bonheur apparaît au dehors par des larmes abondantes. Ah! Dieu est bien doux à ceux qui veulent le goûter ; et en Dieu il n'y a peut-être pas de fruit plus doux que celui de la paix.

Beaucoup voudraient, dès ce monde, jouir de ce fruit de la paix ; mais, telles ne sont pas les conditions de la paix : c'est un bien qu'il faut acquérir péniblement et au prix de nombreux sacrifices. Écoutons N. S. J.-C., ce chef et ce modèle des hommes de paix :

Nolite arbitrari quia pacem venerim mittere in terram : non veni pacem mittere sed gladium : veni enim separare hominem adversùs patrem suum, et filium adversùs matrem suam et nurum adversùs socrum suam, etc. St Math. Cap. x. V. 34 et S.

Ne pensez pas que je sois venu apporter la paix sur la terre : je ne suis pas venu y apporter la paix, mais le glaive ; car je suis venu séparer le fils d'avec le père, la fille d'avec la mère, la belle-fille d'avec la belle-mère, etc....

Qu'est-ce que cela signifie ? Voilà J.-C., le même qui a dit : Bienheureux les pacifiques...., qui déclare qu'il n'est pas venu apporter la paix, mais le glaive... Est-ce que la bouche de J.-C. souffle le froid et le chaud ? Non. Mais J.-C. nous apprend que la paix à laquelle il nous convie est une paix laborieuse ; que pour en jouir il faut combattre les ennemis de Dieu, qui sont les nôtres ; qu'il faut savoir lui sacrifier les sentiments les plus naturels du cœur humain ; et, lorsqu'il y a conflit entre les intérêts de Dieu et nos affections les plus puissantes et les plus légitimes, ne pas hésiter à donner à Dieu la préférence. Telles sont les conditions de la véritable paix.

Par ces mots: *Je ne suis pas venu apporter la paix sur la terre...*, J.-C. a encore voulu nous apprendre que cette terre n'était pas la patrie de la véritable paix ; puis, par les paroles qui suivent : Je suis venu séparer le fils d'avec son père, etc., J.-C. nous apprend que sa mission est de préparer les éléments de cette paix, en séparant les brebis d'avec les boucs, afin de tout consommer dans l'unité, et ce n'est pas sans intention que N. S. dit qu'il est venu séparer le fils d'avec le père, la fille d'avec la mère, etc... Il annonçait par là que les générations futures ne marcheraient pas dans les voies de leurs pères.

Ce ne sont pas, en effet, les pères qui se sont séparés des enfants ; ce sont les enfants qui se sont séparés de leurs pères.

Le pacifique ou l'homme de paix n'est donc pas, comme plusieurs pourraient croire, l'homme timide qui, dans un intérêt égoïste, fuit le danger et croit avoir tout gagné lorsqu'il a mis sa petite personnalité à l'abri de tout dommage matériel et moral : non ; c'est l'homme courageux qui n'hésite pas à affronter le danger, même la mort, lorsque les intérêts de Dieu l'exigent. Le pacifique est le soldat de la justice et du droit.

Jean, le Précurseur, est un pacifique: il ne fuit pas le combat ; au contraire, il va au-devant du péril. Que va-t-il faire à la cour d'Hérode ? et qu'avait-il besoin d'aller reprocher à Hérode sa vie incestueuse? Hérode aimait et estimait Jean, et avec un peu de prudence, Jean eût vécu tranquillement, sous la domination d'Hérode. Mais Jean était commis à la garde de la maison de Dieu, il ne pouvait rester un chien muet; et il n'a pas hésité à donner le signalement qui devait causer sa mort.

Le paysan vendéen, aussi, aimait la paix : il a fait le sacrifice de ses goûts ; il a pris le glaive pour défendre sa foi menacée. Saint Louis trouvait le bonheur et la paix dans sa famille et auprès de sa femme qu'il aimait ; mais la voix de Dieu l'appelait à combattre les ennemis de J.-C. et il est allé chercher la paix de Dieu, dans le tumulte des camps. Saint Louis, et le soldat des armées catholiques et royales, étaient des pacifiques selon l'Évangile.

Ils étaient aussi des pacifiques ces zouaves pontificaux qui mouraient héroïquement pour l'Église et son chef. Telle est la vraie notion que nous devons avoir du pacifique.

Toutefois, et bien que ceux qui ont fait choix de la noble profession des armes ne soient pas exclus du nombre des pacifiques, nous pensons que N. S. appelle plus particulièrement fils de Dieu, ceux qui sont appelés à des voies plus parfaites et qui ne versent pas d'autre sang que le leur ; ceux qui sont les imitateurs plus directs de J.-C.; ceux qui sont disposés à donner leur manteau plutôt que de plaider ; ceux qui présentent la joue droite lorsqu'on les a frappés sur la joue gauche ; ceux qui font du bien à ceux qui les persécutent, qui prient pour ceux qui les haïssent; qui, ne se renfermant pas dans les limites exactes de la justice, envahissent les espaces sans fin de la charité...

Ces pacifiques sont appelés, à juste titre, fils de Dieu, parce qu'ils sont tellement semblables à J.-C., son véritable fils, qu'un œil peu exercé ne saurait les distinguer.

Il y a deux états provisoires : l'un sur le revers de cette vie, l'autre sur le revers opposé. L'état provisoire de la liberté et ses conséquences ; l'état de purgation, ou le purgatoire.

Cet état mixte du purgatoire doit conserver quelque bribe de liberté, non quant au choix qui est fait et sur lequel il n'y a pas à revenir, mais quant à l'expiation, qui doit être volontaire pour être méritoire.

Nous pensons donc que le purgatoire est, sous un point de vue, une extension de la vie présente.

Pensée erronée : le temps de l'expiation est fixé par le jugement et immuable, sauf l'intervention libre et méritoire de l'Eglise.

S*t* Matt. Cap. v. V. 11. *Beati estis cum maledixerint vobis et persecuti vos fuerint et dixerint omne malum adversùm vos mentientes, propter me.*

Trouvez-vous bien heureux, lorsque les hommes vous chargeront d'injures, qu'ils vous persécuteront, qu'ils vous calomnieront à cause de moi.

Jusque-là, dans l'énoncé des béatitudes, N. S. avait opposé une compensation de bonheur soit aux privations souffertes, soit aux vertus pratiquées sur cette terre et il l'avait fait par une simple affirmation; aux pauvres, le royaume des cieux, à ceux qui pleurent, la consolation ; à ceux qui sont doux, la manne céleste, etc...

Mais, ici ,son langage change : à ceux qui souffriront *propter me*, pour moi, non-seulement il dit *Gaudete*, réjouissez-vous, mais il ajoute *Exultate*, tressaillez de joie. Ainsi, la joie seule ne suffira pas ; ils auront une joie tellement surabondante, qu'elle produira une commotion, un tressaillement dans l'âme. C'est le mot dont se sert la Sainte Vierge, pour peindre la joie de sa conception miraculeuse : *Et exultavit spiritus meus in Deo salutari meo.*

Il y a donc ici une récompense supérieure à celles qu'il vient de promettre. Le langage de N. S. J.-C. et celui de l'Evangile sont un langage sobre, modéré, simple, calme, comme il convient au langage d'un Dieu. On n'y trouve pas ces épithètes dont notre faiblesse se sert, pour témoigner soit notre indignation, soit notre admiration. Dans le récit des actes de Pilate, d'Hérode, de Judas, de tous les acteurs de la Passion, point d'épithètes injurieuses ; le récit du fait tout simplement.

Il faut un motif grave à Jésus pour modifier son langage. Ah ! c'est que la récompense sera pleine et surabondante : *Quoniam merces vestra copiosa est in cœlis.*

Pourquoi donc cette récompense sera-t-elle supérieure à celles qui viennent d'être énoncées ? Parce que ces injures, ces malédictions, ces persécutions ont été endurées *propter me*. N. S. se substitue à ceux qui ont souffert directement à cause de lui. Ce n'était pas à eux que l'injure s'adressait, c'était à Jésus. Ils se sont substitués à Jésus. Jésus, qui n'est pas en reste de générosité, les substituera à lui-même. Ils recevront la récompense que Jésus aurait reçue s'il avait souffert directement l'injure. Voilà pourquoi Jésus ajoute à ce mot de *gaudete*, celui de *exultate* qui indique le superlatif du bonheur.

Jésus a dit que le bien fait aux pauvres était un bien fait à lui-même.... *Esurivi enim et dedistis mihi manducare ; sitivi et dedistis mihi bibere.... Domine, quando te vidimus esurientem et pavimus te : Sitientem et dedimus tibi potum... Amen dico vobis, quamdiù fecistis uni ex his fratribus meis minimis, mihi fecistis*, etc...

Jésus donc se substitue aux pauvres et aux petits et c'est à lui qu'on donne quand on subvient à leurs nécessités. Ici, il s'agit d'une substitution de charité, tandis que, dans la question qui nous occupe, la substitution est plus réelle : elle est personnelle. C'est une substitution de justice.

C'est le moi de Jésus que l'on attaquait ; c'est sa personnalité, et cette personnalité, ce moi, se substituera non-seulement par amour, mais par justice au moi humain. C'est donc avec raison que Jésus dit : *Gaudete* et qu'il ajoute *Et exultate*, puisqu'il substitue l'homme à son bonheur personnel.

S* Matt. Cap. v. V. 13. *Vos estis sal terræ. Quod si sal evanuerit in quo salietur ? Ad nihilum valet ultrà nisi ut mittatur foras, et conculcetur ab hominibus.*

Vous êtes le sel de la terre. Que si le sel perd sa

force et devient insipide, avec quoi salera-t-on ? Il n'est plus bon à rien qu'à être jeté dehors et à être foulé aux pieds par les hommes.

Le sel est d'un usage universel : il entre dans toutes les combinaisons alimentaires. A défaut de ce condiment, les aliments seraient fades et insipides; l'estomac ne pourrait les supporter. Cet assaisonnement indispensable est répandu sur toute la terre, il est à la portée de tous les hommes. Jamais l'approvisionnement ne manquera ni ne diminuera, car la mer est la grande fabrique de sel.

C'est le sel qui préserve de la corruption les eaux de la mer. Si les mers étaient privées de cet ingrédient indispensable, les eaux se corrompraient et les mers deviendraient une seconde fois le tombeau du genre humain, non en noyant les hommes, mais en les empoisonnant.

Le sel n'entre dans l'alimentation de l'homme que comme assaisonnement et dans une certaine mesure, mais ce n'est pas un aliment. Pris à l'état pur, il est impropre à nourrir l'homme ; son amertume est insupportable et son action corroderait les organes de l'homme. Quand le sel, dont l'utilité est si grande, a, par une cause quelconque, perdu sa vertu ; s'il est affadi, il n'est plus bon à rien qu'à être foulé aux pieds.

Lorsque N. S. J.-C. disait à ses apôtres : Vous êtes le sel de la terre, il faisait allusion à sa doctrine, dont ils sont les dépositaires. A l'époque où J.-C. parlait, sa parole paraissait téméraire.

Mon Dieu, quelle confiance dans votre œuvre ?

Vous n'avez dans un coin de la Judée que douze pauvres apôtres et vous leur dites : Vous êtes le sel de la terre ! Mais, la terre est donc à vous ? Oui, la terre, c'est-à-dire l'humanité, est à vous et votre doctrine est vraiment le sel de l'humanité.

De même que le sel est abondamment répandu sur la surface de la terre, de même, vos apôtres, dispersés sur toute la terre, distribuent abondamment votre doctrine à tous les hommes.

De même encore que le sel entre comme assaisonnement dans tous les aliments et leur donne la saveur, de même votre doctrine entre comme assaisonnement dans toutes les œuvres de l'homme, afin de leur communiquer une saveur céleste, sans laquelle ces œuvres seraient des œuvres mortes.

L'ambition des apôtres, en prêchant et répandant le nom de Jésus, ne visait pas à autre chose qu'à pénétrer les âmes de ce sel divin; ils n'avaient pas d'autre but. Mais, en cherchant ce but, ils en atteignirent un autre auquel ils ne pensaient pas : ils firent la conquête de la société.

L'homme fait tout à son image. Les sociétés, devenues chrétiennes, façonnèrent leurs lois, leurs institutions, leurs coutumes, à l'image de la doctrine évangélique. Ce sel doctrinal s'infiltra dans les législations des peuples chrétiens. Tout cela se fit à la longue, sans plan préconçu, sans parti pris, par le seul développement logique des choses. Quand l'arbre fut grand, on s'en aperçut. C'est comme cela que toute la législation européenne se trouva imprégnée de christianisme.

Les apôtres et leurs successeurs étaient inconscients de cette œuvre à laquelle ils travaillaient ; mais Jésus le savait quand il leur dit ces paroles : Vous êtes le sel de la terre. Aujourd'hui on voudrait réagir dans un sens opposé, détruire l'œuvre des siècles, déchristianiser la société, c'est-à-dire extirper de nos cœurs d'abord, puis encore de nos lois, de nos mœurs, de nos coutumes, tout ce que la doctrine chrétienne y a infiltré. Ce n'est pas facile et, chose admirable, la difficulté naît du milieu même de la révolution.

Ainsi, il y a des idées enfantées par le christianisme et qu'on ne peut arracher du monde moderne : telles sont les idées d'égalité et de fraternité. Ces idées, transportées du domaine religieux dans le domaine social, ont enfanté la démocratie moderne, car la démocratie est fille de l'Evangile. Cette fille, révoltée contre l'Eglise, sa mère, est devenue la plus grande difficulté des temps modernes. C'est le plus funeste héritage que l'Eglise ait pu laisser à ses ennemis. Seule, l'Eglise a la science de la démocratie ; avec l'Eglise, la démocratie n'offre que des avantages.

Voyez l'admirable exemple que la démocratie suisse a offert au monde à partir de son émancipation de la tyrannie de la maison d'Autriche jusqu'à la prétendue réforme protestante.

En dehors de l'Eglise, la démocratie est un fléau : c'est un volcan qui menace d'embraser l'Univers. Comment, en effet, gouverner un peuple sans croyances, sans soumission et privé de l'institution de l'esclavage antique. Savez-vous pourquoi, en dehors de l'Eglise, la démocratie est si dangereuse ? C'est parce qu'on n'a pris à l'Eglise que la moitié de sa formule. La révolution a adopté la formule des droits, elle a rejeté celle des devoirs. A côté des mots égalité, fraternité, l'Eglise avait mis foi, obéissance, humilité, charité, pénitence. Ces derniers mots étaient les correctifs des premiers. Avec ces derniers mots, la formule est entière ; la vérité n'est plus scindée, il y a équilibre.

La démocratie, pénétrée du sel évangélique, délivrée du poison de la presse, réalise la perfection sociale. Donnez-nous une démocratie chrétienne, le problème est résolu ; la société devient une famille de frères.

Si le sel apostolique ne pénètre pas la démocratie, il arrivera de deux choses l'une: ou il surgira du sein de la société un César qui la sauvera par le despotisme, ou la division des partis livrera la France à l'avidité des Barbares.

Il y a cependant une troisième issue : c'est que l'instinct de la conservation l'emporte sur la logique; que la révolution tolère l'Eglise ; alors la société conservera quelques lambeaux de vérités qui lui permettront de vivoter péniblement.

On a dit que la démocratie moderne était semblable au sphynx qui dévorait ceux qui l'interrogeaient. Ceci est faux : le sphynx démocratique ne dévore que ceux qui le veulent bien.

Au lieu de le traiter par la vérité, on le traite par le mensonge. On l'abreuve de boissons alcooliques, comment ne serait-il pas furieux ? Amenez-le aux pieds de J.-C., et vous verrez sa fureur tomber; c'est le seul traitement indiqué par la science et la raison. Mais, cela ne ferait pas l'affaire des ambitieux. Oh !

qu'elle serait belle et heureuse, cette démocratie, si elle était chrétienne !

Voyez l'homme ; lui aussi entend rugir dans le fond de son être une démocratie nombreuse qui s'insurge contre l'âme et demande la satisfaction de ses instincts. Les uns lui cèdent et sont dévorés par elle; les autres demandent la force à Jésus et, avec son secours qu'il ne refuse jamais, ils la soumettent à son empire. Entre ses mains, elle devient une esclave docile.

Ici, je me sens pressé de rendre témoignage à J.-C. J'ai 72 ans et je déclare que les seules joies véritables de ma vie, je les dois à J.-C. ; et que presque toutes les peines de ma vie proviennent de mon fait. On ne peut trop répéter ces paroles, dont la vérité éclate de tous côtés : Cherchez le royaume de Dieu et le reste vous sera donné par surcroît.

C'est une vérité consacrée par l'expérience ; car il est bien vrai que le joug de Jésus est doux et son fardeau léger.

On rêve une société non pas athée, comme on l'a dit avec une pieuse exagération, mais une société purement civile, faisant abstraction dans ses lois et ses mœurs, de toute vérité de l'ordre révélé, s'appuyant uniquement sur les vérités de l'ordre naturel, c'est-à-dire sur le déisme. On veut l'Etat entouré de religions diverses, auxquelles il est censé ne pas croire, et les protégeant toutes au même titre.

Nos utopistes rejettent l'immixtion de l'Eglise catholique dans l'Etat ; mais ils rejettent également le paganisme doctrinal et ont horreur de la révélation mosaïque. Ils rêvent donc un état comme il n'en a jamais existé, à vrai dire, dans le monde; la France est le seul pays qui soit en quête de ce phénomène gouvernemental ; tous les autres pays s'appuient sur une religion positive.

Cependant, le système français les fascine ; il fait des prosélytes. Par la force des choses, la France sera amenée à abandonner son système ou à composer un catéchisme contenant les dogmes de la religion naturelle. Ce catéchisme deviendra la base de son code pénal ; de même que les Anglais, après leur séparation d'avec Rome, ont senti la nécessité de composer pour la nation un code religieux, qu'ils ont appelé Livre de la commune prière. Car il faut une morale à une société ; autrement, sur quoi s'appuiera la justice pour punir les perturbateurs de l'ordre public, les voleurs, les assassins, etc...

La grande révolution a échoué dans la confection de ce catéchisme de la raison. Sa petite-fille de 1870 recommencera-t-elle cette œuvre ? Cela est douteux. Elle n'a ni la foi, ni l'énergie de son aïeule et elle redoute surtout le ridicule. Arrivée à cette impasse, si elle conserve la confiance des populations, elle rétrogradera au-delà de son point de départ et renouera ses liens avec l'Eglise. Cette union de raison sera plus calme et plus tranquille : l'expérience a indiqué les écueils ; on les évitera. Un mariage de raison offre plus de chances de bonheur qu'un mariage d'inclination.

Pendant ce temps d'épreuve et ces essais impuissants, les successeurs des apôtres continueront leur œuvre : comme leurs prédécesseurs, ils infiltreront dans les âmes la doctrine de Jésus et peut-être feront-ils de nouveau, non pas d'une manière inconsciente, mais d'une manière indirecte, la conquête de la société.

On aperçoit déjà la moisson qui blanchit. Et d'abord, le sel sacerdotal a conservé sa force ; le prêtre agit sur la société par la voie de l'exemple, de la prière et de la parole. Il est secondé par un troupeau peu nombreux, mais fervent. Je ne sais si je me fais illusion, mais il me semble que le triomphe de l'Eglise n'est pas bien éloigné.

Nous atteignons la dernière étape du voyage. Le formidable duel de la révolution avec l'Eglise se compose de trois phases bien distinctes : la première phase, sous le nom principal de Voltairianisme, a duré tout le dix-huitième siècle ; elle s'est terminée à la révolution de 1789. Dans cette phase, l'Eglise a lutté surtout contre la noblesse, dont elle a été quelque peu la complice. Puis, la bourgeoisie est venue ; d'abord sous le nom de tiers-état, elle a continué la lutte de la noblesse contre l'Eglise, et cette phase a duré jusqu'à la révolution de 1848.

A cette époque, le peuple à son tour est arrivé et a déclaré la guerre à l'Eglise : c'est la troisième phase et la dernière. L'Eglise est affligée de la lutte, mais elle n'en est pas fatiguée. A la vérité, la foule s'est éloignée de l'Eglise ; le nombre a diminué, mais non la force.

Comme institution, l'Eglise n'a jamais été plus forte. La papauté ne trône plus, mais elle règne. Le nombre, dont nos ennemis se font gloire, est une force illusoire. Il en est des foules comme des nuages : un vent les amène, un vent les chasse. Quand le vent enflera les voiles du vaisseau de saint Pierre, les foules s'y précipiteront. Malheur à qui s'appuie sur les foules ; autant vaudrait s'appuyer sur une nuée. A la vérité, l'Eglise ne domine plus dans les assemblées souveraines, mais elle domine les consciences et plus que jamais elle est le sel de la terre.

J'ai donc la ferme confiance que nous verrons bientôt le jour du triomphe. L'erreur n'a qu'un temps ; elle s'use. C'est à cette phase de vétusté que l'erreur révolutionnaire est arrivée. Puissions-nous, du haut des galeries célestes où nous serons, applaudir à la chute de ce monstre !

St Matt. Cap. v. V. 14. *Vos estis lux mundi : non potest civitas abscondi suprà montem posita.*

Vous êtes la lumière du monde : or, une ville située sur une montagne ne peut être cachée.

Et, d'abord, qu'est-ce que la lumière ? Nous ne donnerons pas la définition scientifique de la lumière, nous la connaissons mal. Ce n'est pas sous ce point de vue que nous la considérerons, mais simplement dans ses effets.

Nous dirons donc : la lumière est un agent extérieur, qui s'harmonise d'une manière si parfaite avec l'organe de l'œil, que par cet agent nous apercevons tous les objets créés.

La lumière morale, celle dont parle N. S., est également un agent extérieur, qui s'harmonise d'une manière si parfaite avec l'œil de notre âme, que, par le secours de cet agent, l'âme perçoit toutes les vérités qui forment le patrimoine de l'homme.

De même que nous avons vu le sel de la terre abondamment répandu sur toute la surface du globe, de même, la lumière, portée sur les ondes lumineuses de l'atmosphère, pénètre partout. Dieu a donné avec abondance à l'homme ce qui est nécessaire à la vie du corps et à celle de l'âme. C'est au moyen de cette faculté intellectuelle (la lumière), que l'homme pénètre toutes les sciences ; toutefois, il ne peut connaître leur origine première ; elle lui est cachée.

L'homme qui étudie les sciences et qui remonte à leur origine, arrive à un fait primordial, au-delà duquel il ne peut pénétrer. Prenons pour exemple les nombres : le fait primordial de la série des nombres, c'est l'unité ; de cette unité partent deux séries, l'une ascendante et l'autre descendante, et ces deux séries sont infinies ; car, quel que soit le nombre auquel on soit parvenu, il est toujours possible d'y ajouter une unité ou de diviser une fraction de l'unité. Si on remonte la série descendante, on arrive à l'unité ; si on descend la série ascendante, on arrive également à l'unité. L'unité est donc le fait primordial de la science des nombres ; mais, qui a fait l'unité ? Mystère insondable.

Il en est de même du temps : le moment présent est l'unité ; devant et derrière se trouvent deux séries infinies; mais qui a fait l'unité du temps? Abîme.

Il en est de même de l'espace ; les mondes flottent dans l'espace, dans un équilibre parfait; mais qui a fait l'équilibre ? L'évidence est un *criterium* infaillible de vérité; mais qui a fait l'évidence ? Ainsi, on trouve Dieu à l'origine de chaque chose ; on le trouve, mais on ne le voit pas. C'est ce que Linnée appelait voir Dieu par derrière, selon l'expression de Moïse.

Deum sempiternum, immensum, omniscium, omnipotentem, expergefactus, à tergo transeuntem, vidi et obstupui. (Linnœus, Systema Naturæ.)

Ainsi, on trouve Dieu partout, et partout il est invisible. Il est représenté dans toutes les sciences par un *substratum,* sur lequel repose le fait primordial. Ce *substratum* est, comme Dieu est; il échappe à l'analyse, il s'impose. Si vous acceptez ce *substratum,* il vous donnera la clef de la science, dont il est la base; si vous le rejetez, toute science est un livre clos. Il en est ainsi de la lumière : vous pouvez en décrire les phénomènes divers, mais l'essence lumineuse, qui l'a faite ?

Dans l'ordre spirituel le *substratum* de l'âme, c'est la puissance créatrice de Dieu.

On voit les effets de cette puissance, mais la puissance, qui la voit ? Dieu est; voilà l'origine de la science de Dieu. Mais l'origine de cet être, l'essence en elle-même, voilà ce que nous ne connaîtrons jamais, dans ce monde du moins.

Ce point de vue de la lumière est peu pratique et au fond peu utile. J.-C. le néglige; et quand il dit à ses apôtres : Vous êtes la lumière du monde, il considère la lumière comme un flambeau qui éclaire le chemin du ciel. Pour Jésus, la lumière, c'est la doctrine de la vérité, c'est la révélation descendue du ciel; c'est par les bonnes œuvres que ce flambeau jette son plus grand éclat.

De même qu'une cité, perchée au-dessus d'une montagne, ne peut être cachée aux yeux du monde, de même, si vous pratiquez les bonnes œuvres, si vous parvenez au sommet de l'humanité, vous ne pourrez rester cachés, vous serez la lumière du monde. Les œuvres valent mieux que les leçons ; la pratique frappe plus vivement que la théorie. Un poète a dit : *Segnius irritant animos, demissa per aurem quam quæ sunt oculis subjecta fidelibus.* Saint Pierre voulait mourir pour Jésus ; et Démosthènes avait juré de mourir pour sa patrie.

Jésus, dont le langage a une précision et une propriété si admirables, parlant de cette disposition de l'âme, l'a stéréotypée en six mots impérissables : l'esprit est prompt, la chair est faible. S' Pierre a renié Jésus ; Démosthènes, fuyant honteusement, a pris un buisson pour un soldat de Philippe de Macédoine. La théorie est une vérité creuse et sans réalité, la pratique est une œuvre réelle et humanitaire.

Je dis humanitaire, en ce sens qu'elle prouve aux hommes qu'elle est à la portée de l'humanité. Au théoricien, on peut dire : Votre théorie est impraticable ; on ne peut pas le dire au praticien.

Si Jésus s'était contenté de la théorie, s'il n'était pas mort pour nous, personne ne serait mort pour lui. Où serait aujourd'hui la doctrine chrétienne ? Où serait l'Eglise ? On dit aux chrétiens de nos jours : Votre morale est surhumaine, elle dépasse les forces de la nature, nous ne pouvons atteindre à ce sommet. A cela, répondons par la pratique de la charité, par la pratique de la chasteté, de l'humilité, de la sobriété. Montrons nos mariages édifiants et féconds, parce qu'ils sont chastes ; montrons nos épouses vertueuses, nos jeunes gens chrétiens, nos filles angéliques, nos prêtres, nos évêques, nos religieux et nos religieuses qui pratiquent, chacun dans leur sphère, les vertus évangéliques ; inondons le monde de cette lumière vivifiante qui jaillit des bonnes œuvres.

Si les hommes étonnés nous disent : Mais ces vertus sont au-dessus de l'humanité ; nous leur répondrons : Sans doute, ces œuvres sont au-dessus de l'humanité ; ce n'est pas nous qui opérons, c'est Jésus-Christ qui opère en nous ; et alors les hommes de bonne volonté glorifieront J.-C. Le bon exemple encourage le faible et, par sa contagion bienfaisante, il ranime les victimes du doute et du scepticisme. Il y a, en effet, fécondité du bien et fécondité du mal; une bonne œuvre en enfante une autre. Le bon exemple agit puissamment sur l'âme et lorsqu'une conversion se manifeste, si on remonte à l'origine de cette conversion, on la trouve souvent dans un bon exemple ou dans une bonne œuvre.

Des liens secrets, des liens sympathiques et de famille unissent les hommes entre eux ; le même sang coule dans leurs veines. Le poète a dit : *Homo sum et nil humani à me alienum puto* ; il résulte de cette disposition constitutionnelle, qu'il y a action de l'homme sur l'homme et de la société sur l'homme, et cette action va quelquefois si loin, qu'elle diminue le libre arbitre. De même qu'on voit des terreurs paniques, de même on voit des enivrements de courage. Le même groupe d'hommes qui a fui, épouvanté sous l'impression contagieuse de la terreur, bravera le péril et la mort dans l'ivresse de la gloire.

Les hommes les plus enclins à ces deux extrêmes opposés sont les Français ; ils sont l'expression la plus complète des faiblesses et des grandeurs de l'humanité : prompts à l'enthousiasme, prompts au découragement. Le Français est l'homme par excellence ; veut-on connaître la nature de l'homme, il faut disséquer un Français. C'est en un sens le fils de l'homme ; c'est le type Adamique le plus complet. C'est en France que devaient régner Louis XIV et Napoléon, la France était leur cadre ; c'est la France qui devait subir les humiliations de Sedan et de Metz, l'écrasement complet de sa puissance militaire. Plus que les autres hommes, le Français subit les influences régnantes ; c'est lui qui est à la tête des croisades, ce grand acte de foi humanitaire ; c'est lui qui est à la tête de la révolution, cette révolte titanesque contre Dieu ! c'est lui peut-être qui la tuera. Amen !

Plus que tout autre homme, le Français a besoin de Jésus-Christ, Jésus agrandit ses qualités et corrige ses défauts.

C'est par le cœur que le Français excelle, et c'est pourquoi il s'enthousiasme pour le bien et devient fanatique du mal. En ce moment, deux frères ennemis s'entrechoquent dans le sein de la France, comme Esaü et Jacob dans le ventre de Rebecca; on y trouve les fils de Voltaire et les fils des Croisés, car l'esprit des croisades existe toujours en France, mais il n'apparaît pas sous la forme d'un chevalier bardé de fer ; il apparaît sous la forme du missionnaire et de la religieuse. La fille aînée de l'Eglise est féconde en dévouements apostoliques, et laisse loin derrière elle ses sœurs.

La France a des concurrents heureux, trop heureux sur les champs de bataille ; elle y compte des revers formidables et sans compensation : tels sont Metz et Sedan, que nous avons nommés plus haut. Elle n'a point de rivaux sur les champs de bataille de la charité ; c'est là qu'est sa gloire incontestée, sa gloire complète, sa gloire acquise en participation avec J.-C., son divin associé ; ou, pour mieux dire, c'est la gloire de Dieu, car les missionnaires ne sont que les petits et faibles instruments dont Dieu veut bien se servir, et ces instruments ne valent que par Dieu, à qui soit toute la gloire. O Eglise de Jésus, notre mère, plus on vous abandonne, plus on vous attaque, plus on vous outrage, plus vos enfants doivent se serrer autour de vous, pour vous témoigner leur amour, plus ils doivent déployer l'étendard de Jésus, lumière et salut du monde. *Vos estis lux mundi*, etc.,.

S* Matt. Cap. vi. V. 9. *Sic ergo vos orabitis : Pater noster, etc.*.

Voici donc comme vous prierez : Notre père, et le reste.

Et, d'abord, pourquoi la prière ? Si l'homme est une puissance indépendante, comme le prétendent quelques partisans de la libre-pensée, se mentant à eux-mêmes, la prière est un non sens ; la conscience du genre humain réclame contre cette absurdité. Prétendre, en face de la faiblesse et des trop nombreuses misères de l'homme, qu'il est indépendant, est, à mon avis, une absurdité équivalente à celle-ci : le soleil n'est pas un agent lumineux.

Il y a longtemps que le Saint-Esprit a marqué ces

hommes d'un stigmate indélébile, lorsqu'il a dit d'eux : L'insensé a dit dans son cœur : Il n'y a pas de Dieu. L'insensé a dit, non *dans son intelligence*, mais dans les ténèbres de son cœur, il n'y a pas Dieu. Ainsi, le malheureux a perdu la lumière de son intelligence ; il est livré aux ténèbres de son cœur, c'est-à-dire aux ténèbres de ses passions, dont le cœur est le siège.

Il est donc bien vrai, ô mon Dieu, que vous avez frappé de cécité intellectuelle ceux qui se prétendent les princes de la science. Ce ne sont cependant pas des aveugles, car l'aveugle sait qu'il est aveugle, et il obéit à un guide ; il écoute la voix de ceux qui sont doués du sens de la vue. Eux ne voient pas et ils croient voir ; de sorte qu'au lieu de recevoir une direction, ils veulent la donner. Ce ne sont donc pas des aveugles, ce sont des insensés, comme dit l'Esprit-Saint, et des conducteurs d'insensés.

Pour trouver leurs semblables, il faut se rendre dans un asile de malheureux privés de raison et en proie à toutes les hallucinations d'un cerveau en délire. Ils ont même cela de commun avec les fous, c'est qu'ils prononcent des paroles incohérentes et qui n'ont pas de sens. Il est une parole que ces insensés, ces idiots, répètent sans cesse, c'est celle de morale indépendante. Allons donc au fond des choses.

Qu'est-ce qu'une morale ? C'est un code de lois qui régit les actes de la conscience humaine ; le code pénal français est une loi qui régit les actes du citoyen français ; c'est la loi morale de la société française. Le Français n'est point indépendant du code pénal, ce code oblige comme tous les codes.

Il est de l'*essence* de la morale d'obliger. Un Français ne peut pas être indépendant du code pénal ; l'indépendance de la loi, c'est la destruction de la loi ; une morale indépendante, c'est une obligation qui n'oblige pas, c'est une lumière qui n'éclaire pas, une sève qui ne nourrit pas sa plante. Morale indépendante sont deux mots qui s'excluent; c'est une phrase incohérente, c'est une parole de fou.

J'ajouterai que ces insensés sont au-dessous des fous ; car les fous ne sont pas des fous volontaires ; ils n'ont pas, de propos délibéré, choisi leur folie, tandis que les insensés dont nous parlons, ont volontairement choisi leur folie ; ils l'aiment et ils s'en glorifient. Ainsi, ces princes de la sagesse humaine ont trouvé le moyen de descendre au-dessous des conditions les plus humiliantes de l'humanité. Juste châtiment de leur crime ! Ils ont voulu s'égaler à Dieu par l'indépendance, ils sont descendus au-dessous de l'homme. La première condition pour prier, c'est de n'être pas fou comme les malheureux dont nous venons de parler.

Il faut, en effet, connaître les rapports existant entre le créateur et sa créature. Celui qui ne croit pas au créateur, est dispensé de prier ; c'est clair. La meilleure prière est celle qui exprimera le mieux ces rapports entre Dieu et l'homme. Qui donc pouvait mieux exprimer ces rapports, que celui qui est en même temps Dieu et homme ?

Le *Pater* est l'expression abrégée de ces rapports ; c'est, en quelques mots, la formule qui les contient : les droits de Dieu et les besoins de l'homme s'y trouvent.

Le *Pater* a été expliqué et paraphrasé par les plus grands génies et les plus grands saints ; je ne me risquerai pas à cette œuvre ; je me contenterai d'une simple réflexion qui, peut-être, n'a pas été mise en lumière, c'est que cette célèbre prière a un caractère éminemment divin.

L'homme a toujours tremblé devant la divinité ; il la craint beaucoup plus qu'il ne l'aime. L'homme a peur de Dieu, a dit Bossuet, et, dans l'état de déchéance où il est tombé, il n'aime pas Dieu. Ainsi, *naturellement*, l'homme craint Dieu et il ne l'aime pas. Nous croyons que cette vérité est un fait acquis, et que personne n'est tenté de nier.

Nous ne connaissons pas les prières que, dans la liturgie grecque ou romaine, les païens adressaient aux dieux ; peut-être les trouverait-on dans le savant Varron, ce théologien du paganisme grec et romain ; mais nous n'avons pas Varron et je ne le connais que par les citations de saint Augustin. Madame Octavie Sempe lit Varron, mais comme agriculteur et non comme théologien. Je crois pouvoir affirmer que ces prières ne contenaient aucune expression d'amour pour Jupiter ou pour Junon, ou pour tout autre dieu de l'Olympe. Des flatteries, des flagorneries relatives à leur puissance, des sentiments de crainte ; oui, ces prières devaient en contenir, mais les sentiments d'amour y brillaient par leur absence.

Les cantiques d'Israël chantent et glorifient la puissance de Dieu ; on trouve dans les psaumes, des sentiments d'amour. C'était le partage de quelques âmes privilégiées ; mais, de là à établir entre Dieu et l'homme des rapports de père à fils, il y a un abîme. La première parole que l'homme adresse à Dieu, dans la prière composée par J.-C., est une parole d'amour ; c'est cette parole qui domine la prière et la pénètre. L'homme, porté sur les ailes de l'amour, franchit la distance infinie qui sépare l'homme de Dieu. Cette parole, qui nous paraît si simple : Notre père, est une parole phénoménale ; personne, entendons-le bien, personne que le Fils de Dieu, ne pouvait la prononcer, et si J.-C. ne fût pas venu sur la terre, elle n'eût jamais été prononcée ; elle manquerait à l'humanité.

C'est J.-C. qui a doté l'humanité du sentiment de l'amour filial envers Dieu et de l'expression de ce sentiment ; par cette parole : Notre père, il a rattaché la terre au ciel avec le lien de l'amour ; c'est lui, Jésus, qui est ce lien, et c'est par lui que les hommes peuvent dire : Notre père.

Les paroles qui suivent cette parole divine sont également des paroles surhumaines, car l'homme est égoïste : quand il demande quelque chose à Dieu, c'est dans son intérêt. Il est malade, il demande la santé ; il est pauvre, il demande la fortune ; il est accablé de labeurs, il demande le repos ; il souffre, il demande le soulagement de ses souffrances ; il pleure, il demande la consolation. Voilà la prière de l'humanité.

L'homme ne pense qu'à lui, sa misère l'absorbe ; il ne lui viendra pas à l'esprit, à ce pauvre mendiant, de demander la gloire de Dieu, la sanctification de son nom, l'avènement de son royaume, l'accomplissement de sa volonté ; ces demandes sont trop relevées pour lui. Une éternité se passerait avant que

l'homme pensât à formuler de pareilles demandes.
A peine, aujourd'hui que ces demandes ont été, depuis des siècles, mises sur les lèvres du chrétien, à peine trouve-t-on quelques âmes assez épurées, assez spiritualisées pour désirer la gloire de Dieu et l'avènement de son règne. Ces demandes sont super humaines ; elles appartiennent en propre à N. S. J.-C.: c'est de lui et par lui qu'elles sont descendues du ciel dans l'humanité, dont elles sont devenues la propriété.

Nous apprenons, par les apôtres, que Jean avait donné à ses disciples une formule de prière. Cette prière n'est pas parvenue jusqu'à nous, mais nous sommes persuadés que la prière enseignée par Jean ne contenait pas les quatre premières demandes du *Pater*, qui ont un caractère exceptionnellement divin ; c'est même certain, car J.-C. n'est pas le plagiaire de Jean, bien que cependant ils puissent se rencontrer, comme cela est arrivé dans deux circonstances. Tous deux ont traité les Juifs de race de vipères, et J.-C. après Jean. Tous deux, dans des termes absolument identiques, ont dit que tout arbre qui ne porterait pas de bons fruits serait coupé et jeté au feu, J.-C. après Jean ; car c'est à J.-C. qu'il appartient de confirmer la doctrine de Jean. Mais, dans la question de la prière, dans la formule à laisser à l'humanité, il nous semble que J.-C. devait être modèle, tellement divin, que je doute si les anges étaient en possession de cette sublime oraison.

Dans ces réflexions sur le *Pater*, je n'ai eu qu'un but, c'est de mettre en lumière ce côté divin du *Pater*. Je ne sais si j'ai réussi.

S‍ᵗ Matt. Cap. vi. V. 22. *Si oculus tuus fuerit simplex, totum corpus tuum lucidum erit. 23. Si autem oculus tuus fuerit nequam, totum corpus tuum tenebrosum erit ; si ergo lumen quod in te est tenebræ sunt, ipsæ tenebræ quantæ erunt ?*

Avec J.-C., je suis bien à mon aise, il se met à ma portée. Toutes ses comparaisons sont simples et faciles à comprendre, même lorsqu'il s'agit de questions ardues ; tandis que les adeptes du monisme, du darwinisme, etc., me désolent par leur obscurité... J'erre comme une âme en peine au milieu de leurs systèmes, comme au milieu d'un désert.

Deux choses sont nécessaires pour voir : la lumière, d'abord répandue dans tout cet univers ; puis, l'organe, qui s'adapte d'une manière si admirable à cette non moins admirable créature. Quel mystère que cette lumière, qui est venue au commencement des temps dissiper les ténèbres atmosphériques et faire précisément de ces ténèbres le véhicule de la lumière, de sorte que la lumière atteint tous les lieux où l'atmosphère existe. Quel autre mystère que ce petit organe qui emmagasine ce fluide et s'en sert pour éclairer ses pas et voir les objets ? Quels rapports mystérieux et merveilleux entre ces deux créatures ? Quelle sympathique correspondance entre elles ?

Sans la lumière, à quoi servirait l'œil, et sans l'œil, de quelle utilité serait la lumière ? Ce sont deux créatures qui se complètent réciproquement.

Nulle part, peut-être, l'intention du créateur n'a été plus manifeste ; il est évident que l'œil a été fait pour la lumière et la lumière pour l'œil, de même que la clef est faite pour la serrure. L'œil est la seule clef qui ouvre la lumière ; cherchez dans tout l'univers, vous n'en trouverez point d'autre, de sorte que vous êtes forcé de conclure que la lumière n'a pas d'autre organe que l'œil et que la lumière est faite pour l'œil. Si j'insiste là-dessus, c'est qu'il y a des gens qui méconnaissent la fin de la création. Il existe aussi dans l'ordre spirituel une lumière ; mais, cette lumière n'a pas été faite, et quand Dieu a créé le monde, elle existait ; elle éclairait déjà les tabernacles éternels. C'était la lumière du Verbe.

Dieu, voulant traiter avec honneur sa nouvelle créature, ne fera pas pour elle une lumière spéciale ; cette créature serait nécessairement inférieure à la lumière incréée ; il la rendra participante de sa propre lumière à lui ; la lumière du Verbe éclairera l'homme, comme elle éclaire Dieu lui-même. Ainsi, la même lumière est commune à Dieu, à l'ange et à l'homme ; mais cette lumière est diversement modifiée et tamisée selon les organes qui la reçoivent, car la lumière est plus ou moins brillante, selon le cristal qui la réfléchit ; et le cristal angélique est plus brillant que le cristal humain, mais c'est la même lumière ; et il faut qu'il en soit ainsi, car on ne peut voir Dieu et le connaître que dans sa lumière, selon ces paroles : *In lumine tuo, Domine, videbimus lumen;* toute autre lumière laisserait la notion de Dieu dans l'obscurité la plus profonde.

Une lumière inférieure demanderait un organisme

inférieur; il ne pénétrerait pas le ciel où pénètre la lumière du Verbe. Cette lumière ne peut s'adapter qu'à un organe créé pour cet usage : à savoir l'intelligence, qui est, à la lumière spirituelle, ce que l'œil est à la lumière créée. L'intelligence s'éclaire aux mystérieuses splendeurs de la lumière divine et il n'y a que l'intelligence qui ait la puissance de concentrer les rayons de ce soleil.

Cherchez partout dans la création et vous ne trouverez que l'ange et l'homme dont l'intelligence pénètre les clartés célestes. Toute autre créature est en dehors de cette lumière, et n'en a aucune notion ; il y a plus, c'est qu'en dehors de cette lumière, il n'y a pas de notion.

Cette lumière constitue un monde à part, en dehors duquel on ne voit rien. De même que, pour voir matériellement, deux choses sont absolument nécessaires : la lumière et l'œil ; de même, pour voir spirituellement, il faut deux choses : la lumière ou le Verbe et l'intelligence.

L'homme ne peut pas ternir la pureté intrinsèque de cette lumière; elle est hors de sa portée et échappe à son contact, mais il peut ternir ou souiller le vase humain qui la contient ; il peut abuser du dépôt qui lui est confié. Ce précieux don de la lumière qui descend du ciel, l'homme le prostitue et le retourne contre le donateur; c'est le reproche, ou plutôt, c'est l'avertissement que lui donne N. S. J.-C. par les paroles qui sont en tête de ce chapitre, dans le passage de l'Evangile que nous relatons.

Il est à remarquer que J.-C., dans ces paroles, ne

parle pas des aveugles. La cécité est un défaut naturel dont l'homme n'est pas responsable et J.-C. n'ordonnerait pas à un aveugle de n'être pas aveugle ; cela n'est pas au pouvoir de l'aveugle. Il prémunit l'homme contre les conséquences d'un œil détérioré, vicié, mauvais *(nequam)*. Il est plus dangereux d'avoir un œil mauvais que d'être aveugle ; l'œil mauvais conserve la faculté visuelle, mais il voit les objets autrement qu'ils ne sont, ce qui est plus dangereux que de ne rien voir. Ainsi, l'œil mauvais verra un chemin plane là où il y a un précipice. De même, l'ignorance absolue est préférable à la fausse science, car la fausse science met une erreur à la place de chaque vérité ; l'ignorance, ce sont les ténèbres simples.

La fausse science, ce sont les ténèbres multiples, pressées, abondantes. L'activité est la qualité essentielle des facultés de l'âme ; si elle n'exerce pas cette faculté dans la sphère du bien, elle l'exerce dans la sphère du mal. C'est cette activité dans le mal à laquelle on donne le nom d'activité diabolique ; et, de même qu'il y a génération du bien, il y a génération du mal. L'erreur enfante l'erreur, le mensonge produit le mensonge, et cette fécondité malheureuse, constamment en action, va toujours augmentant dans une proportion mathématique ; c'est un triste engrenage qui a l'abîme pour terme.

C'est ce que voyait l'esprit si logique et si lumineux de N. S. J.-C., et c'est ce qui lui arrachait ces paroles :

Si ergo lumen quod in te est tenebræ sunt ; ipsæ tenebræ quantæ erunt !

S¹ MATT. CAP. VI. V. 24. *Non potestis servire Deo et mammonæ.*

Vous ne pouvez servir Dieu et la bourse.

Par ce mot *mammona*, il faut entendre, pensons-nous, un être de raison, une espèce d'allégorie symbolisant l'avarice ; quelque chose comme le Plutus des païens, ou comme le dieu Dollar des Américains. Les modernes, ayant concentré le culte de l'or dans un temple magnifique qu'on appelle la Bourse, nous avons traduit le mot *mammona* par celui de bourse.

C'est la mammone qui trône dans le palais de la Bourse; elle y a des adorateurs nombreux et fervents; elle y a des ministres de son culte et c'est par eux qu'elle rend ses oracles.

Les financiers ont trouvé le moyen de monnayer tout le sol de la France, que dis-je, le sol de la France, celui du monde entier ; non-seulement le sol, mais encore le sous-sol. Ainsi, on vend les usines, les vaisseaux, les établissements industriels, même la houille, qui est à deux mille pieds sous terre; on vend tout cela et on en fait la livraison, comme on vend un sac de blé ou une livre de beurre. On vend même la vie humaine, dont le tarif est fixé comme celui de toute autre marchandise.

Comment a-t-on fait pour mobiliser ce qu'il y a de plus immobile par nature ? On a employé un moyen bien simple : on a représenté toutes ces richesses par des morceaux de papier imprimé, auxquels on a donné le nom d'actions et d'obligations, et au lieu de négocier la chose, on a négocié le papier qui la représentait.

C'est ce qu'on avait déjà fait pour les métaux précieux ; au lieu d'or et d'argent, on s'est servi de papier.

La Bourse est une immense étude de notaire simplifiée, et où, dans une séance de quatre heures, il se passe plusieurs milliers d'actes. C'est pourquoi il nous semble que tous les notaires de France pourraient être remplacés avantageusement par des Bourses provinciales.

N. S. J.-C. nous déclare qu'il y a incompatibilité entre le service de Dieu et celui de la bourse mammone. Cette condamnation paraît sévère, et elle n'est que juste, si on donne aux paroles de N. S. J.-C. leur véritable sens, car les paroles et les préceptes de J.-C. sont dictés par la raison.

Quel est donc le sens vrai des paroles de J.-C. ? Pour bien déterminer ce sens, il faut remarquer que Jésus se sert du même mot pour déterminer le service de Dieu et celui de la bourse mammone ; il aurait pu différencier ces deux services et dire, par exemple : On ne peut pas servir Dieu et s'occuper d'opérations de Bourse; non, il se sert du même mot: *servire Deo et mammonæ*. Si J.-C. se sert du même mot pour l'un comme pour l'autre service, c'est qu'il veut désigner le même service ; dès lors, l'intention de J.-C. est évidente : il veut dire qu'on ne peut rendre à la mammone le même culte que celui qu'on rend à Dieu.

Il ne peut y avoir égalité entre le service de Dieu

et celui de la mammone ; cette égalité serait un outrage à la majesté de Dieu. Nous allons plus loin, non-seulement on ne doit établir aucune comparaison odieuse entre le service de Dieu et celui de la mammone, mais nous soutenons que le terme *servire* choisi par N. S. J.-C., est rigoureusement et mathématiquement exact et que l'homme ne doit en aucune manière être au service de la mammone. C'est du mot *servire* que dérive le mot *servus* esclave.

Celui donc qui se voue au service de la mammone, devient son esclave, il lui appartient ; s'il lui appartient, il n'appartient pas à Dieu. Il est donc rigoureusement vrai que l'homme ne peut servir Dieu et la mammone, selon le sens rigoureux du mot *servir*.

Quand J.-C. choisit un mot, ce mot est la forme exacte de la vérité ; le remplacer est un manque de respect et une maladresse. Mais si l'homme ne doit pas servir la bourse, s'il ne doit pas être esclave, il peut se servir de la bourse.

La bourse a des utilités sociales et des utilités domestiques ; N. S. n'a pas interdit aux saints l'usage de ces utilités. Il faut traiter la mammone comme N. S. J.-C. a traité l'ânon de celle qui était sous le joug ; il s'est assis sur lui pour entrer à Jérusalem.

St Matt. Cap. vi. V. 25. *Ideo dico vobis : Ne solliciti sitis animæ vestræ quid manducetis ; neque corpore vestro quid induamini. Nonne anima plus est quam esca ; et corpus plus quam vestimentum ? 26: Respicite volatilia cœli, quoniam non serunt, neque metunt neque congregant in horrea : Et pater vester pascit illa.*

Nonne vos magis pluris estis illis ? 27. Quis autem vestrûm cogitans potest adjicere ad staturam suam cubitum unum? 28. Et de vestimento quid solliciti estis ? Considerate lilia agri quomodo crescunt : Non laborant, neque nent. 29. Dico autem vobis, quoniam nec Salomon in omni gloriâ suâ coopertus est sicut unum ex istis. 30. Si autem fœnum agri quod hodiè est, et cras in clibanum mittitur, Deus sic vestit : Quanto magis vos, modicæ fidei? 31. Nolite ergo solliciti esse dicentes: Quid manducabimus, aut quid bibemus, aut quo operiemur? 32. Hæc omnia gentes inquirunt. Scit enim pater vester quia his omnibus indigetis. 33. Nolite ergo solliciti esse in crastinum : Crastinus enim Dies sollicitus erit sibi ipsi : Sufficit Diei malitia sua.

C'est pourquoi je vous dis : Ne vous inquiétez point où vous trouverez de quoi manger pour le soutien de votre vie, ni d'où vous aurez des vêtements pour couvrir votre corps. La vie n'est-elle pas plus que la nourriture et le corps plus que le vêtement ? Considérez les oiseaux du ciel ; ils ne sèment point, ils ne moissonnent point et ils n'amassent rien dans les greniers; mais votre père céleste les nourrit. Ne lui êtes-vous pas plus chers que des oiseaux ?

Quel est celui d'entre vous qui puisse, avec tous ses soins, ajouter à sa taille la hauteur d'une coudée ? Et pourquoi vous inquiétez-vous pour le vêtement ? Considérez comment croissent les lis des champs;ils ne travaillent point,ils ne filent point;et cependant je vous déclare que Salomon même, dans toute sa gloire, n'a jamais été vêtu comme l'un d'eux. Si donc Dieu a soin de vêtir, de cette sorte, une herbe qui est aujourd'hui sur la terre et qui sera demain jetée dans le four pour y être brûlée, combien aura-t-il plus de soin de vous vêtir, ô hommes de peu de foi ?

Ne vous inquiétez donc point en disant : Que mangerons-nous, ou, que boirons-nous, ou, de quoi nous vêtirons-nous ? comme font les païens qui recherchent toutes ces choses ; car votre père céleste sait que vous en avez besoin. Cherchez donc premièrement le royaume de Dieu et sa justice, et toutes ces choses vous seront données, comme par surcroît. C'est pourquoi ne vous inquiétez point pour le *lendemain* ; car le lendemain aura soin de lui-même : à chaque jour suffit son mal.

Si nous ne nous trompons, voilà une belle page ! Quel philosophe, digne de ce nom, n'envierait et n'admirerait la sublimité de cette morale, où les droits de Dieu et les devoirs de l'homme sont tracés d'une manière si exacte ? Quelle simplicité dans l'expression, quelle gracieuseté dans les images, toutes puisées dans la nature !

Ces oiseaux du ciel, qui ne sèment ni ne moissonnent et que le père du ciel nourrit ; ces lis des champs, qui ne travaillent point et qui ne filent point, et qui sont vêtus plus magnifiquement que Salomon dans toute sa gloire ; comme tout cela est vrai et beau !

Les hommes ont proclamé Homère le roi des poètes et le peintre de la nature ; nous y souscrivons, mais à cette condition : c'est que J.-C. et les prophètes seront mis hors concours ; car si la beauté de la pensée de l'Homme-Dieu dépasse celle d'Homère de toute la distance qui sépare le ciel de la terre, de même, il y a, entre la perfection de la forme de l'auteur de l'Evangile et celle de l'auteur de l'Iliade, la différence qu'il y a entre le vêtement du lis des champs et celui de Salomon.

Nous aurions bien désiré abréger la citation que nous avons faite au commencement de cet article, mais quoi retrancher ? Il est impossible de scinder la pensée de J.-C. sans lui enlever la beauté de l'ensemble. Cette pensée est une et multiple, les détails sont parfaits et forment un ensemble parfait; il en est de cette pensée, comme du visage, dont tous les traits sont parfaits dans leur exécution et qui tous concourent à la beauté de l'ensemble. Si vous retranchez un de ces traits, vous détruisez cet ensemble.

Cependant, quelques esprits chagrins, ou quelques intelligences étroites, esclaves de la lettre, murmurent quelques objections. D'après ces esclaves du texte, N. S. blâmerait l'homme laborieux, prudent, prévoyant qui ensemence son champ, dont il ne doit recueillir les fruits que dans un an ; à plus forte raison, le blâme du Seigneur atteindrait le vigneron qui plante sa vigne, le jardinier qui plante ses arbres, dont ils ne doivent récolter les fruits qu'au bout d'un certain nombre d'années, de sorte que N. S., par les paroles que nous venons de citer, paralyserait tout le mouvement social ; d'où cette conséquence, c'est que la société n'atteindrait son plein développement et sa perfection qu'autant qu'elle s'éloignerait de la doctrine évangélique, pour ce qui concerne l'économie sociale. Conséquence absurde!

Il ne faut pas confondre la prévoyance et l'activité humaine avec la sollicitude, ce serait plutôt le contraire qui serait vrai. Lorsque l'homme a pris les justes mesures que lui suggère l'esprit de prudence, il a droit de se reposer sur le doux oreiller de la Providence.

La prévoyance et la prudence sont deux facultés données par Dieu à l'homme et qu'il doit exercer dans une certaine limite ; il doit même les exercer, sous peine de mort ; mais l'homme ne doit pas dépasser les limites humaines de la prévoyance, car il tombe dans la sollicitude, qui est l'excès de cette vertu. La sollicitude est une agitation stérile, très-nuisible et très contraire à la prévoyance ; la prévoyance est le fruit d'une raison calme ; la sollicitude est la conséquence d'une raison troublée.

La prévoyance, exercée selon les lois divines et bornée aux limites fixées par Dieu, produit la confiance et bannit la sollicitude.

La sollicitude est une maladie de l'âme, qui correspond à cette maladie du corps qu'on appelle inquiétude, agitation. L'agitation est une maladie très-pénible : elle prive le corps de tout repos, de tout sommeil ; c'est un état non-seulement pénible, mais dangereux ; et le médecin n'hésite pas à suspendre cette agitation par des calmants, bien que des calmants soient nuisibles à l'organisme.

Il ne faut pas confondre l'agitation avec l'activité, bien que les symptômes extérieurs se ressemblent.

L'agitation provient d'une cause morbide ; l'activité provient de la force ; l'activité est un mouvement réglé et coordonné par la raison ; l'agitation est un mouvement déréglé et désordonné. L'activité et le travail sont féconds en résultats utiles et en bonnes œuvres; la stérilité est le cachet de l'agitation et de la sollicitude.

D'après ces paroles: *Nolite ergo solliciti esse in crastinum ; crastinus enim dies sollicitus erit sibi ipsi ; sufficit diei malitia sua.*

C'est pourquoi ne vous inquiétez point pour le lendemain, car le lendemain aura soin de lui-même. A chaque jour suffit son mal.

D'après ces paroles, disons-nous, la sollicitude du jour serait permise, celle du lendemain seule serait défendue. Or, il faut s'entendre sur ces mots : le jour et le lendemain ; le jour est une unité de temps; c'est une période qui représente le temps nécessaire à l'achèvement d'un travail qui s'enchaîne et ne souffre pas de scission.

L'année, qui est divisée en quatre saisons nécessaires à l'achèvement des travaux agricoles, peut être considérée comme un jour ; il y a des jours d'une longueur inégale. La procréation de l'espèce et l'éducation des petits, chez les animaux, représente généralement une période qui s'étend de six mois à deux ans. Enfin, cette période est plus longue encore chez les hommes, elle s'étend généralement au temps nécessaire à l'éducation des enfants et à leur établissement. C'est un jour de plusieurs années ; jour fréquemment brisé et dont l'instabilité nous apprend notre absolue dépendance à l'égard de Dieu, et la vanité de nos prévisions et des projets que nous pouvons bien former, mais sous le bon plaisir de Dieu.

Qui donc, en effet, a donné à l'homme cette merveilleuse faculté de prévoyance ? Dieu; et, s'il la lui a donnée, c'est pour qu'il en fasse usage. Dieu n'a-t-il pas inspiré et béni la prévoyance de Joseph, qui a entassé dans les greniers de l'Egypte les grains suffisants pour faire face aux besoins créés par sept années de stérilité ; et Noé n'engrangea-t-il pas, dans l'arche, ce qui était nécessaire à la nourriture des hommes et des animaux pendant le séjour des eaux sur la terre; N. S. lui-même, portait une bourse pour acheter ce qui était nécessaire à lui et à ses apôtres ; il n'a pas voulu faire appel au miracle, qui lui était si facile.

Instruisons-nous par l'exemple de J.-C. Quand il est dans des contrées populeuses, où les moyens humains abondent, il emploie ces moyens; ce n'est qu'à défaut de ces moyens qu'il recourt au miracle, lorsque, par exemple, il s'agit de nourrir, dans un désert, 10 ou 12 mille hommes, femmes et enfants compris.

Il y a, à cet égard, parfaite concordance entre l'ancien et le nouveau Testament : lorsque l'Israélite était dans le désert, Dieu le nourrissait directement et par miracle ; quand il a été arrivé dans la terre promise, la manne a cessé de tomber, et l'Israélite a dû recourir aux moyens naturels et ordinaires pour sa nourriture.

Quand l'agent naturel n'existe pas ou est empêché, Dieu y supplée ; mais, on doit d'abord se servir de l'agent naturel créé pour l'emploi. N'est-ce pas Dieu qui est l'auteur de la loi du travail, notamment de celui de la culture, lorsqu'il a dit à l'homme : La terre produira des ronces et des épines ; tu n'en tireras de quoi te nourrir pendant toute ta vie, qu'avec beaucoup de travail ; tu mangeras ton pain à la sueur de ton front.

De ces paroles: les oiseaux du ciel ne sèment point, ils ne moissonnent point, ils n'amassent rien dans les greniers; mais votre père céleste les nourrit, que faut-il conclure ? Que J.-C. blâme ceux qui moissonnent et engrangent leurs récoltes. Nous croyons que cette conclusion serait absurde. L'homme diffère beaucoup de l'oiseau et on ne peut conclure de l'un à l'autre.

Remarquons que l'oiseau ne peut ni semer, ni moissonner, ni serrer ses récoltes, c'est pourquoi Dieu se substitue à son impuissance ; il est dépourvu des organes nécessaires aux travaux agricoles, et cependant Dieu le nourrit. Cela ne prouve pas que les travaux agricoles sont mauvais ou inutiles, cela prouve que les soins de la Providence s'étendent à toutes les créatures, même les plus infimes et que, là où la créature est impuissante d'une impuissance de nature, Dieu intervient et supplée à cette impuissance ; mais Dieu veut que la créature emploie d'abord tous les instruments, tous les organes, tous les talents dont il l'a enrichie.

Ces mêmes oiseaux dont nous parle N. S. J.-C. ont reçu des ailes pour voler ; s'ils veulent se transporter d'un lieu à un autre, ils devront se servir de leurs ailes; Dieu ne les transportera pas, Dieu ne fait pas double emploi.

L'homme qui prendrait au pied de la lettre les paroles de N. S. J.-C., mourrait bien certainement de faim ; Dieu ne ferait pas un miracle pour le nourrir. Il en est de même des lis des champs : ils ne travaillent point, ils ne filent point ; ils sont dans une incapacité radicale de travailler et de filer. Dieu leur en a refusé les moyens, et cependant le lis des champs est revêtu plus magnifiquement que Salomon dans toute sa gloire ; mais, si ce même Salomon avait fait comme le lis, s'il n'eût ni travaillé, ni filé, il eût été vêtu comme un Canaque.

Les paroles de N. S. J.-C. ne signifient qu'une chose : c'est que dans la sphère providentielle, il n'y a pas de lacune; la Providence est partout, soit comme cause directe, soit comme cause indirecte. Toute créature, en naissant, est outillée pour le but qu'elle doit atteindre et, là où l'outil fait défaut, Dieu intervient directement.

Quand l'homme s'inquiète du boire, du manger ou du vêtement, de deux choses l'une : ou l'outil fait défaut *naturellement*, ou l'homme refuse de l'employer. S'il y a défaut de nature, non dans l'individu mais dans l'espèce, dont les membres sont solidaires, Dieu y supplée directement ou par des lois générales, comme il arrive au lis, qui doit la splendeur de son vêtement aux lois de la végétation ; ou aux oiseaux du ciel, qui ne sèment, ni ne moissonnent, mais qui doivent leurs semences et leurs moissons aux vents et autres agents naturels. S'il y a refus d'employer l'outil, la responsabilité de la Providence est à couvert ; cette responsabilité retombe sur l'homme; car la Providence, qui a fait l'outil, l'a fait pour le travail.

C'est aussi en vertu de ces lois générales que les travaux confiés à la prévoyance de l'homme prospèrent et atteignent leur fin. A quoi servirait à l'homme sa sagacité, sa prévoyance et son industrie, si Dieu lui refusait le concours des causes secondes, si par exemple, comme il vient de le faire pour la moitié des habitants du globe, il supprimait pendant quelques saisons l'action bienfaisante de la pluie; de sorte que l'homme, tout en concourant par son travail et son industrie et dans la mesure qui lui est propre, à se procurer la nourriture et le vêtement, doit reconnaître son absolue dépendance de la Providence divine; son travail et son industrie sont un appoint nécessaire, mais ce n'est qu'un appoint.

Cette loi du travail produit son fruit, elle contribue à affranchir l'homme du servage de cette terre et à lui procurer une certaine indépendance vis-à-vis de l'homme son semblable et vis-à-vis de la société; mais il reste toujours dépendant vis-à-vis de Dieu; et s'il vient à l'oublier, Dieu le lui rappelle en suspendant partiellement l'action des lois générales.

Il faut donc considérer cette suspension momentanée et les fléaux qui en sont la suite, non comme une défectuosité providentielle, mais comme une leçon ou un châtiment. Les lois providentielles font défaut pour une double cause; soit lorsque cette cause vient de Dieu lui-même qui suspend l'action des lois générales, pour des raisons dont il est seul juge; soit lorsque cette cause vient du refus de l'homme de prêter son concours particulier; ce que j'appelle plus haut son appoint; car, chose remarquable, pour atteindre leur *fin humaine et sociale*, les lois générales ont besoin du concours de l'homme.

C'est en vain, en effet, que la terre prodiguerait sa fécondité, que les nuages l'arroseraient, que le soleil l'échaufferait, si les travaux de l'homme font défaut. Dieu a honoré l'homme dont il s'est fait un collaborateur ; il lui a créé une souveraineté semblable à la sienne, et son concours est nécessaire à l'accomplissement de son œuvre. L'homme puise sa vie naturelle dans les éléments ; c'est là le grand réservoir où les hommes, les animaux et les plantes puisent la vie ; mais l'homme trouve le complément de sa vie dans les fruits de la terre qu'il cultive et dans la chair des animaux qu'il nourrit dans ses étables.

Pour conserver la vie de l'homme, il faut donc, à ce grand réservoir de la nature, ajouter l'action individuelle de l'homme ; c'est peu, mais ce peu est nécessaire. De même, J.-C., en qui se trouve la plénitude des secours et des grâces nécessaires à la vie de l'âme, demande la coopération de l'homme pour atteindre à sa fin ; il lui faut des apôtres.

L'homme est le complément des éléments, de même qu'il est le complément de la doctrine et des sacrements ; c'est la main de la nature ; c'est l'organe, c'est le Verbe extérieur de la doctrine.

A la rigueur, Dieu pourrait se passer de l'action de la créature, mais Dieu veut le fonctionnement de tous les agents ordonnés par sa sagesse ; ce fonctionnement est un hommage à sa gloire.

Il est fort remarquable que N. S. J.-C. limite son observation aux seuls oiseaux qui volent dans les airs : *respicite volatilia cœli* ; il n'y comprend pas les oiseaux domestiques. Ceux-là, participant au travail et à l'industrie de l'homme, contribuant à la fertilité des récoltes et à la prospérité de l'exploitation, soit par l'engrais qu'ils produisent, soit par la nourriture qu'ils fournissent, soit par le produit de leur vente, sont une dépendance du domaine de l'homme. Ces oiseaux gagnent leur nourriture ; ce n'est pas à Dieu à les nourrir, c'est à l'homme, dans le domaine duquel ils se trouvent.

Ces paroles militent en faveur de notre thèse, à savoir que Dieu n'intervient qu'au défaut d'agent naturel. Est-ce que Dieu n'est pas tenu de nourrir tous les oiseaux, aussi bien ceux qui volent dans le ciel et sont sauvages, que les oiseaux domestiques qui peuplent nos basse-cours ; pourquoi se borne-t-il à procurer la nourriture aux oiseaux sauvages, si ce n'est par la raison exprimée plus haut ? L'homme n'a donc aucun motif de s'inquiéter.

S'il est dans le domaine direct de Dieu, où la créature est impuissante, comme lorsqu'il s'agit d'augmenter sa taille d'une coudée, Dieu y pourvoira par une volonté générale ou particulière, comme il l'a fait pour les Hébreux dans le désert ; s'il est dans son propre domaine, s'il ne relève que de son travail et de son industrie, ces garanties spéciales auxquelles il peut sans présomption ajouter la garantie de l'Etat, je veux dire la garantie providentielle, suffisent pour bannir toute inquiétude.

S¹ Matt. Cap. vii. V. 12. *Filii autem regni ejicientur in tenebras exteriores ; ibi erit fletus et stridor dentium.*

Les enfants du royaume seront jetés dans les ténèbres extérieures ; c'est là qu'il y aura des pleurs et des grincements de dents.

Que peuvent bien être ces ténèbres extérieures dont il est ici question ? Dieu est lumière, tout ce qui est en Dieu est éclairé de cette lumière, tout ce qui est en dehors est dans les ténèbres ; ce sont les ténèbres du dehors ou de l'extérieur ; c'est un lieu où la lumière divine ne pénètre pas ; mais s'il y a ténèbres extérieures, il y a aussi ténèbres intérieures; celles-ci sont les ténèbres de l'esprit et du cœur. S'il n'y avait pas de ténèbres intérieures, il n'y aurait pas de ténèbres extérieures, les unes sont la conséquence des autres.

De même que l'abîme a été creusé pour contenir les eaux, de même les ténèbres extérieures ont été préparées pour contenir les ténèbres intérieures. C'est dans ce lieu ténébreux, où Dieu ne pénètre que par sa justice et non par sa lumière, que seront condensées toutes les ténèbres intérieures.

Remarquons qu'il s'agit ici d'un châtiment à infliger à des créatures privilégiées, à des enfants en possession d'un royaume dont ils seront chassés, pour habiter un lieu où il y aura des pleurs et des grincements de dents. L'enfant du royaume, le privilégié de la grâce, sera le privilégié du châtiment.

Ce qui rend cette sentence plus effrayante, c'est

qu'elle sort de la bouche du plus doux des hommes ; ce sont les lèvres miséricordieuses de Jésus, ces lèvres habituées à bénir, qui parlent de pleurs et de grincements de dents !

La vue ou la connaissance d'un bien produit un désir en harmonie avec la valeur de ce bien et avec la faculté appétitive du cœur humain ; si ce bien est infini, la perte de ce bien devrait causer à l'homme une douleur infinie.

Mais l'homme ne peut connaître l'infini, cette douleur pourra donc être infinie quant à la durée, puisque l'âme est douée de l'immortalité, mais elle ne sera pas infinie quant à l'intensité ; elle aura pour limite celle des facultés humaines, en ce sens, elle sera moindre que celle des anges déchus ; la capacité réciproque des hommes et des anges sera la mesure de leurs peines.

Non seulement l'homme connaît, mais il aime et sa faculté d'aimer est infiniment plus puissante que celle de connaître. C'est une vérité d'expérience que les hommes ont une ardeur bien modérée de connaître et que leur cœur, au contraire, a des aspirations infinies. Si la faculté d'aimer est plus grande que celle de connaître, la privation de l'objet de l'amour sera plus grande que celle de l'objet de la connaissance.

Dieu était le terme de la connaissance et de l'amour de l'homme ; ce terme manquant, la lumière et l'amour, ces deux besoins suprêmes de l'âme, se replient sur l'âme elle-même. A ces deux facultés qui lui demandent leurs satisfactions, elle ne peut offrir que son néant ; non pas même son néant, mais la corruption de ces mêmes facultés; car le néant n'est rien, tandis que l'âme est et sera éternellement. Elle sera la corruption de la vie, du bien et du beau que Dieu avait mis en elle. A son cœur, qui lui demandera d'aimer, elle présentera la haine ; à son intelligence, qui lui demandera vérité, lumière, elle servira le mensonge et les ténèbres.

Ce qui a vécu est inférieur à ce qui n'a jamais vécu; l'homme ruiné est plus malheureux que l'homme pauvre ; le vieillard en enfance, plus malheureux que l'enfant; l'homme débilité est au-dessous de l'homme débile. Avant la vie le néant, après la vie le cadavre. Le néant n'est pas la privation, là où il n'y a pas eu vie, il ne peut y avoir privation ; c'est le cadavre qui est la privation de la vie. La haine est le cadavre de l'amour; l'erreur est le cadavre de la vérité ; les ténèbres sont le cadavre de la lumière.

On trouve, dans le spectacle de la nature, quelques analogies avec ces vérités divines; le soleil figure l'unité divine, dans le système dont il est le centre et qu'on appelle système solaire, le soleil produit la lumière, comme le Père engendre son Verbe. C'est par le Verbe que la lumière parvient aux âmes ; c'est par le fluide lumineux que la lumière parvient aux créatures terrestres.

La chaleur, qui procède de l'action du soleil combinée avec la terre et l'atmosphère, est la vie des plantes ; le Saint-Esprit, qui procède du Père et du Fils, est la vie des âmes. Les ténèbres extérieures dont parle Jésus, sont figurées par les ténèbres qui sont dans le sein de la terre ; ténèbres où l'air et le soleil ne pénètrent pas et qui sont par conséquent extérieures à la lumière du monde.

Le centre de la terre figure le cœur de l'homme, qui est le centre de l'âme. Il y a, nous disent les géologues, un feu intérieur tellement violent que tous les éléments terrestres y sont en fusion ; c'est de ce centre de la terre que proviennent ces fleuves épais et noirâtres de matières en fusion, qui ont englouti Pompéï et Herculanum et qui, refroidies et durcies, couvrent, à plusieurs lieues de distance, les terrains voisins des volcans.

Ces feux ténébreux, ces feux intérieurs qui ne trouvent pas leur apaisement et leur alimentation dans les régions supérieures et rafraîchissantes qui sont au-dessus de la terre, s'alimentent des matières grossières qu'ils trouvent dans la composition de la terre.

Ce sont les pauvres âmes qui, n'ayant pas cherché dans les régions supérieures et divines la satisfaction de leurs désirs, sont obligées de les chercher dans les scories de leurs cœurs. Ces scories en fusion ne produisent qu'un feu ardent et ténébreux ; ce feu manque d'air : la subtilité de l'esprit lui fait défaut ; ce sont les ténèbres extérieures dont parle N. S. J.-C.

Dans le langage divin, comme dans le langage humain, ce lieu a reçu le nom d'enfers : *inferiores loci*; c'était dans ce lieu que les Grecs et les Romains, d'accord en cela avec les géologues modernes, avaient placé Pluton, le dieu du feu; c'était là aussi que le noir Achéron roulait ses ondes épaisses et chargées de matières sulfureuses.

De temps à autre, ce feu intérieur rejette de son cratère des matières en fusion qui, refroidies et soumises à l'action de l'air et du soleil, deviennent aptes à produire des fruits.

Puisque les choses visibles sont le symbole des choses invisibles, ne pourrait-on pas voir dans ces matières volcaniques rendues à la lumière et devenues fécondes par leur contact avec le soleil et l'air atmosphérique, ne pourrait-on pas voir les pauvres âmes éloignées de Dieu, stériles pour le bien et vivant dans les ténèbres de la mort? Une force qui leur est extérieure, les met de nouveau, en contact avec la lumière divine qui les féconde et les rend aptes à produire des fruits de vie.

Une convulsion violente est nécessaire pour que les matières volcaniques arrachées des entrailles de la terre, soient rejetées à sa surface, où elles participent aux conditions de la vie. Qui donc ignore la violence de la convulsion qui s'opère dans une âme qui revient de la mort à la vie ? Dans ces convulsions de la nature, voyons donc la puissance de Jésus, qui force l'enfer à lâcher sa proie ; et dans les feux du volcan qui se colorent au contact de la lumière atmosphérique, nous pouvons voir les âmes se dégageant des feux de l'enfer et se colorant de la lumière céleste, dans laquelle elles font leur entrée.

S*t* MATT. CAP. VII. V. 15. *Attendite à falsis prophetis qui veniunt ad vos in vestimentis ovium, intrinsecùs autem sunt lupi rapaces.*

Gardez-vous des faux prophètes qui viennent à vous

vêtus comme des brebis et qui, au dedans, sont des loups ravissants.

Dans la loi nouvelle, les faux prophètes sont les hérétiques et, de nos jours, ce sont les sectes diverses du protestantisme.

Un témoignage bien honorable pour la vérité, c'est que les faux prophètes, quand ils ont voulu séduire les hommes, se sont toujours présentés à eux comme les apôtres de la vérité et du bien. Nul d'entre eux, ces temps derniers exceptés, n'aurait osé déployer la bannière de l'erreur et du mal. Pour arriver à cet excès de démence, il faut que le terrain ait été préparé par les faux prophètes, par ceux qui se revêtent de la toison de la brebis.

Ceux-là, sont les précurseurs et les préparateurs ; ils ont besoin d'user d'adresse et de se déguiser pour séduire les âmes qu'un athéisme brutal rebuterait. Il y a des degrés dans le mal : l'erreur a son aurore, son zénith et son nadir, qui est la corruption dans son cloaque le plus infect. Lorsque les novateurs du XVIe siècle se sont insurgés contre Rome, ils l'ont fait au nom de la vérité et de la religion, ils ont pris pour prétexte la corruption de l'Eglise et ils prétendaient ramener les chrétiens à la pureté et à la simplicité des temps apostoliques.

Ils ont fait un triage dans les dogmes et les cérémonies de l'Eglise ; ce qu'ils ont conservé, a été la religion épurée et réformée ; ce qu'ils ont rejeté, c'est, d'après eux, ce que les hommes avaient ajouté; et ils ont appelé superstition l'ancienne et vraie religion ; ils ont appelé Rome, la grande prostituée, la moderne Babylone ; le Pape a été l'Antechrist ; le célibat des prêtres a été présenté comme immoral ; le mariage a été exalté au-dessus du célibat et présenté comme plus moral et plus en harmonie avec les penchants de la nature humaine, ce qui est vrai selon le sens brutal ; la confession a été une invention des prêtres, un moyen de connaître les secrets des familles et de dominer la société ; la messe, une idolâtrie.

Pour mieux tromper les peuples, ils ont conservé la peau des brebis ; c'est-à-dire qu'ils se sont proclamés disciples du Christ et qu'ils ont pris pour règle de foi le pur Évangile et les Écritures saintes ; ils sont même de féroces propagateurs de la Bible, leur zèle pour traduire et distribuer des Bibles n'a pas de bornes.

On a dit de Satan que c'était le singe de Dieu ; on peut dire du protestantisme que c'est le singe du catholicisme. Les protestants imitent toutes les institutions catholiques ; le catholicisme a ses martyrs, vite il en faut au protestantisme ; ils ont donc ramassé les noms des victimes des fureurs religieuses et en ont composé un martyrologe qui contient, je crois, 1,500 noms.

Le catholicisme a ses sœurs de charité, ses hôpitaux ; on se hâte de bâtir des hôpitaux et d'instituer des matrones qui soignent les malades et pansent les blessés.

La vraie gloire du catholicisme, ce sont ses missionnaires ; il en faut aux protestants. Un bon père de famille bien repu, bien renté, bien soigné, part avec sa femme et ses enfants pour les pays infidèles ou hérétiques, pour convertir les âmes. Le pasteur est prudent, il a charge de femme et d'enfants ; il ne s'éloigne jamais de la limite de protection qui lui est tracée par les canons britanniques, américains ou prussiens. Enfin, et pour achever l'imitation, ils ont, dans le service du dimanche et dans la communion, une espèce de parodie de la messe et de la communion catholiques.

Le travestissement est à peu près complet, les pauvres ignorantes populations hérétiques et infidèles s'y laissent prendre ; elles ne savent pas toujours distinguer le catholicisme du protestantisme ; car les deux parlent au nom du même Christ et souvent les pauvres âmes sucent le poison de l'hérésie, croyant s'abreuver du lait de la doctrine et elles tombent de l'infidélité dans l'hérésie.

L'insurrection du XVIᵉ siècle contre Rome a donc réussi ; le moment était bien choisi et tout à fait favorable ; l'ordre ecclésiastique était corrompu : plusieurs prêtres séculiers étaient scandaleux et les réguliers étaient déchus de leur ferveur primitive.

Les peuples, témoins de cet affaissement, étaient disposés à prêter l'oreille aux novateurs. Une réforme était nécessaire ; mais comment se fait une réforme ? une réforme se fait avec le concours de l'autorité ; en dehors de l'autorité une réforme est une révolte, elle dépasse les limites de la réforme, elle aboutit à une révolution.

Il fallait donc opérer la réforme de concert avec le Pape et, si le Pape s'y refusait, attendre un successeur mieux disposé ; il était impossible que N. S. J.-C., qui gouverne son Eglise, n'employât pas les moyens propres à opérer cette réforme.

Au fond, les prétendus réformateurs se souciaient peu de la réforme, ce mot n'était qu'un masque; ce qu'ils voulaient, c'était de s'affranchir de la règle et donner libre carrière à tous leurs penchants déréglés; ils avaient eu soin de mettre les princes et les grands de leur côté, en leur promettant les biens de l'Eglise; ils leur montraient l'abaissement du pouvoir papal sous lequel se courbaient toutes les têtes, même celles qui portaient la couronne.

Quel appât offert à la cupidité et à l'orgueil humain! c'est à ces fruits qu'on reconnaît les faux prophètes; ils flattent les passions. Les Papes étaient riches et puissants; pour les rendre odieux, on les comparait à la pauvreté et à la simplicité apostoliques. Est-ce que les rois de la terre marchaient à pied à côté des apôtres à cheval, tenant la bride de leur haquenée?

Evidemment, Léon X n'avait pas la simplicité de saint Pierre; mais le pouvoir papal, dont le germe était dans saint Pierre, comme le chêne est dans le gland, ce pouvoir s'était développé selon les lois de sa nature; il était devenu un arbre et un grand arbre, sous lequel s'abritaient tous les oiseaux du ciel. Le gland, quand il est à l'état de gland, est caché en terre; est-ce que quelqu'un sera assez inepte pour reprocher au gland d'être sorti de terre et d'être devenu chêne; le gland c'est saint Pierre, le chêne c'est Léon X. De même que le chêne est dans le gland, de même Léon X est contenu dans saint Pierre. La vertu du chêne est toute entière dans le gland; la vertu de Léon X est toute entière dans saint Pierre.

Les conditions extérieures humaines seules ont

reçu un développement : la hauteur, la longueur, la largeur du chêne sont des accidents ; ils n'ajoutent rien à la vertu substantielle et intrinsèque du gland ; le pouvoir royal, les richesses n'ajoutent rien à la puissance apostolique, ce sont des accidents ; mais le gland a pris des dimensions utiles à l'humanité, à laquelle il fait l'aumône de son ombre et de son bois.

La puissance pontificale, dans son développement humain, a protégé les peuples et les rois de son ombre tutélaire ; ce développement humain peut disparaître, la vertu de Pierre restera et s'écoulera par de secrets canaux dans tout le corps de l'Église.

La haquenée peut disparaître; elle avait son utilité, mais elle n'est pas nécessaire. A qui les rois rendaient-ils hommage quand ils tenaient la bride de la mule du Pape ? était-ce au roitelet des États-Pontificaux ? Non ; ils rendaient hommage à J.-C. Ce n'était pas à Grégoire, à Pie, à Paul ou à Léon, qu'ils rendaient hommage, c'était à J.-C.; et le Pape, qui était sur la mule, pouvait avoir dans le cœur l'humilité de Pierre ou celle de saint François d'Assise.

Jean a paru sur cette terre plus mortifié et plus saint que Jésus, et cependant ce serait un blasphème de le dire ; l'extérieur trompe. C'est donc une absurdité que de comparer la papauté de Léon X ou celle de Jules II et de Sixte-Quint, à celle de saint Pierre ; et cependant c'est avec de pareils raisonnements qu'on pipe les hommes, généralement incapables de distinguer le faux du vrai. C'est pourquoi N. S. J.-C. prémunit ses disciples contre les faux prophètes ; c'est à eux de les démasquer et de les signaler au peuple chrétien.

Il y a, je crois, une règle infaillible pour distinguer le faux prophète d'avec le vrai : le faux prophète flatte les passions, le vrai prophète les combat. D'après cette règle, on peut juger les chefs du protestantisme ; ces faux prophètes du XVIe siècle ont mis au monde des enfants plus méchants qu'eux.

Les premiers s'étaient attaqués à une partie de l'édifice élevé par N. S. J.-C. ; ils avaient respecté l'ordre social et conservé quelques lambeaux des vérités divines, ils en vivaient. Leurs héritiers du XIXe siècle, toujours sous prétexte de réforme, ont dirigé une double et formidable attaque contre la religion et la société ; ils ont jeté le masque bas ; ils se déclarent résolument ennemis de Dieu et amis des hommes, ils marchent enseignes déployées, entraînant les masses à la destruction de l'Eglise et à la conquête de l'humanité.

Exurgat Deus.

RÉFLEXION

Il y a un phénomène moral qui étonne l'observateur, c'est que le niveau moral ne paraît pas avoir baissé beaucoup chez les protestants, depuis qu'ils se sont séparés de l'Eglise. Pour qui réfléchit bien, ce fait s'explique : ce niveau moral avait été créé par le catholicisme.

Il y avait, sans doute, chez les peuples actuellement protestants qui se sont séparés, comme il y a encore maintenant chez les peuples qui sont restés catholiques, beaucoup d'individus qui dépassaient ce niveau moral et qui pratiquaient des vertus héroïques ; mais il faut bien le dire, la masse du peuple chrétien n'atteint pas le sommet de la perfection chrétienne ; il laisse cette pratique de la perfection aux âmes d'élite. Quant à la masse, elle se contente de pratiquer la morale naturelle contenue dans la révélation chrétienne; cette morale, sanctifiée par la foi et les sacrements, suffit au salut.

Les protestants n'ont pas outragé cette morale naturelle ; ils ont même conservé une partie de la révélation chrétienne et des sacrements ; ainsi, ils ont conservé le baptême. Dieu ne leur a pas enlevé ce qu'ils ont conservé, il leur a laissé les lumières de la raison naturelle, même celles de la portion de la révélation chrétienne qu'ils n'ont pas rejetée. Cette règle, peu difficile à pratiquer, a suffi à la masse protestante pour conserver le niveau moral que lui avait légué le catholicisme. Suffit-elle pour le salut ? je ne sais. Dieu sera bon pour les âmes de bonne foi, entraînées dans l'erreur non par leur fait, mais par le fait de leurs conducteurs.

Il résulte des observations ci-dessus que le protestantisme a bien conservé un certain niveau moral peu élevé, un niveau humanitaire, mais qu'il a décapité les sommets moraux, la morale héroïque, c'est-à-dire la sainteté et que le catholicisme l'a conservée.

En même temps que le niveau moral se maintenait chez les nations protestantes, ce même niveau baissait considérablement chez les nations catholiques.

En effet, l'incrédulité a envahi les peuples catholiques ; dans les classes élevées et instruites, à peine un homme sur vingt et dans les classes ouvrières, à peine un homme sur cent sont restés fidèles à l'Eglise de J.-C. Chose remarquable, le poison de l'incrédulité a fait beaucoup plus de ravages dans les classes ignorantes que dans les classes instruites ; dans les classes ignorantes, la plus gangrenée est celle qui se trouve le plus en contact avec ce qu'on appelle la civilisation ; telle que la classe qui fréquente les estaminets et cafés. L'ignorant avale les bourdes et les chameaux de l'incrédulité, que l'homme instruit repousse.

Dans le petit nombre des fidèles catholiques, le niveau moral est infiniment supérieur à celui des sectateurs du protestantisme; il s'y pratique des vertus héroïques inconnues à l'hérésie, mais la masse incroyante y est tombée au-dessous du niveau moral de la masse protestante; c'est que la négation rationaliste est bien plus radicale que la négation protestante. La négation rationaliste repousse l'Evangile et les livres saints ! la négation protestante les conserve. La négation protestante admet encore la divinité de J.-C. fortement attaquée, il est vrai ; l'incrédule nie cette divinité. Le protestantisme, dans ces derniers temps, a même adopté le symbole de la croix, qui est une folie aux yeux du rationaliste.

Enfin, la négation protestante respecte le Décalogue, ce code de l'humanité ; ce code ne trouve pas grâce devant l'incrédule. L'outrage fait à la vérité est donc plus complet chez l'incrédule que chez l'hérétique ; est-il étonnant que le niveau moral ait baissé dans la même proportion que le niveau des négations? La foi est le thermomètre de la morale.

On s'étonne de ce que le niveau moral des peuples catholiques soit inférieur au niveau moral des peuples protestants et on fait peser la responsabilité sur le catholicisme ; rien n'est plus injuste. C'est précisément parce que ces peuples, jadis catholiques, ne le sont plus, que la morale a disparu ; ils ne sont plus catholiques, ils ne sont pas protestants, ils sont néant. Ils sont néant en croyances, néant en morale, et ils deviendront néant en politique, néant même socialement parlant, car les principes délétères que contient l'athéisme tueront la population, et on verra s'éteindre les nations apostates de la vérité. Mais, me dira-t-on, vous reculez la difficulté.

Pourquoi les nations catholiques ont-elles plutôt apostasié le catholicisme que les nations protestantes le protestantisme ? La réponse est bien facile et bien honorable pour le catholicisme : celui qui veut arracher un arbre ne s'attaque pas aux branches, il s'attaque aux racines. Le protestantisme n'est qu'un rameau dégénéré.

Lorsqu'on est maître de la citadelle, on est maître de la ville que cette citadelle protège. Le catholicisme, c'est la citadelle de la vérité ; le père du mensonge le sait bien, c'est pourquoi il dirige toutes ses phalanges, toutes ses machines de guerre contre cette citadelle. Le protestantisme, il ne s'en occupe pas ; c'est son œuvre, c'est la sentinelle avancée de l'erreur. Dans les œuvres du prince des ténèbres, elle a eu son heure utile ; elle a fait brèche, elle a ouvert la porte au rationalisme, qui n'aurait pas osé se produire, comme nous l'avons dit plus haut. Si cette œuvre devient un obstacle, Satan la balaiera.

Oh! que Satan est un habile général et comme il

conduit bien l'attaque, sondant son terrain et choisissant son heure !

S' MATT. CAP. VIII. V. 16. *Vespere autem facto, obtulerunt ei multos demonia habentes : et ejiciebat spiritus verbo.*

Sur le soir (car c'était un jour de Sabbat), on lui présenta plusieurs possédés et, d'une parole, il chassait les malins esprits.

Quel moyen coërcitif employait Jésus pour forcer les démons à lui obéir ? Aucun ; il n'employait que la parole. *Ejiciebat spiritus verbo :* d'une parole il chassait les malins esprits. Ces malins esprits avaient tout un culte, toute une liturgie; ils avaient leurs prêtres, leurs pythonisses, leurs autels, leurs sacrifices, leurs rites, leurs invocations, leurs cérémonies magiques, leurs recettes cabalistiques.

Ces moyens étaient les moyens légaux indiqués par les démons, pour parvenir à eux ; ils se faisaient beaucoup prier pour accéder aux vœux de leurs adorateurs : l'homme priait, le dieu exauçait ; il y avait subordination de l'homme, puissance inférieure à l'esprit malin, puissance supérieure.

Ici, rien de pareil; il n'y a ni cérémonies, ni sacrifices, ni aucun acte du culte : l'homme parle ; c'est le Dieu qui obéit. C'était un spectacle qui ne manquait pas de grandeur, que celui de cet homme revêtu d'une majesté inhérente à sa personne, qui citait à sa barre ces tyrans, persécuteurs de l'homme et leur donnait ses ordres ; car Jésus, parlant aux démons, ne s'abaissait pas aux prières, et sa parole, si pleine de douceur avec les hommes, avait toute la dureté du commandement avec les démons.

Ces esprits orgueilleux, si enclins à la révolte, obéissaient à cette parole qui ménageait si peu leur orgueil ; ils faisaient plus encore, ils confessaient la divinité de J.-C., de celui qui, devant les hommes, leur infligeait une si grande humiliation. Qu'espéraient-ils donc de cette confession ? Espéraient-ils désarmer la colère de Dieu et obtenir la révocation de l'arrêt prononcé contre eux, nous ne le pensons pas. Cette confession n'était pas le fruit de la contrition du cœur, leur cœur étant fixé pour une éternité dans la haine du Christ; cette confession était le fruit de l'orgueil, ils étaient vaincus par J.-C., et J.-C. avait l'apparence d'un homme ; *in habitu inventus ut homo*. Or, il leur était insupportable de paraître vaincus par un homme, c'est-à-dire une créature inférieure, leur esclave depuis le commencement de sa création. Craignant de perdre leur empire, s'il est constaté qu'ils sont vaincus par un homme, ils crient aux populations : Ce n'est pas un homme qui nous a vaincus, c'est le Christ, c'est le Fils de Dieu ; préférant confesser la divinité de J.-C. qu'ils détestaient, plutôt que de s'avouer vaincus par un homme. Cette confession, arrachée par l'orgueil, faisait horreur à J.-C. ; il la rejetait et leur imposait silence, car, s'étant incarné, il veut qu'on l'adore sous cette forme humaine, sous laquelle il lui a plu de procurer la gloire de Dieu et de manifester sa charité sans bornes.

Il peut paraître étonnant que l'histoire profane de l'antiquité passe sous silence les possessions démoniaques, dont l'Evangile nous offre un si grand nombre d'exemples. A cette objection, il y a plusieurs réponses : 1° L'histoire générale des peuples néglige les faits particuliers ; elle ne s'occupe que des faits qui offrent un intérêt général. 2° Quand on étudie les traités spécialement affectés au culte religieux, comme l'est l'Evangile, on y trouve non-seulement de nombreux faits de possessions, mais encore beaucoup d'autres prodiges. 3° A part le peuple juif, le culte des démons était établi universellement ; là où la possession était universelle, la possession particulière pouvait paraître superflue.

L'histoire générale, qui néglige les faits particuliers, n'a pas dédaigné cependant de nous parler d'apparitions dans lesquelles les démons demandaient l'établissement de certaines cérémonies ou de certains jeux qui tendaient à fortifier leur culte ou leur domination. L'histoire romaine en offre plusieurs exemples : on sait que Numa Pompilius, ce prêtre-roi, communiquait avec les démons par le moyen de l'hydromancie ; d'où la fable de la nymphe Egérie.

Sous la dictée de ces esprits ténébreux, Numa avait écrit leurs révélations sur les origines et les causes du culte païen ; mais ces révélations étaient tellement honteuses, que Numa voulut les ensevelir dans le silence. N'osant les brûler, par crainte des démons, il fit enfouir les livres qui les contenaient, près de son tombeau.

Longtemps après sa mort, un bouvier (bubulcus),

qui labourait proche du tombeau de Numa, ramena ces livres sur le sol, avec le soc de sa charrue. Il les porta au préteur, qui en prit connaissance et les communiqua au Sénat. Les principaux du Sénat, délégués pour en prendre connaissance, jugèrent que ces livres devaient être complètement détruits et ils les firent brûler. *(De civit. Dei liber sept.)*

St MATT. CAP. VIII. V. 31. *'Dæmones autem rogabant eum dicentes : Si ejicis nos hinc, mitte nos in gregem porcorum.*

Les démons priaient Jésus, en lui disant : Si vous nous chassez d'ici, envoyez-nous dans ce troupeau de pourceaux.

Des notions que l'Evangile nous donne sur les démons, on pourrait tirer les conclusions suivantes : ou ils ne sont pas encore renfermés dans les enfers ; ou, avec la permission de Dieu, ils habitent alternativement les enfers et la terre. Nous penchons pour cette dernière alternative : si les démons n'habitaient alternativement les enfers et la terre, qui donc recevrait dans le lieu des supplices les criminels que la justice divine y envoie ?

Que les démons habitent la terre, c'est un fait certain : toute l'antiquité païenne témoigne de ce fait. Les livres saints nous montrent Satan, parcourant toute la terre pour tenter les justes ; d'autre part, l'Eglise appelle Satan le prince de ce monde ; il doit donc naturellement habiter ce monde, dont il est le prince.

C'est par sa victoire sur Adam, qu'il est devenu

prince de ce monde; car par ce mot monde, nous devons entendre non-seulement les éléments matériels dont il est composé, mais l'homme et son domaine. Le domaine de l'homme a été transporté à son vainqueur. Satan habitait ce monde matériel, même avant sa conquête du domaine humain ; car nous le voyons s'introduire dans le paradis terrestre, lorsque l'homme était encore dans l'état d'innocence.

Nous le voyons aussi s'attaquer sur la terre à N. S. J.-C., pour le tenter et lui offrir tous les royaumes de la terre, s'il consentait à l'adorer. De la part de Satan, cette offre n'est pas une simple forfanterie, car N. S. laisse cette assertion sans réponse. Peut-être le séjour des démons sur la terre est-il compatible avec les supplices de l'enfer ?

Saint Paul nous apprend que les démons habitent la partie inférieure de l'air ; c'est aussi la doctrine de Platon, qui ajoute qu'ils ont la tête en bas et les pieds en l'air ; c'est-à-dire qu'ils occupent une position radicalement contraire à la nature des choses et à la raison divine. Cette partie inférieure de l'air est proprement l'air respiratoire de l'homme ; mais pour l'ange, il est possible que cet air soit une prison et un supplice, car ses organes étaient créés pour le ciel, et dans ces couches inférieures de l'air, qu'on peut appeler enfers, *inferiores loci*, les esprits ne sont pas dans leur élément ; ils sont comme le poisson hors de l'eau, car Dieu a fait le ciel pour les esprits et la terre pour les corps.

Nous voyons, en effet, que pour conserver la vie du corps, la respiration est nécessaire, et que cette respiration a lieu par le fonctionnement des organes;

faute de cet organisme, l'âme, pendant son union momentanée avec le corps, souffre beaucoup ; elle est même forcée de quitter son corps. Or, les esprits n'ont point d'organisme matériel et leur genre d'organisme, en contact direct avec l'air respirable, doit leur infliger de grandes souffrances. C'est pour cela peut-être qu'ils finissent par accepter et même rechercher un billet de logement dans le corps d'un pourceau. Cet enfer, les couches inférieures de l'air, est une introduction à un enfer plus profond, situé dans l'intérieur de la terre et dont la composition s'éloigne davantage encore de l'organisme des esprits ; c'est ce que N. S. appelle ténèbres extérieures.

Pourquoi, avons-nous dit, les démons cherchent-ils, désirent-ils entrer dans le corps des hommes, même dans ceux des pourceaux ? Pour jouir de Dieu dans ses créatures. De tous leurs biens, ils n'ont conservé que celui-là et encore provisoirement et pendant le temps de cette vie mortelle ; car, par leur révolte, ils ont été privés de Dieu, de même que l'homme infidèle, après sa mort, subira cette privation.

Comment s'opèrera cette privation ? La machine pneumatique, au matériel, peut en donner quelque idée : privés de leurs biens naturels, leur personnalité subsiste ; ils conservent l'existence ; leur intelligence ne perçoit plus la lumière, mais elle roule d'erreurs en erreurs ; elle ne perçoit que des ténèbres. Leur cœur ne se réjouit plus dans la possession de la charité ou de l'amour, mais il se désespère dans les tortures de la haine et du mal ; le cœur produit ou la flamme de l'amour, ou le feu de l'enfer. De même que cette flamme de l'amour, selon qu'elle est plus ou moins ardente, monte de degrés en degrés à travers la hiérarchie et arrive jusqu'au chérubin, de même la haine contre Dieu, selon qu'elle est plus ou moins intense, produit un feu qui s'accroît de degrés en degrés et descend à travers la hiérarchie infernale jusqu'au centre de la terre où est le trône de Satan, ce chérubin déchu.

Il est difficile de se faire une idée nette d'une intelligence privée de Dieu, car tout ce qui est en elle, lui a été donné par Dieu et tout ce qui est hors d'elle est une œuvre de Dieu. Il s'opère, avons-nous dit, dans cette intelligence, ce qui s'opère sur un homme qui serait sous la cloche de la machine pneumatique; cette machine lui enlève peu à peu tout l'air nécessaire à son existence. Le même procédé s'applique à tous les biens soit extérieurs, soit intérieurs d'une intelligence en révolte contre Dieu; à l'instant tous les biens lui sont enlevés, et qui peut comprendre les résultats ? Voilà une créature qui a perdu toutes les conditions de son existence, la jouissance de toutes ses facultés et tous les droits et les rapports qu'elle avait avec la création universelle des êtres; il faut qu'elle vive en dehors de Dieu, qui est partout.

Il en serait ainsi si Dieu voulait punir la créature par la privation entière de tout ce qu'il lui a donné; mais alors Dieu arriverait au néant, il anéantirait sa créature, car en dehors de Dieu, il n'y a rien. Nous pensons donc que la créature restera avec les dons de Dieu, mais avec ces dons corrompus par la créature. De même que l'homme mort devient cadavre, de même l'âme morte deviendra et restera cadavre,

cadavre spirituel ; c'est ainsi que l'erreur est le cadavre de la vérité, la haine, le cadavre de l'amour ; ce cadavre subsistera éternellement. L'œuvre du créateur, viciée par la créature, s'attachera à sa substance.

Le démon ou les démons ne sont pas encore jugés définitivement ; ils sont réservés pour le jugement universel, dont le dossier s'augmente tous les jours et s'augmentera jusqu'à la consommation des siècles. S'ils étaient définitivement jugés, ils ne pourraient plus posséder les créatures et en jouir ; c'est pourquoi les démons disent à J.-C. : Pourquoi nous torturez-vous avant le temps ? c'est-à-dire avant le jugement définitif. Que cherchent les démons dans la possession d'une âme et d'un corps ? Ils cherchent les biens non viciés, les biens non encore à l'état de cadavre, dont cette âme est en possession : l'intelligence, la vie, la lumière et les biens du corps; et, enfin, la domination, si infime qu'elle soit.

Dans le naufrage de leurs immenses richesses, la plus misérable épave leur paraît précieuse ; et quand N. S. J.-C. les force de sortir du corps des possédés, ils lui demandent la permission d'entrer dans le corps des pourceaux. Demande indiscrète, possession qui les trompe, qui les humilie, qui excite leur rage et qui aboutit à une catastrophe violente : l'asphyxie du troupeau dans la mer.

La mort est la fin du démon.

Sⁱ MATT. CAP. IX. V. 2. *Confide, fili mi, remittuntur tibi peccata.*

Mon fils, ayez confiance, vos péchés vous sont remis.

Ce paralytique vient demander sa guérison et

J.-C., au lieu de le guérir d'abord, lui dit : Ayez confiance, mon fils, vos péchés vous sont remis.

Peut-être N. S. répondait-il aux dispositions intérieures de cette âme, qui gémissait de ses péchés ? Cette supposition est probable, car les paroles de J.-C. : Mon fils, ayez confiance, vos péchés vous sont remis, démontrent en J.-C. l'intention de calmer une inquiétude de conscience, et ces mots mon fils, indiquent que déjà il est pardonné.

Des scribes sont là qui épient les paroles de J.-C. et qui disent : Cet homme blasphème ; remarquons qu'ils disent : Cet homme blasphème.

Ils avaient raison, ces scribes ; de la part d'un homme, c'était un blasphème. Où ils se trompaient, c'est quand ils disaient que J.-C. était un homme.

L'œuvre de N. S. J.-C. eût été tout à fait incomplète, si l'homme, à qui ses péchés sont remis par J.-C. ou par son Eglise, n'avait pas la pleine conviction que ce pouvoir réside en J.-C.

Or, ce pouvoir est un pouvoir essentiellement divin ; car, pour peu qu'on réfléchisse à la nature du péché, on sent plutôt qu'on ne comprend, que le péché s'attaque à Dieu et, par conséquent, que sa rémission n'appartient qu'à Dieu.

Le péché est un fait mystérieux qui se passe entre Dieu et l'âme et, pour qu'il y ait péché, plusieurs conditions sont requises : 1° Il faut que la loi de Dieu soit écrite dans la conscience ; si cette loi n'était ni écrite, ni promulguée, il n'y aurait point de culpabilité ; 2° Il faut que Dieu soit présent à toutes les actions de l'homme, témoin nécessaire et incessant : « *Tibi soli peccavi*, dit le prophète-roi, *et malum co-*

« *ram te feci, ut justificeris in sermonibus tuis et vincas
« cum judicaris.* J'ai péché contre vous seul et c'est
« en votre présence que j'ai fait le mal, afin que vos
« accusations soient reconnues justes et vos juge-
« ments équitables.

Si Dieu était absent, qui donc rendrait témoignage contre l'homme et le jugerait ? le témoin manquerait et le juge ferait défaut. L'innocent serait opprimé et le coupable triompherait. Le sang d'Abel resterait impuni ; c'est en vain que la terre aurait bu son sang. L'essence du péché consiste donc dans la violation d'une loi divine.

Or, qui peut dispenser d'une loi divine ? qui, si ce n'est Dieu lui-même ?

Cependant, cette certitude complète existe chez le catholique ; et elle existe, parce qu'il croit que J.-C. est Dieu, qu'il est consubstanciel à Dieu et égal en puissance.

Le Jésus des Ariens, si grand qu'il fût, était néanmoins inférieur au Père et, par conséquent, insuffisant à remettre le péché. Vouloir remettre le péché avec un Rédempteur qui ne serait pas Dieu, serait une entreprise aussi folle que de vouloir combler l'Océan avec un atôme.

Dans la théorie chrétienne, le prix est infini et, si grand que Dieu soit, le prix de la rédemption ne lui est pas inférieur ; il y a équation parfaite entre la dignité divine et la rédemption par J.-C.

Aux yeux mêmes de la raison, le Christ, selon la notion qu'il nous donne de lui, possède de quoi payer les dettes de l'homme, car il déclare nettement qu'il est Dieu.

Tout autre chef de religion, en dehors de l'Homme-Dieu, est insolvable. Qui donc pouvait se poser en face de Dieu et lui dire: « Voilà la rançon de l'homme ; « il avait offensé la majesté divine, je vous offre une « réparation égale à l'offense. » Qui pouvait tenir ce langage, sinon celui que, dans son langage profondément symbolique, l'Eglise nomme « l'agneau « de Dieu qui efface les péchés du monde. »

Il ne fallait rien moins pour tranquilliser la conscience du genre humain ; c'est, pour procurer à l'homme cette paix de la conscience, que ce beau miracle a été fait. Le Christ nous le déclare : « Or, afin « que vous sachiez que le Fils de l'homme a, sur la « terre, le pouvoir de remettre les péchés, levez-vous, « dit-il alors au paralytique, emportez votre lit, et « vous en allez dans votre maison. »

Quelle ne fut pas la stupéfaction des ennemis de J.-C. et en général de tout le peuple, lorsqu'en preuve de la puissance du Fils de l'homme, la paralysie interpellée se leva et marcha.

Avant d'aller plus loin, remarquons cette expression de Fils de l'homme employée par N. S. J.-C. Par là, il nous apprend que sur cette terre cette prérogative sera confiée au fils de l'homme.

Mais, dira-t-on, nous ne savons pas quels étaient les péchés de ce paralytique ? J.-C. ne nous les a pas divulgués, et peut-être ces péchés étaient en matière légère et alors ils ne peuvent enfanter aucune sécurité pour les péchés en matière grave.

N. S. qui lisait dans les consciences, il est vrai, en respectait le secret ; il ne divulguait que les péchés publics et ne combattait que les doctrines pernicieuses que la charité ordonne de combattre.

Nous pensons que la paralysie était la figure de l'état de l'âme de cet infirme; or, cette paralysie était d'une nature très-grave, car nous voyons que cet homme était couché sur un lit et porté par quatre hommes, ce qui indique un corps incapable de tout mouvement et complètement mort. Ce corps est bien l'image d'une âme incapable de tout mouvement spirituel, privée de toute vie divine, morte à la grâce et en état de péché.

En guérissant cet homme de sa paralysie, N. S. nous indique la nature des péchés qu'il lui a remis ; ce sont des péchés graves.

Nous pensons que N. S. ne remettrait pas miraculeusement, solennellement et en public ce genre de péchés, conséquence nécessaire de la fragilité humaine, que l'Eglise désigne sous le nom de péchés véniels, de même qu'il ne ferait pas intervenir la puissance miraculeuse pour guérir une migraine. L'œuvre à accomplir était de ressusciter une âme et, pour cette œuvre, il fallait un Dieu.

Nous répétons donc, avec l'autorité de la raison, que la rédemption exigeait un Dieu.

La créature, si grande qu'on la suppose, était insuffisante pour cette œuvre, d'où l'on peut voir l'insanité de ces petits hommes (*homuncionum*), appelés philosophes, qui refusent les attributs divins au rédempteur des hommes.

Selon l'inflexible logique, rédempteur et pure créature sont deux termes qui s'excluent.

Enfin, c'est l'Eglise qui est la distributrice de ce

trésor qu'elle seule possède, car c'est la seule épouse de J.-C.; c'est une vérité que sentent les âmes d'élite chez les protestants, et nous avons entendu dire que le tourment de ces âmes, c'était l'incertitude de la rémission de leurs péchés.

J.-C. a atteint son but; cette paix de la conscience est généralement le partage des enfants de la véritable Eglise et, par une transition subite et bien remarquable, cette paix devient le privilège du pécheur converti; l'un d'eux, homme sans éducation, exprimait ce sentiment d'une manière grossière et pittoresque : Maintenant, disait-il, après avoir fait une confession aussi abondante qu'elle était sincère, maintenant je n'ai plus peur de Dieu, je me *moque* de lui.

Le Christ est le véritable, l'unique paratonnerre de la justice divine.

St Matt. Cap. ix. v. 14.

Alors, les disciples de Jean le vinrent trouver et lui dirent : Pourquoi les Pharisiens et nous, jeûnons-nous souvent, et que vos disciples ne jeûnent point ? Voici une partie de la réponse de Jésus : « On ne met pas
« du vin nouveau dans de vieux fûts, parce que les
« fûts se rompent, le vin se répand et 's fûts sont
« perdus; mais on met le vin nouveau dans des vais-
« seaux neufs et ainsi le vin et les vaisseaux se con-
« servent. Attendez donc que j'aie renouvelé mes dis-
« ciples par la raison et le Saint-Esprit, pour les faire
« entrer dans les rudes voies de la pénitence. »

N. S. applique à l'éducation de ses disciples les

règles de la sagesse humaine ; il veut une instruction et une préparation préliminaires.

De bonne heure, les hommes se sont aperçus que les passions humaines étaient contraires au bonheur de l'homme et de la société, que les appétits de l'homme étaient autant de bêtes féroces qui le dévoraient s'il ne parvenait à les subjuguer ; c'est pourquoi la raison humaine s'appliqua à chercher les moyens les plus aptes à combattre les passions. Tous les grands hommes de l'antiquité travaillèrent à cette œuvre, qu'ils considéraient comme l'œuvre capitale pour le bonheur de l'homme ; de ces travaux il résulta un code d'éducation morale qui renferme les règles les plus sages pour la réforme de l'homme; on pourrait appeler ce code, le code de la sagesse humano-divine, ou la loi naturelle.

Cette doctrine n'est pas vaine et, appuyée sur la grâce, elle a certainement son efficacité sur ceux qui veulent la mettre en pratique. C'est à elle que nous devons les hommes vertueux de l'antiquité et elle apporte son secours au chrétien qui y fait appel ; même sous la loi évangélique son utilité subsiste et elle concourt, dans une certaine mesure, à la sainteté du chrétien.

Pour former un chrétien dans nos séminaires et dans nos écoles, on ne néglige pas les règles de la sagesse antique, et pour exciter au bien on a recours aux arguments de la raison.

La foi ne néglige pas les auxiliaires que lui fournit la raison ; la foi, appuyée sur la raison, est plus puissante que la foi seule ; la foi, appuyée sur la grâce, fait naufrage avec la grâce ; la conviction, appuyée sur la raison, échappe à ce naufrage. Sous Louis XIV, le cœur séduit faisait naufrage, la raison convaincue restait chrétienne.

Les paroles ci-dessus citées : « On ne met pas de vin nouveau » et le reste, paraissent consacrer cette doctrine.

N. S., en effet, a formé ses apôtres et ses disciples par la méthode humaine de l'éducation ; pendant trois ans il les a retenus autour de lui, il les a instruits par sa parole et édifiés par ses exemples.

Sa doctrine est de la même substance que la doctrine humano-divine ; toutes deux ont la même origine : Dieu. Celle de J.-C. est un vin d'une qualité supérieure, celle de l'homme est d'une qualité inférieure ; mais c'est toujours du vin.

Ce que J.-C. voyait dans une lumière brillante avec sa vive et puissante intelligence, l'homme l'avait entrevu dans une sphère inférieure et nuageuse, avec sa raison paresseuse et sa lumière graduée.

L'homme n'avait pas dit comme N. S. J.-C. : Bienheureux les pauvres d'esprit... Cette synthèse lumineuse des conséquences avec les principes ne lui apparaissait pas avec la clarté avec laquelle elle apparaissait à J.-C. ; mais l'homme avait parfaitement vu les heureuses influences de la pauvreté pour l'amélioration morale de l'homme.

L'homme n'avait pas dit ces sublimes paroles : Bienheureux ceux qui souffrent ; mais il ne lui avait pas échappé que la prospérité gâtait l'homme et que les vertus éclosaient au souffle de l'adversité.

L'homme n'avait pas dit cette incomparable parole : L'esprit est prompt, la chair est faible ; mais il avait constaté la contradiction entre la générosité des résolutions et la lâcheté des actes, ce qu'il avait exprimé par ces paroles : *Video meliora probo quæ deteriora sequor.*

Enfin, N. S., qui aurait pu, en un clin d'œil, et par miracle, instruire ses apôtres, comme il a instruit saint Paul par une illumination directe, a préféré la méthode humaine ; peut-être cette méthode a-t-elle un avantage sur la méthode instantanée ? Si elle n'éclaire pas mieux, elle fait une impression plus durable sur l'âme sentimentale, cette compagne de l'âme spirituelle et elle perfectionne mieux l'éducation ; il voulait surtout, par son exemple, approuver et sanctionner cette méthode et la recommander à l'Eglise. Le miracle de l'illumination directe et instantanée ne pouvait être la méthode d'éducation de l'humanité ; et, enfin, dans le cas particulier qui nous occupe, J.-C. nous apprend que pour qu'une œuvre soit parfaite, il ne faut pas lui demander des fruits hâtifs et hors de saison, chercher par exemple sur la vigne des fruits mûrs au printemps, ce qui est un axiôme de la sagesse humaine.

Par ces quelques lignes, nous avons voulu montrer que la sagesse naturelle, comme la sagesse surnaturelle, trouvent en J.-C. leur double couronnement et qu'il les met toutes deux à contribution, pour l'éducation et le perfectionnement du chrétien.

S¹ Matt. Cap. x. V. 9. *Nolite possidere aurum, neque argentum, neque pecuniam in zonis vestris.*

10. Non peram in viâ, neque duas tunicas, neque cal-

ceamenta, neque virgam; dignus enim est operarius cibo suo.

N'ayez en votre possession ni or, ni argent, ni monnaie dans votre bourse ; ne préparez pour le voyage, ni sac, ni deux habits, ni souliers, ni bâton, car celui qui travaille mérite qu'on le nourrisse.

Des plumes autorisées et canoniques ont souvent expliqué ces paroles ; je ne connais pas ces ingénieux et savants commentaires. J'en suis plus à l'aise pour consigner dans ces lignes les réflexions élémentaires que ce texte suggère à un esprit inculte.

Et d'abord, nous remarquons quelque différence entre les Evangélistes : tandis que saint Matthieu et saint Luc disent : Ne vous chargez ni de chaussures, ni de bâton, saint Marc (chap. VI. V. 8.) dit : Il leur commanda de ne rien porter en chemin, qu'*un bâton* et des sandales lacées.

Ces différences sont peu importantes, mais elles sont providentielles : elles nous indiquent qu'il ne faut pas nous attacher servilement à la lettre, mais à l'esprit.

L'exécution littérale des paroles de N. S. J.-C. ne concernait que l'époque et le pays où le Sauveur envoyait ses apôtres. Cette mission, il ne faut pas l'oublier, était restreinte à la seule Judée, car Jésus leur avait défendu d'aller chez les Gentils et dans le pays de Samarie ; les apôtres s'adressaient donc à des voisins, à des compatriotes, à des frères.

Chez les Juifs, l'hospitalité était une obligation légale. Les apôtres pouvaient choisir dans une ville ou dans un village la maison la plus honorable et y établir leur domicile. Cette exécution littérale du précepte était donc transitoire comme les circonstances au milieu desquelles s'accomplissait la mission donnée aux apôtres. Ces circonstances ayant changé, l'exécution littérale n'est plus obligatoire.

Il faut encore noter cette différence très-grande entre les missions actuelles et celles du christianisme naissant ; c'est que les missionnaires primitifs avaient reçu de J.-C. la puissance de chasser les démons et de guérir les infirmités. Ils avaient le don des miracles Ce don devait rattacher aux apôtres, par les liens de la reconnaissance et aussi par la puissance des impressions, ceux qui avaient été guéris miraculeusement et les témoins de ces guérisons miraculeuses. Comment refuser les secours de toute espèce à des hommes si manifestement revêtus d'un caractère divin ?

Le don des miracles était donc, en quelque sorte, un moyen infaillible de battre monnaie ; l'homme dont les mains opéraient des miracles était à peu près assuré de ne manquer de rien. Il n'en est plus de même dans l'Eglise ; J.-C. a jugé à propos de retrancher à ses missionnaires le don des miracles. L'Eglise n'a plus à sa disposition, pour convertir les peuples, que la beauté divine de sa doctrine et les prodiges de sa charité.

Mais, si la lettre est transitoire et bornée aux lieux et aux temps, l'esprit du précepte n'est pas transitoire ; il est de tous les temps et de tous les lieux et ce précepte signifie ceci : Hommes de Dieu, n'entassez ni or, ni argent, ni provision de vêtements, ces soins vous embarrasseraient et vous n'auriez pas l'esprit assez libre et suffisamment dégagé pour vous occuper exclusivement du soin des âmes.

La Providence pourvoiera aux soins matériels ; la communauté chrétienne se chargera de ces soins. Aujourd'hui, la communanté chrétienne chargée de ces soins, s'appelle Propagation de la Foi ; c'est elle qui, obéissant à J.-C., est chargée de remplir cette partie du précepte : *Dignus est enim operarius cibo suo;* celui qui travaille mérite qu'on le nourrisse.

Cette interprétation d'ailleurs ne contrarie pas même la lettre du précepte ; car il est dit: *Nolite possidere aurum et argentum*, etc., c'est-à-dire : N'ayez en votre possession ni or ni argent; mais la lettre ne dit pas : *Nolite uti auro, neque argento;* ne faites usage ni d'or, ni d'argent.

Ainsi la possession est défendue, mais non l'usage. Tout varie dans ce monde et la religion, dans sa partie disciplinaire, suit les variations du monde pour le sauver. J.-C. se fait tout à tous.

Depuis un siècle, les missions ont pris une extension immense et telle, que l'Eglise n'avait jamais vu une pareille expansion de la doctrine du Christ. Les efforts sont immenses, les résultats sont petits ; jamais les ouvriers de J.-C. n'ont rencontré plus d'obstacles ; jamais les conversions n'ont été plus difficiles.

En face de ces difficultés, les missions subissent des modifications remarquables. Autrefois les missionnaires s'adressaient aux hommes faits ; maintenant l'Eglise attaque l'hérésie ou l'infidélité par tous les moyens, par les écoles, par les hôpitaux, par les asiles. Elle s'adresse aux hommes, aux adultes, aux enfants ; elle ramasse ceux qui sont délaissés, ceux qui sont exposés le long des fleuves ou jetés en pâture aux pourceaux; elle use de mille industries pour procurer le baptême aux enfants en danger de mort.

Jusque-là, la femme n'avait pas participé aux travaux de l'apostolat. En face de tant de travaux, le missionnaire a appelé à son aide la religieuse; actuellement l'institutrice religieuse, la sœur de charité, sont associées à l'apôtre ; elles participent à l'apostolat dans la mesure de leurs forces. Cette modification remarquable est un signe particulier à notre époque. L'intervention de la femme dans les missions est une force pour l'Eglise ; car la femme est l'ange de la charité, c'est la mère et l'institutrice de l'enfance, c'est le missionnaire du bébé ; on est vraiment ému de tant d'amour ! Mais on n'est pas surpris, J.-C. est si bon ! C'est lui qui disait à ses apôtres : Laissez venir à moi les petits enfants ; maintenant il fait plus, il dit aux religieuses : Mes filles, allez chercher les petits enfants.

Pour toutes ces œuvres, il faut beaucoup d'argent, qu'a fait l'Eglise ? Elle a enrégimenté tous ses fidèles sous les divers drapeaux de la Propagation de la Foi, de la Sainte-Enfance; et, tous, catholiques que nous sommes, nous participons à l'œuvre des missions. L'Eglise a ouvert ses entrailles et l'or pur de la charité en a coulé. C'est la réalisation de cette parole de J.-C. : *Qui credit in me, flumina de ventre ejus fluent aquæ vivæ* ; Des entrailles de celui qui croit, couleront des fleuves d'eau vive. St Jean, cap. vii. V. 48.

Le missionnaire reçoit donc de l'argent, mais il ne le possède pas, il en use et cet argent est toujours au-dessous des besoins ; c'est donc un fleuve qui coule, ce n'est pas un réservoir. Le précepte de J.-C. est observé : *Nolite possidere aurum neque argentum.*

Quelqu'un serait tenté peut-être de demander pourquoi N. S. n'a pas continué d'accorder à son Eglise le don des miracles. Cette question a quelque analogie avec celle-ci : Plusieurs sont guéris miraculeusement par l'intercession de la Sainte-Vierge, pourquoi N. S. n'accorde-t-il pas leur guérison à tous les malades qui la demandent par la même intercession ? Par une raison bien simple, c'est que personne ne voudrait mourir; la mort, à laquelle Dieu nous a condamné, n'existerait plus. Dieu abrogerait sa loi. L'exception à la loi doit confirmer la loi, elle ne doit pas l'abroger.

Le miracle subsiste toujours dans l'Eglise, mais dans des proportions restreintes et déterminées par la sagesse divine. Si le miracle, qui est l'exception, se substituait à la règle, il bouleverserait les lois divines. Tout le monde, pour croire, demanderait un miracle et il en aurait le droit ; le miracle tuerait le miracle.

A la naissance du christianisme, le miracle était une nécessité ; c'était une lettre de créance qui venait du ciel, elle était indispensable. Le miracle devait éclairer les peuples et les convaincre de la vérité de la doctrine nouvelle.

En face du paganisme tout puissant, en face des empereurs, en face du martyr, ce moyen surnaturel était indispensable. Le miracle était le bélier qui enfonçait dans le sol les fondations de l'Eglise ; sans lui, l'Eglise n'eut pas été fondée. Mais lorsqu'un bâtiment est sorti de terre, on ne se sert plus de l'instrument qui a servi pour les fondations.

Le christianisme a dix-huit siècles d'existence; si, pendant ces dix-huit siècles, le miracle eût fonctionné aussi fréquemment que dans la primitive Eglise, nous ne craignons pas d'affirmer que le libre arbitre de l'homme eût été anéanti. La soumission à l'Eglise n'eût pas été volontaire, elle eût été forcée, fatale.

C'est aller loin, peut-être, que de dire que la soumission de l'homme eut été forcée; peut-être que l'homme aurait toujours pu refuser sa soumission; mais alors la révolte aurait contracté un caractère de malice beaucoup plus grand et, par suite, une sanction pénale en harmonie avec ce degré de malice. Ce qu'il y a de certain, c'est qu'une lumière plus grande aurait sinon anéanti, du moins, grandement diminué le libre arbitre.

L'homme eût perdu sa liberté et sa raison d'être; la loi qui a présidé à la création de l'être intelligent eut été anéantie. Dieu tombait en contradiction avec lui-même.

Le miracle subsiste toujours dans l'Eglise, dans la proportion voulue par la sagesse divine; il porte des caractères de vérité suffisants pour l'homme de bonne foi, mais par son modeste éclat; il respecte les yeux de celui qui ne veut pas voir; il persuade doucement, il ne violente pas.

Ces paroles : N'ayez en votre possession ni or, ni argent, ni monnaie dans votre bourse et le reste; ces paroles, dis-je, ont une conclusion et c'est ceci: *Dignus est enim operarius suo*; celui qui travaille mérite qu'on le nourrisse. En trois mots N. S. a écrit la charte de l'ouvrier : l'ouvrier a droit à la nourriture et, comme toute conclusion contient ses prémisses, le précepte de N. S. est observé. Toutes et quantes fois le missionnaire reçoit sa nourriture, quel que soit d'ailleurs le fournisseur.

Sᵗ MATT. CAP. X. V. 15. *Amen dico vobis : tolerabilius erit terræ Sodomorum et Gomorrhæorum in die Judicii quam illi civitati.*

Je vous le dis en vérité : au jour du Jugement, Sodome et Gomorrhe seront traitées avec moins de rigueur que cette ville-là.

Ainsi, la cité qui aura refusé de recevoir les apôtres envoyés par J.-C. sera traitée plus sévèrement que Sodome et Gomorrhe. Elle est donc plus coupable, car les jugements de Dieu sont équitables et il y a proportionnalité entre le châtiment et le péché.

Quoique cette menace concerne tous les temps et tous les lieux, elle s'adresse d'une manière plus spéciale aux cités juives contemporaines de Jésus, qui ne voudraient pas recevoir les apôtres, pour plusieurs motifs :

1° Parce que ces cités juives avaient reçu la préparation de la loi Mosaïque et des prophètes ;

2° Parce qu'elles avaient entendu parler ou avaient été témoins des miracles de N. S. J.-C. ;

3° Parce que les apôtres opéraient ces mêmes miracles devant elles ;

4° Parce que N. S., envoyant directement et par une volonté spéciale ses apôtres à ces villes, avait dû, par l'action intime de la grâce, prédisposer leurs habitants à recevoir la doctrine évangélique.

Ainsi, pour les habitants de ces villes, la lumière abondait, lumière extérieure et lumière intérieure. Ces cités, en refusant de recevoir les apôtres, méprisaient ouvertement les grâces de l'Esprit-Saint et c'est pourquoi elles sont plus coupables que les villes maudites.

Sans doute les habitants de ces villes maudites étaient bien coupables et leur châtiment était bien mérité, mais, entre Dieu et leur péché, s'interposait le brouillard naturel ou charnel, les ténèbres qui surgissent de la nature humaine, la fumée épaisse qui s'élève du foyer de l'impureté; ils ne voyaient Dieu qu'à travers cette fumée. Les cités dont parle N. S. n'avaient point cette excuse; entre elles et Dieu, il n'y avait point d'intermédiaire, le péché était direct; elles voyaient Dieu et le rejetaient.

Mais toutes les populations (nous ne parlons que des populations infidèles), toutes les populations, disons-nous, à qui, dans la suite des temps, des missionnaires ont été envoyés et qui ont refusé de les recevoir, ne sont pas coupables au même degré que les Juifs et il ne faudrait pas leur appliquer à la rigueur, les paroles de N. S. J.-C.; ce serait offenser sa bonté.

J.-C. n'est pas présent au milieu de ces populations, elles n'ont pas été témoins oculaires ou auriculaires de ses miracles. Les missionnaires, à eux envoyés, ne sont pas, comme les apôtres, doués du don des miracles et ils n'ont pas reçu la longue préparation de la loi Mosaïque et des prophètes.

Il y a même, parmi les nations évangélisées, des populations spécialement dignes de pitié et qui ne peuvent, dans leur simplicité, distinguer l'erreur de la vérité ; ce sont celles qui sont visitées par les missionnaires protestants, avant d'avoir reçu la visite des missionnaires catholiques.

Depuis que Satan a inspiré aux protestants l'idée de singer les catholiques, on peut dire que le piège tendu aux populations ignorantes est presque fatal. Elles tombent des ténèbres de l'infidélité dans les lueurs trompeuses de l'hérésie et leur second état est pire que le premier. Il ressemble beaucoup à l'état de ces prosélytes des pharisiens, dont il est dit dans saint Matt. chap. XXIII. V. 15 : *Væ vobis, scribæ et pharisæi hypocritæ, quia circuitis mare et aridam, ut faciatis unum proselytum, et cum fuerit factus, facitis eum filium gehennæ duplo quam vos.*

Malheur à vous, scribes et pharisiens, qui parcourez la mer et la terre pour faire un seul prosélyte, et après qu'il l'est devenu, vous le rendez digne de l'enfer deux fois plus que vous. Peut-être parce qu'il prend les vices des pharisiens et ne renonce pas à ceux des païens.

Allons au-devant d'une objection qu'on fait au missionnaire. Qui vous envoie? au nom de quelle autorité vous présentez-vous ? si c'est au nom de Dieu, montrez-nous vos lettres de créance ? où est le cachet de Dieu ?

Voilà un ou plusieurs missionnaires de J.-C. qui se présentent aux populations de la part de leur maître et qui leur annoncent que J.-C. est Dieu et que sa doctrine est la doctrine de vérité. Quelles preuves donnent-ils de ce qu'ils avancent ? A quel signe feront-ils reconnaître la vérité de leur mission ? Où est leur lettre de recommandation ? Ont-ils un moyen humain quelconque qui puisse s'imposer à la raison ? Disposent-ils d'une lumière qui éclaire cette raison de telle manière qu'elle soit forcée de donner son assentiment ? Non, ce signe humain, cette évidence leur manque.

Alors, la réussite est impossible !

Humainement parlant, oui.

Mais que possèdent-ils qui remplace ce phare lumineux, qui les signale comme les hérauts de la vérité ? Ils ont la grâce.

Une conversion est l'effet de la grâce, la raison n'est que le moyen ; c'est l'instrument, voilà tout son rôle ; il est un peu mesquin, mais c'est là tout. Le *criterium* de vérité, le signe, le titre, pour les apôtres et les missionnaires, c'est la *coopération du Saint-Esprit*. Voilà pour eux le cachet de Dieu.

En même temps que la parole sort de la bouche du missionnaire, le Saint-Esprit fait deux choses : il éclaire l'intelligence et meut le cœur. Mais alors, c'est une action surnaturelle ? Oui, c'est une action surnaturelle.

C'est pourquoi celui qui rejette la parole du Verbe résiste au Saint-Esprit et devient plus coupable que l'habitant de Sodome et sera traité plus sévèrement au jour du jugement.

Mais, dira-t-on, cette preuve n'a rien de philosophique, rien d'universitaire ; aucune école savante ne l'accepterait.

Évidemment, si les preuves de la vérité divine relevaient de la philosophie ou de l'Université, celui qui les mépriserait ne serait justiciable que de la philosophie ou de l'Université. Ce serait reconnaître l'infaillibilité philosophique ou universitaire. Or, celui qui méprise la parole de l'apôtre devient justiciable de l'Esprit-Saint ; c'est contre l'Esprit-Saint qu'il pèche. Donc, c'est l'Esprit-Saint qui confirme la vérité de la parole de l'apôtre, qui lui donne son évidence, qui lui donne son caractère obligatoire pour la conscience ; et quand on rejette cette parole de l'apôtre, c'est l'Esprit-Saint qu'on rejette.

Il y a quelque cinquante ans, un prêtre célèbre voulait appuyer la vérité divine sur une autorité humaine infaillible ; il rêvait un *criterium* de vérité qui aurait forcé l'assentiment de l'esprit humain. Ou fou, ou chrétien, tel était son dilemme. D'un même coup il supprimait l'Esprit-Saint et le libre arbitre de l'homme. C'était l'esprit humain qui confirmait la vérité divine ; la terre soutenait le ciel, l'homme était le support de Dieu. Tentative insensée, s'il en fut jamais, et cependant cet homme fit école dans le clergé ; mais Rome parla et le clergé obéit, le chef orgueilleux resta seul. Flétri des stigmates de la foudre romaine, Lamennais se précipita dans les abîmes de la révolte et de l'apostasie ; il y mourut.

S' Matt. Cap. 10. V. 26.... *Nihil est enim opertum quod non revelabitur et occultum quod non scietur.*

27. *Quod dico vobis in tenebris, dicite in lumine ; et quod in aure auditis, prædicate super tecta.*

26. Il n'y a rien de caché qui ne doive être découvert, ni de secret qui ne doive être connu.

27. Dites dans la lumière ce que je vous dis dans l'obscurité ; prêchez sur le haut des maisons ce qui vous aura été dit à l'oreille.

Nous avons déjà fait observer que le culte païen, qui est le culte des démons, renfermait des mystères qui n'étaient révélés qu'aux seuls initiés : mystères de Cérès, mystères de Bacchus, mystères d'Eleusis, etc... Baal et Moloch avaient aussi leurs mystères.

Plus tard, ces mystères furent connus et le monde n'apprit pas sans horreur les faits honteux que ces mystères cachaient.

La sensation que l'on éprouve lorsqu'on sort de l'étude de la religion païenne et qu'on pénètre dans celle de la religion chrétienne, est celle d'un homme qui sort d'une région ténébreuse et infecte et qui entre dans une région lumineuse, sereine, parfumée.

L'époque moderne n'a pas été exempte de cette lèpre païenne des mystères. Des hérétiques ont surgi qui, dans leurs conventicules secrets, ont renouvelé et dépassé les pratiques du paganisme ; ils se sont efforcés de souiller les choses saintes.

Quelques exemples se présentent à ma mémoire. Une société célèbre et qui avait, à son époque de ferveur, rendu de grands services à l'Eglise, a été à peu près convaincue de professer en secret des doctrines odieuses et de se livrer, aussi en secret, à des impiétés sataniques : les Templiers ont été condamnés sur preuves non équivoques par le Concile de Vienne, et, si la Société toute entière n'était pas coupable, beaucoup de ses membres l'étaient.

Dans ces derniers temps, une autre secte anti-religieuse a enveloppé de son réseau la société entière : c'est la secte des Francs-Maçons. Son but était politico-religieux ; elle voulait la destruction de l'Eglise et de l'Etat ; comme la plupart des sectes, elle s'enveloppa de ténèbres. Dans le principe, elle n'était pas athée, elle était seulement anti-chrétienne ; aujourd'hui, l'athéisme est admis, il est même de bon ton chez MM. les Maçons.

Actuellement, cette société n'est plus secrète ; elle est percée à jour. Ses doctrines, jadis secrètes, s'étalent au grand jour de la publicité ; elles ont conquis le droit de cité. Avec ses rites, ses initiations, ses simagrées, son secret garanti par la prétendue sanction du poignard, dont elle a eu l'adresse de faire un usage discret (car on n'en trouve pas de traces dans les annales judiciaires, chose inouïe si le poignard avait fonctionné pour toutes les infractions aux règles maçonniques), elle a réussi à maintenir amis et ennemis sous le joug d'une terreur fantasmagorique. Cette terreur était son moyen, mais non son but ; elle l'a employé avec un plein succès et nos écrivains y ont aidé. Ce n'était qu'un diable de papier peint, qu'il fallait crever d'un coup de canif, au lieu de s'en épouvanter.

En somme, les mauvaises actions craignent la lumière, et voilà pourquoi toutes les doctrines de mensonges et d'erreurs s'enveloppent de ténèbres.

J.-C. ne veut point de ténèbres ; il appelle le grand jour : Ce que je vous dis en secret, proclamez-le au grand jour ; ce que je confie à votre oreille, prêchez-le sur les toits ; que tout ce qui est couvert soit révélé, que tout ce qui est caché soit connu ; point de doctrine secrète. Voilà les recommandations de Jésus à ses apôtres.

En effet, rien n'est caché dans l'Eglise ; il n'y a pas une doctrine pour les prêtres et une autre pour les fidèles ; le laïque peut étudier et pénétrer cette doctrine comme le clerc.

A la vérité, il y a des mystères dans l'Eglise, mais ce sont des mystères lumineux et non des mystères ténébreux ; ils ne font pas la nuit, ils font le jour ; ils sont figurés par cette nuée lumineuse qui éclairait les Israélites dans la nuit.

Le mystère de la Sainte-Trinité est un flambeau qui nous fait pénétrer dans l'intérieur divin.

Le mystère de l'Incarnation est un flambeau qui révèle aux hommes l'union de Dieu avec l'humanité.

Le mystère de la Rédemption nous révèle le moyen employé par Dieu pour nous racheter.

Le mystère du péché originel est le flambeau absolument nécessaire pour nous guider dans l'étude morale de l'homme.

Dieu, caché dans l'Eucharistie, outre son but principal, l'union de Dieu avec l'homme individuel, est un mystère qui nous révèle Dieu caché sous le manteau de la création ou des accidents extérieurs.

Les mystères chrétiens sont des flambeaux qui éclairent la route qui mène du ciel à la terre ; ce sont les étoiles du chemin. Il y a donc les mystères ténébreux et les mystères lumineux. De même que dans la science humaine, si vous partez d'un principe vrai, votre intelligence s'élève de clartés en clartés, vous arrivez jusqu'au vrai absolu ; de même, si vous partez d'un principe faux, vous descendez de ténèbres en ténèbres jusqu'à l'abîme. Percez le mystère dont les vérités s'enveloppent, vous faites jaillir la lumière ; percez le mystère dont les erreurs s'enveloppent, vous épaississez les ténèbres. Il y a donc dans l'ordre humain, comme dans l'ordre religieux, les mystères ténébreux et les mystères lumineux.

La cosmogonie de Moïse, ou le système historique de la création du monde et de l'homme, était restée la propriété d'une famille cachée dans un coin de la Palestine. La double origine de l'homme et du monde était, pour le reste de l'humanité, un mystère enveloppé de ténèbres.

L'homme avait perdu la trace de son berceau ; ses titres de noblesse avaient été engloutis dans le déluge universel et il ne connaissait pas l'architecte du domaine qu'il habitait; c'est par les apôtres du Christ que ces vérités ont été transmises au monde.

Personne n'ignore le déluge de fables et d'absurdités qui avaient été débitées par les savants sur ces vérités primordiales. C'est le nouvel Adam qui nous a fait connaître le vieil Adam, le père de notre race ; c'est au nouvel Adam que nous devons la propagation de l'histoire de la création du monde ; c'est, portée sur les ailes de l'Évangile, que cette histoire a fait le tour du globe.

Adam dormirait depuis longtemps, enseveli dans les ténèbres de sa tombe et ignoré de ses enfants, si Jésus, son fils, ne l'avait mis en lumière.

Jésus est essentiellement révélateur ; il dit lui-même qu'il est venu révéler des vérités cachées dès le commencement du monde.

Il serait facile de démontrer que J.-C. est le soleil du monde moderne; que toutes les vérités, abstraction faite de celles qui concernent les sciences naturelles ou historiques, ont J.-C. pour auteur ou pour révélateur, ou enfin ont reçu de lui un accroissement de lumière ; on dirait que, par une volonté spéciale de Dieu, ce privilège lui était réservé.

Ainsi, par exemple, comment se fait-il que les vérités relatives à la création de l'homme et à celle du monde, aient été ignorées du monde païen ?

Moïse est né chez les Egyptiens; la langue dans laquelle il a écrit ses livres devait être connue de ce peuple chez lequel les Hébreux avaient habité quatre cents ans. La nation égyptienne était, à cette époque, la plus éclairée du globe, et c'est chez elle que les savants venaient puiser les traditions de la science.

Après leur sortie d'Egypte, les Israélites sont restés voisins des Egyptiens ; leurs relations ont été fréquentes avec eux et avec les Phéniciens, que les intérêts de leur commerce appelaient sur toute la surface du globe habité. Les Hébreux ont été même transportés en Chaldée et y sont demeurés 70 ans. Un de leurs nationaux les plus célèbres, Daniel, a été premier ministre et confident du plus grand roi de la Chaldée, Nabuchodonosor.

Plusieurs siècles après Daniel, un Ptolémée d'Egypte a fait traduire les écritures sacrées dans la langue la plus répandue du globe. Eh bien ! nous ne voyons pas que les erreurs sur l'origine de l'homme et du monde aient été dissipées par le récit de Moïse; le monde attendait J.-C., il attendait le lever du soleil.

La révélation devait projeter sa lumière sur l'origine des choses ; c'est J.-C. qui devait, de ses doigts divins, ouvrir les portes de l'Orient. J.-C. est le soleil de l'âme, il en chasse les ténèbres que la raison est impuissante à dissiper.

Il ne faudrait pas donner à notre pensée un développement qu'elle ne comporte pas, une signification qu'elle ne renferme pas.

Lorsque nous disons que J.-C. est le flambeau du monde moderne, nous n'entendons pas dire qu'en dehors de lui, la société humaine ne puisse pas se développer dans les sciences qui sont du domaine de la raison; mais nous entendons dire ceci : c'est que le flambeau de la révélation éclaire tout l'homme et qu'il projette son éclat même sur les vérités de l'ordre naturel ; non-seulement ce flambeau éclaire la maison de J.-C., mais il éclaire encore la maison du voisin.

Les vibrations de la lumière divine pénètrent l'intelligence humaine, lui communiquent le mouvement, augmentent ses aptitudes et accroissent ses forces ; c'est un élément surajouté à l'homme et qui décuple ses perfections natives. L'homme révélé est infiniment supérieur à l'homme non révélé. Voilà notre pensée.

Et, de fait, nous voyons que les sociétés chrétiennes, celles qui ont reçu le baptême de la révélation, sont bien supérieures aux autres sociétés; que les sciences croissent exclusivement au milieu d'elles, tandis que les sociétés privées de cet élément civilisateur stationnent dans les ténèbres. D'où cela peut-il provenir ?

Est-ce que l'Européen est supérieur à l'Asiatique ? Non.

Cela provient de la force latente, de la lumière éclatante que la révélation communique aux sociétés que baigne cet océan lumineux.

On pourrait dire aux sociétés modernes ce que N. S. J.-C. disait à la Samaritaine : *Si scires donum Dei* ; Si tu connaissais le don de Dieu ! Si tu connaissais cette lumière dont je t'ai douée !

Nihil est opertum quod non revelabitur et occultum quod non scietur.

Il n'y a rien de caché qui ne doive être découvert, ni de secret qui ne doive être connu.

La révélation est un télescope.

S' MATT. CAP. X. V. 28.... *Et nolite timere eos qui occidunt corpus, animam autem non possunt occidere; sed potius timete eum qui potest et animam et corpus perdere in gehennam.*

Ne craignez point ceux qui tuent le corps ; mais craignez plutôt celui qui peut perdre dans l'enfer et l'âme et le corps.

Cette parole a créé les martyrs de la liberté ; la lutte entre la chair et l'esprit est aussi ancienne que le monde. L'antiquité païenne a symbolisé cette lutte, dans la fable de la révolte des Titans contre les Dieux.

Avant la venue de N. S. J.-C., cette lutte était restreinte à des proportions bien mesquines ; il s'agissait plutôt d'affranchissement social que de l'affranchissement des âmes.

Les héros de cette lutte étaient à Athènes, Harmodius et Aristogiton ; à Rome, ils s'appelaient Brutus, Cassius et Virginius. Disons que les héros de Rome l'emportaient sur ceux d'Athènes ; ils étaient les vengeurs de la chasteté conjugale outragée. Ils étaient bien les représentants de la lutte de l'esprit contre la chair, mais dans une sphère inférieure dans l'ordre naturel.

La vraie lutte de l'esprit contre la chair, la lutte surnaturelle de l'homme pour la gloire de Dieu commence à J.-C. Ceci soit dit sans préjudice des saints de l'ancienne loi.

La venue du rédempteur coïncide avec l'époque où l'humanité était arrivée à sa plus grande corruption ; il n'y avait plus de ressort dans les âmes, elles étaient courbées sous le joug de la volupté et du despotisme le plus dégradant.

La force matérielle, au service des passions les plus honteuses, régnait seule et sans conteste ; personne ne se levait pour protester au nom de la dignité des âmes outragées. C'était le silence dans l'abjection et la mort.

Soudain, quel miracle! Du milieu de cette humanité en putréfaction surgit un immense tressaillement ; tous ces ossements s'agitent et se réunissent pour s'éveiller à la vie ; une résurrection générale, une immense efflorescence se produit dans l'humanité ; les âmes courbées se redressent, elles protestent contre la tyrannie. Elles disent aux tyrans : Nos corps, à la vérité, sont en votre puissance, mais nos âmes vous échappent; elles sont à Dieu. C'est l'époque des martyrs, c'est l'âge héroïque du christianisme.

Qui donc a produit ce changement si soudain ? La vie la plus abondante circulant dans les veines d'un cadavre de la veille; le Lazare humain, couché dans sa putréfaction depuis quarante siècles ou quatre mille ans, revient à la vie. Qui a produit ce changement ? Qui ? sinon celui qui a dit ces paroles : Ne craignez pas ceux qui tuent le corps mais qui ne peuvent tuer l'âme.

Dans le moment où Jésus prononçait ces paroles, la liberté, la dignité humaines n'avaient qu'un représentant; c'était Jésus lui-même et Jean son précurseur qui, en quelque sorte, ne fait qu'un avec lui; car, de même que l'aurore qui précède le soleil, reçoit du soleil son existence, de même le précurseur qui précède le soleil de justice, reçoit toute lumière de ce soleil.

C'est par l'efficacité de la grâce du Christ que Jean disait à Hérode : Il ne vous est pas permis d'avoir la femme de votre frère. Qu'on me cite un émule de Jean, se présentant devant un tyran à l'apogée de sa puissance et lui reprochant sa vie incestueuse ?

Ainsi, voilà un fait historique incontestable : à l'époque de Jean, il n'y avait pas un martyr de la vérité, pas un confesseur, si ce n'est lui ; après Jean, les martyrs de la vérité se comptent par millions. Ce phénomène est fort extraordinaire et sollicite la curiosité légitime des amis de la vérité.

Qu'y a-t-il donc eu entre Jean et l'époque des martyrs ?

Il y a eu un homme du nom de Jésus, mort sur une croix, qui a revêtu d'une autorité divine ces paroles efficaces qu'il avait lui-même pratiquées : Ne craignez pas ceux qui tuent le corps, etc...

A l'époque où j'écris solitairement et sous l'œil de Dieu ces réflexions que nul ne lira, il existe une catégorie d'hommes qui se présentent comme les coryphées de l'humanité ; ils ne parlent que de la dignité de l'homme; ils se donnent comme les apôtres de la liberté et les ennemis des tyrans ; ils les méprisent et les insultent quand ils n'ont ni sabres ni soldats ; car s'ils sont les apôtres de la liberté, ils n'en sont pas les martyrs. On les appelle républicains.

Il semblerait tout naturel que ces républicains vouassent un culte à ces héros chrétiens qui, les premiers, ont osé, en face des tyrans, revendiquer les droits de l'âme humaine et sceller de leur sang cette revendication.

Eh bien ! non-seulement il n'en est rien, mais ils affichent publiquement leur haine contre les martyrs de J.-C. Cette conduite équivoque nous autorise à traiter ces républicains de pharisiens et de charlatans de la liberté.

Tous esclaves des passions les plus honteuses, ils sont d'avance façonnés à devenir les séides du despotisme le plus abject.

Mais, objecte-t-on, l'ère des martyrs n'a duré que trois siècles et l'Eglise compte dix-huit siècles; peut-être a-t-elle changé ? et, après avoir combattu la tyrannie, peut-être est-elle devenue sa complice, comme on le prétend. L'histoire inflige à cette prétention un solennel démenti.

Il n'entre pas dans ce cadre de faire l'histoire d'un seul épisode de l'Eglise ; choisissons seulement quelques grands exemples à travers les siècles.

Après l'époque des martyrs, un empereur qui commandait à l'univers entier, se fait, quoique chrétien, l'émule et le continuateur des Néron et des Domitien ; le fils du grand Constantin, Constance, se fait le tyran des consciences ; par ruse ou par force, il veut imposer à toutes les âmes le joug de l'hérésie arienne.

Un grand évêque ose lui résister. Athanase personnifie en lui la résistance à l'oppression ; pendant 40 ans, il sera sur la brèche et luttera, au nom de l'Eglise, en faveur de la liberté des âmes.

Il n'y a rien de plus beau, dans l'histoire, que cette courageuse lutte d'un demi-siècle de l'évêque d'Alexandrie contre la tyrannie de Constance.

Pendant les invasions barbares du sixième au dixième siècle, les évêques et les prêtres luttent contre les abus de la force ; la férocité musulmane se brise contre la constance des martyrs. Grégoire VII et Innocent III maintiennent contre Henri IV et Frédéric II d'Allemagne, les lois de la morale.

Le Néron de l'Angleterre, Henri VIII, ce tyran des consciences, trouve sur sa route le célèbre Fisher, évêque de Rochester, et le chancelier Moore, doublement célèbre et par son propre mérite et par le dévouement de sa fille. Tous deux refusent d'approuver le divorce du monarque avec la vertueuse reine Catherine et son concubinage avec Anne de Boleyn ; ils meurent avec une multitude d'autres catholiques, qui préfèrent la dignité et l'indépendance de leurs âmes, à la vie du corps.

Dans le même moment, le Parlement et la fière aristocratie anglaise baisaient les pieds de la prostituée royale et de celles qui lui ont succédé dans la couche souillée du tyran.

La fille de ce monarque, Elisabeth, cette vierge dissolue et libertine digne de sa mère, portant sur le front la tache indélébile du sang de Marie Stuart, cette fausse vierge prenant ses précautions contre les accidents de sa couche virginale, obtenait de son parlement un décret qui déclarait ses enfants naturels aptes à lui succéder au trône d'Angleterre (1); les sujets valaient leur souveraine. Mais la nature recula contre la propagation d'un sang aussi impur; elle lui refusa sa fécondité. Catholique, puis relapse, Elisabeth envoya à la mort plusieurs milliers de catholiques qui préférèrent perdre la vie plutôt que la foi.

Le dernier César français, cet homme prodigieux, devant qui tous tremblaient, peuples et rois, qui avait choisi ses courtisans parmi les démagogues de 1793, qui les avait assouplis et rendus dociles comme des chiens, qui donc osa lui résister? Est-ce un athée, un libre-penseur, un libéral, un républicain? Non! tous ces gens-là sont braves contre Dieu, mais ils tremblent devant une épée nue.

Qui donc résista à Napoléon Ier, à l'apogée de sa puissance; qui? un agneau, le doux, l'humble Pie VII, revêtu de la force morale de J.-C.

Et, en ce moment, qui donc souffre la prison, les amendes, les confiscations, plutôt que d'obéir à des lois impies appuyées sur une grande force matérielle? Les évêques et les prêtres d'Allemagne et de Suisse.

Si, à ces exemples, nous ajoutons les noms des

---

(1) Cobbett : Histoire de la Réforme en Angleterre et en Irlande. Lettre 10.

nombreux prêtres et missionnaires massacrés dans l'Inde, la Chine et les autres pays du globe, parce qu'ils ont confessé la vérité, ne sera-t-on pas obligé de convenir que la dignité de l'âme humaine, les droits de la morale et de la conscience se sont réfugiés dans l'Eglise de J.-C.

Ce n'est que dans cette Eglise qu'on proteste, par la mort, en faveur de la vérité et de la justice.

Ce n'est que dans cette Eglise qu'on flétrit les tyrans et qu'on leur résiste ; soit que ces tyrans s'appellent Napoléon ou Bismarck, soit qu'ils s'appellent Convention, Parlement ou Souveraineté du peuple.

C'est J.-C. qui a suscité ces grandes âmes qui n'existaient pas avant lui et qui n'existent pas en dehors de lui, lorsqu'il a prononcé ces généreuses et puissantes paroles : Ne craignez point ceux qui tuent le corps, mais qui ne peuvent tuer l'âme.

Remarquons que J.-C. ajoute : Mais craignez plutôt celui qui peut perdre dans l'enfer et l'âme *et le corps*. Par ces dernières paroles *et le corps*, N. S. montre la folie de ceux qui croient au moins sauver leur corps en lui sacrifiant leur conscience et en trahissant la vérité ; c'est comme s'il leur disait : Ce corps que vous croyez sauver, vous le perdez, car l'âme étant la vie du corps, il accompagnera son âme dans l'enfer; vous avez donc tout intérêt à le sacrifier pour un temps, vous le sauvez pour l'éternité. La logique, comme toujours, est avec N. S. J.-C.

Voulez-vous, ennemis de l'Eglise, savoir si la parole du Christ a conservé sa vertu ; essayez d'obtenir d'un *vrai* catholique un acte contraire à sa conscience?

il vous livrera son corps, mais son âme vous échappera, elle vous dominera et vous écrasera.

Gloire donc à J.-C., dont la doctrine, pénétrée de la vertu de la grâce, a produit des âmes humbles et fières, des cœurs purs et des hommes sans reproche et sans peur.

S⁺ Matt. Cap. x. V. 34. *Nolite arbitrari quia pacem venerim mittere in terram ; non veni pacem mittere, sed gladium.*

Je ne suis pas venu apporter la paix, mais le glaive.

Il n'y a qu'une paix, quoi qu'elle apparaisse sous deux faces : l'une qui résulte de l'harmonie des lois naturelles entre elles ; l'autre du rétablissement de cette harmonie, lorsqu'elle a été détruite.

Nous ne pensons pas qu'il y ait un état de paix dans la violation de ces lois, selon ces paroles de l'Ecriture : *Non est pax impiis.*

La paix, c'est l'état primitif, l'état antérieur, l'état constitutif ; c'est l'harmonie des cieux, l'harmonie des mondes, l'harmonie des intelligences ; c'est, de la part des créatures inintelligentes, l'accomplissement des lois qui les régissent et, de la part des créatures intelligentes, l'obéissance amoureuse à ces mêmes lois.

Ainsi, la paix précède tout ; elle est contemporaine de la création ; c'est la résultante du code constitutionnel de la créature. Voilà la notion de la paix : c'est l'activité dans le bien.

La guerre, c'est la révolte, c'est l'activité dans le mal.

Il suit de là que la guerre est nécessairement postérieure à la paix, qu'elle n'a aucun droit ; c'est une nouvelle venue qui a voulu usurper les droits de la paix ; à l'obéissance elle a substitué la violence.

De ce que la guerre existe, on doit conclure nécessairement que la première guerre fut une révolte et que c'est par une révolte que la guerre est entrée dans le monde.

Tout étant en paix primitivement dans le monde, sous l'empire des lois divines, s'il n'y avait pas eu révolte et révolte consommée, cet heureux état subsisterait encore. Puis donc qu'il y a guerre, la guerre est le fruit de la révolte ; c'est logique. Et comme Dieu seul préexistait à cet état primitif de paix, il est également logique de conclure que la première révolte ou la première guerre a eu lieu contre Dieu.

Donc, la guerre c'est le mal, mais non toute guerre; car celle qui se fait dans l'intérêt de la paix, c'est-à-dire pour la défense de la justice et du droit attaqués, est légitimée. Par son but, elle participe aux droits et à la sainteté de la paix, dont elle est un des éléments et dont elle procure le triomphe ; c'est cette dernière guerre que N. S. J.-C. est venu apporter sur la terre.

Il y a donc deux guerres distinctes : la guerre-révolte ou la guerre proprement dite ; la guerre pacifique ou la guerre génératrice de la paix ; cette dernière est un serviteur dans la maison de Dieu.

Ces deux genres de guerre nous donnent l'explication de divers passages de l'Evangile qui paraissent contradictoires. Ainsi, N. S. dit, comme nous l'avons cité plus haut (cap. x. V, 34.) : *Nolite arbitrari quia pacem veneri mittere in terram ; non veni pacem mittere sed gladium*. Je ne suis pas venu apporter la paix *sur la terre*, mais le glaive ; et au chap. XXVI. V. 52, le même Jésus dit absolument le contraire : Remets, dit-il à Pierre, ton épée dans le fourreau ; car tous ceux qui se serviront de l'épée périront par l'épée ; il n'y a cependant aucune contradiction, car il ne s'agit pas du même glaive.

Le glaive que J.-C. a apporté sur la terre et qu'il recommande à ses apôtres est le glaive spirituel de la parole et celui qu'il interdit à Pierre, c'est le glaive des violents, c'est le glaive matériel qui verse le sang, selon cette maxime de l'Eglise : *Ecclesia abhorret à sanguine*; mais si J.-C. interdit ce glaive à ses apôtres, il l'approuve dans les mains qui ne consacrent pas et qui ont le droit de s'en servir.

Et nous pensons que si Pilate, qui avait ce droit, avait voulu s'en servir contre les meurtriers de l'Homme-Dieu, J.-C. ne le lui eût pas défendu.

Au surplus, cette lutte spirituelle que N. S. appelle guerre, rentre dans la définition que nous avons donnée de la paix ou de la guerre génératrice de la paix, à savoir : l'activité dans le bien.

Il est important de bien peser ces paroles de J.-C.: *Nolite arbitrari quia venerim pacem mittere in terram*, et surtout ces derniers mots *in terram*. La terre était en guerre contre Dieu ; cet état, contraire à la nature des choses, était devenu l'état ordinaire de l'homme.

Si N. S. avait apporté la paix *sur la terre*, c'est-à-dire une paix terrestre, une paix charnelle, il aurait légalisé la révolte primitive ; à la terre insurgée, à l'homme en état de révolte, le Verbe ne pouvait apporter la paix, selon le sens humain de ce mot. Pour cette œuvre, pas n'était besoin du Christ, l'homme suffisait.

Mais, pour recouvrer l'harmonie détruite, pour rendre à l'homme la paix, son patrimoine primitif, il fallait détruire les causes qui avaient amené cet état de guerre, il fallait reconstruire ce qui avait été détruit ; c'est ce labeur de reconstruction similaire, extérieurement, à celui de destruction, auquel N. S. donne le nom de guerre ; mais, au fond, c'est un travail de paix, car c'est l'activité dans le bien et J.-C. est le premier ouvrier de ce labeur ; c'est le chef du chantier de la reconstruction de la sainte Cité ; c'est pourquoi il est appelé Dieu de paix. Par le même motif, tous ceux qui coopèrent à cette œuvre, même avec le glaive matériel : David, Godefroy de Bouillon, saint Louis, etc., méritent d'être appelés pacifiques et enfants de Dieu ; leur labeur est l'activité dans le bien; il en est de même de Moïse et de Josué, ce destructeur des races chananéennes. Tous ses travaux tendent à ce but.

Celui qui avait été, dans le principe, l'auteur des lois de la paix, en est le restaurateur. La guerre, qui est le mode de cette restauration, est une conséquence forcée de la révolte.

N. S. ajoute, V. 35 : *Veni enim separare hominem adversùs patrem suum et filiam adversùs matrem suam et nurum adversùs socrum suam.* Car je suis venu diviser le fils d'avec le père, la fille d'avec la mère, la belle-fille d'avec la belle-mère.

Cette division s'opère au moyen du glaive que J.-C. a apporté sur la terre; il ne peut être ici question que de séparation spirituelle, car N. S. n'opère pas de séparations corporelles violentes par voie de gendarmes ou d'huissiers.

Quand N. S. J.-C. arrive dans une ville, une commotion profonde a lieu ; toutes les âmes ressentent cette commotion : *mens agitat molem*. Les impressions se diversifient selon les tendances.

Les âmes qui cherchent la lumière et la vérité, viennent recueillir les enseignements du docteur suprême ; elles adhèrent à sa parole et s'attachent à sa doctrine. En même temps que sa lumière éclaire leur intelligence, sa charité séduit leur cœur ; elles appartiennent entièrement au Christ.

Celles, au contraire, qui se plaisent dans l'erreur et recherchent les ténèbres, sentent accroître leur haine contre le seul et unique docteur de la vérité ; elles se cuirassent contre la lumière qui voudrait s'insinuer dans leurs âmes et contre l'amour, dont la douce et chaude influence voudrait pénétrer leurs cœurs.

Il se produit donc deux résultats en sens contraire: chez les uns la lumière et l'amour s'accroissent ; chez les autres les ténèbres et la haine, le même Christ produit des résultats si différents ! *Mors est malis, vita bonis; vide paris sumptionis, quam sit dispar exitus !*

C'est la division annoncée par N. S. J.-C.

S' MATT. CAP. X. V. 37. *Qui amat patrem aut matrem plus quam me non est me dignus ; et qui amat filium aut filiam super me non est me dignus.*

Celui qui aime son père ou sa mère plus que moi, n'est pas digne de moi ; et celui qui aime son fils ou sa fille plus que moi, n'est pas digne de moi.

Sur ces paroles, nous faisons d'abord cette remarque : c'est que N. S. après avoir dit : Celui qui aime son père ou sa mère plus que moi, n'est pas digne de moi, ajoute : Celui qui aime son fils ou sa fille plus que moi n'est pas digne de moi.

C'est qu'en effet, il y a un amour supérieur à celui d'un fils ou d'une fille pour son père ou sa mère, c'est celui d'un père ou d'une mère pour son fils ou sa fille, et N. S. J.-C. est tellement jaloux du cœur de l'homme, qu'il veut régner sur ce cœur ; il n'y peut souffrir de rival; il ne veut pas être le second, il veut être le premier.

Nous avons dit que l'amour du père pour le fils surpassait l'amour du fils pour le père ; c'est une vérité d'expérience que les pères aiment plus leurs enfants que les enfants ne les aiment, et c'est le contraire qui devrait exister, car les enfants reçoivent tout de leurs parents, et, généralement, les parents ne reçoivent rien de leurs enfants ; et, toutefois, c'est le contraire qui est vrai. La tendance contraire est universelle ; c'est pourquoi on a l'habitude de dire que l'amour descend, mais qu'il remonte difficilement. Comment expliquer ce phénomène ?

Il faut remarquer que l'amour ou la charité, ce qui est la même chose, car l'amour naturel ou l'amour humain c'est la charité dans un ordre inférieur, l'amour donc, dans sa notion la plus élevée, l'amour habite en Dieu ; il habite le sommet le plus élevé des choses, l'amour est Dieu : *Deus est charitas*, dit l'apôtre.

Considéré dans ses communications avec les trois personnes divines, l'amour est de plain-pied, c'est un amour d'égalité; considéré dans ses rapports avec les créatures, l'amour doit nécessairement descendre.

L'homme étant fait à l'image de Dieu, l'amour du père qui est sur la terre doit imiter l'amour du père qui est dans les cieux, il doit nécessairement descendre. Ajoutons ce motif : dans l'homme, ce que Dieu aime, c'est son image ; car Dieu ne peut aimer que lui-même ou son image, et, plus cette image est parfaite, plus Dieu aime celui qui la porte ; et, comme Dieu a imprimé cette image dans tous les règnes de la nature, bien qu'à des degrés divers, il suit de là, que la création toute entière réfléchit Dieu, ce qui est un spectacle merveilleux.

Il suit de là, aussi, que Dieu aime toutes les créatures qu'il a faites, puisqu'elles portent son image, et que l'amour est le lien universel entre le créateur et les créatures, comme il est le lien entre les trois personnes divines.

A ce point de vue, quelle magnifique harmonie que la création ! L'image de Dieu y est partout et beaucoup de gens, prétendus savants, ne voient pas Dieu !

Nous avons vu que ce que Dieu aimait dans l'homme, c'est son image ; c'est aussi son image que le père terrestre aime dans ses enfants. L'amour du père pour ses enfants a son prototype dans le ciel ; c'est l'accomplissement d'une loi divine. En ce sens, quand l'homme obéit à la nature, il obéit à Dieu.

Puisque l'amour de l'homme pour son fils ou sa fille est l'accomplissement d'une loi divine, cette proposition : Celui qui aime son fils ou sa fille plus que moi, n'est pas digne de moi ; cette proposition, disons-nous, peut-elle se justifier au tribunal de la raison ? Oui, si J.-C. est Dieu ; s'il n'était pas Dieu, ce serait fort contestable; mais nous ne voulons pas admettre, même pour un instant, que J.-C. n'est pas Dieu. A ses yeux comme aux nôtres, c'est, comme Dieu, qu'il exige tout le cœur de l'homme, mais non comme privilège gratuit, mais comme privilège justement acquis.

Et d'abord, Dieu est plus proche parent de l'homme que le père et même la mère ; c'est de Dieu, en effet, qu'il tient la vie : Dieu est le père et la mère directs. L'homme, à la vérité, transmet la chair et le sang, mais il ne transmet pas la vie ; la vie n'est pas nécessairement attachée à la chair et au sang.

Cette transmission a lieu souvent sans produire la vie ; beaucoup de mariages sont inféconds, au grand désespoir des parents ; d'autre part, il y a des unions criminelles qui désirent la stérilité et qui ne l'obtiennent pas.

Quand la pauvre mère conçoit, elle n'en sait rien ; il faut qu'elle attende les manifestations de la vie. Ce n'est donc pas l'homme qui dispose de la vie, c'est Dieu ; donc, Dieu est le véritable père de l'homme, et, sous ce point de vue, il est son parent le plus proche. Nul ne peut lui contester cette proximité ; c'est pourquoi N. S. J.-C., quand il a appris à l'homme à prier, lui a enseigné de dire à Dieu : Notre père qui êtes aux cieux....

Dieu n'a pas transmis la chair et le sang; il a chargé l'homme de cette transmission, afin que l'homme, se reconnaissant dans sa chair et dans son sang, aimât son image autant qu'il s'aime lui-même ; mais autant la vie est au-dessus de la chair et du sang, autant l'amour pour Dieu doit être au-dessus de l'amour d'un père pour sa chair et son sang. Ceci est logique.

Qu'est-ce que cette vie dont Dieu anime la chair et le sang de l'homme ? L'âme est la vie du corps ; y a-t-il identité entre cette vie de l'âme et cette vie passagère qu'on a comparée à l'huile d'une lampe qui s'use avec les organes et périt avec eux ? Nous ne savons.

Si Dieu est proche de l'homme sous le point de vue du corps, il est encore bien plus proche de lui, sous le point de vue de l'âme ; ici point de coopérateur, ni d'auxiliaire, Dieu seul agit ; lui seul produit cette âme qu'il unit à la chair et au sang encore imprégnés des effluves de la volonté viciée dans son principe, et dont l'effet instantané est de communiquer à l'âme qui lui est unie la souillure dont elle contient le germe ; c'est la lumière divine qui éclaire cette âme et c'est, sous l'impulsion de la motion divine, qu'elle est mue vers le bien.

Mais, bienfait plus grand : si l'âme vient à perdre la vie divine qui l'anime, si elle meurt sous la souillure du péché, cette souillure est ineffaçable, ineffaçable à tous, excepté à Jésus, qui a acheté ce privilège au prix de son sang répandu sur la croix.

Quels sont les parents qui ont aimé leurs enfants jusqu'à mourir pour eux sur un gibet ?

Quelques-uns peut-être se sont rencontrés qui ont aimé jusqu'à la mort ; mais s'ils ont souffert les mêmes supplices que J.-C., ce qui est douteux, ils n'ont pas subi les mêmes humiliations, car Jésus s'était proclamé Dieu (et il l'était), et il a accepté et subi la mort ignominieuse de la croix ; cette mort lui donnait pour un temps un démenti solennel, car un Dieu ne meurt pas.

Le mystère de sa mort n'était connu que de ses seuls disciples ; il était inconnu à la foule qui assistait à son supplice ; aussi, plusieurs de cette foule, parmi lesquels quelques-uns, peut-être, n'étaient point hostiles, le considérant sur la croix, lui disaient : Eh bien ! toi qui détruis le temple de Dieu et le rebâtis en trois jours, sauve-toi toi-même ; si tu es Fils de Dieu, descends de la croix. La croix n'ôtait pas seulement à Jésus la vie du corps, elle lui enlevait encore sa vie divine ; elle ruinait dans l'esprit des populations la croyance à sa divinité, ce bien légitime de Jésus, infiniment supérieur au bien de la vie.

Nul parent, mourant pour l'enfant qu'il aime, n'a fait un sacrifice qui approche de celui de Jésus. Les parents de cette terre n'ont pu offrir que le sacrifice de leur humanité ; Jésus a offert le sacrifice de son humanité et de sa divinité.

De quelque manière donc qu'on considère Jésus, il est plus parent de l'homme que l'homme lui-même, puisque, d'une part, c'est lui qui lui donne la vie et, d'autre part, c'est lui qui la lui rend lorsqu'il l'a perdue ; et il a droit, même devant la raison, à la préférence d'amour qu'il réclame.

Au fond, ces paroles: *Qui amat patrem aut matrem,. non est me dignus*, ne sont autre chose que ces paroles, transmises par les anges à Moïse, et aux hommes par Moïse : Tu aimeras le Seigneur, ton Dieu, de tout ton cœur, de toute ton âme, de toutes tes forces; mais ces paroles ne suffisaient pas à Jésus. Cette formule avait quelque chose de général et de vague ; elles ne s'appliquaient à aucune vertu particulière, elles s'éparpillaient en quelque sorte sur l'immensité de la divinité.

Toutes les puissances du cœur de l'homme, J.-C. les ramène à lui : J.-C. est leur but unique ; c'est le sens de ces paroles *non est me dignus*, et il faut remarquer que J.-C. répète trois fois le *non est me dignus*; il n'est pas digne de *moi*. Jésus aurait pu dire: n'est pas digne de Dieu ; mais non, il dit n'est pas digne de *moi* ; c'est le *moi* personnel qui domine. Ce n'est pas le Dieu un de Moïse qui domine, c'est la seconde personne, incarnée dans Jésus, qui domine.

Si Jésus concentre l'amour en lui-même, c'est afin de lui donner plus de force ; il en fait un amour personnel et individuel ; il lui fixe un but : ce but, c'est lui. Il lui donne un aliment : cet aliment, c'est la rédemption, la rédemption par la souffrance ; mais la souffrance alimentée elle-même par les flammes de l'amour divin. J.-C. veut aimer et être aimé personnellement et exclusivement, comme un amant aime son amante et en est aimé, un fiancé sa fiancée, un époux son épouse. Rien de plus tendre que Jésus pour les âmes qui écoutent sa parole et qui l'aiment d'un amour exclusif.

Les paroles de Jésus ont atteint leur but : elles ont fait naître, soit dans les cloîtres, soit dans le monde, ces troupes innombrables d'âmes virginales, chastes et pures, amoureuses de sa personne, qui ne trouvent de bonheur qu'au pied des autels, dans les entretiens mystiques et enflammés qu'elles ont avec leur bien-aimé; plus heureuses encore lorsqu'il les appelle à partager sa couche sur la croix avec les épines et les clous.

C'est là que l'âme courageuse, semblable à l'épouse du Cantique des Cantiques, cherche son repos dans les trous de la muraille, c'est-à-dire dans le trou pratiqué dans le côté de J.-C. par la lance du soldat et dans ceux pratiqués avec les clous dans les pieds et les mains, ou, enfin, dans ceux pratiqués dans la tête par les épines.

Si J.-C., a concentré sur lui tout l'amour, c'est aussi pour nous enseigner que c'est en lui que l'humanité trouve son centre; qu'il est l'intermédiaire nécessaire entre Dieu et l'homme; qu'il est la voie et la vie de l'âme et qu'en dehors de lui, il est impossible de parvenir à Dieu et de lui plaire.

C'est pourquoi l'Eglise termine toutes ses prières par ces paroles : *Per Jesum Christum dominum nostrum.*

S' MATT. CAP. X.V. 39. *Qui invenit animam suam, perdet illam : et qui perdiderit animam suam propter me, inveniet eam.*

Celui qui réussit à conserver sa vie la perdra, et celui qui la prodiguera à mon service, la trouvera.

Plusieurs des maximes de J.-C. ont besoin, pour être comprises, de la clarté des évènements. Celle-ci est de ce nombre, car elle est en même temps vérité doctrinale et prophétie. Elle annonçait cette nouvelle race d'hommes se reproduisant dans l'Église jusqu'à la fin des temps et auxquels on a donné le nom de martyrs.

Jusqu'alors on n'avait demandé à l'homme le sacrifice de sa vie que pour des intérêts majeurs, dans l'ordre matériel, *pro aris et focis*, pour la défense des autels et du foyer domestique ; en d'autres termes, des dieux et de la patrie et les dieux se confondaient avec la patrie.

Chaque pays avait ses dieux nationaux, comme il avait le sol sacré de la patrie, comme il avait le foyer domestique ; ces trois espèces de biens s'identifiaient. En donnant sa vie pour le sol de la patrie et pour la famille, on la donnait pour les dieux nationaux qui étaient les protecteurs nés, les patrons de la patrie et de la famille. Ces trois espèces de biens ne se séparaient pas ; ils s'identifiaient tellement que les dieux nationaux étaient censés vaincus en même temps que leurs adorateurs, et leurs idoles faisaient partie des dépouilles du peuple vaincu ; disons mieux, c'était les dieux du peuple vainqueur qui étaient victorieux des dieux du peuple vaincu.

Il n'y avait d'exception que dans Israël.

Quand les Israélites étaient vainqueurs des Moabites ou des Philistins, c'était bien Jéhovah qui était vainqueur des dieux de Moab et d'Ascalon ; mais quand Moab triomphait, il triomphait des Juifs séparés de Jéhovah par leurs prévarications ; le vaincu c'était l'Israélite sans Dieu.

Que devaient donc penser les auditeurs de J.-C. lorsqu'ils lui entendaient dire: *Qui perdiderit animam suam propter me, inveniet eam* : celui qui perdra sa vie *pour moi* la retrouvera.

Eh quoi! voilà J.-C. qui demande qu'on fasse pour lui le sacrifice de sa vie, c'est-à-dire qu'on le préfère à tous les biens, qu'on l'assimile à un Dieu. C'est bien là, en effet, ce qui est contenu dans cette doctrine, dont les développements ont fondé le droit moderne qui a substitué le droit à la force. N'est-ce pas une affirmation de sa divinité que de demander qu'on le préfère à tous les biens, même au bien de la vie et de promettre en échange une vie qui ne peut être que la vie éternelle; autrement cette parole serait absurde.

Aussi, pensons-nous que, dans ces paroles, N. S. proposait cette vérité à l'intelligence de ses auditeurs.

Remarquons que, jusqu'à la venue de J.-C., la lutte a lieu sur le terrain matériel; l'âme suit le corps. L'homme accepte la solution donnée par l'épée; la veuve d'Hector reconnaîtra Pyrrhus pour son maître et pour son époux.

Les âmes, qui n'acceptaient pas les décisions du sort, y échappaient en se donnant la mort. Cornélie, veuve de Pompée, proteste contre la brutalité du fait victorieux, par le suicide; Caton fait de même : *Victrix causa diis placuit, sed victa Catoni.*

Les dieux s'inclinaient devant la victoire; le victorieux était l'ami des dieux; la force dominait le droit. Dans la force, on reconnaissait la voix de la vérité; c'était la voix de Dieu, le *Verbum dei*, Verbe faux; ce n'était pas le Verbe de Dieu, c'était le Verbe des dieux.

Pour mieux protester contre cette doctrine dégradante, le Verbe véritable a voulu, sur cette terre, être victime de la force ; il a voulu être vaincu.

J.-C. transporte donc la lutte sur un terrain plus élevé. Ce n'est plus le corps qui dominera l'âme ; l'âme, au contraire, dominera le corps ; l'esprit dominera la matière.

Il pose des bornes à la puissance matérielle, il délimite son domaine ; c'est le législateur de l'âme et du corps ; il fixe un but au sacrifice de l'homme : ce but, c'est lui, le Verbe de Dieu : *Qui perdiderit animam suam propter me, inveniet illam;* Celui-là seul qui donnera sa vie *pour moi,* la trouvera. Telle est la voix de la vérité, la voix du Verbe.

Vous, lâches, qui apostasiez pour conserver votre vie, vous la perdrez ; et vous, stoïciens farouches, qui sacrifiez cette vie sur l'autel de l'égoïsme et de l'orgueil humain, vous la perdrez également.

Et qu'on ne dise pas que cela est injuste ; dans les deux cas, les voies sont différentes, mais le but est le même : la glorification de l'humanité.

On ne peut pas trouver la vie où elle n'est pas ; J.-C., ressuscitant après sa mort à la vie éternelle, a prouvé que la vie était en lui ; c'est donc là qu'il faut chercher la vie.

Ainsi, dans cette circonstance, comme dans le verset qui précède, où il demande un amour privilégié, J.-C. identifie son *moi* avec la divinité et ce langage est fort remarquable. J.-C., selon l'expression de saint Paul, n'a pas cru que ce fut une usurpation de se poser comme Dieu et de se proposer comme seul digne du témoignage du sang et il indique que ce sacrifice est le seul qui procure la vie.

Sans doute, l'orgueil et la peur continueront d'avoir leurs martyrs ou leurs esclaves ; mais J.-C. indique les conditions du véritable martyr : c'est de mourir pour la vérité, *propter me*.

Il ouvrira la carrière ; lui-même sera, sur le Calvaire, le premier martyr de la vérité ; à sa suite viendront d'innombrables phalanges de héros inconnus à l'antiquité.

Ce n'est donc pas la mort qui fait le martyr ; c'est le genre de mort, c'est la cause de la mort.

Hus et Jérôme de Prague ont souffert la mort avec une constance admirable ; pourquoi ne sont-ils pas martyrs ? C'est parce qu'ils n'ont pas souffert *propter me (Christum)* ; ils ont souffert pour eux. Nous en dirons autant de ceux qui sont morts pour Luther ou Calvin, ou Zvingle ou Bucer ; ils ne sont pas morts *propter me (Christum)*. Dès lors, ils n'ont pas droit à la récompense promise à celui qui mourait pour J.-C., c'est-à-dire la vie éternelle.

Et nous avons vu plus haut, par la résurrection de J.-C., que cette vie était en lui, que c'était son bien ; Jean Hus, Jérôme de Prague, les disciples de Luther, Calvin, Bucer ou Zvingle sont morts pour eux ; que peuvent-ils demander à J.-C. ?

J.-C. leur dira : Je ne vous connais pas, vous n'étiez pas avec moi sur la croix ; demandez votre récompense à ceux pour qui vous êtes mort.

Rien, en effet, ne les rattache à J.-C. ; ils ne dérivent pas de J.-C. ou de saint Pierre, ils dérivent de Caton ou de Cornélie, ou de leurs imitateurs modernes, les païens de la Gironde, connus sous le nom de Girondins.

Tout sacrifice qui n'est pas en union avec celui du Calvaire, ne peut être un martyre. Le martyr est le témoin de Dieu ; ce n'est pas le témoin d'un homme.

Si une vie plus généreuse a coulé dans les veines de l'Europe moderne, si un souffle plus relevé a soulevé la poitrine des chrétiens, si des intérêts supérieurs à ceux de l'humanité ont fait battre leurs cœurs, si Dieu a retrouvé parmi les hommes la place qui lui est si légitimement due, à qui le doit-on? N'est-il pas juste d'en attribuer le mérite à cette doctrine prêchée d'abord par J.-C., puis mise en pratique d'une manière si lumineuse à la fois et si convaincante par ces longues et nombreuses générations de martyrs qui, à l'imitation de leur maître, ont sacrifié leur vie pour la gloire de Dieu et le salut de l'homme.

Chaque martyr, en effet, est un flambeau qui ajoute à l'éclat de la doctrine.

Comment le monde aurait-il pu échapper à l'action de cette lumière? Comment le corps social n'aurait-il pas été, de proche en proche, pénétré de son éclat ?

La contr'épreuve vient encore corroborer cette preuve.

Voyez les nations du globe en dehors du christianisme, leur niveau moral n'est pas au-dessus de celui des païens ; leur morale ne s'élève pas au-dessus des intérêts matériels et terrestres ; leur regard, fixé sur la terre, ne s'élève pas vers le ciel. Et, parmi les nations jadis chrétiennes, celles qui ont apostasié, sont descendues dans la fange du matérialisme; elles se glorifient même de leur abjection.

Tant il est vrai qu'Adam est l'homme terrestre,

J.-C. l'homme céleste ; c'est celui par lequel nous pénétrons les cieux.

Aussitôt que J.-C. disparaît, l'honneur humain disparaît ; la face de l'homme ne réfléchit plus l'image de Dieu. La doctrine de Jésus est le thermomètre de l'humanité.

Celui qui cherche à conserver sa vie la perdra et celui qui la prodiguera pour *mon service* la trouvera.

L'apôtre, il faut en convenir, se sert, pour exprimer la pensée de Jésus, d'une formule de langage insolite et obscure. Ces mots : *qui invenit animam suam*, font rêver d'un homme qui cherche à préserver sa vie et qui en trouve le moyen ; mais ce moyen est coupable, car Jésus ajoute que, s'il la trouve, il la perdra. Ici, la pensée de J.-C. est un peu enveloppée dans les nuages, mais le second membre de phrase dissipe ces nuages ; car J.-C. ajoute : *Et qui perdiderit animam suam propter me, inveniet eam.*

Si celui qui perd la vie pour J.-C. gagne la vie éternelle, il est évident que celui qui perd cette même vie éternelle, la perd parce qu'il aura agi contre J.-C. Dans les deux cas, c'est de J.-C. qu'il est question ; c'est lui qui est en jeu. Quant aux deux vies que J.-C. ne spécifie pas et qu'il appelle du mot général *vie*, il est facile de les distinguer.

L'homme ne possède qu'une vie, c'est la vie présente, la vie mortelle ; il peut disposer de celle-là seulement ; elle dépend de son libre arbitre, il peut la conserver ou la perdre.

Quant à l'autre vie, l'éternelle, elle n'est pas à sa disposition ; elle ne lui appartient pas, c'est J.-C. qui en dispose et si l'homme la gagne ou la perd, c'est à titre de récompense ou de punition, c'est-à-dire sous certaines conditions.

Si donc l'homme conserve la vie ou la perd, il ne peut être question que de la vie présente, dont il dispose, et si, sous certaines conditions, il perd ou gagne une autre vie, il ne peut être question que de la vie future. D'après ces explications, il est facile de comprendre le passage ci-dessus.

St MATT. CAP. XII. V. 38. *Tunc responderunt ei quidam de scribis : Magister à te volumus signum videre.*

Alors, quelques-uns des scribes lui dirent : Maître, nous voudrions que vous nous fassiez voir quelque prodige.

Les œuvres de Dieu sont parfaitement coordonnées entr'elles et les moyens répondent à la fin. Dieu s'était choisi un peuple qui n'avait qu'une mission : c'était de conserver la race charnelle du Messie; cette mission une fois remplie, la société juive a disparu.

Ce peuple n'avait également qu'une promesse : c'était la promesse de la vie présente. Toutefois, l'accomplissement dans une vue de foi, des préceptes de la loi, avait la vie éternelle pour récompense.

En faveur de ce peuple, Dieu opéra de grands prodiges ; mais comme les Juifs étaient un peuple charnel, les miracles que Dieu opéra en sa faveur étaient des miracles propres à frapper les sens ; j'appellerai ces prodiges, des miracles charnels.

Que voyons-nous, en effet, à l'origine de la nationalité juive ? Une verge est changée en serpent, puis, ce serpent redevient une verge. Moïse met sa main dans son sein, elle se couvre d'une lèpre blanche comme la neige.

Les eaux du Nil sont changées en sang; les grenouilles couvrent toute l'Egypte; la poussière de l'Egypte est changée en moucherons; des ténèbres épaisses couvrent, pendant trois jours, la terre d'Egypte, de sorte que personne ne voyait son plus proche voisin; tous les premiers-nés des Egyptiens sont tués dans une seule nuit. Tels sont les prodiges qui nous sont montrés à l'origine de la société juive.

D'autres prodiges de même nature accompagnent les Israélites au désert : d'abord, la mer Rouge ouvre son sein pour leur livrer passage, et elle se referme pour engloutir leurs ennemis ; une colonne de nuée les guide pendant le jour et une colonne de fumée pendant la nuit; la manne les nourrit; le Sinaï est en feu, puis, les murailles de Jéricho tombent au son des trompettes.

Enfin, pendant la durée de la société juive, d'autres miracles ont lieu, mais tous de même nature : une ânesse parle; le soleil rétrograde; les armées de Sennacherib et d'Holopherne sont détruites, etc..... J.-C. arrive, les prodiges sensibles disparaissent.

La mission de J.-C. était bien différente de celle de Moïse; elle concernait le genre humain tout entier. La doctrine de J.-C. était toute spirituelle ; elle devait transformer l'homme et, d'un être charnel, faire un être spirituel destiné pour le ciel. Cette société nouvelle, qui n'a d'autres limites que celles de l'univers, n'a qu'une loi, la vérité ; qu'un lien, la charité.

Les miracles de la loi nouvelle ne devaient donc pas être les mêmes que ceux de l'ancienne loi ; Dieu, comme nous l'avons dit, proportionnant toujours les moyens à la fin.

Aussi, les miracles de Jésus ne s'adressent pas aux sens, comme ceux de Moïse ; ils ne s'adressent pas aux yeux, ils s'adressent aux cœurs : c'est à la conquête des cœurs, que Jésus aspire.

Les miracles de Moïse appartiennent à l'ordre physique ; c'est le créateur du ciel et de la terre qui les opère. Les miracles de Jésus appartiennent à l'ordre moral ; c'est le rédempteur qui opère ces miracles.

Il est fort remarquable, en effet, que J.-C. n'a, pendant sa vie, fait aucun miracle purement physique ; tous ont pour but la charité. Quelques-uns, cependant, paraissent appartenir à l'ordre physique ; telles sont les manifestations arrivées au baptême de J.-C., celles du Thabor et Jésus marchant sur la mer.

Celle du Thabor était-elle purement physique ? On l'ignore. Dans tous les cas, ces trois phénomènes ne devaient pas être manifestés aux foules.

La voix qui fut entendue au baptême de J.-C. était, à la vérité, un miracle sensible, mais dont le but était purement charitable : c'était d'autoriser la mission divine de N. S. J.-C. concourant avec le symbolisme de l'Esprit-Saint, sous la forme d'une colombe, et la personne du Verbe, sous la forme de J.-C. lui-même ; c'était une manifestation de l'intervention des trois personnes divines dans le sacrement de Baptême. Le miracle seul de la voix a été entendu de la foule.

D'après le récit de saint Matthieu, Jean fut le seul

assistant qui vit la colombe se poser sur Jésus ; l'Esprit-Saint avait dit à Jean que c'était à ce signe qu'il reconnaîtrait Jésus, ce miracle était pour Jean seul, la foule ne l'a pas vu ; (encore, maintenant, ce n'est que sur l'indication de l'Esprit-Saint qu'on reconnait J.-C. ; la foule, qui n'est pas prévenue des grâces spirituelles, ne le reconnaît pas).

Le miracle du Thabor n'a eu que trois témoins, Pierre, Jacques et Jean, et n'a pas été divulgué du vivant de J.-C. Quant au miracle de Jésus marchant sur la mer, il a eu lieu en pleine nuit et n'a eu pour témoins que les apôtres.

Nous ne prétendons pas, d'ailleurs, que Jésus se soit interdit de commander à la nature ; nous voyons même la nature entière s'émouvoir et prendre le deuil, en quelque sorte, au moment de sa mort.

Il est toutefois d'une vérité incontestable que, dans leur ensemble, les miracles du Nouveau Testament, sont des miracles de charité : ils sont la règle ; les miracles sensibles sont l'exception.

Quelle était, en effet, l'occupation constante de J.-C. ? Il guérissait les malades, rendait l'ouïe aux sourds, la vue aux aveugles, le mouvement aux paralytiques ; les boiteux marchaient et les démons obéissaient aux commandements de Jésus.

Dans le même moment, la grâce opérait sur les âmes des guérisons analogues ; et voilà que les scribes demandent un signe. Ils respiraient, ils vivaient au milieu des prodiges et ils en demandent un ; quel prodige auraient-ils donc voulu ? Une lune sanglante, une éclipse de soleil, des phénomènes dans l'air, un tremblement de terre, des anges exterminateurs de l'armée romaine, ou tout autre spectacle qui satisfasse la curiosité et qui émeuve et frappe fortement les sens.

Ces prodiges étaient-ils dignes de Jésus ? En quoi eussent-ils été utiles à l'humanité ? En quoi eussent-ils profité à sa perfection morale ? A la manifestation de la vérité, à la gloire de Dieu ? D'ailleurs, ces prodiges rentraient dans la sphère de puissance des démons.

D'après les Mages de Pharaon, nous voyons qu'ils peuvent produire ou simplement imiter ces prodiges. Cette demande nous révèle le profond aveuglement des scribes, leur inintelligence de la mission et du caractère du Sauveur.

La lumière brillait au milieu d'eux et ils ne la voyaient pas; aussi, Jésus leur adresse cette apostrophe bien méritée : Cette génération corrompue et adultère demande un prodige et on ne lui en donnera point d'autre que celui du prophète Jonas. Il appelle cette génération aveugle, représentée par les scribes; il l'appelle génération adultère, parce que c'était elle qui devait consommer le divorce de la nation juive avec Dieu. En reniant J.-C., fils d'Abraham, elle renonçait à l'alliance que Dieu avait conclue avec Abraham, leur père, et, pour leur faire toucher au doigt et à l'œil combien ils étaient moins éclairés que les peuples ensevelis dans les ténèbres de l'idolâtrie, il leur propose l'exemple des Ninivites et celui de la reine d'Ethiopie.

St Matt. cap. xii. V. 41. Les Ninivites s'élèveront, au jour du Jugement, contre cette nation et la condamneront, parce qu'ils ont fait pénitence à la prédication de Jonas, et il y a ici plus que Jonas.

V. 42. La reine du Midi s'élèvera, au jour du Jugement, contre cette nation et la condamnera, parce qu'elle est venue des extrémités de la terre pour entendre la sagesse de Salomon, et il y a ici plus que Salomon.

Il n'appartient pas aux ignorants d'instruire les savants, ni aux pécheurs de prêcher la morale aux saints.

La reine de Saba vint des extrémités de la terre pour admirer la sagesse de Salomon, non pour lui imposer la sienne.

Sans sortir de leur pays, les scribes voyaient devant eux une sagesse bien supérieure à celle de Salomon et ils en contestaient les oracles ; ils voulaient diriger ses voies.

Les Ninivites ont reconnu, dans Jonas, le prophète de Dieu ; ils acceptent sa doctrine et, à sa voix, ils font pénitence.

J.-C. est un prophète bien supérieur à Jonas ; ses contemporains rejettent sa doctrine et refusent de se convertir. Il eût été irrespectueux et illogique à la reine de Saba de faire parade de sa sagesse, en face de celle de Salomon ; c'eût été, de la part des Ninivites, un outrage au prophète que de continuer à vivre dans leurs iniquités, en face de sa prédication.

C'est, en ce moment, ce que faisaient les scribes, en désignant à J.-C. le genre de miracle qu'ils demandaient de lui ; c'était à J.-C. de le choisir. Seul, il connaissait le genre de miracles qui devait accompagner sa doctrine, la manifester, la corroborer. Apporter pour appui à la société nouvelle, à la doctrine nouvelle toute entière fondée sur la charité et sur une sublime révélation, apporter, dis-je, à cette société nouvelle du Christ pour argument et pour développement les miracles de l'Ancien Testament, comme le voulaient les scribes, c'eût été mentir à la sagesse divine ; c'eût été vouloir recueillir des chardons sur les figuiers, ou des prunelles sur les vignes.

Croit-on donc que les miracles de J.-C. étaient le résultat du hasard ou du caprice et que c'était sans discernement qu'aujourd'hui il guérissait un paralytique, puis, qu'un autre jour il changeait l'eau en vin? Est-ce donc sans motif qu'il multipliait les substances et qu'il nourrissait des multitudes avec deux poissons et quelques pains ? Est-ce que ces guérisons d'aveugles et de boiteux, est-ce que cette pêche miraculeuse n'étaient pas symboliques ? Est-ce que, par tous ces symboles, il n'instruisait pas l'âme ?

Vous demandez un prodige, dit N. S. J.-C. aux scribes, vous n'en aurez pas d'autre que celui même de Jonas ; car, de même que Jonas fut trois jours et trois nuits dans le ventre d'un grand poisson et en sortit vivant, de même le Fils de l'Homme sera trois jours et trois nuits dans le sein de la terre et il en sortira plein de vie. Voilà ce que N. S. indique comme le prodige suprême, savoir sa résurrection figurée par Jonas.

La résurrection de Jésus est-elle donc supérieure aux autres résurrections produites par la puissance divine ?

J.-C. avait ressuscité la fille de Jaïre, en la prenant par la main ; il devait ressusciter Lazare, en lui disant ces paroles : *Lazare, veni foras*. Dans l'Ancien

Testament, le prophète Élie avait ressuscité un enfant, en le mettant en contact avec son corps ; la résurrection d'un corps n'était donc pas un prodige nouveau.

En quoi donc la résurrection de N. S. J.-C. présentait-elle un caractère de supériorité sur les trois faits précités ? En ce sens que les trois résurrections ci-dessus se font par le moyen d'agents extérieurs. Les incrédules pouvaient attribuer ces résurrections à quelque phénomène naturel, à quelque fluide magnétique émanant du corps de J.-C. ou d'Élie, à un courant vital, à un souffle mystérieux de vie se communiquant d'un corps à un autre.

Rien de pareil dans la résurrection de N. S. J.-C.: personne ne touche le saint corps ; dans le tombeau, il n'y a pas d'agent extérieur ; personne ne lui dit : *surge* ou *veni foras*. Comment donc la vie est-elle entrée dans le saint Tombeau ? Celui qui a mis l'âme dans le corps, réintègre l'âme de J.-C. dans son corps.

Les miracles sont tous des flambeaux lumineux, mais le plus lumineux de tous c'est, sans contredit, celui qui avait été figuré par Jonas ; il a dignement clos la carrière de N. S. J.-C. sur cette terre.

J.-C. avait dit de lui que ses paroles étaient des paroles de vie ; il avait annoncé à la Samaritaine une eau qui rejaillirait dans la vie éternelle ; il avait affirmé que celui qui mangerait sa chair et boirait son sang aurait la vie en lui ; il avait encore dit de lui qu'il était la voie, la vérité et la vie.

Le dernier de ses miracles, celui qui résume ses travaux, sa parole, sa doctrine, ne pouvait être le vain signe qu'on réclamait de lui ; il ne pouvait être que la résurrection et la vie ; la résurrection, qui n'est pas simplement la vie, mais la vie surgissant de la mort : œuvre propre au rédempteur des hommes, œuvre spéciale au Christ.

Qu'on veuille bien le remarquer: indépendamment des signes particuliers inhérents à la résurrection de J.-C., il y a un signe qui n'appartient qu'à la résurrection de J.-C. et qui n'apparaît dans nulle autre.

En effet, dans la résurrection de Lazare, comme dans toutes celles mentionnées dans les livres saints, le miracle n'aboutit qu'à rendre à l'homme la vie mortelle qu'il avait reçue à sa naissance ; mais, cette vie est sujette à la mort, elle lui sera de nouveau enlevée et tout le privilège de l'homme ressuscité consiste à mourir deux fois.

Il n'en est point ainsi de la résurrection de J.-C. : quand il ressuscite, c'est pour la vie éternelle ; après sa résurrection, il ne meurt plus. C'est pourquoi il a dit de lui : *Ego sum resurrectio et vita*; non-seulement il est la résurrection, mais il est la vie.

C'est là ce qui distingue la résurrection de J.-C. de toutes les autres, ce qui en fait le miracle des miracles, le miracle par excellence, celui auquel J.-C. convie les scribes et que la sagesse du nouveau Salomon oppose au prodige ridicule qu'ils demandaient.

Dans cette résurrection nous voyons un double fait : d'abord, le fait divin qui consiste, comme dans toutes les résurrections, à rendre la vie au mort ; puis, le fait de la vie éternelle, qui n'était pas compris dans le bienfait de la résurrection, qui n'était que la restauration du passé.

Cette vie éternelle est le fruit de la mort de J.-C. ; ce n'est pas une chose acquise, ce n'est pas une chose due, c'est une récompense, c'est un mérite acquis par J.-C.

Nous insistons sur ce fait: c'est que la différence est capitale entre la résurrection de J.-C. et les autres, c'est que J.-C. ressuscite à la vie éternelle et les autres à une vie mortelle ; il y a une différence du tout au tout. La résurrection de J.-C. est la première, elle précède toutes les autres ; seule elle renferme le germe de la vie éternelle.

Considéré sous ce point de vue, ce miracle, dans lequel était renfermé et abrégé toute la doctrine du Christ, contenait, selon la remarque si humble du Seigneur Jésus, une sagesse supérieure à celle de Salomon.

En guise d'épilogue et avant de terminer, parlons d'une petite difficulté relative à la comparaison tirée de Jonas.

V. 40. *Sicut enim fuit Jonas in ventre ceti tribus diebus et tribus noctibus, sic erit filius hominis in corde terræ, tribus diebus et tribus noctibus.* 40. Car, comme Jonas fut trois jours et trois nuits dans le ventre d'un grand poisson, ainsi le Fils de l'Homme sera trois jours et trois nuits dans le sein de la terre.

Bien qu'il ne faille pas s'attacher servilement à la lettre et demander rigoureusement l'accomplissement littéral de la prophétie, il est bon de prouver que cet accomplissement se rapproche le plus possible de la lettre.

Il est probable que Jésus fait dater les trois nuits

qu'il passa dans le sein de la terre, de l'heure de sa condamnation à mort et non de l'heure où il fut mis dans le tombeau ; à ce moment, de par la volonté humaine, Jésus n'est plus vivant.

La condamnation à mort de Jésus eut lieu dans l'assemblée des princes des prêtres, dans la nuit du jeudi au vendredi ; il ne s'agissait plus que d'obtenir l'assentiment de Pilate à l'exécution de cette sentence. On peut donc dire que, dès cette nuit, J.-C. habite avec les morts dans le sein de la terre.

Ce mot terre signifie l'humanité ; Jésus était retranché des vivants par la sentence portée contre lui et, par conséquent, dans le tombeau de l'humanité. Enfin, J.-C., après sa condamnation à mort, fut mis en prison.

La prison Mamertine, à Rome, où fut mis saint Pierre, est une prison souterraine ; on y est vraiment dans le sein de la terre. Si la prison où N. S. fut mis à Jérusalem ressemble à la prison Mamertine, N. S. passa une partie de la nuit du jeudi au vendredi dans le sein de la terre et l'accomplissement de la prophétie serait littéral.

L'âme de J.-C. voyait Dieu clairement et jouissait de la béatitude et c'est par un miracle permanent que J.-C. refusait à son corps les qualités glorieuses de clarté, d'agilité, de subtilité, d'impassibilité et l'immortalité que cette âme devait lui communiquer.

Après sa résurrection, la mission de J.-C. étant terminée, les conditions glorieuses du corps de J.-C. n'ont plus été suspendues par un miracle et alors elles ont reparu.

C'est pourquoi le corps de J.-C. nous apparaît, après sa résurrection, avec des conditions tout autres que celles qui paraissaient pendant sa vie mortelle.

S¹ Matt. Cap. xi. V. 11. *Amen dico vobis, non surrexit inter natos mulierum, major Joanne-Baptistâ : qui autem minor est in regno cœlorum, major est illo.*

En vérité, je vous le dis : Entre tous ceux qui sont nés des femmes, il n'y en a point eu de plus grand que Jean-Baptiste.

Cependant, celui qui est le plus petit dans le royaume des cieux, est plus grand que lui.

Il a plu à N. S. J.-C. de nous divulguer l'homme le plus grand qui ait paru sur la terre, et, dans la bouche de N. S., cette parole, *major*, signifie non la grandeur factice, mais la grandeur réelle, l'excellence de Jean et sa prééminence sur tous les hommes ; il faut, peut-être, en excepter Adam, non pas comme fruit de la grâce, mais comme fruit de la nature.

Le précurseur, celui qui était fait exactement sur le modèle de J.-C., devait surpasser Adam dans les voies de la grâce ; mais, Adam ayant reçu *tous* les dons naturels et surtout l'intégrité de sa nature, rien ne s'oppose à ce qu'il soit supérieur à Jean comme excellence de nature.

Les paroles de N. S. J.-C. prêtent à cette interprétation, car il se sert d'une singulière expression ; comme s'il craignait qu'on donnât à ses paroles une extension trop grande, au lieu de désigner les hommes par le mot hommes, mot qui eût englobé Adam dans sa signification, il se sert du mot très-singulier, *natos mulierum*; ceux qui sont nés des femmes et, dans ces mots, Adam n'est pas englobé, car Adam n'est pas né d'une femme. Le langage de N.S. J.-C. étant fort exact, il est probable qu'Adam n'est pas compris parmi les *natos mulierum*.

Ces derniers mots ne paraissent désigner que ceux qui sont nés sous l'empire du péché originel.

D'après les paroles de J.-C., Jean doit-il être considéré comme le plus grand des hommes, Adam excepté ?

Jusqu'au moment où parlait N. S., c'est incontestable ; mais J.-C. n'a pas dit qu'il ne naîtrait pas un homme supérieur à Jean, et, peut-être est-il réservé à l'ère chrétienne de produire un homme supérieur à Jean.

Jusqu'à nos jours, Jean est le seul qui n'ait pas été cadenassé jusqu'à sa naissance dans la prison du péché : Dieu s'est hâté de le délivrer dans le sein de sa mère.

Selon l'Esprit-Saint, le ventre maternel est l'officine du péché : *(Et in peccatis concepit me mater mea;)* et Jean n'ayant fait que passer dans la souillure de cette officine, a dû contracter une souillure moins profonde ; sa nature n'a été qu'effleurée par le mal ; de là sa supériorité sur ceux qui sont nés des femmes.

C'est ce qui est signifié par cette justification prématurée de Jean dans le sein de sa mère ; on ne voit point d'autre signification à ce fait.

Ce privilège a un corollaire et ce corollaire se traduit par une supériorité de nature ; et, cependant, dit J.-C., bien qu'il soit le plus grand de la race humaine, le moindre dans le royaume des cieux est plus grand que Jean.

J.-C. nous ouvre un horizon en dehors de ce monde ; il nous introduit dans le monde angélique.

Cependant, il est un fait certain, c'est qu'absolument parlant, il y a parmi les enfants des femmes, des personnages supérieurs aux anges. Ainsi, la Ste-Vierge, inférieure aux anges par nature, est leur reine par la grâce ; d'autres saints ont, par la grâce, atteint les hiérarchies célestes ; Jean, lui-même, est du nombre de ceux qui, par la grâce, ont pris place dans ces hiérarchies ; mais nous croyons que ces biens surnaturels ne sont pas, dans ce monde, portés à l'actif de ceux qui sont nés des femmes.

La grâce, bien qu'elle fasse partie des biens concédés à l'homme et l'élève beaucoup au-dessus de ses semblables qui n'ont pas été favorisés des mêmes biens, la grâce ne fait pas, comme la nature, partie intégrante de la créature ; la grâce est admissible, la nature ne l'est pas. Otez la grâce, la créature reste entière ; ôtez la nature, la créature disparaît.

C'est pourquoi N. S., dans l'estimation de l'excellence de la nature humaine, n'ajoute pas les biens de la grâce, qui ne font pas partie de cette nature ; élément divin, destiné à enrichir la pauvreté de cette nature.

La grâce ne devient partie intégrante de la créature, que lorsqu'elle a joui de la vision divine ; alors la grâce est immuable, elle est permanente. Jusque-là, c'est un accident, c'est une parure étrangère, c'est un don d'une richesse immense, mais c'est un don simplement communiqué; tandis qu'à partir du jour où la créature est favorisée de la vision divine, la grâce devient une propriété ; elle en revêt les caractères, dont le principal est d'être inadmissible.

La nature avait assigné une limite à la créature, mais l'amour a bouleversé toutes les limites ; c'est ce que dit la Sainte-Vierge : *Ecce enim beatam me dicent omnes generationes, quoniam ancillam humilem respexit Deus.*

Une humilité nouvelle, plus profonde que l'humilité angélique ayant surgi, un amour nouveau, une grâce nouvelle, plus profonds et inconnus au monde angélique, y ont correspondu.

Le tout-puissant aime le tout-humble, d'un amour égal à sa toute-puissance; c'est d'un monde en ruines que cette merveille a surgi.

Deposuit potentes de sede et exaltavit humiles.

La création est l'ouvrage de la toute-puissance créatrice ; le royaume des cieux est plus encore : c'est la même puissance accrue, augmentée et portée à ses dernières limites par la grâce ou l'amour; l'amour s'est trouvé supérieur à la puissance créatrice. C'est la grâce qui a achevé, perfectionné le royaume des cieux; les anges, qui étaient les premiers-nés, ne sont pas restés les premiers ; et, comme la créature angélique, la création la plus parfaite était faite, Dieu a produit une création nouvelle, qu'il a revêtue de grâce et d'humilité et puisée dans les espaces sans fin du libre arbitre.

Cette création nouvelle, à laquelle l'ange a concouru, il l'a saluée pleine de grâce, exaltant ainsi le fruit de la grâce, au-dessus de celui de la création.

Au résumé, tout procède de la grâce ; si le royaume des cieux est le produit de la grâce, la création ou la nature est aussi le produit de la grâce.

La création est une grâce constitutionnelle, si on peut s'exprimer ainsi ; la grâce proprement dite est une grâce de surérogation : c'est le résultat spécial d'un mouvement d'amour divin.

L'ange ne peut se plaindre ; il ne perd rien des magnifiques prérogatives de sa nature ; il reçoit ce qui lui a été promis et, s'il se plaignait que l'homme reçoit une récompense égale à la sienne et même supérieure, J.-C. lui dirait : Mon ami, de quoi vous plaignez-vous ? N'avez-vous pas le salaire que je vous ai promis ? Votre œil est-il mauvais, parce que je suis bon ?

Nous plaindrons-nous de ce que Dieu a ajouté l'appoint de la grâce ou de l'amour aux limites de la nature. Nous ne nous en plaindrons pas, au contraire ; cet imprévu, ce spontané de l'amour est ce qui charme le cœur de l'homme.

Heureux séjour que le royaume des cieux, chef-d'œuvre de l'amour divin : *Cujus participatio ejus in idipsum.*

S¹ MATT. CAP. XIII. V. 12. *Qui enim habet dabitur ei, et abundabit : Qui autem non habet, et quod habet auferetur ab eo.*

Car quiconque a déjà, on lui donnera encore et il

sera dans l'abondance; mais, pour celui qui n'a point, on lui ôtera même ce qu'il a.

Celui qui a est celui qui a reçu, car, dit saint Paul, qu'avez-vous que vous n'ayez reçu ? Celui qui a reçu est celui qui a bien voulu accepter ce qu'on lui donnait.

Mais, qui est celui qui donne ? C'est Dieu ; et, qui est celui qui reçoit volontairement ou qui accepte ? C'est l'homme. Tout le travail de l'homme se borne donc à accepter et à dire : Merci mon Dieu ! Cette coopération, où l'homme entre pour si peu, lui est imputée à justice ; Dieu l'en récompense, il comble de dons celui qui les accepte et alors ce dernier est dans l'abondance spirituelle.

Dieu introduit l'âme fidèle dans la connaissance des mystères du royaume des cieux ; il lui confie ses secrets comme fait un ami à un ami : *Vobis datum est nosse mysteria regni cælorum.*

Celui qui n'a pas, c'est celui qui n'a pas voulu recevoir ; il lui a été proposé et il a refusé. Alors, il n'a pas, car l'homme ne peut se rien donner, ou il a peu et ce peu compte pour rien : *Parum pro nihilo reputatur.*

Que fera Dieu ? Il lui ôtera même ce qu'il a. Mais que lui ôtera-t-il ? On vient de déclarer qu'il n'avait pas. Il ne peut donc rien lui ôter.

Il y a deux genres de propriétés ou de richesses : la richesse naturelle et la richesse surnaturelle.

La richesse naturelle appartient à tous les hommes, dans une mesure différente ; sans cette propriété, l'homme ne serait pas.

Lorsque N. S. parle de celui qui a, il parle de l'homme qui a reçu et accepté les dons surnaturels ; et quand il parle de celui qui n'a pas, il parle de l'homme qui a refusé les dons de la grâce.

Dieu n'estime que les dons surnaturels : ceux-là seuls lui plaisent ; c'est pourquoi il dit de celui qui les possède, celui qui a, *qui habet*, et de celui qui est privé de ces dons, par sa faute, il dit : celui qui n'a pas, *qui non habet*.

L'homme naturel est fait par Dieu seul, la volonté humaine n'y est pour rien ; l'homme ne concourt pas à sa propre conception.

Il n'en est point ainsi de l'homme surnaturel, celui-là est formé du concours de deux volontés : la volonté divine et la volonté humaine. L'homme surnaturel ne peut exister qu'autant qu'il consent à sa conception et qu'il y concourt.

L'homme naturel s'impose, il est forcé ; l'homme surnaturel est consulté par Dieu pour sa conception ou sa création ; s'il est, c'est qu'il l'a voulu ou qu'il y a consenti. Celui-là a, *qui habet*.

Mais qu'a-t-il ? Il a Dieu, car, dit saint Thomas, la grâce est la semence de Dieu. Mais l'homme naturel a refusé à Dieu le concours de sa volonté ; c'est pourquoi, il n'a pas Dieu : *Qui non habet*, celui-là n'a pas. Eh bien, c'est de celui qui n'a pas que N. S. a dit : On lui ôtera même ce qu'il a ; et, comme il n'a que les dons naturels ou les dons nationaux, ce sont ces dons individuels ou collectifs qui lui seront enlevés en tout ou en partie.

Outre les dons naturels, les Juifs avaient reçu, comme enfants d'Abraham, le don de la loi Mosaïque et celui des prophéties ; la vérité était dans le sein de ce peuple.

Il est évident que la vérité n'est plus dans ce peuple ; au regard de ce don national, les Juifs sont privés de ce qu'ils avaient ; la prophétie de J.-C. est déjà accomplie : *Et quod habet auferetur ab eo.*

C'est de ce don national surtout, que N. S. paraît parler, car il ajoute plus bas . *Incrassatum est enim cor populi hujus*; le cœur de ce peuple s'est encrassé, c'est dire que ce cœur est un instrument hors de service, de même qu'un cylindre, une roue, un engrenage quelconque ne peut plus fonctionner ou fonctionne mal quand il est encrassé.

Mais, ces mots *Et quod habet auferetur ab eo* : On lui ôtera même ce qu'il a, ont une signification plus étendue : ils signifient, en outre, que celui qui a méprisé la grâce perd même ses dons naturels.

Malgré la déchéance du péché originel, la prédisposition naturelle de l'homme est de chercher la vérité ; l'homme est fait pour elle. Ce peuple au cœur encrassé, dont parle N. S., en était une preuve, car, malgré ses mauvaises dispositions intérieures, il venait en foule entendre J.-C. ; et, les prédicateurs de mensonges le savent bien, car ils inscrivent sur leurs sacs de mensonges l'étiquette de vérité.

Or, cette prédisposition naturelle à chercher et accueillir la vérité, est enlevée ou atténuée chez celui qui a méprisé le don de la lumière que Dieu était venu lui offrir.

Un terrain neuf, un terrain vierge, est plus fécond qu'un terrain usé. Les Juifs sont une preuve bien frappante de cette vérité.

A l'époque d'Abraham, l'humanité fut scindée en deux fractions fort inégales ; d'un côté, les nations, en apparence et non en réalité abandonnées par Dieu, s'enfoncent dans les erreurs du paganisme; elles font l'expérience de l'impuissance des forces naturelles de l'humanité. Ces nations altèrent la notion de Dieu, mais elles ne perdent pas cette notion.

Pendant ce temps, le Juif, ce fils aîné de l'humanité, est traité d'une manière privilégiée.

Pendant que l'incirconcis est abandonné en apparence par Dieu, le circoncis est l'objet des soins les plus affectueux ; Dieu lui prodigue ses grâces et ses lumières ; l'enfant gâté méprise tous ces dons. Ces deux fractions de l'humanité marchent chacune dans leurs voies, l'espace de 2,000 ans.

Au bout de ce temps, Jésus apparaît ; il apparaît en personne devant le Juif, il lui fait cet honneur. Ce sont ses compatriotes, ses frères, les enfants d'Abraham comme lui. Il apparaît au païen par ses ambassadeurs, mais l'accueil est bien différent.

Le Juif avait été infidèle ; il avait méprisé les dons de Dieu ; il avait perdu la prédisposition naturelle de l'homme à recevoir la vérité. C'était une nature usée: *Et quod habet auferetur ab eo* ; on lui ôtera même ce qu'il a. Il consomme sa malice en rejetant J.-C.

Le païen paraissait bien plus loin de Dieu, mais il n'avait pas méprisé l'Esprit-Saint, il n'avait pas commis le péché contre le Saint-Esprit ; péché collectif peut-être, plutôt qu'individuel.

Comme il n'avait pas reçu la loi, il n'avait pas commis la violation de la loi; il n'avait pas perdu cette prédisposition naturelle de l'homme à accepter la vérité.

Donc, le païen accepte J.-C. ; en récompense, J.-C. lui accorde de connaître les mystères du royaume des cieux : *Qui enim habet dabitur ei et abundabit ;* Quiconque a, on lui donnera encore et il sera dans l'abondance.

Le païen était le barbare civilisé et corrompu ; et, néanmoins, il a reçu l'Evangile.

L'humanité recélait encore dans le fond de ses entrailles le barbare proprement dit, c'est-à-dire celui qui est à égale distance du sauvage et de l'homme civilisé. Pour nous, le barbare est celui qui, tout en étant privé des superfluités domestiques et sociales, s'abreuve encore aux sources de la nature ; c'est une âme pauvre mais saine, enveloppée d'une écorce rude et grossière, le peuple adulte ou tout au moins déjà débarrassé des lisières de l'enfance.

C'est chez le barbare que la nature est le mieux conservée, cette nature est mieux équilibrée.

Il n'y a pas chez lui opposition systématique à la vérité ; il a les défauts de la barbarie, défauts qui ne dégradent pas la nature et ne font pas déchoir, qui ne dérogent pas à l'humanité ; il est violent, il aime la guerre et le pillage. Dans ses expéditions il pillera et tuera, mais dans sa tribu, il ne sera ni voleur, ni assassin.

Tacite nous apprend que le barbare du Nord était chaste. Celui qui honore sa chair et son sang, Dieu le glorifiera sur cette terre.

L'Eglise a baptisé ce barbare, elle l'a sanctifié ; ce barbare a été la gloire de l'Eglise, c'est lui qui a peuplé le ciel de saints ; il est devenu l'homme modèle, l'homme tel que la terre n'en avait pas encore produit.

L'Européen est avant tout le fils de l'Eglise, et c'est de lui qu'on peut dire encore avec plus de vérité que du barbare civilisé : *Qui enim habet, dabitur ei et abundabit.*

Mais, hélas! l'humanité ne saurait se maintenir sur ces sommets évangéliques.

Déjà et depuis plusieurs siècles, quelques rameaux se sont détachés de l'arbre européen ; maintenant, le tronc est attaqué avec fureur ; à son tour, l'aîné de la famille européenne s'éloigne de sa mère. Ce robuste nourrisson de l'Eglise rejette le lait maternel pour sucer le poison des mamelles d'une marâtre ; le Franc apostasie, le géant devient crétin.

La France et l'Europe en sont au point où en était le peuple juif au moment de la venue de J.-C., et N. S. pourrait dire du moderne peuple de Dieu ce qu'il disait des Juifs : *Incrassatum est enim cor populi hujus et auribus graviter audierunt....* Le cœur de ce peuple s'est encrassé et ils ont fait la sourde oreille....

Et, de même que N. S. parlait aux Juifs en paraboles, parce que leurs yeux malades ne pouvaient soutenir la pleine lumière, de même les orateurs modernes, pour parler aux masses, sont obligés de recourir à de grands moyens oratoires, à des conférences savantes et à toutes les industries que leur suggère la charité, pour arriver au cœur gâté des enfants du siècle.

Sans doute, ce langage parabolique, cette lumière atténuée, adoucie, effacée, est une punition, car enfin c'est la privation d'une lumière plus éclatante, qui permettrait de pénétrer dans la moëlle de l'Evangile: *Quia vobis datum est nosse mysteria regni cœlorum ; illis autem non datum est.* A vous, hommes de foi, il vous a été donné de connaître les mystères du royaume des cieux, mais pour eux, philosophes, déistes, panthéistes, indifférents, hommes du monde, demi-chrétiens, ignorants volontaires ou demi-volontaires, il ne leur a pas été donné.

Mais, quoique le langage parabolique soit une punition, puisque c'est une privation de lumière, comme c'est le seul possible à des intelligences dévoyées, il faut encore y voir une invention de la charité et une application des miséricordes divines.

St MATT. CAP. XIII. V. 13. *Quia videntes, non vident, et audientes non audiunt.*

Afin qu'en voyant, ils ne voient point, et qu'en écoutant, ils ne comprennent point.

Nous avons vu que N. S. ne voulait pas découvrir à ce peuple qui l'écoutait, les secrets du royaume des cieux, à cause des mauvaises dispositions de son cœur; alors, il lui parlait obscurément, afin qu'en voyant, il ne voie point, et qu'en écoutant, il ne comprenne point.

Mais, nous sommes témoins d'un autre fait : celui d'un peuple à qui on parle des mystères du royaume des cieux et qui ne voit ni ne comprend les vérités qu'on lui annonce.

L'obscurité n'est pas dans la parole, elle est uniquement dans les dispositions de celui qui entend cette parole. Aux yeux de l'observateur chrétien, il se passe, dans le sein de la société chrétienne, un phénomène fort remarquable : c'est que la masse des chrétiens, je parle de la masse indifférente, même bienveillante, mais non de la partie hostile de cette masse, regarde sans voir et entend sans comprendre. La parole du prêtre arrive jusqu'à leur mémoire, faculté matérielle, elle n'arrive pas jusqu'à leur intelligence et surtout jusqu'à leur cœur ; cette parole est déposée dans leur mémoire, elle n'entre pas plus profondément ; là, elle y végète obscurément.

C'est une vérité que j'ai constatée fréquemment, même chez des chrétiens qui remplissent le devoir pascal. Exemple : voilà un brave homme ou une brave femme qui ont l'habitude d'assister à la messe le dimanche ; un léger obstacle se présente, ils se dispensent de ce devoir ; mais ils prennent leur Paroissien et lisent les prières de la messe, puis ils se considèrent comme quittes à l'endroit de la sanctification du dimanche. Si vous leur faites observer qu'ils n'ont pas participé au sacrifice du corps et du sang de J.-C., vous saisissez sur leur figure les signes d'une parfaite inintelligence.

J'ai voulu expliquer à ces braves gens la nature de ce sacrifice, mais je perdais mon temps et ma peine. Qui donc pourra leur persuader qu'ils doivent, le dimanche, s'abstenir d'un travail matériel, je ne dis pas nécessaire, ni même utile, mais qui leur procure avantage ou convenance ? la voix des intérêts matériels parle plus haut que la voix des commandements.

Ils ont écouté, mais ils n'ont pas compris la doctrine de la sanctification du dimanche, cette vérité est restée, pour eux, dans la pénombre ; bien plus, J.-C. lui-même est, pour eux, à l'état de parabole.

Beaucoup d'entr'eux, en effet, ont une idée bien confuse du mystère eucharistique ; il est vrai que si, pour se faire une idée nette de ce mystère, il fallait connaître ce que c'est qu'une substance, plusieurs, même parmi les maîtres en philosophie, seraient bien embarrassés.

Nous savons ce qu'une substance n'est pas, nous ne savons pas ce qu'elle est ; nous ne voyons pas la substance face à face et dans sa réalité positive, nous savons que la substance n'est pas l'accident, qu'elle en est le support ou le suppôt ; mais, pour voir ce support, il faudrait voir Dieu.

Toutefois et à l'occasion de la foi populaire, il ne peut être question de visées métaphysiques et trop élevées ; le mystère eucharistique, d'ailleurs, est un mystère de foi.

Nous disions donc que la personne du Christ est, pour les masses, à l'état de parabole. Nous ne parlons, bien entendu, que des indifférents, ou de ceux dont la pratique est lâche ou voisine de l'indifférence, car nous savons que les âmes simples et pieuses reçoivent de l'Esprit-Saint des lumières spéciales sur les mystères ; l'Esprit-Saint est leur instituteur.

Chez ces âmes privilégiées de Dieu, la doctrine de l'Eglise pénètre l'intelligence et le cœur ; chez les indifférents et les tièdes, la doctrine s'arrête à la mémoire matérielle ; elle ne pénètre pas plus loin.

Ces personnes vivent, à l'égard des vérités religieuses, dans une espèce de brouillard où les formes sont indécises et vagues ; elles sont contentes de cet état, c'est leur atmosphère ; elles y passent leur vie, elles ne sentent pas le besoin d'une lumière plus éclatante ; ce sont des Albinos moraux.

Ils sont comme les Juifs, qui ne voyaient pas le Saint des Saints, mais qui apercevaient seulement le voile qui le leur cachait ; ce voile leur suffisait.

Dans les époques néfastes, comme celle où nous vivons, lorsque la société est saturée de scepticisme, il s'établit dans cette société un courant, une atmosphère imprégnée d'incrédulité et, de même qu'une maladie contagieuse, une peste, un choléra atteignent indirectement tous les membres de la société humaine, même ceux qu'elle n'atteint pas directement, de même, les membres de la société chrétienne sont plus ou moins atteints par le choléra moral de l'incrédulité.

L'influence du siècle se fait surtout sentir aux classes ignorantes et indifférentes, plus exposées aux périls de l'erreur, et moins en garde contre la voix des passions ; c'est, toutefois, une incrédulité sans calcul, une incrédulité d'influence, une incrédulité impersonnelle, je dirais presque anonyme ; cette incrédulité fait des ravages incroyables dans ces masses qui abandonnent le chemin de l'Église.

Elles ne savent pas résister à ce formidable cyclone moral ; le tourbillon les enlève, leur libre arbitre est diminué, elles subissent presque nécessairement la pression extérieure de la société ; cette catégorie d'hommes est inerte et passive.

On pourrait presque dire que c'est la société qui pèche en eux ; si la société était imprégnée de foi, cette même catégorie d'hommes remplirait ses devoirs religieux et on pourrait dire que c'est la société qui fait le bien en eux.

Ces gens ne s'appartiennent pas, ils appartiennent aux influences locales régnantes ; ce ne sont pas des individualités, ce sont des accidents ; ce ne sont pas des personnes, ce sont des choses.

Ce sont les mêmes individus qui, au XVI° siècle, sous le nom de Ligueurs, suivaient avec enthousiasme les processions des moines ; les mêmes qui, au XVII° siècle, adoraient le Roi-Soleil ; les mêmes qui, au XVIII° siècle, prêtaient le serment du Jeu de Paume et faisaient le siège de la Bastille ; les mêmes, adoraient Moloch - Napoléon sous l'Empire et criaient vive la Charte sous Charles X ; etc... Ces gens, si variables et si divers en apparence, ne changent pas ; ils restent fidèles au drapeau de l'influence et de la force.

Ils ne s'appartiennent pas, ils appartiennent à leur époque. Le dimanche des Rameaux, ils faisaient partie du cortège triomphal de J.-C., le Vendredi-Saint, ils augmentaient le nombre des ennemis de J.-C. ; ils sont toujours du côté du nombre et de la force. N. S. les a désignés par ces paroles : Mon Dieu, pardonnez-leur, ils ne savent ce qu'ils font.

On peut diviser l'humanité en trois catégories :

1° Les bons, les fidèles de J.-C., la phalange inébranlable ; c'est le petit nombre des élus.

2° Les méchants, les démons, les missionnaires du mal, les hommes activement mauvais ; ils sont plus nombreux que les élus, mais c'est encore une minorité.

Le reste est le bagage social : c'est le nombre qui, selon les époques ou les influences, s'attache aux élus ou aux méchants et leur procure la victoire ; ce sont les goujats de l'humanité.

Ils n'ont que la valeur d'un zéro ; seuls, ils n'ont aucune valeur, mais, à la suite d'une unité, ils deviennent formidables parce qu'ils multiplient cette unité.

Cette dernière classe est l'humanité proprement dite : ce n'est pas le ciel, exclusivement bon ; ce n'est pas l'enfer, invariablement mauvais ; c'est la terre, essentiellement variable.

Mais, dira-t-on peut-être, pourquoi jeter la semence de la vérité dans des intelligences où elle ne doit pas germer ? C'est de la semence perdue.

Cette semence, une fois déposée dans la mémoire, mille circonstances peuvent la faire germer : une maladie qui rappelle à Dieu, quelques bonnes lectures, de bons conseils, une mission, une station quadragésimale, quelques bonnes inspirations peuvent activer et développer le germe de la semence ; puis, enfin, à l'article de la mort, plusieurs se réveillent de leur léthargie et Dieu reçoit, dans sa miséricorde, ces âmes plutôt profondément myopes que coupables.

Le terrain est ensemencé : un coup de soleil, une pluie font sortir le germe ; voilà pourquoi il est toujours bon de jeter dans les âmes la semence de la vérité.

Mais la sagesse de Dieu et sa miséricorde surtout éclatent en ceci : c'est que celui à qui la lumière a été départie d'une manière parcimonieuse, celui qui n'a vu qu'à travers un voile, sera jugé bien plus miséricordieusement que celui qui a été inondé des rayons du soleil de vérité.

Le demi-jour religieux dans lequel ces populations ont vécu, ces vérités qui ne sont pas arrivées jusqu'à leur cœur deviendront leur excuse devant Dieu ; leur culpabilité, atténuée par les ténèbres de leur intelligence et par le milieu social qui les a enveloppés et étouffés de ses puissants replis, trouvera un juge indulgent.

Ces populations flottantes symbolisent le lac de Génézareth ; c'est sur elles que doit s'exercer l'industrie du pêcheur d'hommes, lorsque le moment favorable à la pêche sera venu ; alors, le filet de Pierre se rompra par l'abondance des poissons. Supprimez ce lac, vous supprimez la pêche, c'est-à-dire vous supprimez l'action de l'Eglise ; c'est son champ de manœuvres, c'est le terrain de ses glorieuses luttes ; car, l'Eglise ne peut pêcher sur le lac asphaltite ; c'est une mer sans poissons et sans vie.

Elle est symbolisée par cette partie de l'humanité invariablement fixée dans la mort et dans le mal.

S*t* MATT. CAP. XIII. V. 19. *Omnis qui audit verbum regni et non intelligit, venit malus et rapit quod seminatum est in corde ejus.*

Lorsqu'un homme écoute la parole du royaume et ne comprend pas, le malin vient et enlève ce qui avait été semé dans le cœur.

J.-C. signale trois obstacles qui s'opposent à ce que la parole de Dieu produise son fruit dans le cœur de l'homme. Le premier est celui-ci : lorsqu'un homme écoute la parole de Dieu et ne la comprend pas, c'est-à-dire, lorsqu'un homme écoute la parole d'une manière distraite et qu'il ne prend pas la peine d'y réfléchir et de la faire entrer dans son intelligence, le malin vient et enlève facilement cette parole, restée à la surface de l'intelligence.

La parole, en effet, est un aliment qui, comme tous les aliments, demande à être trituré et broyé, pour entrer dans l'économie intellectuelle.

Avant d'aller plus loin, remarquons que, dans ce passage, l'action du malin esprit est clairement constatée ; il n'y a pas moyen de la nier. Cet esprit est autour de nous, il nous guette : *Circuit quærens quem devoret* ; il fait sa ronde comme un fauve cherchant sa proie. C'est pourquoi, nous dit saint Pierre, veillez et priez.

Il n'a pas de peine, ce rôdeur, à enlever la parole restée dans le vestibule de l'intelligence.

Après avoir dit ces paroles : *Omnis qui audit verbum*, etc.., N. S. ajoute : *Hic est qui secùs viam seminatus est.*

Il ne suffit pas, en effet, à l'homme d'être présent de corps à la prédication de la parole de J.-C. ; il n'a pas rempli son devoir s'il s'est contenté d'une présence purement corporelle à l'audition de la doctrine du Christ ; il doit encore, à cette doctrine, l'hommage de son intelligence.

Lors donc qu'elle arrive dans le cœur, l'intelligence doit s'en emparer, comme elle s'empare de toute vérité, l'examiner sous ses différents points de vue, en pénétrer la substance et s'en nourrir ; c'est ce que les hommes font à l'égard de toutes les sciences, et, traiter différemment la doctrine de J.-C., la laisser à la porte de l'intelligence, ce serait lui témoigner un profond mépris, ce serait négliger les moyens humains de parvenir à la connaissance de cette doctrine.

Si l'homme ferme sa porte, qui donc l'ouvrira ?

Par une aberration incroyable, l'homme prise moins la culture de son âme que celle du chou et de l'oignon dans son jardin; déjà, chez les anciens Égyptiens, pendant que l'oignon jouissait des honneurs divins, la créature ignorait son créateur.

Lorsque la doctrine chrétienne se révèle à notre intelligence, cette messagère du ciel trouve dans notre âme une compatriote exilée; toutes deux se reconnaissent et s'embrassent dans le Saint-Esprit, mais cette reconnaissance n'a lieu qu'autant que l'homme applique son intelligence à connaître la doctrine; s'il ne le fait, cette doctrine, de même qu'une semence tombée sur le chemin, n'entre pas dans le sein de la terre et est exposée aux déprédations des oiseaux, de même, la doctrine, tombant sur une intelligence inculte et dénudée, inapte à s'approprier, par un travail sérieux, la vérité qui lui a été révélée, cette intelligence est impuissante à se garantir contre les déprédations de Satan.

Ce voleur, voyant toutes les vérités chrétiennes à la surface de l'âme, trouve une grande facilité à les ravir.

S¹ MATT. CAP. XIV. V. 13. *Et cum audissent turbæ, secutæ sunt eum pedestres de civitatibus.*

Et le peuple l'ayant su, le suivit à pied de diverses villes et avec tant d'ardeur, qu'ils arrivèrent avant lui de l'autre côté du lac.

Quand il n'y a pas d'intermédiaire entre le peuple et J.-C., ses inspirations naturelles le portent à suivre J.-C.

Entre le charpentier de Nazareth et le peuple les points de contact sont nombreux ; entre la victime du Calvaire et celui qui porte le fardeau social, il y a le lien si puissant de la souffrance supportée en commun.

Voyez ce peuple des bords du lac de Tibériade, dès qu'il eût appris que Jésus traversait le lac, il accourt à pied, avec tant d'ardeur, qu'il arrive avant J.-C., quoiqu'il eût à faire le tour d'une partie du lac. Alors, il se met à la suite de Jésus et l'accompagne dans un désert, un peu au-delà de Bethsaïde ; il ne se préoccupe pas, ce peuple, de ses besoins matériels, il n'y pense pas, son unique préoccupation, c'est Jésus ; il ne croit pas qu'avec Jésus rien puisse lui manquer. Que cette confiance est héroïque !

La foi primesautière, la foi inconsciente, la foi du charbonnier, la foi de l'ignorant et du simple est toujours la meilleure ; elle ne procède pas de l'étude ni du raisonnement, elle procède de Dieu directement ; c'est une foi à laquelle concourent la grâce et la nature. Elle pénètre tout l'homme, elle est tout l'homme ; on pourrait presque dire que cet homme est un homme foi. Ajoutons, bien vite, que le journalisme tue cette foi : elle ne peut co-exister avec le journalisme.

Dans cet état de foi, si pauvre qu'il soit, le peuple est heureux ; il ne s'aperçoit pas de sa pauvreté, parce qu'il possède un bien spirituel si grand et qu'il l'apprécie si bien à sa valeur, qu'il ne fait nulle attention à de petites privations ; il fait mieux, il les aime ces privations, elles sont un moyen de salut ; c'est une monnaie avec laquelle on acquiert le ciel.

Adam était nu dans le paradis, le savait-il ? La foi du peuple, c'est son paradis ; s'il est nu, il l'ignore. Un peuple pauvre, qui a la foi catholique dans le cœur, est plus heureux qu'un peuple économe, qui a des rentes sur l'Etat et des obligations de chemins de fer dans son portefeuille.

Voyez ce peuple qui a suivi J.-C. dans le désert ; il a marché avec ardeur, il est fatigué ; dans ce désert, il manque de tout ; il n'a apporté aucune provision, il est exposé aux intempéries de l'air. Ainsi, la fatigue, la faim, la privation d'un toît, toutes les misères de la vie le talonnent ; c'est bien l'image du peuple.

Eh bien ! est-ce que ces hommes s'inquiètent ? Pas le moins du monde et, cependant, ils sont dans un désert et sans ressources et ils sont cinq mille, non compris les femmes et les enfants, c'est-à-dire environ dix mille, et ils sont parfaitement tranquilles. Pourquoi ? Parce qu'ils sont avec Jésus. Jésus est là, ils ne peuvent manquer de rien.

S'ils étaient venus dans ce désert pour des motifs humains et d'après leur propre inspiration, le soin de leur conservation leur incomberait et il y aurait lieu de s'inquiéter ; mais ils ont suivi Jésus, c'est lui qui les a conduits là ; c'est donc à lui de s'occuper d'eux. Voilà ce que leur dit la foi, implicitement.

La perte de la foi, dans le peuple, produit un vide immense et je me demande si la terre a des richesses suffisantes pour combler ce vide ; l'expérience a répondu non. La foi est un bien infini, en harmonie avec les désirs infinis du cœur humain.

Il y avait équation entre l'aspiration et le bien désiré ; cette équation est détruite, l'équilibre est rompu. On a enlevé Jésus au peuple, il s'agit de trouver un équivalent ; c'est ce dont s'occupe la société actuelle, elle cherche un équivalent à Jésus ! Inutile de dire qu'elle ne l'a pas encore trouvé.

Il eût été plus sage de chercher d'abord l'équivalent, d'édifier avant de détruire ; mais les démolisseurs étaient pressés et le bonheur du peuple était bien le cadet de leurs soucis. En attendant, nous sommes dans le désert, sans Jésus, même sans Moïse, et nous attendons l'équivalent promis par les charlatans.

Mais, que faisait Jésus au milieu de ce peuple qui l'avait suivi ? Il commençait par une œuvre de charité corporelle, il guérissait les malades qu'on lui présentait ; cette œuvre finie, le peuple se groupait autour de lui et il leur annonçait la parole de Dieu.

Est-ce que tous ces dix mille auditeurs entendaient ? Peut-être que non ; mais tous voyaient la figure inspirée du Christ, qui rayonnait d'un éclat divin, tempéré par son immense mansuétude et, cette figure avait, pour les âmes, un attrait infini.

Lorsque Moïse annonçait aux Israélites les commandements divins, son front rayonnait d'un éclat qui blessait les yeux de l'humanité ; mais la figure de Jésus rayonnait d'une gloire plus douce, plus pénétrante, plus profonde ; c'était le rayonnement de son cœur, la charité en voilait l'éclat. Ce peuple était sous le charme et, ceux qui n'entendaient pas devinaient ; il jouissait de ces suavités spirituelles qui enivrent l'âme et qui la transportent dans les sphères célestes.

Qui donc, parmi les catholiques, n'a pas goûté quelquefois ces douceurs spirituelles ?

Pour charmer le désert de cette vie et donner un avant-goût du ciel, Jésus leur permet de présenter quelques instants leurs lèvres à la coupe des élus.

Ce bonheur a des caractères spéciaux et qui ne sauraient se confondre avec ceux de cette vie ; il est plus épuré que le bonheur maternel ; il est plus épuré que le bonheur conjugal le plus pur ; plus épuré que celui de Joseph et de Marie ; il est doux, il est léger, il est profond, il est céleste, il est parfumé ; il procure à l'âme une sainte ivresse et un grand calme ; il ne fatigue pas, comme le bonheur humain, il repose ; c'est une suave ascension dans le ciel.

Quand on a joui de ce bonheur, on ne saurait l'oublier. Heureux, le peuple capable de cette divine ivresse ; il ne va pas chercher son bonheur dans de grossières et criminelles satisfactions.

S! Matt. Cap. xiv. V. 20. *Et manducaverunt omnes et saturati sunt.*

Ils en mangèrent tous et furent rassasiés.

Cette belle journée était écoulée, le soir était arrivé. L'âme avait été rassasiée et enivrée de délices spirituelles ; mais, hélas ! l'homme ne vit pas uniquement de la parole de Dieu ; l'âme traîne après elle, comme un boulet, son corps, et ce corps réclamait sa nourriture ; ces hommes, en effet, n'avaient rien mangé de toute la journée et ils avaient faim.

Alors, les apôtres abordent J.-C. et lui exposent la situation ; en présence de cette situation, que faut-il faire ? Deux avis sont ouverts : les apôtres proposent de renvoyer cette foule, elle se dispersera de droite et de gauche, dans les villes et les villages et pourvoira à ses nécessités, comme elle l'entendra ou comme elle le pourra.

Ce n'est pas l'avis de Notre-Seigneur.

Pourquoi, leur dit-il, renvoyer ces pauvres gens ? Donnez-leur vous-mêmes à manger. Les apôtres lui répondent : Nous n'avons que cinq pains et deux poissons ; à moins, ajoutent-ils avec ironie, que nous n'allions nous-mêmes, sans argent, acheter des vivres pour dix mille personnes et les apporter sur nos épaules.

Evidemment c'était impossible et, humainement parlant, l'avis des apôtres était le meilleur; mais, pour les témoins journaliers des miracles de J.-C., cet avis était celui d'hommes aveugles.

J.-C. était-il donc, à leurs yeux, un homme assez dénué de bon sens pour demander une chose absurde ?

Est-ce que Jésus ignorait que leurs provisions étaient insuffisantes ? Est-ce qu'il ne savait pas que les épaules de douze hommes ne pouvaient porter des vivres pour dix à douze mille personnes pendant l'espace de plusieurs kilomètres ?

O apôtres, que vous étiez insensés !

Mais, puisque J.-C. vous ordonnait de nourrir cette foule, chose matériellement impossible, ne vous indiquait-il pas qu'il voulait recourir à sa puissance divine ; ce n'était donc pas votre maître qui était déraisonnable, mais vous, pauvres apôtres, qui n'avez rien compris aux œuvres miraculeuses dont vous avez été les témoins oculaires.

Le bon, le patient Jésus ne répond pas à l'impertinence de ses apôtres ; il leur dit seulement : Apportez-moi les pains et les poissons et faites asseoir ce peuple, par groupes de cinquante et de cent. Alors, il leva les yeux au ciel, bénit les pains et les poissons, les rompit et les donna à ses disciples, qui les présentèrent à la foule ; ils en mangèrent tous et ils furent rassasiés.

Remarquons l'esprit d'ordre de N. S.; il divise cette foule par groupes de cinquante et de cent, afin que la distribution soit plus facile et plus régulière. Dans ces groupes, nous voyons la division de l'Eglise en paroisses.

A la tête de ces groupes, se trouvait probablement un chef, qui recevait les corbeilles des mains des apôtres et distribuait les portions; c'était les curés.

Le désert, c'est le monde au milieu duquel vit l'Eglise ; ce désert ne contient, pour l'âme, aucune nourriture. Cette nourriture de l'âme est donnée miraculeusement par J.-C. Jésus porte l'attention jusqu'à faire asseoir ses nombreux convives sur une herbe épaisse ; c'était un divan naturel qu'il leur avait préparé afin qu'ils pussent manger plus commodément et se reposer en mangeant.

Lorsqu'on cherche pourquoi N. S. n'accueillit pas

la proposition que lui firent les apôtres, de renvoyer cette foule, afin qu'elle pût se procurer un asile dans les pays environnant le désert, on trouve d'abord et avant tout un motif de charité.

Dans toutes ses actions, N. S. a pour mobile la charité ; c'est un exemple que nous devrions bien imiter.

Il était tard, la foule était à jeûn ; il y avait beaucoup de femmes et d'enfants ; il n'eût pas été facile à une foule, composée de 10 à 12,000 personnes, de trouver un gîte convenable et surtout des aliments. Les renvoyer, c'était les exposer à de grandes souffrances ; plusieurs, surtout parmi les femmes et les enfants, auraient pu se trouver mal en route et ne pas atteindre leur gîte. Ce gîte, lui-même, était incertain et le souper plus incertain encore. Ces considérations échappaient aux apôtres, mais elles n'échappaient pas au cœur de Jésus.

D'ailleurs, ces gens étaient ses hôtes : c'est pour le voir et l'entendre qu'ils étaient accourus dans ce désert sans hésitation, sans calcul. Ils s'étaient, pour ainsi dire, jetés dans ses bras ; Jésus pouvait-il les abandonner ? Evidemment non. C'est pour ce motif que Jésus leur accorde la magnifique hospitalité de sa divine puissance ; si les aliments dont il les nourrit sont communs et paraissent peu substantiels, il leur communique une vertu spéciale ; de sorte que, dit l'Evangéliste, tous furent rassasiés.

Lorsque Nabuchodonosor choisit les enfants israélites qui devaient être élevés auprès de lui dans son palais, il ordonna qu'ils reçussent une succulente nourriture, afin qu'ils devinssent gras, beaux et frais; mais la loi de Dieu prohibait ces viandes; les enfants hébreux prièrent l'intendant de Nabuchodonosor de leur permettre de vivre selon la loi divine. L'intendant craignait de se compromettre ; il finit cependant par consentir à leur demande et n'eût pas lieu de s'en repentir; Dieu bénit leur nourriture et les enfants hébreux augmentèrent en beauté, en fraîcheur et en force.

Le second motif, c'est que N. S. voulait dessiner les linéaments du mystère eucharistique.

J.-C. imite son père, qui a fait le corps avant l'âme; la nature d'abord, la grâce ensuite ; ce qui est imparfait d'abord, puis ensuite ce qui est parfait, pour enseigner à l'homme qu'il doit monter, toujours monter et que la terre est l'escabeau des cieux. Hélas! combien, au lieu de monter l'escabeau, descendent les degrés de l'abîme !

N. S. voulait donc donner aux apôtres une image sensible de l'hospitalité plus magnifique qu'il accorderait à ceux qui viendraient le visiter dans la solitude de son tabernacle.

Pour nourrir l'âme qui a faim, il multiplie dans l'eucharistie la substance de son corps, de même que, dans le sujet qui nous occupe, il multiplie la substance du pain et du poisson, pour rassasier la faim de ceux qui l'ont suivi dans le désert; ce miracle était un acte de charité et une leçon.

Philosophiquement parlant, on a beaucoup discuté sur cette multiplication des substances. Il m'a paru toujours très-impertinent de dogmatiser sur ce que l'on ne connaît pas. Qui donc connaît les substances? Personne.

Je m'en rapporte, relativement à ce phénomène de la multiplication des substances, à celui qui les a créées. Celui-là seul les connait.

S' MATT. CAP. XVI. V. 16 et 20. *Respondens Simon Petrus dixit : Tu es Christus, filius Dei.*

Simon Pierre, prenant la parole, lui dit : Vous êtes le Christ, fils du Dieu vivant.

Le sentiment de l'Eglise est que saint Pierre est le premier qui ait confessé la divinité de N. S. J.-C. ; ce sentiment est confirmé par les magnifiques privilèges qui sont la récompense de cette confession.

D'abord, J.-C. déclare à Pierre que cette révélation lui vient du ciel et qu'elle ne lui vient pas des lumières de la raison ; ce qui confirme ce que nous disions à propos des missionnaires, c'est que le titre de leur mission, leur lettre de créance auprès des peuples, c'est le Saint-Esprit ; de sorte que, lorsque les peuples écoutent les missionnaires, ils obéissent au Saint-Esprit qui les sollicite et les éclaire ; et, quand ils repoussent les missionnaires, c'est au Saint-Esprit qu'ils résistent.

En second lieu, N. S., pour compenser cette confession de Pierre, lui déclare qu'il sera le roc inébranlable sur lequel son Eglise sera bâtie ; que les clefs du royaume des cieux lui seront confiées et qu'il pourra, à son gré, en ouvrir ou fermer les portes.

Voilà des prérogatives comme nul homme n'en a reçu sur la terre ; un seul les a reçues, c'est celui qui le premier a dit : *Tu es Christus, filius Dei vivi* : Vous êtes le Christ, le fils du Dieu vivant.

Puisque le sentiment de l'Eglise est que Pierre est le premier qui ait confessé la divinité de J.-C., il serait fort impertinent à quel homme que ce soit de s'insurger contre ce sentiment ; c'est pourquoi nous l'adoptons de tout notre cœur. Toutefois, c'est une opinion, ce n'est pas un dogme.

Qu'il soit donc permis à la pauvre raison humaine, toujours sous le bénéfice de sa complète soumission à l'Eglise, de proposer quelques difficultés qui proviennent des ténèbres de l'infirmité humaine.

II.

Avant la confession de saint Pierre, nous trouvons d'abord celle des démons.

St Matthieu, chap. VIII. V. 29, dit, en parlant des démons appelés Légion : *Et ecce exclamaverunt dicentes : Quid nobis et tibi Jesus fili Dei vivi ?* Jésus, fils du Dieu vivant, qu'y a-t-il entre vous et nous ?

St Marc, chap. III. V. 11, dit : *Et spiritus immundi cum illum videbant, procidebant ei et clamabant dicentes : Tu es filius Dei.* Et quand les esprits impurs le voyaient, ils se prosternaient devant lui et s'écriaient : *Vous êtes le fils de Dieu.*

Mais, s'il y avait similitude dans les termes, il n'y avait pas similitude dans les dispositions intérieures.

La confession de saint Pierre était l'hommage de l'esprit et du cœur ; la confession des démons ne venait pas de la foi, comme nous l'avons dit, elle procédait des lumières de l'intelligence ; ils se soumettaient à la force, ils reconnaissaient un maître, un César spirituel. C'était non une confession de foi, mais une reconnaissance forcée en vue de nuire à J.-C.

Et, d'ailleurs, les démons ne sont pas des hommes. Ainsi, leur proclamation de la divinité de Jésus, quoiqu'antérieure à la confession, n'empêcherait pas la priorité de la confession de Pierre, dans la sphère de l'humanité.

III.

Nous trouvons encore dans l'Evangile quelques textes qui pourraient être considérés comme une confession de foi de la divinité de N. S. J.-C., antérieure à celle de Pierre.

Nous lisons, en effet, dans St Luc, chap. I. V. 41... *Et repleta est Spiritu Sancto Elisabeth, et exclamavit voce magnâ et dixit : Benedicta tu inter mulieres, et benedictus fructus ventris tui, et undè hoc mihi ut veniat mater domini mei ad me.*

Elisabeth fut remplie du Saint-Esprit et, s'écriant à haute voix, elle dit : Vous êtes bénie entre toutes les femmes, et le fruit de vos entrailles est béni; et : D'où me vient ce bonheur, que la mère de *mon Seigneur* vienne vers moi, puis elle ajouta : *Et beata quæ credidisti, quoniam perficientur ea quæ dicta sunt tibi à Domino.*

Que vous êtes heureuse d'avoir cru, parce que les choses qui vous ont été dites de la part du Seigneur s'accompliront.

Ces mots, *benedictus fructus ventris tui et undè hoc mihi ut veniat mater Domini mei ad me* : béni soit le fruit de vos entrailles et, d'où me vient ce bonheur, que la mère de mon Seigneur vienne vers moi ; ces mots, dis-je, indiquent bien, en effet, que le fruit dont Marie est enceinte est un fruit béni et que la maternité de Marie est une maternité divine ; mais c'est une prophétie avec ses obscurités, plutôt qu'une proclamation actuelle et tangible d'un Christ vivant fils de Dieu.

Mais, Siméon désigne J.-C. d'une manière encore plus claire que sainte Élisabeth, car il ne s'agit plus d'un enfant dans le sein de sa mère et d'un entretien intime avec la mère de l'enfant divin, mais il s'agit d'un enfant vivant, présenté au temple et proclamé dans le temple même, cet édifice national des Juifs.

Or, voici les paroles de saint Siméon (St Luc, ch. II. V. 30.) : *Quia viderunt oculi mei salutare tuum, quod parasti antè faciem omnium populorum ; lumen ad revelationem gentium et gloriam plebis tuœ Israel..... Et dixit ad Mariam : Ecce positus est hic in ruinam et in resurrectionem multorum in Israel et in signum cui contradicetur.* Certes, la lumière augmente, la mission et le caractère de J.-C. sont clairement indiqués ; mais nous convenons que J.-C. n'est pas désigné d'une manière personnelle. Mes yeux ont vu le Sauveur que vous nous donnez, dit Siméon, et il le dépeint ; c'est un tableau véridique, mais ce n'est qu'un tableau.

Avec Jean, la lumière augmente encore ; la confession de Jean ne laisse rien à désirer, elle est aussi complète que celle de Pierre et elle est antérieure. Écoutons donc ce divin Jean.

Voilà la réponse qu'il fit aux prêtres et aux lévites envoyés de Jérusalem pour lui demander qui il était (Joan. cap. 1. V. 26.) : *Ego baptizo in aquâ, medius autem vestrûm stetit, quem vos nescitis (27) ; ipse est qui post me venturus est, qui antè me factus est ; cujus ego nun sum dignus ut solvam ejus corrigiam cal-*

ceamenti. Pour moi, je baptise dans l'eau, mais il y en a un au milieu de vous, que vous ne connaissez pas ; c'est lui qui doit venir après moi, qui est avant moi ; je ne suis pas digne de délier les courroies de sa chaussure.

V. 29. *Alterâ die vidit Joannes Jesum venientem ad se et ait : Ecce agnus Dei, ecce qui tollit peccata mundi.*

Le lendemain, Jean voyant Jésus qui venait à lui, dit : Voici l'agneau de Dieu, voici celui qui efface les péchés du monde.

V. 30. *Hic est de quo dixi : Post me venit vir, qui antè me factus est, quia prior me erat; (31) et ego nesciebam eum, sed ut manifestetur in Israel, proptereà veni ego in aquâ baptisans.*

30. C'est là celui dont j'ai dit : Il vient après moi un homme qui a été fait avant moi, parce qu'il était plus grand que moi ; (31) pour moi, je ne le connaissais pas ; mais je suis venu baptiser dans l'eau, afin qu'il fût connu dans Israël.

32. *Et testimonium perhibuit Johannes : quia vidi Spiritum descendentem quasi columbam de cœlo et mansit super eum;*

33. *Et ego nesciebam eum: Sed qui misit me baptisare in aquâ, ille mihi dixit : Super quem videris Spiritum descendentem et manentem super eum, hic est qui baptisat in Spiritu Sancto.*

32. Et Jean rendit ce témoignage : J'ai vu, dit-il, le Saint-Esprit descendre du ciel comme une colombe et descendre sur lui ;

33. Pour moi, je ne le connaissais pas, mais celui qui m'a envoyé baptiser dans l'eau m'a dit : Celui

sur qui vous verrez descendre et demeurer le Saint-Esprit, est celui qui baptise dans le Saint-Esprit.

34. *Et ego vidi et testimonium perhibui quia hic est filius Dei.*

36. *Et respiciens Jesum ambulantem dicit : Ecce agnus Dei.*

34. Je l'ai vu et j'ai rendu témoignage que c'est lui qui est le fils de Dieu.

36. Et le lendemain, regardant Jésus qui passait, il dit : Voilà l'agneau de Dieu. Ce qu'entendant les deux disciples qui l'accompagnaient, ils suivirent Jésus.

Tous ces passages forment un faisceau lumineux, duquel il résulte que Jean a confessé que Jésus baptisait dans le Saint-Esprit, qu'il était l'agneau de Dieu qui effaçait les péchés du monde et qu'il était le fils de Dieu.

Que cette confession était plus explicite que celle de Pierre et lui était antérieure.

Aussi, ne doutons-nous pas que le mérite de la confession de Jean ne soit aussi grand que celui de la confession de Pierre et qu'il ne jouisse dans le ciel de privilèges égaux, peut-être même supérieurs à ceux de Pierre.

Nous trouvons encore dans l'Evangile, une confession de foi antérieure à celle de Pierre ; c'est celle de Nathanael. Elle est ainsi racontée par saint Jean, chap. I, V. 45 : *Invenit Philippus Nathanael et dicit ei: Quem scripsit Moyses in lege et prophetæ, invenimus, Jesum filium Joseph à Nazareth.*

46. *Dixit ei Nathanael : A Nazareth potest aliquid boni esse ? Dicit ei Philippus : Veni et vide.*

47. *Vidit Jesus Nathanael venientem et dicit de eo : Ecce verè Israelita, in quo dolus non est.*

48. *Dicit ei Nathanael : Undè me nôsti? Respondit Jesus et dixit ei : Priusquam te Philippus vocaret, cum esses sub ficû, vidi te.*

49. *Respondit ei Nathanael et ait : Rabbi, tu es filius Dei, tu es rex Israel.*

50. *Respondit Jesus et dixit ei : Quia dixi tibi, vidi te sub ficû, credis ; magis his videbis.*

45. Philippe ayant rencontré Nathanael, lui dit : Celui de qui Moïse a écrit dans la loi et les prophètes, nous l'avons trouvé en Jésus de Nazareth, fils de Joseph.

46. Nathanael lui dit : Peut-il sortir quelque chose de bon de Nazareth ? Philippe lui répondit : Venez et voyez.

47. Jésus, voyant Nathanael qui le venait trouver, lui dit : Voici un vrai Israélite sans déguisement.

48. Nathanael lui dit : D'où me connaissez-vous ? Jésus lui répondit : Je vous ai vu avant que Philippe vous appelât, lorsque vous étiez sous le figuier.

49. Nathanael lui dit : Maître, *vous êtes le fils de Dieu ;* vous êtes le roi d'Israël.

50. Jésus lui répondit : *Vous croyez,* parce que je vous ai dit que je vous ai vu sous le figuier ; vous verrez de bien plus grandes choses.

N. S. ne glorifie pas cette confession de foi ; sa réponse fait supposer que cette confession de foi ne repose pas sur des fondements solides : Parce que je t'ai vu sous le figuier, tu crois ; tu verras des ses bien plus merveilleuses et alors ta foi sera justifiée ; pour le moment, elle est prématurée. La foi, appuyée sur des bases solides, est la seule qui résiste à tous les assauts.

Telle est l'interprétation que nous donnons aux paroles de N. S. Pour ces motifs probables, on doit écarter la confession de Nathanael.

La confession de Jean est donc la seule qui soit antérieure et supérieure à celle de Pierre ; et, cependant, l'Eglise dit vrai lorsqu'elle dit que Pierre est le premier partout et notamment dans la confession de foi.

L'Eglise ne parle, en effet, que du Nouveau Testament, et Jean appartient à l'Ancien Testament ; il n'est question que de l'Eglise, bâtie sur Pierre et dont il est le fondement.

Le testament ne s'ouvre qu'après la mort du testateur et, tant qu'un homme est vivant, son testament n'a aucune force ; le Nouveau Testament n'a donc été uvert qu'à la mort de J.-C.

Or, Jean était mort avant J.-C., il n'appartient donc pas au Nouveau Testament ; d'ailleurs, il ne pouvait être l'héritier, puisqu'il était mort avant le testateur.

C'est Pierre qui est l'héritier ; il succédera à Jésus et sera le premier en tout dans l'Eglise fondée par Jésus. Cette confession de foi de saint Pierre fait jaillir d'autres considérations.

IV.

Saint Pierre est le premier dans la foi, comme il est le premier dans la confession de foi.

Or, d'après ces paroles de N. S. : *Beatus es Simon Barjona, quia caro et sanguis non revelavit tibi, sed pater meus qui in cœlis est* : Vous êtes bienheureux, Simon, fils de Jean, car ce n'est point la chair ni le sang qui vous ont révélé ceci, mais mon père qui est dans le ciel. D'après ces paroles, dis-je, il paraît que la confession de foi de Pierre était l'expression d'une révélation intérieure qui venait d'illuminer son âme ; cette révélation, c'était la foi à la filiation divine de Jésus, qui se manifestait à l'extérieur par ces paroles sorties de la bouche de Pierre : *Tu es Christus, filius Dei vivi.*

La foi et la confession sont simultanées.

Mais, si Pierre est le premier dans la foi, que doit-on penser de ces personnages évangéliques que J.-C. avait exaltés pour la grandeur de leur foi.

Déjà et avant la confession de Pierre, Jésus avait dit du centenier : En vérité, je vous le dis, je n'ai pas trouvé une si grande foi en Israël ; et à la Chananéenne : O femme, votre foi est grande, qu'il vous soit fait comme vous le désirez.

Au paralytique, il avait dit : En considération de votre foi, vos péchés vous sont remis ; et à l'hémoroïsse : Ma fille, votre foi vous a guérie, allez en paix; enfin, à Madeleine : Votre foi vous a sauvée, allez en paix.

Que doit-on penser également de Philippe, cité plus haut, disant à Nathanael : Nous avons trouvé dans Jésus de Nazareth, celui que Moïse et les prophètes ont annoncé, et de Nathanael, dont nous avons vu et examiné la confession ? Doit-on penser que leur foi a précédé celle de saint Pierre ? Certainement non.

Autre chose était la foi dont il est question dans les exemples cités ci-dessus, autre chose était la foi dont la confession de saint Pierre était l'expression.

A ce moment, la foi de saint Pierre fut éclairée d'une lumière divine ; il vit en J.-C. le Christ, fils de Dieu. Ce fut un moment solennel ; c'était, en effet, la plénitude de la foi que de connaître la filiation divine, c'est-à-dire le Verbe.

La foi du centenier et des autres, même la foi des apôtres et celle de Pierre avant cette révélation du Verbe, consistait à reconnaître en J.-C. un caractère divin ; tous ces hommes de foi voyaient resplendir en lui une puissance divine et ils avaient foi en celui qui en était revêtu ; mais cette foi n'était pas éclairée, ou, pour dire mieux, pas instruite. Leur *Credo* n'était pas et ne pouvait pas être le nôtre, car beaucoup de mystères n'avaient pas été révélés et ne l'ont été qu'après la mort de Jésus, notamment le mystère de la maternité virginale de Marie, le mode divin de la nativité de Jésus et d'autres.

Ces mystères n'ont été révélés par Marie à saint Luc, qu'après la mort de Jésus ; peut-être même le motif pour lequel Dieu a laissé Marie sur cette terre après la mort de son fils n'avait-il que ce but : achever la révélation de J.-C. ; c'est pourquoi cette portion de l'Evangile pourrait s'appeler l'Evangile de la Vierge.

Nous disions, plus haut, que connaître la filiation divine c'était la plénitude de la foi et, plus bas, nous parlons de mystères révélés après la mort de J.-C., ce qui paraît impliquer contradiction ; et, cependant, il n'y en a pas. Ces mystères posthumes étaient implicitement contenus dans celui de l'incarnation, si clairement énoncé par ces paroles de Pierre : *Tu es filius Dei* ; dont voici l'explication bien sommaire ;

Tu, toi que je vois de mes yeux charnels, c'est-à-dire l'homme, *es filius Dei*, tu es le fils de Dieu, c'est-à-dire le Verbe. En toi, Jésus-Christ, il y a donc deux choses : l'homme et le Verbe; c'est le mystère de l'incarnation.

Ainsi, le *Credo* de ces grands hommes de l'Evangile n'était pas le nôtre ; ce n'était pas même celui de saint Pierre qui contenait le mystère de la filiation divine, car, si la connaissance de cette filiation eût été une faveur commune à Pierre, au centenier, à la Chananéenne et aux autres, J.-C. n'aurait pas comblé Pierre de privilèges extraordinaires. La connaissance de Pierre et sa foi étaient exceptionnels, et voilà pourquoi des privilèges exceptionnels lui ont été accordés.

Je le répète, ces personnages avaient la foi en J.-C. comme envoyé de Dieu, comme revêtu d'un caractère et d'un pouvoir divins ; ils avaient même toute la foi, en ce sens qu'ils étaient disposés à croire et qu'ils croyaient à toutes les vérités que J.-C. leur révélerait ; la foi était en puissance chez eux, elle était en acte chez Pierre.

Voilà, je pense, la différence qui existait entre la foi de Pierre et celle du centenier et des autres.

S'il en était autrement, si la foi du centenier avait précédé celle de Pierre, soit dans le temps, soit comme développement doctrinal, cela bouleverserait toutes nos idées.

On comprend la primauté du Précurseur, on n'en comprendrait pas d'autre ; s'il y en avait eu d'autres, elles eussent été manifestées à l'Eglise ; mais pourquoi N. S. recommande-t-il aux apôtres de cacher soigneusement qu'il est le Christ, le fils de Dieu.

Nous allons examiner cette question, *adjuvante Deo*.

St MATT. CAP. XV. V. 20. *Tunc præcepit discipulis suis, ut nemini dicerint quia ipse esset Jesus Christus.*

En même temps, il défendit à ses disciples de dire qu'il fut Jésus, le Christ.

Ainsi, Jésus défend à ses apôtres de dire qu'il est le Christ, le fils de Dieu ; cependant, quel était le but de sa mission, sinon de se faire reconnaître pour fils de Dieu.

Jésus veut bien nous indiquer lui-même le motif de cette défense, car il annonce immédiatement ses souffrances, sa réprobation par les sénateurs et les princes des prêtres et, enfin, sa mort : « *Quia oportet filium hominis multa pati et reprobari à senioribus et principibus sacerdotum, et scribis et occidi.* » (St Luc, cap. IX. V. 22.)

Sa réprobation devait logiquement suivre la preuve de sa divinité, car on ne peut être réprouvé si, préalablement, on n'a été prouvé ; la réprobation suit la probation.

Si la preuve de la divinité de J.-C. avait été permise aux apôtres, leur zèle et leur maladresse auraient amené la réprobation et la mort de Jésus avant le temps voulu, avant que son œuvre ne fut mûre.

Sa réprobation et sa mort eussent été prématurées; J.-C. voulait bien mourir, mais il voulait mourir à son heure, cette heure solennelle ne devait être ni avancée, ni retardée ; c'est pourquoi, il se réserve à lui-même le soin de prouver sa divinité.

Il faut voir avec quelle délicatesse, avec quelle mesure, avec quelles précautions Jésus lève le voile qui cache cette vérité à ses ennemis : c'est goutte à goutte, pour ainsi dire, qu'il insinue cette vérité ; c'est avec une sagesse toute divine qu'il mélange la lumière avec les ténèbres, de manière à former un demi-jour suffisant pour éclairer, mais pas trop éclatant pour blesser des yeux ennemis.

Il connait la susceptibilité des âmes et il les manie avec une finesse de tact, une délicatesse de nuances, que lui seul possède. Ses apôtres eussent-ils été capables d'une adresse aussi merveilleuse et d'une charité aussi délicate ?

Jésus abonde en preuves semi-lumineuses et cette abondance apporte une lumière douce et forte, qui doit produire la conviction dans toute âme de bonne foi.

L'Evangile est rempli de preuves de la divinité de Jésus ; la première, je crois, est la révélation faite aux bergers, puis, viennent les Mages, puis saint Siméon ; après quoi, Jésus disparaît en Egypte et, à part l'épisode de Jésus enseignant dans le temple à l'âge de douze ans, le monde n'entend plus parler de lui, que lorsqu'il a atteint l'âge de trente ans.

Alors viennent les miracles, la prédication de sa doctrine et tous les faits de sa vie publique, nous y avons relevé et noté plusieurs confessions de sa divinité.

Mais, nous écartons tous ces faits, pour arriver à ces discussions intéressantes entre J.-C. et les princes des prêtres, les sénateurs et les scribes. Nous nous proposons donc d'étudier spécialement les rapports entre Jésus et les chefs du peuple, rapports qui doivent avoir pour résultat la réprobation des Juifs et la mort de J.-C.

Saint Jean est le seul des évangélistes qui nous fasse assister à cette série d'efforts charitables tentés par J.-C. pour vaincre la haine obstinée de ses ennemis; J.-C. y épuise toutes les ressources de la charité.

Pour ces chefs du peuple, pour ces hommes savants, il ne se contente pas de la preuve des miracles, preuve qui leur est commune avec le peuple, il ajoute les preuves de raisonnement et les témoignages de l'Écriture.

Voici comment saint Jean raconte les preuves que Jésus donne de sa divinité :

La première a lieu dans le temple, à l'occasion d'un homme malade depuis 38 ans. Ce malade avait été guéri le jour du Sabbat ; les Juifs reprochaient à Jésus qu'il guérissait le jour du Sabbat. Jésus leur répondit, ch. v. V. 17 (pour plus de rapidité, nous omettrons le texte latin) : « *Mon père*, jusqu'aujourd'hui, ne cesse point d'agir et *j'agis* aussi incessamment. »

C'est pourquoi les Juifs cherchaient à le faire mourir, non-seulement parce qu'il violait le Sabbat, mais parce qu'il s'égalait à Dieu, disant que Dieu était son père. Jésus leur répondit, V. 19 : En vérité, en vérité je vous le dis, le fils ne saurait rien faire de lui-même, il ne fait que ce qu'il voit faire à son père, car tout ce que le père fait, le fils le fait aussi comme lui.

21. Car, comme le père ressuscite les morts et leur donne la vie, de même le fils donne la vie à qui il lui plaît.

36. Mais, pour moi, j'ai un témoignage plus grand que celui de Jean, car les œuvres que le père m'a donné à faire, ces œuvres que je fais, rendent témoignage de moi, que c'est le père qui m'a envoyé.

39. Vous lisez avec soin les Écritures, parce que vous croyez y trouver le moyen d'avoir la vie éternelle ; ce sont elles, en effet, qui rendent témoignage de moi.

46. Car, si vous croyiez Moïse, peut-être vous me croiriez aussi, parce que c'est de moi qu'il a écrit.

Les versets qui précèdent répètent fréquemment les mots de père et de fils ; J.-C. voulait attirer l'attention des chefs du peuple sur la paternité, comme attribut essentiel de la divinité ; et, par conséquent, sur le fils de Dieu, puisqu'il n'y a pas de père s'il n'y a pas de fils ; le père, en effet, suppose le fils, et, ce fils, J.-C. l'indique en invoquant le témoignage de Jean, celui de Moïse et des prophètes, et surtout celui des miracles qu'il opère par la puissance de son père.

C'est avec ce triple témoignage que Jésus se présente aux Juifs.

II.

Le plus beau sermon de Jésus, et le plus énigmatique peut-être, est celui que Jésus prononça, devant une grande foule, dans la synagogue de Capharnaüm ; sa divinité y est cachée sous des voiles qui invitent à la chercher.

St Jean, chap. vi. V. 29. Jésus leur dit : L'œuvre

de Dieu est que vous croyiez à celui qu'il a envoyé.

30. Ils lui dirent : Quel miracle donc faites-vous, afin que nous le voyions et que nous croyions en vous ? Que faites-vous ?

31. Nos pères ont mangé la manne dans le désert, selon qu'il est écrit : Il leur a donné à manger le pain du ciel.

32. Jésus leur répondit : En vérité, en vérité, je vous le dis, Moïse ne vous a pas donné le pain du ciel, mais c'est mon père qui vous le donne, le véritable pain du ciel.

33. Car le pain de Dieu est celui qui descend du ciel et qui donne la vie au monde.

34. Ils lui dirent donc : Seigneur, donnez-nous toujours de ce pain-là.

35. Jésus leur répondit : Je suis le pain de vie ; celui qui vient à moi, n'aura point faim et celui qui croit en moi, n'aura point soif.

38. Je suis descendu du ciel, non pour faire ma volonté, mais pour faire la volonté de celui qui m'a envoyé.

40. Car la volonté de mon père, qui m'a envoyé, est que, quiconque voit le fils et croit en lui, ait la vie éternelle et je le ressusciterai au dernier jour.

Cependant et quelques précautions que prît N. S. J.-C., il irritait les Juifs.

41. Les Juifs se mirent donc à murmurer contre lui parce qu'il avait dit : Je suis le pain vivant, qui est descendu du ciel.

42. Et ils disaient : N'est-ce pas là Jésus, fils de Joseph, dont nous connaissons le père et la mère ? Comment donc, dit-il, je suis descendu du ciel.

43. Jésus leur répondit : Ne murmurez point entre vous.

44. Personne ne peut venir à moi, si mon père, qui m'a envoyé ne l'attire ; je le ressusciterai au dernier jour.

C'était le cas pour J.-C. de manifester le mystère de sa conception par l'opération du Saint-Esprit et la virginité de sa mère et de répondre à cette formidable objection : N'est-ce pas là Jésus fils de Joseph, etc... Mais il ne voulait pas, de son vivant, offrir ces vérités en pâture aux discussions des hommes ; ces mystères ne devaient être manifestés qu'après la gloire de sa résurrection. Pour le moment, il se contente de dire qu'on ne peut venir à lui que par l'attraction de son père et d'affirmer son pouvoir de ressusciter les morts.

J.-C. continue et dit de nouveau (St Jean, ch. vi, V. 51) : Je suis le pain vivant du ciel..... bien que cette affirmation eût irrité les Juifs.

Jésus savait bien que cette affirmation de sa descendance céleste, dont il ne pouvait donner le mode en ce moment, éloignerait de lui plusieurs de ses disciples, néanmoins, il n'hésite pas à semer ces vérités, sachant qu'elles sont nécessaires au salut et que, plus tard, elles seraient prêchées, expliquées et crues.

Pour le moment, il fallait croire à la parole du maître et dire avec Pierre (V. 69) : A qui irions-nous, Seigneur ? vous avez les paroles de la vie éternelle.

70. Pour nous, nous avons cru et nous avons connu que vous êtes le Christ, le fils de Dieu.

A la vérité, personne ne pouvait répondre à cette objection : Nous avons connu son père et sa mère, comment donc peut-il dire qu'il est descendu du ciel ?

Toutefois, on pouvait raisonner ainsi : cet homme est évidemment divin, car Dieu l'a revêtu de sa puissance ; il guérit les maladies les plus invétérées, il rend l'ouïe aux sourds, il redresse les boiteux, il multiplie les substances, il ressuscite les morts, il chasse les démons, il leur commande et ils obéissent.

Dieu est la caution de cet homme, il lui rend témoignage ; cet homme ne peut mentir, car Dieu, qui est sa caution, est vérité.

Lors donc que cet homme divin nous dit qu'il est descendu du ciel, bien que nous connaissions ses parents, ce qui nous paraît contradictoire, nous ne devons pas en conclure que cet homme divin ment, nous devons simplement conclure qu'il y a là un mystère au-dessus des lumières de la raison.

Une chose douteuse, ou qui nous paraît telle, ne peut infirmer une chose certaine ; or, la chose certaine, c'est le caractère divin de J.-C., la conséquence logique, c'est de croire aux vérités qu'il annonce, contre le témoignage d'une raison imparfaite et sujette à l'erreur.

L'épreuve était rude : *durus est hic sermo* ; mais elle n'était pas au-dessus des forces de ceux qui avaient été témoins des miracles de Jésus.

Aussi, quand Jésus, s'adressant aux douze, leur dit : Et vous, voulez-vous aussi me quitter ? Saint Pierre répond, avec raison, ces paroles citées plus haut et qui sont tout à fait dans la logique de la situation : Où irions-nous, etc...

Après avoir prêché cette doctrine, J.-C. parcourait la Galilée ; il ne voulait pas, en effet, se rendre à Jérusalem, parce que les Juifs cherchaient à le faire mourir.

Cependant, la fête des Tentes étant arrivée, N. S. se rend *seul* (il faut remarquer ce mot, *seul*) à Jérusalem et il continue d'y exposer publiquement, dans le temple, sa doctrine relative à ses rapports avec son père.

Les Juifs s'étonnaient de sa science, disant : Comment cet homme sait-il les Écritures, puisqu'il ne les a pas apprises ? Jésus leur répondit (c. vii. V. 16) : Cette doctrine n'est pas la mienne, c'est la doctrine de celui qui m'a envoyé ; et, comme Jésus continuait de parler avec courage et sans craindre ses ennemis, quelques habitants de Jérusalem disaient : Cet homme n'est-il pas celui qu'ils cherchent pour le faire mourir ?

C. vii. V. 26. Et, néanmoins, le voilà qui parle devant tout le monde, sans qu'ils lui disent rien. N'est-ce point que les sénateurs ont effectivement reconnu qu'il est le Christ ?

V. 27. Mais nous savons d'où est cet homme, au lieu que, quand le Christ viendra, personne ne saura d'où il est.

28. Jésus, élevant la voix, s'écria : Vous me connaissez et vous savez d'où je suis ; et, cependant, je ne suis pas venu de moi-même ; mais, celui qui m'a envoyé est véritable, et vous ne le connaissez point ; (donc, vous ne me connaissez point.)

V. 29. Pour moi, je le connais, parce que je *suis né de lui*, et c'est lui-même qui m'a envoyé.

La prédication de Jésus donna naissance à des opinions diverses ; les uns disaient : Cet homme est le Christ ; d'autres répondaient : Est-ce que le Christ vient de la Galilée ?

C. vii. V. 42. L'Écriture ne dit-elle pas que le Christ viendra de la race de David et de la petite ville de Bethléem, d'où était David ?

Nazareth, la patrie terrestre du Christ, lui nuisait ; Bethléem était bien le lieu de sa naissance, mais Nazareth était le domicile de ses parents selon la chair et les Juifs ne connaissaient que ce dernier domicile. Aussi, lorsque Nicodème voulut dire aux prêtres quelques paroles en faveur de N. S. J.-C., ils lui répondirent avec mépris : Es-tu aussi Galiléen ? étudie les Écritures et tu te convaincras qu'aucun prophète ne surgit de la Galilée. (vii. V. 52.)

Les princes des prêtres invoquaient les Écritures et ces Écritures étaient vraies ; mais ils se trompaient sur le lieu de la naissance de Jésus.

Jésus aussi invoquait les Écritures : « Vous lisez avec soin les Écritures, » et le reste du V. 39, ch. v, cité plus haut ; il invoque le témoignage de Moïse : C'est de moi, en effet, qu'il a écrit... V. 46 ; il invoque le témoignage de Jean : Vous avez envoyé Jean et Jean a rendu témoignage à la vérité, V. 33 ; et, par-dessus tout, il invoque le témoignage de ses œuvres miraculeuses, car ce témoignage est celui de son père, c'est le témoignage divin, écrit dans toutes les langues : Je possède un témoignage plus grand que celui de Jean, car les œuvres que le père m'a donné à faire, ces œuvres que je fais rendent témoignage de moi, que c'est le père qui m'a envoyé.

Ainsi, Jésus réunit un faisceau lumineux de preuves en sa faveur, qui doit porter la conviction dans tout esprit de bonne foi.

A quoi les pharisiens n'opposent qu'une preuve négative et qui, plus tard, sera reconnue fausse ; à savoir qu'aucun prophète ne surgît de la Galilée. Or, Jésus est Galiléen, donc il n'est pas prophète.

Mais déjà les preuves de sa divinité étaient surabondantes, et, saint Pierre, après avoir dit : A qui irons-nous, vous avez les paroles de la vie éternelle, ajoute avec raison : Quant à nous, nous avons cru et nous avons reconnu que vous êtes le Christ, le fils de Dieu. vi. V. 70. C'est-à-dire, nonobstant les objections et les obscurités, votre divinité est évidente, nous l'avons reconnu et persistons dans notre croyance.

Toutefois, continuons à exposer les preuves que J.-C., avec sa réserve et sa prudence, va exposer aux yeux de ses ennemis, afin que leur incrédulité soit sans excuse ; ch. viii. V. 16. Et quand je juge, mon témoignage est véritable, parce que je ne suis pas seul, mais *moi et mon père qui m'a envoyé.*

18. Je me rends témoignage à moi-même, et mon père qui m'a envoyé me rend aussi témoignage.

19. Ils lui disaient donc : Où est-il votre père ? Jésus leur répondit : Vous ne connaissez ni moi, ni mon père ; si vous me connaissiez, vous connaîtriez aussi mon père, (vous remonteriez de l'un à l'autre.)

Jésus excitait leur curiosité et s'efforçait, par toutes ces allusions très-transparentes, de les mettre sur la voie de la vérité.

Nous continuons, en abrégeant beaucoup trop, à notre grand regret, un extrait des conversations de

Jésus dans le temple ; nous ne parlons, en effet, que des prédications dans le temple en face des pharisiens et des docteurs de la loi, car, lorsqu'il n'était pas en face de ces haineux adversaires, il parlait plus ouvertement, comme par exemple, lorsqu'il se trouve en face de la Samaritaine, il lui dit sans détour : Moi qui vous parle, je suis le Christ ; mais avec les princes des prêtres et les pharisiens, il fallait plus de précautions.

VIII. V. 23. Jésus leur disait encore : Vous êtes de la terre et moi je suis du ciel ; vous êtes de ce monde et moi je ne suis pas de ce monde.

25. Ils lui dirent : Qui êtes vous ? Jésus leur répondit : Moi qui vous parle, je suis le principe.

26. J'ai beaucoup de choses à dire de vous et à condamner en vous, mais celui qui m'a envoyé est véritable, et je ne dis dans le monde que ce que j'ai appris de lui.

35. Le serviteur ne demeure pas éternellement dans la maison, mais le fils y demeure toujours.

40. Mais maintenant vous cherchez à me faire mourir, moi qui vous ai dit la vérité que j'ai apprise de Dieu.

42. Jésus leur dit : Si Dieu était votre père, vous m'aimeriez sans doute parce que je suis sorti de Dieu et que je suis venu de sa part, car je ne suis pas venu de moi-même, mais c'est lui qui m'a envoyé.

54. Jésus leur répondit (pour me hâter, je ne mentionne dans le dialogue que les réponses de Jésus, omettant les objections des Juifs ; la clarté en souffre et je serai forcé de recommencer) : Si je me glorifie moi-même, ma gloire n'est rien ; c'est mon père qui me glorifie, lui que *vous dites qui est votre Dieu.*

Ici, le voile disparaît, la lumière se fait et la rage de ses ennemis augmente. Aussi, lorsque le Christ ajoute ch. x. V. 30. Mon père et moi nous sommes une même chose ; les Juifs prirent des pierres pour le lapider ; ch. x. V. 32. Et Jésus leur dit : J'ai fait devant vous plusieurs bonnes œuvres, par mon père ; pour laquelle est-ce que vous me lapidez ?

33. Les Juifs lui répondirent : Ce n'est point pour aucune bonne œuvre que nous vous lapidons, mais c'est à cause de votre blasphème et parce que, étant homme, vous vous faites Dieu.

34. Jésus leur répartit : N'est-il pas écrit dans votre loi : J'ai dit : vous êtes des dieux.

35. Si donc elle appelle dieux, ceux à qui la parole de Dieu était adressée et que l'Écriture ne peut être détruite.

36. Pourquoi dites-vous que je blasphème, moi que mon père a sanctifié et qu'il a envoyé dans le monde, parce que j'ai dit : Je suis le fils de Dieu.

37. Si je ne fais pas les œuvres de mon père, ne me croyez point.

38. Mais si je les fais, quand vous ne voudriez pas me croire, croyez à mes œuvres ; elles ont été faites afin que vous sachiez et que vous croyiez que le *père est en moi, et moi dans le père.* (Par ces paroles, le dernier voile est levé.) Sur quoi, ils cherchèrent à se saisir de lui, mais il s'échappa.

Voilà la série des tentatives faites par Jésus, pour prouver aux chefs de la nation juive qu'il était le fils du Dieu vivant.

On a pu voir, quoique bien en raccourci, avec quelle

adresse, avec quel ménagement, N. S. a cherché à insinuer la preuve de sa divinité.

Il savait qu'il avait affaire à des yeux malades et des cœurs rongés de jalousie ; combien il est ingénieux à accumuler des preuves voilées, afin d'exciter les intelligences à percer ce nuage charitable. N. S. n'ignorait pas que l'homme est flatté de découvrir lui-même la vérité et qu'il l'accepte volontiers lorsqu'elle lui paraît le fruit de son propre travail, tandis qu'il la repousse, lorsqu'il s'aperçoit qu'on veut la lui imposer. C'est dans ce but qu'il présente, avec une fécondité extraordinaire, cette vérité sous des voiles divers, et il n'arrive à déchirer ces voiles, que lorsque ses efforts ont été infructueux.

On conviendra sans peine qu'une pareille tâche était au-dessus de l'intelligence des apôtres.

Celui-là seul qui fait tout avec nombre, poids et mesure, était capable de trouver ces voiles plus ou moins transparents, ces formes si variées, si bien en harmonie avec les infirmités intellectuelles et morales des chefs de la nation juive.

C'est donc par suite d'une appréciation judicieuse des difficultés que ce grave sujet soulevait, que N. S. recommande à ses apôtres le silence le plus complet sur sa divinité ; c'était une question réservée au maître.

Plus tard, les apôtres traiteront cette question, mais ils auront reçu le Saint-Esprit.

Fiat lux : J'ai trop abrégé ; la suite logique ne paraît pas suffisamment.

S‍ᵗ Matt. Cap. XVIII. V. 6. *Qui autem scandalisaverit unum de pusillis istis qui in me credunt, expedit ei ut suspendatur mola asinaria in collo ejus et demergatur in profundum maris.*

Que si quelqu'un est un sujet de scandale à un de ces petits qui croient en moi, il vaudrait mieux pour lui qu'on lui attachât au cou une meule de moulin et qu'on le jetât au fond de la mer.

Le scandale est la conséquence d'une violation de la loi.

Si cette violation a lieu dans une famille ou dans un petit cercle, c'est un scandale particulier ; s'il a lieu en public ou s'il part d'un lieu élevé, s'il est donné par un homme haut placé, c'est un scandale public.

Le scandale est non-seulement une violation de la loi ; la violation de la loi est un caractère commun à tous les péchés, mais c'est une violation hardie, audacieuse, éclatante de la loi ; c'est une déclaration de guerre à Dieu bruyante et au son de la trompette ; le scandale sonne le clairon contre Dieu.

La violation secrète, honteuse de la loi, est sans doute un péché, mais ses conséquences sont limitées à celui qui le commet ; les conséquences du scandale s'étendent non-seulement aux témoins oculaires, mais encore aux témoins auriculaires.

Il y a, dans tous les hommes, une tendance naturelle à la violation de la loi.

L'effet du scandale est de corroborer et d'augmenter cette tendance, de la justifier, de la légitimer ; on sait quelle est la puissance de l'exemple, il entraîne les indécis, les hésitants.

Voilà un homme qui aurait grand désir de travailler le dimanche, mais il n'ose pas le faire, un reste de foi le retient ; il sort de chez lui et voit des ouvriers qui travaillent hardiment et sans scrupule, cet homme n'hésite plus, il a trouvé l'autorisation qu'il cherchait ; il s'enrôle dans les rangs des violateurs du repos dominical. On en peut dire autant de tous ceux qui violent la loi de Dieu à la face du soleil ; ils entraînent l'honnêteté timide et indécise.

La génération du scandaleux est plus nombreuse que celle d'Abraham, et il serait aussi facile de compter les grains de sable de la mer que de compter les victimes du scandale.

Le scandale n'est pas un droit, c'est un fait ; mais c'est un fait qui, se multipliant sans mesure, finit par usurper l'autorité du droit, aux yeux des hommes ; il ne prescrit pas contre le droit, mais il l'opprime.

Quoique le scandale soit toujours un grand crime, cependant, sa malice revêt un caractère plus criminel lorsqu'il s'attaque aux petits qui croient en J.-C. ; mais, qu'entend N. S. par ces mots : *Pusillis qui credunt in me.*

En général, disons d'abord que, pour croire en J.-C., il faut être petit : saint Basile, saint Augustin, saint Bernard, Bossuet, sont des petits de J.-C.

Celui qui croit reconnaît un supérieur, un maître : son maître, c'est celui auquel il croit. Il fléchit le genou, il s'humilie devant ce maître ; il se fait petit, car il confesse que ce maître est plus grand que lui.

Celui qui ne croit pas, au contraire, s'égale à Dieu ; il n'a point de supérieur, c'est un grand.

Dans ce terme de *grand*, il y a bien une pointe d'ironie ; au fond, ce grand est plus petit que le petit de J.-C., car s'il ne reconnaît pas un supérieur dans le ciel, il en reconnaît mille sur la terre et dans les enfers. Ce n'est pas un petit, c'est un esclave ; mais cet esclave n'est pas humble, dans son orgueil, il s'égale à son créateur et voilà pourquoi il n'est pas petit.

Ce mot *pusillis*, que N. S. J.-C. emploie, renferme l'idée de protection et d'amour, car un petit a besoin d'un père, il a besoin d'un protecteur et, par ce mot, J.-C. annonce qu'il est le père et le protecteur de ceux qui croient en lui.

L'homme s'exprime comme J.-C. ; quand il veut manifester son affection pour un enfant, il lui dit : Mon petit, mon cher petit. Ce mot *pusillis* est donc, dans la bouche de J.-C., une expression affectueuse et en même temps une promesse de protection.

C'est comme s'il disait : Cher petit, tu es comme l'agneau au milieu des loups, mais ne crains rien, je serai ton protecteur. Voilà pourquoi sa colère s'allume contre les scandaleux qui s'attaquent à ces chers petits qu'il a pris sous sa protection ; mieux vaudrait, dit-il, pour le scandaleux qu'on lui eût attaché au col, une meule de moulin et qu'on l'eût précipité dans les profondeurs insondables de la mer.

Quelle énergie de langage ! Si J.-C. s'exprime ainsi, c'est pour nous montrer l'énormité du crime de celui qui scandalise ces petits qui croient en lui.

Il le relègue, ce scandaleux, dans un grand éloignement de sa personne ; il veut en être séparé par l'immensité de l'Océan.

II

Nous avons dit que Basile, Augustin, Bernard, Bossuet étaient des petits de J.-C.; sans aucun doute, tous ces grands hommes et ceux qui leur ressemblent sont des petits de J.-C. Cependant, parmi les disciples, il y a deux espèces de petits: il y a l'homme de science, qui connaît le bien et le mal; il y a l'homme simple et innocent, qui ne connaît que le bien ; et c'est surtout des petits de cette dernière catégorie que parle N. S. J.-C.

Les petits qui ont des armes peuvent se défendre et même attaquer ; les petits qui n'ont point d'armes ne peuvent se défendre : ce sont ceux-là particulièrement que N. S. J.-C. couvre de sa protection.

Dans le siècle où nous vivons, il est nécessaire qu'il y ait des chrétiens instruits qui connaissent le bien et le mal, pour pouvoir lutter contre les ennemis de Dieu ; mais, dans l'état d'innocence, l'homme ne devait pas connaître le mal.

Sa science en eût-elle été amoindrie ? Non, car le mal n'est pas une science.

La science est une affirmation, le mal est une négation ; Dieu est le Dieu des sciences. Connaître les sciences, c'est, selon la diversité des sciences, connaître Dieu dans ses œuvres ou dans son essence. Il suit de là que toutes les sciences conduisent ou doivent conduire à Dieu.

Si l'homme n'eût pas péché, il aurait parcouru le cercle des sciences naturelles et surnaturelles et sa science serait probablement beaucoup plus vaste et profonde que celle de l'homme actuel. Il n'eût d'abord pas perdu son temps dans les sentiers de l'erreur et dans les ténèbres du mensonge; car, non-seulement le mal n'est pas une science, mais il est un obstacle à la recherche de la vérité.

Je cherche en vain la science du mal, je ne la trouve pas. Celui qui, doué d'une vaste mémoire, renfermerait dans son intelligence l'encyclopédie du mal, que saurait-il ? Des négations. Ce n'est pas avec des négations qu'on construit, la négation est un instrument de démolition; elle est impuissante à construire. La démolition, voilà son œuvre; cette œuvre est contemporaine de la création et ne finira qu'avec elle.

Au commencement des temps, Dieu s'est affirmé; il a dit : Je suis celui qui est. La négation a répondu : Dieu n'est pas. Quelles que soient les variantes, le mal ne dit pas autre chose; c'est là son unique thème.

Nous ne disons pas que les ennemis de Dieu sont des ignorants; nous savons qu'il y a, parmi eux, des savants qui connaissent très-bien les propriétés de la matière : il y a, parmi eux, des géologues, des géomètres, des chimistes, des astronomes; mais ce n'est pas comme ennemis de Dieu qu'ils sont savants, c'est au contraire, parce qu'ils font de leurs facultés un usage légitime, l'usage voulu de Dieu.

Les sciences qu'ils étudient ne sont pas le mal, c'est le bien au contraire, car Dieu a dit des choses qu'il créait et de chacune d'elles, au fur et à mesure qu'il les créait : *Et vidit Deus quod esset bonum;* Et Dieu vit que son œuvre était bonne. L'étude de ces sciences, c'est donc l'étude du bien, ce n'est pas l'étude du mal ; et c'est du mal que nous avons dit et que nous répétons : le mal, comme mal, n'est pas une science, et celui qui sait le mal, ne sait rien ; ce n'est pas un savant. En dehors de Dieu et de ses œuvres, il n'y a pas de science.

L'ennemi de Dieu, qui a étudié les sciences et qui s'en sert pour opprimer et scandaliser le petit qui croit en J.-C., mérite cet anathème : *Expedit ei ut suspendatur mola asinaria in collo ejus et demergatur in profundum maris*; Il serait plus avantageux pour lui qu'on lui eût attaché au col une meule de moulin et qu'on le jetât au fond de la mer.

Sᵗ MATT. CAP. XVII. V. 2. *Et transfiguratus est antè eos : et resplenduit facies ejus sicut sol, vestimenta autem ejus facta sunt alba sicut nix.*

Et il fut transfiguré devant eux : son visage devint brillant comme le soleil, et ses vêtements blancs comme la neige.

N. S. avait convoqué sur le mont Thabor, non-seulement Pierre, Jacques et Jean, mais encore Moïse et Elie.

Moïse et Elie représentent les temps antérieurs à J.-C.; Pierre, Jacques et Jean représentent les temps postérieurs. J.-C. est le point central ; c'est le trait d'union entre la loi ancienne et la loi nouvelle.

La loi mosaïque a J.-C. pour but ; la loi chrétienne a J.-C. pour fondement ; c'est de cette source qu'elle découle. Son visage est brillant comme le soleil, pour indiquer qu'il est la splendeur de la vérité.

Car, dans son acception humaine, le visage, c'est

la lumière ; il traduit extérieurement les mouvements de l'âme humaine; c'est au moyen du visage qu'on reconnaît une personne. Une personne masquée est une personne qu'on ne peut reconnaître, parce que son visage est caché. Visage, signifie donc lumière, et l'éclat qui paraît sur le visage de Jésus, éclat que les apôtres comparent à celui du soleil, indique que celui qui le porte doit être reconnu comme le soleil de vérité.

Le visage de Moïse, aussi, jetait des rayons de lumière, lorsqu'il sortait de ses entretiens avec Dieu ; et, quoique cette lumière fut tempérée, elle blessait les yeux des Israélites et pour leur parler, il était obligé de mettre un voile sur sa tête, ce qui signifiait que les vérités qu'il leur annonçait n'étaient qu'une ombre des vérités futures.

En présence de J.-C., le visage de Moïse était dépouillé de ses rayons : les apôtres ne font mention que de l'éclat de la figure de J.-C.; ils disent de Moïse et d'Elie qu'ils étaient revêtus de majesté.

Lorsque le soleil paraît, l'éclat des étoiles disparaît ; c'est en sa qualité de législateur des Hébreux, que Moïse apparaît au Thabor. Il vient faire hommage de sa loi, à celui qui en est le complément et la fin ; l'Ancien Testament s'incline devant le Nouveau. Elie apparaît là comme continuateur de Moïse et de J.-C.; comme Moïse, il sera législateur des Hébreux et Hébreu lui-même, mais la loi qu'il annoncera sera la loi de J.-C.; c'est lui qui doit venir à la fin des temps sauver les restes d'Israël.

Pierre, Jacques et Jean représentent le collège

apostolique et les églises de la loi nouvelle, dont Jérusalem, Antioche sont les prémices et les chefs.

Jean est le prophète des révélations mystérieuses des destinées de l'Eglise. Ainsi, l'Ancien et le Nouveau Testament sont représentés sur ce mont Thabor.

Les vêtements de J.-C. sont blancs comme la neige: ces vêtements symbolisent très-bien les sacrements, qui purifient l'homme et le rendent blanc comme neige; ils symbolisent aussi la beauté immaculée de la doctrine évangélique et celle de l'Eglise, épouse de J.-C., et sa manifestation extérieure.

Tous les Evangélistes mentionnent que cette transfiguration eût lieu six jours environ après que N. S. eût annoncé son double avènement : celui qui devait avoir lieu dans la gloire, en présence des anges, et celui qui devait avoir lieu dans la puissance du St-Esprit. Ces six jours indiquent peut-être six époques, que devra traverser l'Eglise avant d'arriver à l'avènement de J.-C. dans la gloire.

En effet, le Thabor symbolise cet avènement glorieux : l'éclat de la figure de J.-C., c'est la gloire ; les anges sont représentés par Moïse, Elie et les apôtres.

Dieu le père intervient dans une nuée lumineuse et glorifie J.-C. par ces paroles : *Hic est filius meus dilectus in quo mihi bene complacui ; ipsum audite.* Celui-ci est mon fils bien-aimé, dans lequel j'ai mis toute mon affection ; écoutez-le.

C'est par ces paroles que s'ouvriront les grandes assises du jugement dernier, car il faut que J.-C. reçoive, dans l'assemblée des anges et des hommes, l'éclatant témoignage de Dieu.

Il faut que Dieu dise : Celui-là est mon fils ; il faut qu'il soit ainsi désigné aux démons et aux hommes rebelles ; il faut que Dieu ajoute ensuite : *Ipsum audite*.

Écoutez le jugement qu'il va prononcer :

L'apôtre saint Luc dit que Moïse et Elie s'entretenaient avec J.-C. et que le sujet de la conversation était les souffrances et la mort de J.-C.

L'âme de Moïse habitait les limbes : c'était dans ce lieu qu'étaient détenues les âmes des saints de l'ancienne loi ; elles soupiraient après la venue de J.-C.

Or, une grande commotion avait lieu dans cette terre d'exil. La venue de J.-C. sur la terre s'y était répandue ; de fréquentes nouvelles, arrivant de la terre, entretenaient cette émotion ; la lumière de cet avènement grandissait tous les jours.

Siméon, le premier peut-être, avait annoncé la grande nouvelle, la nouvelle, pour ainsi dire officielle de la Nativité ; il avait vu l'enfant et l'avait tenu dans ses bras, c'était positif. Saint Joseph était venu ensuite ; il avait annoncé et la grossesse de la Vierge Marie, et la merveilleuse Nativité de J.-C. Puis, Jean le Précurseur était venu annoncer ce qu'il avait vu. J'ai baptisé l'agneau de Dieu, avait-il pu dire, j'ai vu dans sa beauté et dans sa force, celui qui efface les péchés du monde, qui guérit toutes les infirmités, qui commande aux démons et qui annonce l'Evangile aux pauvres.

Enfin, sur le mont Thabor, Moïse et Elie apprennent, de la bouche de Jésus, les détails de ses souffrances et de sa mort.

Ils en rapportent la nouvelle aux limbes : les cœurs palpitent plus fort ; la délivrance approche ; dans quelques jours, le libérateur apparaîtra en personne. Jésus révèle à Moïse et Elie les deux extrêmes de sa personne : les humiliations de sa chair et la gloire de sa divinité ; les humiliations de sa chair leur sont montrées dans ses souffrances et sa mort.

Sa divinité leur est révélée par la gloire de sa transfiguration et par cette parole, sortie d'une nuée brillante et lumineuse qui les enveloppe : Celui-ci est mon fils bien-aimé en qui j'ai mis toutes mes complaisances ; écoutez-le.

Tout J.-C. est révélé dans ce double caractère : Humiliation — Gloire ; le mystère de la Rédemption est tout entier contenu dans cette notion. Après avoir entendu de la bouche de Dieu la révélation de ces merveilles, Moïse et Elie disparaissent ; la nuée lumineuse s'efface ; J.-C. reste seul.

Il arrive bien quelquefois à l'âme de gravir le Thabor et d'y jouir de la communication de la gloire divine, mais ces heureux moments sont courts ; la gloire du Thabor disparaît, et, avec cette gloire, ce bonheur de l'âme, qui lui fait dire : Il fait bon ici.

Oui, tout cela disparaît, mais J.-C. nous reste ; car cet incomparable ami fait ses délices d'habiter avec les enfants des hommes ; il est rivé à l'humanité par l'amour. Donc, J.-C. nous reste et c'est plus que le Thabor.

S‍ᵗ Matt. Cap. xxii, V. 2. *Simile factum est regnum cœlorum homini regi qui fecit nuptias filio suo.*

Le royaume des cieux peut être comparé à un roi qui veut célébrer les noces de son fils.

Les hommes sont fous de plaisirs ; ces pauvres hommes ! Ils prennent le plaisir pour le bonheur; but légitime de la vie.

Aussi, lorsqu'une fête est annoncée, tout le monde accourt à cette fête : les voitures publiques, les voitures particulières, les véhicules de toute espèce sont mis en réquisition par la foule des curieux ; les chemins de fer doublent et triplent leurs trains et vomissent, à toutes les heures du jour, des foules altérées de plaisirs. On ajourne toutes les affaires pour l'affaire principale, qui est la fête ; à demain les affaires sérieuses, aujourd'hui amusons-nous. Mais si c'est un roi qui donne un festin, l'affaire devient plus importante.

Outre le plaisir, il y a encore honneur et considération ; car c'est un grand honneur que d'assister à un festin royal. On brigue cet honneur, on s'adresse aux courtisans, on fait mille courbettes et mille bassesses, on n'épargne aucune démarche, aucune dépense et l'on se considère suffisamment indemnisé de ses peines, si on parvient à faire partie du cortège des heureux privilégiés.

Demain, les noms des convives royaux seront publiés dans les journaux ; quelle joie pour ces affamés de considérations et d'honneurs !

Voilà comment les choses se passent dans le monde ; même et *surtout* dans le monde républicain. Vertu, austérité évangélique, ne sont plus synonimes de républicain ; c'était bon pour Guillaume Tell et ses contemporains:aujourd'hui,le vertueux Guillaume est démodé. Les républicains de 1876 réservent leur culte pour Rousseau, le sauvage mais non pas l'austère, et pour le Prussien Voltaire.

Quoique républicains, leur patron c'est Balthazar, le roi Balthazar, qui trouvait au vin une saveur particulière lorsqu'il le buvait dans les vases sacrés.

Le vin, assaisonné d'impiété, est un stimulant qui chatouille délicieusement le palais des Balthazars de nos jours ; ces plagiaires d'impiété croient faire du neuf, ils ne font que du vieux, renouvelé des Assyriens. Nos républicains de 1876 aiment l'argent, les voluptés, les honneurs, les places *surtout*, les repas fastueux et les fêtes.

Aujourd'hui, N. S. J.-C. nous fait assister à un spectacle tout contraire : un roi donne un festin et il envoie dire aux invités que son festin est prêt et qu'il les attend ; mais les invités refusent de venir. Le roi leur envoie un second message, suivi d'un second refus ; les uns allèguent qu'ils ont acheté des bœufs et qu'ils vont les essayer ; d'autres ont acheté une maison de campagne et il faut la visiter ; un autre, enfin, est en train de se marier.

Tout cela est absurde ; il y a temps pour tout faire. On peut assister au festin et essayer ses bœufs, avant ou après le festin ; on peut aussi visiter sa villa et préparer un mariage à un moment autre que celui du festin. La vraie raison, saint Matthieu nous l'apprend ;

il dit de ces invités : *Nolebant venire*, ils ne voulaient pas venir.

Ce contraste, cette conduite si contraire aux habitudes humaines, devaient éveiller vivement l'attention des auditeurs de Jésus, habitués d'ailleurs à son langage allégorique et figuré.

Que veut-il nous dire et qui sont ces convives assez insensés pour refuser d'assister à un festin royal ?

O Juifs! ces convives insensés, c'est vous. Le festin royal auquel vous avez été les premiers invités, c'est le festin évangélique; vous avez refusé de prendre part à ce festin, auquel le roi du ciel vous avait invité par les prophètes, par les apôtres et par J.-C. lui-même.

Les Juifs n'avaient point d'excuse valable, car la doctrine du salut s'allie parfaitement avec les occupations et les devoirs de la vie présente. C'est Dieu qui est l'auteur et le conservateur de la société, et, par conséquent, le régulateur des diverses fonctions sociales ; la religion les bénit toutes et, sous sa bénédiction, elles deviennent des instruments de salut.

Elle bénit le labourage et les bœufs, qui sont les collaborateurs de l'homme ; elle bénit les propriétés; elle bénit les unions matrimoniales ; mais elle est reine par-dessus tout et son service passe avant tous les autres. Tous doivent lui céder le pas et, lorsqu'il y a concurrence, tous doivent s'incliner devant elle.

Mais cette reine est la charité et elle consent à suspendre ses droits, en faveur des nécessités humaines. Toutefois, c'est elle, la reine, qui veut être juge de ces nécessités et c'est à elle qu'on doit demander la dérogation à ses droits royaux; et c'est justice qu'il en soit ainsi. L'expérience prouve que la pratique religieuse s'allie parfaitement avec les conditions sociales.

On ne voit pas, en effet, que le laboureur chrétien, le négociant, le notaire ou le magistrat chrétien réussissent moins bien que ceux qui méprisent les prescriptions évangéliques, sous le faux prétexte qu'elles sont nuisibles à leurs intérêts.

C'est certainement le contraire qui est vrai, comme nous l'avons dit en détail dans une autre considération, car pour obtenir le succès dans ce monde, il faut deux facteurs : un heureux concours d'événements, c'est-à-dire le facteur divin ; puis l'aptitude, le travail et la santé, c'est-à-dire le facteur humain, auquel l'assistance divine est bien utile.

On voit, il est vrai, des impies prospérer dans toutes les branches de l'activité humaine, et réussir dans toutes leurs entreprises ; c'est que Dieu récompense dans ses ennemis des vertus purement humaines, car Dieu est juste, même avec les démons. Il est certain qu'un catholique paresseux réussira moins bien qu'un impie laborieux.

Chaque arbre produit son fruit : l'arbre du travail produit la richesse ; l'arbre de la paresse produit la misère et la ruine. C'est une loi providentielle, elle doit s'accomplir.

Nous disions plus haut que la religion s'harmonise avec toutes les conditions sociales ; il y a cependant certaines conditions sociales régies par des règlements athées, interdites aux catholiques. Ce n'est pas la condition qui est incompatible avec la religion, c'est le règlement.

Ces règlements ne tiennent aucun compte de la dignité humaine, ils sont un outrage à Dieu et à l'homme. Aux yeux de ceux qui ont fait ces règlements, l'homme n'a que la valeur d'une machine ; il est même au-dessous de la machine, dont il n'est qu'un rouage; le moteur de la machine, l'âme, est ailleurs.

Il en est ainsi dans les chemins de fer, desquels on a dit avec raison : chemin de fer, chemin d'enfer.

Dans les règlements athées de ces administrations, aucun temps n'est réservé pour l'accomplissement des devoirs religieux, l'homme se doit à la machine, dont il est l'esclave. Quand reine Machine se meut, l'esclave marche à sa suite.

Le genre humain avait vu l'homme esclave de l'homme, le monde moderne nous montre l'homme esclave de la machine. De pareils règlements seraient impossibles dans une société catholique ; la conscience humaine les déchirerait.

Quel mal y aurait-il donc si cette rotation vertigineuse des affaires humaines s'arrêtait devant la majesté du dimanche; si le repos succédait à l'activité matérielle, enseignant à l'homme que le repos de la tombe et de l'éternité succèdera (pour les élus) au cyclone social et humanitaire, et que ce repos est le but unique pour lequel l'homme a été créé; ouvriers et voyageurs y gagneraient.

Quelques voix généreuses se sont élevées pour réclamer en faveur des droits de la conscience ; espérons qu'elles seront entendues et que ces règlements seront modifiés.

L'Eglise ne peut pactiser avec les règlements actuels, et le catholique jaloux de son salut ne peut leur prêter son concours. Mais, ces règlements insensés ne proscrivent pas contre cette vérité, à savoir que la religion s'allie avec toutes les conditions sociales, y compris celle des chemins de fer, qu'il ne faut pas confondre avec les règlements qui la régit.

Les invités au festin du roi n'avaient donc aucune excuse légitime à faire valoir; leur *unique motif*, c'est la mauvaise volonté : *Nolebant venire.*

III.

Le reste de la parabole est tellement transparent que c'est une histoire plutôt qu'une parabole.

Les invités ne se contentent pas de refuser de venir au festin du roi, ils maltraitent les serviteurs qu'il leur avait envoyés et même les mettent à mort. Que fait le roi ? Il rassemble ses armées, tue les meurtriers et brûle leur ville.

N'est-ce pas l'histoire anticipée du peuple juif, de ce peuple qui tuera les missionnaires et les apôtres qui l'inviteront à participer au banquet évangélique préparé pour lui.

Dieu outragé convoque les armées romaines, qui détruisent Jérusalem après avoir massacré ses habitants. Plusieurs fois déjà Jésus avait annoncé aux Juifs que la destruction de Jérusalem et de la nation juive serait la suite de leur apostasie.

Il revient souvent sur cette vérité ; on dirait qu'il ne peut se résoudre à abandonner aux vengeances divines, ses ingrats compatriotes ; il multiplie ses efforts, mais c'est en vain, la charité de J.-C. vient se briser contre l'endurcissement du peuple privilégié.

Les Juifs sont, en même temps, réalité et figure ; ils

sont réalité, en ce sens que les évènements prédits par la parabole ont eu leur réalisation historique ; ils sont figure, en ce sens que ces mêmes évènements ont leur réalisation dans l'ordre moral, avant de l'avoir dans l'ordre social et physique.

Jérusalem, c'est l'âme humaine ; les Juifs sont les passions charnelles qui habitent cette âme. Les passions n'acceptent pas le festin évangélique qui leur est proposé ; elles mettent en avant mille prétextes, mais la raison véritable, c'est que les passions préfèrent le festin charnel de cette vie, au banquet de J.-C. L'âme penchée vers la terre se contente des biens présents et n'a aucun goût pour les biens du ciel.

Que fait Dieu ? Il abandonne cette âme aux démons, qui lui donnent la mort et la livrent aux flammes éternelles.

S¹ MATT. CAP. XXII. V. 10. *Et impletæ sunt nuptiæ discumbentium.*

La salle des noces fut remplie de personnes qui se mirent à table.

Depuis dix-huit cents ans l'Eglise recueille, à travers les siècles et l'espace, tous ceux que Dieu a prédestinés au bonheur éternel et elle continuera son œuvre jusqu'à ce que la salle des noces soit remplie, c'est-à-dire jusqu'à ce que le nombre des prédestinés soit complet, car ce nombre est déterminé à l'avance.

Non-seulement Dieu a déterminé ce nombre, mais il a choisi ceux qui doivent en faire partie.

Tous les appelés ne sont pas sauvés, mais tous les

prédestinés seront sauvés, selon ces paroles de N. S.:
Et non peribunt in æternum, et non rapiet eas quisquam de manu meâ; Mes brebis ne périront jamais, et personne ne les ravira d'entre mes mains. (Jean, chap x. V. 28.)

Ils le sont par la grâce de Dieu, sans laquelle nul ne peut être sauvé, et qui produit infailliblement son effet ; car la grâce de Dieu ne peut être vaine. Il est de la dignité humaine qu'aucune grâce ne soit perdue, et quand la grâce est méprisée par un homme ou par une nation, cette grâce est transportée à un autre homme ou à une autre nation, mais elle n'est pas perdue.

Les preuves de cette translation abondent.

On lit dans l'Apocalypse (III. II.): Conservez ce que vous avez, de peur qu'un autre reçoive votre couronne. Et dans Job, XXXI. V 24 : *Conteret multos et innumerabiles et stare faciet alios pro eis.*

Ces substitutions sont nombreuses ; les Gentils ont été substitués aux Juifs. Au dix-neuvième siècle de l'ère chrétienne, le schisme de Photius ayant retranché la nation grecque de l'unité de l'Eglise, Dieu leur a substitué les barbares du Nord ; ils étaient venus piller les nations catholiques. Dans leur bagage, ils ont trouvé le Baptême.

Un grand déchirement a lieu, dans l'Eglise, au XVIe siècle : la moitié de l'Europe apostasie.

La grâce, méprisée par les nations de l'Europe, est transportée aux peuplades de l'Amérique et aux nations de l'Asie, par François-Xavier et ses successeurs.

Cette substitution a lieu pour les individus comme pour les nations.

Je ne sais si j'exagère la doctrine de l'Eglise, mais je crois que la ruine spirituelle d'un homme devient la richesse d'un autre; selon ces paroles de saint Paul, Rom. Cap. xi. V. 11 : *Delictum illorum divitiæ sunt mundi;* Leur ruine (des Juifs) a été la richesse du monde.

Dieu est donc pauvre, dira-t-on, puisqu'au lieu de produire une grâce nouvelle, il transporte à une autre âme, la grâce méprisée par une première.

Dieu est infiniment riche et peut produire des grâces sans nombre pour le salut d'un millier de mondes; mais Dieu devait à sa dignité qu'aucune grâce, procédant de lui, fut perdue.

On insistera peut-être et on dira : Si la grâce n'est pas perdue dans son essence, elle est au moins vaine, dans ses effets, chez ceux qui n'ont pas persévéré, car les bonnes œuvres qu'ils ont faites sont perdues.

Nous ne le pensons pas, les fruits de la grâce ne peuvent se perdre ; et les bonnes œuvres de ceux qui n'ont pas persévéré augmenteront la joie des prédestinés, cela est certain. Elles viendront peut-être, je dis peut-être, en atténuation des peines des réprouvés qui ont pratiqué ces œuvres, puisque l'enfer n'est pas absolument dépourvu de bien.

Cette conduite de Dieu, si convenable à sa dignité, est également pleine de sagesse à l'égard de l'homme. Cet abandon d'une âme, ce transfert à une autre âme de la grâce qui lui avait été attribuée, lui inspire une salutaire défiance et est bien propre à bannir toute présomption et tout orgueil ; car, si Dieu n'a point épargné les branches naturelles, vous devez craindre qu'il ne vous épargne pas aussi : *Si enim Deus, natu-*

ralibus ramis non pepercit, ne fortè nec tibi parcat. Rom. Cap. xi. V. 21.

S¹ Matt. Cap. xxii. V. 36. *Magister, quod est mandatum primum in lege ?*

Maître, quel est le grand commandement de la loi ?

Lorsque, en lisant l'Evangile, je compare le peuple français de 1876 avec le peuple juif contemporain de N. S., je suis obligé, à la honte de mon époque et de ma nationalité, de reconnaître la supériorité du peuple juif.

Quel spectacle nous offre, en effet, ce peuple, si, cependant, nous écartons le moment de folie furieuse et criminelle où il a mis à mort J.-C.

Mais, que de fois ce peuple a protégé Jésus contre les projets homicides de ses ennemis ? Ils n'osaient pas le mettre à mort, parce qu'ils craignaient le peuple.

Ce même peuple le suit avec enthousiasme et l'écoute avec avidité ; les villes, les bourgs, les hameaux, se dépeuplent et se transportent dans les déserts pour l'entendre, sans souci de leur nourriture et de leur bien-être. Les savants, les sadducéens, les princes des prêtres traitent avec Jésus les hautes questions de théologie et de morale.

C'est la préoccupation des classes dirigeantes, comme on les appelle de nos jours.

Que font, en 1876, nos savants, nos pharisiens, nos sadducéens, nos législateurs, en un mot? S'occupent-ils de graves questions de philosophie religieuse ? Non, ils font et défont des lois, c'est-à-dire des règlements. Nous en avons déjà trop, car il y en a bien quelques dizaines de mille ; n'importe, il faut légiférer à tort et à travers, sauf à détruire le samedi ce qu'on a fait le lundi.

Ainsi, par exemple, tous les partis s'accordent à demander la liberté de la presse, c'est-à-dire la permission d'empoisonner les âmes ; les uns l'accordent comme une douloureuse nécessité, les autres, les enfants de Satan, les pharisiens modernes, comme un bienfait pour l'humanité.

Mais, comme la presse, semblable à un chien enragé, mord à droite et à gauche, chacun a senti le besoin de se garantir de ses morsures.

Alors, comment faire ? Il y a un principe sacrosaint, antérieur et supérieur à tout ; la liberté de la presse ; il n'y faut pas toucher. Nous n'y toucherons pas, ont répondu hypocritement les partis, nous conserverons les bienfaits de la liberté, mais nous en réprimerons les écarts. Ils s'agit donc d'empêcher ce chien enragé de mordre : il faut chercher une muselière ; et voilà 90 ans que les intelligences françaises s'occupent de la confection de cette muselière. Encore, si on avait réussi ! Mais, la bête n'est pas facile à museler et, en dépit de ses muselières, elle continue de mordre. On en est là avec elle.

C'est qu'aussi cette bête trouve de nombreux complices parmi les législateurs.

Il y aurait bien un moyen de s'en débarrasser ; ce serait de lui faire avaler quelque boulette contre la rage : mais, que deviendraient les immortels principes ? Si ces principes donnent la mort, c'est qu'ils sont mauvais ; alors, pourquoi les conserver. Oh !

nous ne pouvons renoncer aux conquêtes de nos pères ; périsse la France, plutôt qu'un principe, c'est-à-dire qu'on veut bien la fin, mais qu'on ne veut pas les moyens.

Voilà pourquoi, depuis bientôt un siècle, l'esprit français est tenu en échec par une muselière. On fait et on défait toutes les saisons une muselière : muselière d'été, muselière d'hiver ; absolument comme une modiste qui impose aux femmes ses prodigieux caprices.

Si on veut bien faire attention à l'histoire de France depuis 90 ans, on se convaincra que toutes les questions morales pivotent autour de cette muselière.

Un des motifs de l'affaissement des âmes et de leur infériorité sur les contemporains de J.-C. se trouve peut-être dans la préoccupation générale des questions industrielles.

Ces questions de machines plus ou moins parfaites absorbent les intelligences françaises ; ces questions sont d'un ordre tellement inférieur, qu'elles établissent, à mes yeux, la supériorité des foules juives, qui n'avaient aucun souci de ces perfectionnements, sur les foules françaises, qui leur accordent une estime exagérée.

De nos jours et chez notre peuple, la question industrielle prime la question morale ; le serviteur de l'industrie méprise le serviteur de l'âme. Les questions industrielles, ces vérités d'un ordre inférieur même infime, créent dans l'âme une concurrence redoutable aux vérités de l'ordre supérieur ; on pourrait dire, jusqu'à un certain point, que l'intelligence, prisonnière dans les engrenages d'une machine et industrialisée, est moins apte aux vérités religieuses.

L'industrie, de même que les arts, lorsqu'ils occupent une place exagérée dans l'estime des hommes, nuisent à l'appréciation de la vérité ; c'est de l'idolâtrie. Combien de gens estiment plus une filature qu'une église ; une filature dont le produit se résume en fils de coton ou de laine, tandis que l'église forme le cœur et orne l'âme de vertus; combien considèrent l'invention de la vapeur et de ses merveilleuses applications comme plus utile à l'humanité que les enseignements de la crèche.

Et toi, pauvre curé de campagne, emblème et organe de la foi et de la morale, comme tu parais petit en face d'un baron de l'industrie. Souvent tu trouvais accueil et respect dans l'ancien château féodal ; où est, pour toi, le respect du féodal de l'industrie ? Dans l'esprit des hommes, les découvertes modernes diminuent J.-C. ; cet engouement, ce mirage, passera et J.-C. restera. Mais, les Juifs étaient garantis de ce travers par leur éducation cléricale ; chez eux, l'éducation était très-répandue et exclusivement cléricale ; et, voilà encore en quoi les Juifs étaient supérieurs aux Français de 1876, par une éducation franchement religieuse.

Il y a, en effet, en France, des gens qui ont rêvé une éducation purement laïque, et une autre éducation purement cléricale : A l'instituteur, disent-ils, l'instruction purement laïque, les vérités de l'ordre social ; au curé, l'instruction purement religieuse.

Absolument comme un médecin, qui proposerait de séparer l'âme du corps, pour éviter l'action des influences réciproques. C'est vraiment dommage qu'un médecin n'ait pas assisté Dieu de ses conseils au moment de la formation de l'homme.

Mais comme la religion est non-seulement une doctrine, mais encore un fait, il arrivera ceci : c'est que les domaines se mêleront et se pénétreront.

Exemple : un enfant dira à son maître laïque : Monsieur le maître, quel a été le premier homme et qui l'a créé ? Voilà une question mixte historico-religieuse. Qui répondra ? l'instituteur ou le curé. Et ces autres questions: Qu'est-ce que le déluge ? Qu'est-ce que Moïse ? Qu'est-ce que J.-C. ? et une multitude d'autres questions.

Mais je me hâte et je prends le train express pour sortir de cette absurde question, qui me conduirait trop loin.

Sans doute, l'application de cette théorie en démontrera l'absurdité, mais il n'est pas moins vrai que cette absurdité, cette impossibilité, se frayent un large chemin dans les masses françaises.

En vérité, ce pauvre peuple dévoyé, jeté en dehors de la religion, c'est-à-dire en dehors de la vie, est inférieur au peuple juif, contemporain de N. S. J.-C.

Ce peuple, qu'on nous représente comme si charnel, l'était moins, hélas, que le peuple français de 1876. Les vérités religieuses avaient la puissance de l'émouvoir, et la foule accablait J.-C.

Hier, c'étaient les Sadducéens qui étaient venus exposer au maître leurs objections contre la résurrection des corps ; J.-C. avait une réponse irréfutable pour eux, qui admettaient l'inspiration divine des Ecritures.

« Dieu, leur avait dit Jésus, Dieu est le Dieu d'A-

« braham, d'Isaac et de Jacob ; or, Dieu n'est pas le
« Dieu des morts, il est le Dieu des vivants. »

Les Pharisiens ayant entendu dire qu'il avait fermé la bouche aux Sadducéens, s'assemblèrent et, comme ils redoutaient la vigoureuse dialectique de J.-C. et qu'ils voulaient s'éviter un échec, ils résolurent de lui envoyer le plus savant d'entr'eux.

Ils avaient bien choisi ! cet homme était véritablement savant, il avait profondément médité l'Ecriture et, de plus, il était de bonne foi. On voit qu'il ne s'était pas arrêté à l'écorce, mais qu'il avait pénétré jusqu'à la moelle.

Il s'avance donc vers J.-C. et lui dit . Maître, quel est le premier des commandements? C'est cette question que le savant avait le mieux étudiée.

Sans préparation aucune, J.-C. lui répond : Vous aimerez le Seigneur, votre Dieu, de tout votre cœur, de toute votre âme et de tout votre esprit ; et, voici le second, qui est semblable au premier : Vous aimerez votre prochain comme vous-même.

Ces deux commandements sont les commandements générateurs; c'est d'eux que découlent les autres et leurs dérivés. De ces deux commandements, comme de deux sources, sortent les devoirs envers Dieu et les devoirs envers l'homme.

L'un est à la tête de la société religieuse ou de l'Eglise, l'autre est à la tête de la société civile ; mais, l'un est semblable à l'autre, comme l'homme est semblable à Dieu.

Ainsi, le premier est le modèle du second ; ce dernier doit toujours lui être semblable : l'un est le calque de l'autre. Le second, pour qu'il soit semblable au premier, doit être pénétré par le premier ; le second tire sa vie du premier, auquel il est semblable. C'est pourquoi il est le second ; car il n'y a pas de second là où il n'y a pas de premier.

La réponse de N. S. J.-C. renfermait toutes ces considérations et leur magnifique épanouissement dans l'Eglise et dans l'Etat.

Ce savant Pharisien, qui était un savant de bonne foi, admira la science spontanée de J.-C., science qui lui avait coûté à lui tant de veilles et de travaux, et il répondit : Maître (S¹ Marc, ch. xii. V. 32 et suiv.), vous avez bien dit ; il n'y a qu'un seul Dieu et il faut l'aimer de tout son cœur, de tout son esprit, de toutes ses forces, et l'on doit aimer son prochain comme soi-même.

Et, pour montrer qu'il comprenait l'esprit du commandement, il ajouta : Cela vaut mieux que tous les holocaustes et tous les sacrifices. Jésus, appréciant la sagesse de sa réponse, lui dit : Vous n'êtes pas loin du royaume de Dieu.

Admirons, comme le Pharisien, la sagesse spontanée et divine de J.-C. et ajoutons-y cette conclusion : c'est que l'étude approfondie de la religion, lorsqu'on y apporte de la bonne foi, rapproche de la vérité.

S¹ Matt. Cap. xxiii. V. 4. *Alligant enim onera gravia et importabilia et imponunt in humeros hominum ; digito autem suo nolunt ea movere.*

Ils lient des fardeaux pesants et qu'on ne saurait porter et ils les mettent sur les épaules des hommes ; pour eux, ils ne veulent pas même les remuer du bout du doigt.

L'homme a été placé par Dieu sur la terre, lieu mitoyen entre les hauteurs du ciel et les abîmes de l'enfer, entre les anges et les démons.

C'est dans ce milieu que l'humanité se meut ; c'est dans ce milieu que J.-C. est descendu et qu'il a placé son Eglise.

C'est au cœur de l'humanité, c'est à Rome que l'Eglise a été fondée ; ce n'est pas sur les hauteurs du mont Thabor, inaccessibles à la foule ; ce n'est pas dans les bas-fonds de l'Egypte que gravite l'orbite humanitaire.

Sans doute, dans cette humanité, il y a des individualités, surnaturalisées par la grâce, qui s'élèvent sur les hauteurs où habitent les aigles ; il y a, également, des monstres qui habitent les antres infernaux; mais l'humanité n'est pas là et ce n'est pas dans ces pâturages que l'Eglise, toujours sage, conduit le troupeau de J.-C. : *In medio stat virtus.*

De même que l'homme ne peut vivre dans un froid excessif, ni dans une chaleur trop violente, de même l'âme humaine ne prospère ni dans un rigorisme outré, ni dans un relâchement qui arrive aux limites de l'immoralité.

Quand Dieu voulut remplir le vide existant entre l'ange et le démon, il créa l'homme ; c'est dans ce vide que se développe l'activité humaine ; et, la double nature de l'homme est le symbolisme parfait de la place qu'il occupe dans la création. Ceux qui ont méconnu ces vérités ont conduit l'homme aux abîmes.

Si vous chargez les épaules de l'homme d'un fardeau qui est au-dessus de ses forces, il se dérobera à ce fardeau ; il refusera de le porter et vivra dans la licence; il en sera de même, si vous ne lui imposez aucune règle. On arrive au même résultat par deux voies opposées.

L'homme qui descend une pente très-raide, où il ne peut se maintenir en équilibre, roule dans le précipice; de même, celui qui voudra gravir cette pente raide dans un sens opposé, tombe à la renverse et roule dans le même précipice.

Il fallait la sagesse de J.-C., toujours subsistante dans l'Eglise, pour tracer à l'homme une route sûre et également éloignée de ces deux excès en sens opposé. Mais, quelle connaissance du cœur humain et quelle adresse il fallait pour tracer des règles, tellement bien pondérées, qu'elles côtoyassent le relâchement sans y tomber et le rigorisme sans y entrer!

C'est là, proprement, l'œuvre de l'Evangile et, pour réussir dans cette œuvre, la sagesse divine était nécessaire; elle a conduit l'homme à la plus grande perfection à laquelle il puisse atteindre.

Tous ceux, qui se sont écartés de cette route, se sont égarés. Les Pharisiens s'en étaient écartés; ils avaient rendu la loi de Moïse impraticable, en la surchargeant d'une multitude de préceptes et de cérémonies telles, qu'il était impossible à l'homme de les mettre en pratique.

Ils étaient d'autant plus coupables qu'ils n'ignoraient pas cette impossibilité, puisqu'eux-mêmes, selon l'expression de N. S. J.-C., ne touchaient pas à ces fardeaux, même du bout des doigts; c'est donc sciemment et volontairement qu'ils fermaient aux hommes la porte du ciel. Ce rigorisme, cette affectation de zèle prenait sa source dans un sentiment de haine contre l'humanité ; c'était un crime contre la charité.

Ces pharisiens ont eu des représentants et des successeurs sous la loi évangélique.

Tertullien et les Montanistes ont voulu outrer la sévérité de l'Evangile, et, sous prétexte de perfection, anéantir les lois naturelles ; de nos jours, une secte célèbre a voulu exiger de l'homme une perfection à laquelle il est impossible d'atteindre.

L'Eglise a rejeté de son sein ces hommes, qui accablaient l'humanité sous un joug intolérable, comme elle a retranché de son sein les protestants, qui brisaient les digues morales qui protégeaient les âmes. De même qu'il n'y a qu'un Christ, il n'y a qu'une règle ; il n'y a, en effet, qu'un homme qui connaisse l'hygiène et la médecine des âmes, c'est Jésus-Christ.

Si nos yeux pouvaient contempler ces deux choses: l'âme et le Christ, ils verraient, dans le Christ, le remède aux défectuosités de l'âme.

Dans ses défaillances, il lui tend la main ; à l'abîme de ses misères, il oppose celui de ses miséricordes ; à sa putréfaction, il applique la bonne odeur de ses vertus ; il fortifie sa faiblesse, il éclaire ses ténèbres, il guérit son orgueil, il lui restitue son intégrité, entamée par le péché, il la rend au créateur, plus belle qu'elle n'est sortie de ses mains.

L'œuvre du Rédempteur est plus perfectionnée que celle du créateur.

Jésus pardonne tout, excepté le crime contre la charité ; dans sa maison, le premier article du règlement, c'est charité ; c'est pourquoi il prononce anathème contre les Pharisiens, qui outragent le commandement de l'amour et qui travaillent à perdre l'humanité, qu'il a adoptée et épousée.

St MATT. CAP. XXIII. V. 5. *Omnia vero opera sua faciunt ut videantur ab hominibus ; dilatant enim phylacteria sua et magnificant fimbrias.*

Au reste, ils font toutes leurs actions afin d'être vus des hommes, c'est pourquoi ils affectent de porter les paroles de la loi écrites sur des bandes de parchemin plus larges que les autres et d'avoir aussi des franges plus longues.

La vanité, c'est l'orgueil des petites âmes.

Le paon est le symbole du vaniteux, avec cette différence, à l'avantage du paon, c'est que sa vanité repose sur un fondement sérieux ; il possède un soleil de beauté, unique dans la création ; et, cependant, quand il étale ses beautés, quand il sollicite l'admiration, il ne le fait, dit saint François de Sales, qu'aux dépens de la modestie.

Dieu, comme pour nous apprendre combien la vanité est une chose méprisable, a voulu que ce soleil eût pour centre la partie la plus honteuse de cet oiseau ; c'est de ce centre que partent les brillants rayons de ce merveilleux soleil. Ces rayons étaient destinés à cacher cette honteuse nudité, et, quand ils la découvrent pour montrer leur beauté, ils s'éloignent de leur destination. Cet oiseau, toutefois, a des beautés véritables à faire valoir, et c'est là son excuse.

Mais, le vaniteux, qui fait la roue pour obtenir l'admiration des hommes, quel titre a-t-il à l'admiration ?

La plupart du temps, il n'a que sa vanité, sans aucun mérite réel.

Ces Scribes et ces Pharisiens, qui sollicitaient l'estime des hommes, où sont-ils ? Qui les connaît ? Personne ; à peine entrés dans le tombeau, leurs noms sont tombés dans l'oubli. De leur vivant, peut-être, ils ont fait quelque dupe ; un de nos poètes l'a dit : Un sot trouve toujours un plus sot qui l'admire.

Ils se croyaient bien supérieurs en génie, en science, en éloquence à ces grossiers apôtres, qui n'avaient exercé que l'humble métier de pêcheurs ; aujourd'hui, les noms des apôtres sont connus, ceux des Pharisiens sont oubliés : *In memoria æterna erunt justi.... desiderium peccatorum peribit.*

Le nom même de la secte pharisaïque ne serait pas parvenu jusqu'à nous, si Jésus ne lui avait fait l'aumône de sa publicité.

L'homme se trompe souvent sur la voie qui conduit à la réputation ; celui qui la cherche n'est pas toujours celui qui la trouve, et J.-C. la dispense plus souvent que le monde.

S'il entrait dans notre plan de faire une nomenclature des hommes véritablement célèbres, nous arriverions à des résultats inattendus et qui prouveraient de nouveau la vérité de cette maxime : Cherchez d'abord le royaume de Dieu et sa justice, le reste vous sera donné par surcroît. Le monde est un tyran bizarre ; il lui arrive souvent de préférer celui qui le domine à celui qui le courtise.

Que cherche donc l'insensé qui pose, pour attirer sur lui les regards des hommes ? Il mendie un culte en faveur de sa personnalité ; il veut qu'on lui accorde un hommage d'admiration ; il a bonne opinion de lui et il veut que les hommes aient aussi, de lui, cette même bonne opinion ; il est, à ses yeux, un être supérieur, un petit Dieu, et il traite l'humanité en vassale.

Un vaniteux, c'est un homme qui s'adore; pour lui, le premier commandement est celui-ci : Ta personne tu adoreras et aimeras parfaitement. L'unique mobile de ses actions, c'est lui-même ; c'est, malheureusement, le mobile universel.

Voilà un brave soldat, par exemple ; il se conduit vaillamment devant l'ennemi, c'est parce qu'il est vu de ses camarades et de ses chefs, ou bien encore parce qu'il espère obtenir la médaille militaire, qui le signalera comme un brave aux yeux de ses concitoyens. Ce même soldat, s'il se trouve enveloppé des ténèbres de la nuit, s'il n'a pas l'excitant qui résulte du regard de la foule, sans doute ne fuira pas, parce qu'il se déshonorerait, mais il cherchera à se mettre à l'abri du danger.

Cet écrivain, pourquoi travaille-t-il dans le silence de son cabinet ? pourquoi se livre-t-il à des recherches pénibles? C'est afin d'acquérir l'estime des hommes ; c'est pour qu'on dise de lui : C'est un savant. Il ne travaille pas pour l'amour platonique de la vérité, il travaille pour acquérir la gloire humaine, et il se reposerait s'il pensait ne pas réussir. Il en est de même du peintre et du musicien, en tant qu'artistes.

A cette série, nous pouvons ajouter le philanthrope; son aumône sera proportionnée à l'étendue de sa publicité. Elle sera bien maigre, si elle reste enveloppée dans la nuit du silence ; et, phénomène remarquable, le même motif qui porte l'homme à l'ostentation, le porte également à se cacher ; c'est par vanité qu'il se montre, c'est par vanité qu'il se cache.

Si l'homme se pavane pour montrer la beauté de ses formes, avec quel soin ne cache-t-il pas ses défectuosités ; s'il fait ostentation des grâces de sa jeunesse, de la puissance de sa mémoire, de la facilité et de l'élégance de sa diction, du coloris brillant de son imagination, des larges horizons de son intelligence, avec quel soin ne cache t-il pas : des ans l'irréparable outrage.

Quelles peines ne se donne-t-il pas pour dissimuler les humiliations de sa vieillesse, lorsque, vivant encore, il se voit dépouillé des prérogatives de sa jeunesse ?

Il fuit le monde, il recherche la solitude, il se cache, il redoute les témoins de son infirmité ; il se cache bien davantage encore, lorsqu'il faut ramer contre le courant des opinions reçues et porter l'étendard de la croix et des humiliations de Jésus.

Cette plaie de la vanité est donc universelle, et, si J.-C. la signale particulièrement chez les Scribes, c'est que chez eux elle avait son entier développement ; ils en étaient les représentants.

Ce culte du moi humain, qu'est-ce autre chose que le fractionnement de Dieu à l'infini ? C'est l'anéantissement du Dieu un et indivisible.

Dans l'humanité, il n'y a plus de place pour lui ; partout où il se présente, la place est prise, il y trouve un autel et une idole. Cette parole de Bossuet est encore applicable : Tout est Dieu, excepté Dieu lui-même.

Il en résulte ceci, c'est que Dieu est chassé d'une société où le moi humain est le mobile de toutes les âmes.

Ce seul vice de la vanité (il ne marche jamais seul) ce seul vice de la vanité et de l'ostentation suffirait pour bannir Dieu de la société humaine ; c'était cependant, avant J.-C., l'état du monde entier.

Qu'on veuille bien parcourir les annales des nations et on se convaincra que les hommes n'avaient pas d'autre mobile.

J.-C. est le premier qui ait réagi contre cette tendance universelle ; s'il n'est pas le premier, je demande qu'on m'indique le docteur inconnu qui l'a précédé dans cette voie. Il est le premier qui a dit aux hommes : Ne cherchez pas l'estime du monde; ne faites pas vos actions pour qu'elles soient vues des hommes, faites-les en secret ; ne cherchez pas d'autre témoin que Dieu. On a dit de Michel-Ange qu'il avait lancé la coupole de Saint-Pierre à 300 pieds dans les airs ; ce qui est purement hyperbolique, car cette coupole repose sur de bons piliers.

Mais, en supposant que cette hyperbole fut vraie, J.-C. a fait une merveille bien plus grande ; eh bien ! J.-C. a lancé l'humanité dans le ciel.

Avant lui, l'humanité rampait sur la terre ; c'est sur cette terre qu'elle trouvait le mobile de ses actions ; c'est sur cette terre qu'elle trouvait son point d'appui. Après lui, c'est en Dieu que l'âme chrétienne doit chercher le mobile de ses actions ; c'est dans le ciel qu'elle trouve son point d'appui.

J.-C. a-t-il fait cela, oui ou non ? N'a-t-il pas créé une société, qui vit de Dieu et pour Dieu ? C'est son

Eglise, visible à tous. Cette société existait-elle avant lui ? Non, évidemment.

Je puis donc dire que J.-C., artiste plus sublime que Michel-Ange, a lancé l'humanité dans le ciel ; l'humanité qui a cru en lui, bien entendu. L'autre portion de l'humanité, celle qui a refusé de croire en Jésus, gît encore sur cette terre.

Voilà un fait qui dépasse les forces de l'homme ! C'est un fait historique ; il est à la portée de tout le monde ; mais, l'homme distrait passe sans jeter même un regard sur les merveilles qui l'enveloppent. Au commencement de cette réflexion, nous lisons que N. S. blâme les Pharisiens de ce qu'ils font toutes leurs actions par ostentation et pour être vus des hommes : *Omnia vero opera sua faciunt ut videantur ab hominibus.*

Et, cependant, dans un autre passage, N. S. recommande à ses disciples de faire luire leur lumière devant les hommes : *Sic luceat lux vestra coram hominibus...* (St Matt. Cap. v, V. 16.)

Y a-t-il donc contradiction entre ces deux passages et N. S. prescrit-il dans l'un, ce qu'il proscrit dans l'autre ? Nullement. Dans le premier passage, N. S. blâme les Pharisiens du but qu'ils se proposent dans leurs actions, celui d'être vus par les hommes, afin d'obtenir leur estime et leurs louanges.

Le Pharisien n'a qu'un but, et, ce but, c'est lui-même.

Dans le second passage, les disciples, dans leurs actions extérieures, ne doivent avoir qu'un but : la gloire de Dieu ; car Jésus, après avoir dit : Que votre lumière luise devant les hommes, ajoute : Afin que, voyant vos bonnes œuvres, ils glorifient votre père qui est dans les cieux.

Ainsi, les uns se proposent pour but leur propre gloire, les autres se proposent la gloire de Dieu ; ces différences d'intention établissent, entre ces deux actions qui paraissent identiques, une différence infinie.

Chez les uns, c'est le triomphe de l'égoïsme ; chez les autres, c'est le triomphe de la charité ; il n'y a donc aucune contradiction dans ces deux passages. L'enseignement de Jésus est un et la vérité ne saurait se contredire.

S¹ MATT. CAP. XXIII, V. 9-10. *Unus magister.... unus pater.*

Il n'y a qu'un seul maître et un seul père.

Chez les chrétiens, il n'y a qu'un seul maître et ce maître est J.-C. ; au-dessous de J.-C., il n'y a que des frères, mangeant à la même table et nourris de la même doctrine.

Origène, Tertullien, Basile, Augustin, Bossuet, ne sont pas des maîtres ; ils ne donnent pas de leur propre fonds, ils donnent ce qui leur est communiqué ; ils puisent à la source, qui est J.-C. ; ils ne sont que des canaux, par lesquels nous arrive l'eau qui donne la vie ; et, le jour où ils donneraient de leur propre fonds, comme Tertullien et Origène l'ont fait, ce jour-là ils seront rejetés par l'Eglise.

Cet unique maître, cet unique docteur est représenté, sur la terre, par le successeur de Pierre, dont le siège est à Rome ; c'est le porte-voix du Christ.

Une chose, vraiment bien remarquable, c'est qu'à partir de la venue de J.-C. sur la terre, il n'y a plus eu qu'un *magister unus ;* cet oracle a fait taire les autres, comme on l'a remarqué déjà pour les oracles des démons.

Expliquons-nous : Avant N. S. J.-C. il y a eu des maîtres, des chefs d'école, Pythagore, Zénon, Zoroastre, Aristote, Platon. Ces chefs d'école ont eu des disciples, les pythagoriciens, les stoïciens, les mages, les péripatéticiens, les platoniciens, etc. Chacun de ces chefs d'école cherchait la vérité et ils sont les auteurs d'un système ou corps de doctrines, où l'on rencontre quelques vérités, mélangées à beaucoup d'erreurs; ces grands hommes étaient dans les ténèbres et cherchaient la lumière. Mais, lorsque le soleil de justice a paru, il n'y a plus eu lieu de chercher la lumière; les philosophes et les chefs d'école ont disparu.

D'autres hommes, se disant leurs continuateurs, ont surgi ; mais, fait bien remarquable, au lieu de chercher la vérité, comme leurs devanciers, ils l'ont combattue. Qu'ont fait Arius, Nestorius, Spinosa, Luther ? Ils ont anéanti ou diminué le dépôt des vérités chrétiennes ; qu'ont fait Voltaire, Rousseau, Kant et les autres ? Ils n'ont eu qu'un objectif, détruire le catholicisme ; mais de doctrine propre, ils n'en ont point. Ce sont des professeurs d'athéisme plus ou moins déguisé.

Ainsi, avant le Christ, des hommes, sous le nom de philosophes, cherchent la vérité; après la venue du Christ, d'autres hommes, sous le même nom, la combattent et la détruisent; c'est qu'il n'y avait plus rien à chercher, il n'y avait qu'à recevoir.

Ainsi, dans les temps modernes, les nations n'ont plus qu'*unus magister*; en dehors de lui, il n'y a rien. Si on veut combattre, il faut détruire ; il n'y a plus à édifier ; c'est la pierre angulaire : *Qui ceciderit super lapidem istum, confringetur ; super quem vero ceciderit, conteret cum.*

Le travail des philosophes modernes est un travail de démolition et de destruction, ils aboient à la robe du Christ et cherchent à la déchirer, ils s'acharnent à détruire son œuvre ; ce sont des hommes de négation. Faites disparaître l'affirmation chrétienne, ils n'existent plus.

Au milieu de ces négations et de ces ruines, J.-C. seul est debout : *Unus magister.* Il est tellement vrai que l'action des philosophes modernes est une œuvre de négation, qu'on peut les désigner par cette œuvre.

Arius est la négation de la consubstantialité du Père et du Fils ; en dehors de cette négation, il n'est rien. Nestorius, c'est la négation de l'union de la nature divine avec la nature humaine. Luther et consorts, c'est la négation de l'union individuelle de l'homme avec Dieu, par le corps substantiel du Christ. Voltaire et consorts, c'est la négation de l'incarnation et de la personnalité du Verbe. Les libres-penseurs ou les athées, c'est le néant.

Ces négations sont leur raison d'être ; en dehors, ils ne sont rien.

Unus pater... De ces paroles de J.-C., on doit supposer que les petits, les ignorants donnaient le nom de père à ceux qui les instruisaient et qui leur interprétaient les Écritures.

En disant aux peuples, toujours disposés à reporter sur l'homme les dons de Dieu, qu'il n'y a qu'un seul père, Jésus-Christ élève leur pensée jusqu'à l'auteur de toutes choses. Il leur inculqua cette vérité que l'homme n'est rien ; Dieu seul est le père, car, qu'est-ce que le père ? Le père engendre, car, s'il n'engendrait pas, il ne serait pas père. Ainsi, l'attribut spécial du père, c'est d'engendrer, c'est-à-dire qu'il communique la vie qui est en lui.

En dehors de ce père, nul n'a la vie en soi ; tous ceux qui l'ont reçue et qui la transmettent l'ont reçue de lui.

La vie s'entretient par la parole de la vérité, selon ce qui est écrit : L'homme ne vit pas seulement de pain, mais encore de toute parole qui sort de la bouche de Dieu. Il y a plusieurs paroles dans le monde ; celle qui ne sort pas de la bouche de Dieu donne infailliblement la mort.

Celui-là n'est pas père, qui tue; il n'y a donc qu'un père et qu'une parole, ou qu'un Verbe qui donne la vie. *Ipsum audite.*

St MATT. CAP. XXIII. V. 23. *Væ vobis scribæ et pharisæi hypocritæ, qui decimatis mentham et anethum et cyminum, et reliquistis quæ graviora sunt legis, judicium et fidem ; hæc oportuit facere et illa non omittere.*

Malheur à vous, scribes et pharisiens hypocrites, qui payez scrupuleusement la dîme des moindres herbes, comme de la menthe, de l'aneth et du cumin, pendant que vous négligez ce qu'il y a de plus important dans la loi, la justice, la miséricorde et la foi. Ce sont là les choses qu'il fallait pratiquer, sans néanmoins omettre les autres.

La dîme et les prémices sont une institution qui remonte aux premiers jours du monde ; elles constituent une vassalité, un hommage. Payer la dîme ou offrir des prémices, c'est reconnaître un maître ; le premier maître, c'est Dieu. Il a donné la terre à l'homme et, l'homme, pour reconnaître le souverain domaine de Dieu, lui a offert des prémices et la dîme des fruits de la terre.

Les maîtres de ce monde, qui ne sont que des sous-maîtres, les grands, les riches ont imité Dieu ; dans l'impossibilité où ils se sont trouvés de cultiver les immenses terrains dont ils étaient propriétaires, ils les ont cédés, moyennant une redevance, à des vassaux qui s'engageaient à les cultiver. La redevance ou la dîme devint donc un signe de vassalité de la part de celui qui payait, et un signe de supériorité, de la part de celui qui recevait ; les premières prémices dont parle l'histoire, sont celles que Caïn et Abel ont offertes à Dieu.

Il va de soi que, lorsqu'on offre des prémices à quelqu'un que l'on veut honorer, on lui offre ce que l'on a de plus beau ; agir autrement, est une marque de mépris.

Abel offrit ce qu'il avait de meilleur, Caïn offrit ce qu'il avait de moins bon ; mieux eût valu ne rien offrir. C'est pourquoi Dieu agréa l'offrande d'Abel et rejeta celle de Caïn.

Les prémices se distinguent de la dîme, en ce que la dîme ne se compose pas de fruits choisis ; cette dixième partie n'est ni meilleure, ni plus mauvaise que le tout, tandis que les prémices, comme le nom l'indique *(primitiæ)*, est ce qu'il y a de premier et de meilleur en toutes choses.

Le plus ancien exemple que nous ayons du tribut de la dîme, c'est l'exemple du tribut qu'Abraham paya à Melchisédech, roi de Salem; de ce qu'il bénit Abraham et de ce qu'Abraham lui offrit la dîme des dépouilles qu'il avait enlevées aux rois qu'il avait vaincus, saint Paul conclut que Melchisédech était supérieur à Abraham. Cet exemple est fort extraordinaire; Abraham était indépendant du roi de Salem et on ne voit pas que Melchisédech ait contribué en rien à la victoire remportée par Abraham, si ce n'est peut-être, qu'étant prêtre du Seigneur et offrant à Dieu le pain et le vin, il ait contribué, par ses prières, à la victoire d'Abraham.

D'où venait donc Melchisédech, ce personnage le plus mystérieux de l'antiquité juive ? Il était, par sa naissance, voisin du déluge.

Si c'était un homme, il devait descendre d'un des trois enfants de Noé; je dis, si c'était un homme, car Origène a prétendu que Melchisédech était un ange. A l'époque où vivait Melchisédech, le patriarche Sem vivait encore; car, ce patriarche, véritable trait d'union entre les temps anté-diluviens et les temps post-diluviens, avait vécu 98 ans avant le déluge et 502 ans après le déluge. Sem a vu ses fils et petit-fils jusqu'à la huitième génération; il a vécu 71 ans avec Abraham.

Melchisédech, s'il est un homme, doit descendre de Sem, car Sem est le chef de la race bénie de laquelle devait naître le Christ.

Moïse nous donne les noms des descendants de Sem : Melchisédech ne s'y trouve pas ; mais Moïse ne donne les noms que des ancêtres directs du Christ, il ne mentionne pas les branches collatérales ; il faut donc supposer que, dans ces branches collatérales, il s'est rencontré un très-saint personnage, figure de J.-C., qui a pratiqué la chasteté, à l'imitation de son modèle.

C'est précisément parce que Melchisédech avait voulu pratiquer la plus exacte chasteté et, par conséquent, renoncer à avoir une postérité, que sa génération n'a pas été mentionnée par Moïse ; peut-être, ce grand saint a-t-il préféré la virginité à l'honneur d'être l'ancêtre du Christ, selon la chair.

C'est le sacrifice que fit Marie plus tard ; car, en choisissant la virginité, elle était, de toutes les filles d'Israël, la seule qui ne pût aspirer à devenir la mère du Christ ; c'est cet opprobre virginal qui fut précisément la cause de son élection. Melchisédech a donc, lui aussi, préféré être l'ancêtre du Christ, selon l'esprit.

Cet ancêtre spirituel du Christ, toujours par amour de la pureté, n'a pas voulu tremper ses mains dans le sang des boucs et des taureaux, mais il offrait en sacrifice le pain et le vin, sacrifice non sanglant, qui figurait celui de nos autels.

J'ai supposé que Melchisédech était vierge, parce qu'il n'est nulle part question de sa femme et de ses enfants ; je m'appuie aussi sur David, qui relève le sacerdoce de Melchisédech, en disant de J.-C., qu'il est prêtre selon l'ordre de Melchisédech.

Enfin, Abraham lui rend hommage et Abraham est

l'allié de Dieu et le plus grand homme de l'antiquité; et Melchisédech est au-dessus d'Abraham.

Toutes ces considérations et celles qu'on peut lire dans le chap. vii de l'Epitre aux Hébreux, placent Melchisédech à la tête de l'humanité et justifient mes appréciations sur ce grand pontife.

Il est dit de Melchisédech qu'il n'a ni père ni mère, c'est-à-dire que sa généalogie est inconnue et qu'elle ne sera pas conservée dans la mémoire des hommes ; ou peut-être qu'il a reçu, de Dieu seul, une naissance spirituelle et que, selon cette naissance, il n'a ni père ni mère ; car Dieu est l'auteur de l'homme spirituel, mais il n'en est pas le père selon les idées des hommes, car l'homme spirituel n'est pas de la substance de Dieu, de même que Jésus, conçu du Saint-Esprit, n'est pas de la substance du Saint-Esprit.

Ajoutons que, comme pontife, il n'a eu ni père ni mère et n'a pas eu de successeurs ; son pontificat est solitaire, il commence à lui et finit à lui.

Enfin, le sacerdoce de Melchisédech était d'un ordre plus relevé que celui d'Aaron: le sacerdoce d'Aaron restait borné à une sphère charnelle et figurative; Melchisédech était dominateur et contempteur de la chair, et son sacerdoce n'avait pour fin que les biens spirituels.

Mais qui donc lui avait conféré l'onction sacerdotale ? qui l'avait consacré pontife ? L'ange est le serviteur de Dieu.

Les Juifs prétendent que Melchisédech n'est autre que Sem lui-même, ce qui expliquerait l'hommage d'Abraham ; mais cette explication se heurte contre d'autres difficultés.

La loi mosaïque faisait bien la distinction entre les prémices et les dîmes : les prémices étaient réservées aux prêtres et la dîme aux lévites.

On lit, en effet, au chap. xviii des Nombres :

11. Mais, pour ce qui regarde les prémices que les enfants d'Israël m'offriront, ou après en avoir fait vœu, ou de leur propre mouvement, je vous les ai données et à vos fils et à vos filles, par un droit perpétuel. Celui qui est pur dans votre maison en mangera.

12. Je vous ai donné ce qu'il y a de plus excellent dans l'huile, dans le vin et dans le blé, tout ce qu'on offre de prémices au Seigneur.

13. Toutes les prémices des biens que la terre produit et qui sont présentées au Seigneur, seront réservées pour votre usage.

14. Tout ce que les enfants d'Israël me donneront pour s'acquitter de leurs vœux sera à vous.

15. Tout ce qui naît le premier de toute chair, soit des hommes, soit des bêtes, et qui est offert au Seigneur, vous appartiendra ; en sorte, néanmoins, que vous recevrez le prix pour le premier-né de l'homme et que vous ferez racheter les animaux qui sont impurs ;

16. Lesquels on rachètera huit jours après leur naissance, au lieu que les premiers-nés de l'homme se rachèteront un mois après, cinq sicles d'argent; au poids du sanctuaire, le sicle a vingt oboles.

17. Mais vous ne ferez point racheter les premiers-nés du bœuf, etc...

18. Mais leur chair sera réservée pour votre usage.

20. Je vous ai donné à vous, à vos fils et à vos filles,

par un droit perpétuel, toutes les prémices du sanctuaire, que les enfants d'Israël offrent au Seigneur ; c'est un *pacte de sel*, à perpétuité, devant le Seigneur, pour vous et vos enfants.

Puis, le Seigneur ajoute, en s'adressant à Aaron : Vous ne posséderez rien dans la terre des enfants d'Israël et vous ne la partagerez point avec eux. Voilà le lot des prêtres, enfants d'Aaron.

Voici maintenant celui des enfants de Lévi :

21. Et, pour ce qui regarde les enfants de Lévi, je leur ai donné en propre toutes les dîmes d'Israël, pour les services qu'ils rendent dans le ministère, au tabernacle de l'alliance.

23... Les lévites ne posséderont rien autre chose.

26. Lorsque les lévites auront reçu des enfants d'Israël les dîmes que Dieu leur a données, ils en offriront les prémices au Seigneur, c'est-à-dire la dixième partie de la dîme ; cela leur tiendra lieu des prémices, tant des grains de la terre que du vin.

Vous mangerez de ces dîmes vous et vos familles, parce que c'est le prix du service que vous rendrez au tabernacle du témoignage.

Le Seigneur recommande encore le lévite au peuple d'Israël, en lui disant (Deut. chap. XIV, V. 27) : Prenez bien garde de ne pas abandonner le lévite, parce qu'il n'a point d'autre part dans la terre que vous possédez.

Mentionnons encore cette autre prescription (Deut. chap. XIV, V. 28.) : Tous les trois ans, vous séparerez encore une autre dîme de tous les biens qui vous seront venus en ce temps-là, vous les mettrez en réserve dans vos maisons ;

29. Et le lévite, qui n'a point d'autre part dans la terre que vous possédez, l'étranger, l'orphelin et la veuve, qui sont dans vos villes, viendront en manger chez vous et se rassasier, afin que le Seigneur votre Dieu vous bénisse dans tout le travail que vous ferez de vos mains.

Si nous avons mentionné ces deux versets, c'est pour montrer la grande bonté de Dieu et sa sollicitude pour les déshérités de ce monde.

Sans doute, tous ces règlements avaient leur importance, car leur violation, même une simple négligence dans leur exécution, exposait prêtres et lévites à souffrir de la faim.

Remarquons, en passant, combien cette institution des prémices et des dîmes était propre à favoriser l'esprit de sacrifice et de dévouement, à combattre le penchant à la cupidité et à l'égoïsme auquel les hommes sont si enclins.

Il y avait, d'ailleurs, dans cette institution, une parfaite justice : la tribu des prêtres et des lévites n'ayant reçu aucun territoire dans le partage du pays de Chanaan, sa portion avait profité aux autres tribus.

En réalité, cette portion était un capital aliéné en échange d'une rente perpétuelle, représentée par les prémices et les dîmes et, si la nation, oublieuse de l'origine de ces prélèvements sur la propriété, avait murmuré contre cette charge, la tribu de Lévi aurait pu dire à ses sœurs : Donnez-nous notre héritage et nous vous dispenserons du paiement de la rente.

La nation retirait encore un avantage de ce système social et gouvernemental.

Les prêtres et les lévites, n'ayant aucune préoccupation temporelle, étaient forcés de s'adonner exclusivement au service divin, à l'étude et à la conservation des Écritures.

Les soins temporels absorbent ceux qui s'y livrent ; ils sont peu aptes aux travaux intellectuels, ils tombent dans l'ignorance et dans les vices qu'elle traîne à sa suite. Cette ignorance est, dit-on, le partage du clergé gréco-russe ; le ministre protestant est ministre, il n'est pas prêtre. Sous le soleil, il n'y a qu'un prêtre, c'est le prêtre catholique.

Cette institution de la dîme et des prémices offrait encore un avantage : c'est qu'elle mettait en contact perpétuel le clergé et la nation ; c'était un trait d'union. Elle établissait des rapports de dépendance mutuelle entre ces deux fractions d'un même peuple.

La tribu cléricale était, en même temps, la tribu savante : elle avait le monopole de l'instruction ; c'est d'elle que le peuple la recevait. Par contre, c'était du peuple que les prêtres et les lévites recevaient la nourriture du corps ; il y avait donc dépendance mutuelle, services réciproques et harmonie dans le corps social.

Les pharisiens formalistes, attachés à la lettre de l'Écriture, étaient très-exacts à payer la dîme. Sous ce rapport, ils étaient parfaitement corrects et irréprochables, leur exactitude était même minutieuse et exagérée ; et, cependant, ces prescriptions n'avaient qu'une importance secondaire ; et N. S. leur reproche d'avoir abandonné la pratique des vertus les plus essentielles : la justice et la foi, *judicium et fidem*.

Ce mot, *judicium*, nous paraît la réunion de deux

mots : *Jus*, droit, et *dicere* ou *dicare*, dire ou donner ; il implique l'idée de la proclamation d'un droit. Et comme, au fond, il n'y a qu'un droit, celui de Dieu, le mot *judicium* signifie confesser les droits de Dieu, c'est-à-dire que l'âme humaine doit proclamer les droits de Dieu sur elle ; elle doit lui faire hommage de tout ce qu'elle possède.

De même que Dieu est le souverain de cette terre, de même il est le souverain de l'élément spirituel ; et comme il laisse à l'homme la jouissance des fruits de cette terre, se contentant d'un signe de vassalité, de même il laisse à l'âme la jouissance de ses facultés intellectuelles ; mais il se réserve la suzeraineté, et il veut que l'homme reconnaisse cette suzeraineté.

Cette reconnaissance de la suzeraineté divine, ce sont les dîmes spirituelles que l'âme offre à Dieu ; c'est cet acte de reconnaissance que N. S. appelle *judicium*. Quant au mot *fidem*, foi, il se rattache à la partie la plus sublime de l'âme.

La foi dérive du cœur, elle en est l'organe ; la foi n'est pas une simple lumière qui éclaire une vérité intellectuelle, c'est surtout une adhésion ferme et inébranlable, dont Dieu est la source et qui rend à Dieu ce témoignage que toute perfection est en lui et vient de lui. Le mot *fides* signifie se fier, avoir confiance, disposition de l'âme dont l'amour est la base.

En ce sens, les démons n'ont pas la foi ; ils ont la connaissance des vérités qui sont l'objet de la foi, mais ils n'ont ni confiance, ni amour.

Dans le mot *judicium*, nous avons trouvé la dîme spirituelle ; dans le mot *fidem*, nous trouvons les prémices de l'âme.

La dîme ecclésiastique en nature n'existe plus, elle a été remplacée par une rente perpétuelle sur le budget de l'Etat ; mais il existe encore des chrétiens pharisaïques, peu nombreux à la vérité, qui paient la dîme extérieure de la pratique religieuse et qui refusent à Dieu la dîme et les prémices spirituelles : *Qui reliquerunt qua graviora sunt legis, judicium et fidem;* Qui ont abandonné l'essentiel de la loi, la justice et la foi.

La foi est une vertu qui nous unit à Dieu, et, comme il n'y a pas d'union sans amour, on peut dire que la foi est une flamme dont l'amour est le foyer ; cette flamme monte vers Dieu et lui porte les prémices du cœur de l'homme.

Ces prémices sont les seules que Dieu agrée, parce que l'amour est ce qu'il y a de meilleur dans l'homme.

On dirait que ces prémices rendent heureux Dieu lui-même ; il les exige d'une manière jalouse et il méprise toutes dîmes et toutes prémices, si celles de l'amour n'y sont pas jointes. Ah ! c'est que, pour qui veut y réfléchir, l'amour est une faculté bien mystérieuse et bien sublime.

La notion du bonheur se confond avec celle de l'amour ; aimer, c'est être heureux, aimer beaucoup, c'est être très-heureux, aimer infiniment, c'est être infiniment heureux. Nous ne concevons pas même un autre mode de bonheur et les biens infinis que la foi nous propose comme but et comme récompense, ne nous attireraient pas, si l'amour n'en était pas l'essence.

Sᵗ Matt. Cap. xxiii. V. 27. *Væ vobis, scribæ et pharisæi hypocritæ quia similes estis sepulchris dealbatis quæ a foris parent hominibus speciosa, intùs vero plena sunt ossibus mortuorum.*

Malheur à vous, scribes et pharisiens, qui êtes semblables à des sépulcres blanchis, qui, au dehors, paraissent beaux aux yeux des hommes, mais qui, au dedans, sont pleins d'ossements de morts et de toute sorte de pourriture.

Cette malédiction paraît faire double emploi avec celle dans laquelle N. S. dit : Malheur à vous qui nettoyez les dehors du plat, et le reste ; ces deux malédictions ont, en effet, beaucoup d'analogie et si N. S., à l'occasion du même vice, le flagelle par deux comparaisons, c'est sans doute pour indiquer que ce vice lui est doublement odieux ; ce vice est celui de l'hypocrisie.

Il ne peut tolérer que l'homme vicieux soit couvert du manteau de l'innocence, qu'on revête un cadavre du masque de la santé et de la vie.

A chaque chose son enseigne : l'église doit porter son nom ; le lupanar doit porter le sien. L'enseigne de l'une, c'est maison de prière ; l'enseigne de l'autre, c'est caverne de la mort.

Mais, dira-t-on, le scandale vaut-il donc mieux que l'hypocrisie ? Ni l'un ni l'autre ne valent, et, de même que N. S. J.-C. a flétri l'hypocrisie, il a également flétri le scandale. Aucun vice ne trouve grâce devant Jésus ; mais il est bon pour l'humanité que les étiquettes ne soient pas menteuses et qu'un honnête homme ne soit pas exposé à entrer dans une maison de prostitution, décorée du nom d'église.

Ce vice pharisaïque est le mal de notre époque : les œuvres de mensonge portent l'estampille de la vérité; la révolte de Luther a pris le nom de réforme; la vérité révélée s'appelle ténèbres de l'ignorance; les égarements de l'esprit et du cœur s'appellent émancipation de la raison.

Qu'y a-t-il de plus anti-social que le livre appelé *Contrat social* ? Qu'y a-t-il de moins philosophique que le *Dictionnaire philosophique* ? De moins catholique que les vieux catholiques ? de moins fraternel que les apôtres de la fraternité ; de moins libéral, de plus despotique que les prétendus amis de la liberté ?

L'ignorance la plus crasse s'appelle progrès des lumières, et le peuple, ce nouveau Titan, écrasé sous une montagne d'erreurs, se croit souverain et souverain éclairé, même infaillible, car quelques-uns de ses flatteurs l'ont affublé de prérogatives papales. Pauvre pape, qui rend ses oracles au fond d'une taverne !

Enfin, pour rendre la parodie complète, voilà que les sensibles héritiers des égorgeurs de 93, saisis d'une sainte pitié pour les assassins, réclament l'abolition de la peine de mort. Est-ce assez d'hypocrisie?

De quelque côté qu'on se tourne, en effet, on ne voit que sépulcres blanchis, qui paraissent beaux aux yeux des hommes.

Cette remarque de N.-S. est pleine d'actualité, car tous ces menteurs ont réussi ; le monde a reçu, de confiance et sur l'étiquette du sac, le poison qu'ils débitaient sous un nom honorable; leur voix a retenti dans le monde entier et elle a pénétré partout, sous le couvert de la vérité. Et, cependant, au milieu de ce chaos, la vraie lumière, comme un immense fanal, brille solitairement sur le mont Vatican: c'est l'étoile de Jacob, c'est un symbole d'espérance, c'est un gage de victoire.

Qui sait si Balaam ne sera pas forcé de changer ses malédictions en bénédictions et si les voix confuses de tous les goujats de la moderne Babel ne seront pas forcées, de par la puissance de la logique, de confesser le vrai Dieu et son fils unique J.-C.

Ou cela sera, ou Babel périra!

Ce qui a augmenté la puissance de séduction des pharisiens du XIXᵉ siècle, ce qui a immensément contribué à leur succès, c'est la couche extérieure de la société, c'est la couleur blanche du sépulcre.

Deux phénomènes, en effet, en sens contraire, se manifestaient dans le sein des sociétés modernes: au fur et à mesure que le mal moral gangrenait les âmes, le bien-être matériel montait à la surface. De magnifiques inventions rapprochaient les distances et les peuples, facilitaient les communications, répartissaient d'une manière plus égale les produits de la terre, supprimaient les famines et répandaient dans toutes les classes un bien-être universel. Des machines perfectionnées se sont substituées à l'homme et ont soulagé ses labeurs et ses peines; ces nouveaux auxiliaires ont remplacé avantageusement la main de l'homme. Avec leur puissant concours, l'industrie et l'agriculture ont doublé leur produit et la richesse s'est répandue, par de nombreux canaux, dans tout le corps social.

Cette brillante civilisation porte en elle son germe de mort et nos neveux pourront voir des terres et des vignes, actuellement cultivées, se couvrir de friches et de bois.

A l'extérieur, toutefois, la société est brillante, prospère, heureuse. Les peuples qui se laissent prendre par les yeux, s'enorgueillissent de la perfection matérielle dont ils sont les témoins émerveillés et séduits ; ils méprisent la beauté morale, ils sont même devenus incapables de la comprendre ; ils s'enivrent du vin de la perfection sociale. Que ne peut l'homme qui commande à toute la création, qui dit aux montagnes: Retire-toi et livre-moi passage, et la montagne obéit ; et l'homme peut chanter comme le Roi-prophète : *Montes exultaverunt sicut arietes*. Il arrive à la mer et il dit à la mer : Je percerai tes abîmes, j'y tracerai des routes, j'y enverrai mes chemins de fer, mes wagons, ma vapeur, mes armées, mes richesses. Et voilà que la mer et la terre obéissent à l'homme et livrent un passage dans les entrailles de la terre.

La mer portait l'homme ; c'est l'homme qui, nouvel Atlas, portera la mer sur sa tête ; bien plus, il doit bientôt changer le niveau de la mer et faire rétrograder ses courants. Il remplira la mer Caspienne, desséchée, en empruntant les eaux de la mer Noire, subsidiairement celles de la mer Méditerranée, et déterminera un courant opposé à celui qui règne dans le Bosphore, etc., et alors il chantera ces autres paroles du prophète : *Mare vidit et fugit et colles sicut agni ovium exultaverunt... Jordanis conversus est retrorsum.*

L'homme a une propension violente à adorer l'ouvrage de ses mains ; c'était l'œuvre du paganisme, c'est l'œuvre qui se poursuit en ce moment, avec cette différence, c'est que les œuvres du paganisme avaient un caractère individuel, tandis que l'œuvre actuelle a un caractère d'universalité, de panthéisme.

L'homme, qui adore la beauté sensuelle, ne peut goûter la beauté éternelle ; il prosterne son âme devant une idole de boue ; il donne la mort à son âme. Il en est ainsi de la société : l'idole est belle, elle est brillante à l'extérieur, la société l'encense; mais grattez le vernis, pénétrez à l'intérieur du sépulcre, qu'y trouverez-vous ? Des ossements et de la pourriture.

Væ vobis, scribæ, etc...

St Matt. Cap. XXIII. V. 29. *Væ vobis, scribæ et pharisæi, qui ædificatis sepulchra prophetarum et ornatis monumenta justorum; 30. Et dicitis : Si fuissemus in diebus patrum nostrorum, non essemus socii eorum in sanguine prophetarum.*

Malheur à vous, scribes et pharisiens hypocrites, qui bâtissez des tombeaux aux prophètes, qui ornez les monuments des justes ; 30. Et qui dites : Si nous eussions été du temps de nos pères, nous ne nous fussions pas joints avec eux pour répandre le sang des prophètes.

De prime abord, le sens de ces deux versets paraît contrarier les malédictions de N. S. J.-C.

Si les pharisiens construisent des tombeaux aux prophètes et aux justes qui ont été massacrés par leurs ancêtres et s'ils ornent ces tombeaux, c'est une œuvre pie qu'ils font, c'est une amende honorable qu'ils offrent pour le crime de leurs pères ; et s'ils disent que, s'ils avaient vécu du temps de leurs pères, ils n'auraient pas consenti à verser le sang des prophètes, c'est une désapprobation de ces meurtres; il n'y a rien là qui ne soit louable.

Pourquoi donc prononce-t-il ses malédictions sur les pharisiens à l'occasion de ces faits ?

Pour expliquer cette apparente contradiction, il ne faut pas oublier ce que j'ai déjà dit, c'est que N. S., qui lisait dans les cœurs, répondait aux sentiments intérieurs de ses interlocuteurs, et que, dans ce moment, il y voyait tout le contraire de ces manifestations extérieures; ce que N. S. reprochait surtout aux pharisiens, c'est leur profonde dissimulation, c'est leur détestable hypocrisie. Ces hommes étaient les ancêtres de ce diplomate, notre contemporain, qui a dit : La parole a été donnée à l'homme pour déguiser sa pensée.

Ce vice est odieux à J.-C., voyez comme il le poursuit : Malheur à vous, pharisiens, qui lavez soigneusement le dehors de la coupe et du plat et dont le cœur est plein de rapine et d'impureté ; malheur à vous, parce que vous êtes semblables à des sépulcres blanchis et agréables à la vue, tandis qu'à l'intérieur ils sont remplis d'ossements de morts et de toute sorte de pourriture ; et il y a ainsi huit malédictions, toutes relatives à l'hypocrisie.

Il en était de même dans ce moment ; il ne faut pas oublier, en effet, que ces paroles étaient prononcées trois jours avant la passion de N. S. J.-C. et lorsque, déjà, les scribes et les pharisiens avaient comploté de le faire mourir.

Déjà la mort de J.-C. était résolue ; ils ne cherchaient qu'une occasion favorable. Ainsi, Jésus avait devant lui ses meurtriers, et, dans leur cœur, il lisait le péché d'homicide, plus que cela, le péché de déicide.

Ne l'oublions pas, ceci explique non-seulement les versets ci-dessus, mais encore et surtout les foudroyantes paroles des versets qui suivent ; c'est pour ce motif que J.-C. blâme leurs démonstrations extérieures, qui étaient en contradiction complète avec les sentiments de leurs cœurs.

Eux, qui paraissaient blâmer leurs pères, préméditaient, dans le moment même, un crime plus grand que ceux qu'ils blâmaient.

C'était pour donner le change sur leurs sentiments, pour tromper leurs contemporains, que ces loups rapaces se revêtaient de la peau de l'agneau ; ils voulaient cumuler les bénéfices du crime et ceux de la vertu. Extérieurement, ils blâmaient le crime, et leurs œuvres obtenaient les suffrages des hommes vertueux : Voyez ! que ces pharisiens sont pieux, disaient les âmes candides et simples, toujours faciles à tromper, ils bâtissent de beaux monuments en l'honneur des prophètes et des justes. Et, dans ce moment même, ils marchaient au crime par des voies souterraines.

Anges extérieurement, démons intérieurement ; êtres hybrides, en dehors de la création ; aux yeux des hommes, suivant la voie lactée, celle de l'innocence, en réalité marchant dans les voies ténébreuses de l'enfer. Quel odieux caractère !

Quand on se met à la place de Jésus, si vrai, si juste, on partage son indignation et on se sent pressé de dire avec lui : Malheur à vous, pharisiens hypocrites, qui cachez sous des dehors angéliques votre profonde scélératesse.

Il y a, sur cette terre, plusieurs espèces de criminels.

Il y a d'abord l'assassin brutal, qui plonge son poignard dans le sein de son frère ; c'est le tigre, le lion, ou la panthère ; c'est l'assassin réaliste et vulgaire. C'est la variété la moins dangereuse ou la moins coupable. Il y a, en second lieu, l'assassin légal : c'est celui qui arrive à son but en se servant de la justice sociale comme instrument.

C'est un crime raffiné, c'est un progrès ; l'assassin légal est un homme honnête ; mieux que cela, c'est un homme zélé pour la justice. Cet homme est reçu à la cour des rois, il entre dans les conseils des princes et des républiques, il porte la simarre du magistrat, l'épaulette du général ; l'étoile de la Légion d'honneur brillera sur sa poitrine ; il n'y a qu'une chose qu'il ne portera pas, ce sont les insignes du sacerdoce. Quand l'assassin légal est revêtu de ces insignes, il les quitte ; je parle du prêtre, selon l'ordre de Melchisédech et non du prêtre, selon l'ordre d'Aaron.

Et, cependant, le dernier grand-prêtre, celui qui a condamné Jésus, a déchiré ses vêtements avant de le condamner.

L'assassinat légal, c'est la perfection du crime ; cacher sa criminalité sous l'irresponsabilité anonyme d'une assemblée, c'est une invention satanique ; l'enfer n'a rien de plus savant.

Commettre le crime sans endosser la responsabilité, qu'y a-t-il au-delà ? Quand Hérode faisait décapiter Jean et offrait à Hérodiade la tête du précurseur, il endossait la responsabilité de son crime ; quand Judas trahissait Jésus, il portait également la responsabilité de son effroyable trahison.

Mais l'assemblée qui a comploté la mort de Jésus, qui a payé avec de l'or la trahison de Judas, qui a forcé Pilate à crucifier Jésus ; cette assemblée, plus criminelle qu'Hérode, que Judas et que Pilate ; cette assemblée, qui se sert de Judas et de Pilate comme instruments ; les membres de cette assemblée n'encourent aucune responsabilité personnelle.

Le crime légal et anonyme, c'est le sublime du genre ; une assemblée, c'est le cœur, c'est un moteur invisible, on ne voit que la main, on ne voit pas le moteur. Mais J.-C., mais Dieu le voit ; il déchirera le voile de l'anonyme ; il punira la main qui a servi d'instrument. Judas et Pilate seront punis, mais le moteur invisible sera puni plus sévèrement. Plus grande est la science du mal, plus grande la science du supplice ; l'une servira de mesure à l'autre, il y aura équation.

Une mauvaise assemblée est plus dangereuse qu'un homme, précisément par suite de l'absence de responsabilité. C'était une assemblée qui devait juger et condamner le fils de Dieu ; c'était aussi une assemblée qui devait, de nos jours, juger et condamner une majesté terrestre.

Cinquante rois de France, en les supposant tous cruels, n'auraient pu commettre les crimes commandés par la Convention nationale de France, en 1793 ;

s'ils l'eussent fait, leurs noms, comme celui de Néron, eussent été en exécration à la postérité.

Les noms des criminels de la Convention jouissent du privilège de l'anonymat; non-seulement ils jouissent de ce privilège, comme nous l'indiquions plus haut, mais leurs noms sont honorés du souverain; et, sous l'Empire, qui a succédé à la Convention, c'est parmi les régicides qu'on a choisi les ambassadeurs, les ministres, les grands dignitaires; c'est à ces hommes criminels qu'on accordait les distinctions honorifiques. Ils méritaient l'échafaud, et, sur leurs poitrines, brillaient les cordons et les croix inventés pour récompenser le mérite et la vertu. Il y a mêmes des villes, complices de leur infamie, qui leur rendent des hommages publics, en plaçant leurs rues sous le patronage de ces noms tachés de sang innocent; et j'habite une de ces villes.

N'était-ce pas là ces sépulcres blanchis, agréables à la vue, dont l'intérieur renferme les ossements des morts et la pourriture?

N. S., qui avait devant lui ces privilégiés du crime qui devait, dans trois jours, être commis sur sa personne et qui désirait leur salut, fait un effort pour exciter dans leurs cœurs une terreur salutaire, en leur montrant qu'il connaît leurs projets homicides.

Race de vipères, leur dit-il, comment éviterez-vous la condamnation à la géhenne? Car je vous envoie des prophètes, des sages et des docteurs, et vous en massacrerez, et vous en crucifierez, et vous en flagellerez, et vous les poursuivrez de ville en ville, afin que, sur vous, retombe tout le sang innocent qui a été répandu sur la terre, depuis le sang du juste Abel, jusqu'au sang de Zacharie, fils de Barachie, que vous avez tué entre le temple et l'autel. Ce dernier meurtre était récent ; c'était celui du père du précurseur, et, Jésus, en leur désignant le lieu où ils l'avaient tué, leur faisait bien connaître que rien ne lui était caché de leurs complots criminels.

Puis, N. S. s'adoucissant, fait à leur cœur un dernier appel, un appel suprême, en leur adressant ces paroles, si pleines de tendresse et de miséricorde : Jérusalem, Jérusalem, qui tues les prophètes et lapides ceux qui te sont envoyés, combien de fois ai-je voulu rassembler tes enfants, comme la poule rassemble ses petits, sous ses ailes et tu ne l'as pas voulu !

Ainsi, pour sauver l'homme, J.-C. emploie tour à tour la terreur et la miséricorde, et il échoue contre une volonté obstinée et perverse : et tu ne l'a pas voulu. C'est la formule de la condamnation,

L'âme n'a pas voulu du salut que Dieu lui offrait.

St MATT. CAP. XXIII. V. 35. *Ut veniat super vos omnis sanguis justus qui effusus est super terram à sanguine Abel justi, usque ad sanguinem Zachariæ, fili Barachiæ, quem occidistis inter templum et altare.*

Afin que tout le sang innocent qui a été répandu sur la terre retombe sur vous, depuis le sang d'Abel le juste, jusqu'au sang de Zacharie, fils de Barachie, que vous avez tué entre le temple et l'autel.

Il peut paraître étonnant que N. S. J.-C. rende la famille juive responsable du sang d'Abel le juste. Pourquoi cette responsabilité ? Caïn n'est pas l'ancêtre des Juifs; ils ne sont pas les descendants de Caïn, ils sont les descendants de Seth, frère de Caïn.

A quel titre donc sont-ils coupables de la mort d'Abel ? Si la volonté de l'homme qui n'est pas encore né peut être engagée par ses auteurs, est-ce qu'un homme vivant ne peut pas, par sa volonté propre, adhérer aux faits criminels d'un homme mort ? Est-ce qu'un homme ou un groupe d'hommes ne peut pas adopter des ancêtres moraux, se déclarer les continuateurs de leur ligne morale, en adopter la responsabilité, s'approprier et s'assimiler leurs œuvres ? Lévi, qui est venu longtemps après Melchisédech, lui a payé la dîme dans Abraham.

Les catholiques n'ont-ils pas l'habitude, au moment de leur régénération spirituelle, de se choisir un père spirituel, dont ils deviennent les fils ? Ce père se nomme patron ou parrain. Et, les religieux, ne se choisissent-ils pas une famille, dont ils deviennent partie intégrante? Nous avons la famille de saint Basile, celle de saint Benoît, celle de saint François, et les autres.

Ce qui se fait pour le bien, se fait également pour le mal ; il y a des patrons dans l'enfer, comme il y en a dans le ciel, et si, en adhérant aux bonnes œuvres des saints, on participe à leurs mérites, de même, en adhérant aux œuvres criminelles, on participe à la culpabilité, à la criminalité de ces œuvres, on en devient solidaire.

On insistera et on dira : Pourquoi les enfants de Seth sont-ils responsables, plutôt que ceux de Caïn ou des frères de Caïn ? Par une raison bien simple, c'est que la race de Seth est la seule qui ait traversé le déluge, dans la personne de Noé.

Toutes les autres ont été noyées dans le déluge universel. Reste encore cette objection : Pourquoi, parmi les enfants de Noé, la branche hébraïque est-elle responsable, plutôt que les autres ? A cause de son élection, à cause de celui qui devait naître de cette famille. Aux considérations ci-dessus, on pourrait encore joindre celles ci-après :

Abel était une figure de J.-C. : Abel a été tué par son frère. Caïn, comme Jésus, fils de Marie, a été tué par les Juifs, ses frères. Puisqu'Abel était la figure de J.-C., il était contenu dans celui dont il était la figure, et, en tuant J.-C. les Juifs devenaient coupables de la mort d'Abel ; non-seulement de la mort d'Abel, mais encore de celle de tous les prophètes et de tous les justes qui, tous, avaient été une figure de J.-C.

J.-C. se sert de ces mots : *Ut veniat super vos omnis sanguis justus qui effusus est super terram.*

D'après ces paroles, les Juifs sont coupables de tout le sang juste répandu sur la terre ; ici il n'est pas question de sang pécheur, mais de sang juste. Le sang, c'est l'homme, c'est la race ; or, l'homme n'est pas juste, il naît pécheur, et c'est par l'efficacité du sang du Rédempteur qu'il est justifié.

Ce sang juste, dont les Juifs sont coupables, c'est donc le sang de J.-C., répandu dans les veines de l'humanité.

Ce sang divin a coulé dans les veines des hommes de foi qui l'ont précédé, comme il continue de couler dans les veines de ceux qui sont venus après lui ; et les Juifs qui ont mis à mort J.-C., sont coupables de la mort de ceux qui étaient en Jésus, c'est-à-dire de tout le sang juste répandu avant lui, de même qu'on participe au mérite d'avoir nourri et secouru J.-C., quand on a nourri et secouru son frère, le pauvre.

J.-C. affirme la solidarité de la race humaine, il affirme sa fraternité avec l'homme ; c'est véritablement notre frère. Quoique Dieu, il ne rougit pas d'être de notre sang, il proclame bien haut cette consanguinité, il la confesse à la face de Dieu et des anges ; c'est l'homme qui rougit de J.-C., ce n'est pas J.-C. qui rougit de l'homme.

La mission spéciale de notre frère Jésus est que nous devenions ses égaux, par la communication de sa sainteté et de sa divinité ; il ne veut pas que nous descendions, il veut au contraire que nous montions les degrés de la divinité ; et, un jour, il rougira de ceux qui n'auront pas voulu s'élever à la hauteur de sa fraternité ; car, s'il est notre frère, ce n'est pas pour descendre, mais c'est pour nous élever.

Son abaissement n'est qu'un moyen ; son but est l'ascension de l'homme.

S* MATT. CAP. XXV. V. 15. *Et uni dedit... unicuique secundum propriam virtutem.*

Chaque homme apporte en naissant des aptitudes spéciales, des énergies naturelles ; ces aptitudes, pour se développer, ont besoin de la grâce, qui est figurée par les talents de la parabole. Une riche nature, aidée de grâces nombreuses, doit produire des fruits abondants ; cette riche nature nous est désignée par celui qui a reçu cinq talents. Que fit ce serviteur à qui son maître confia cette somme importante ? L'Evangile dit qu'il s'en alla : *Abiit.*

Les âmes privilégiées, celles qui veulent acquérir de grandes richesses spirituelles, doivent quitter leur pays, leur famille et sacrifier à Dieu leurs affections naturelles.

Lorsque Dieu appela Abraham, il lui fit quitter sa patrie et lui ordonna de se transporter dans le pays de Chanaan ; Joseph, son petit-fils, figure du Messie, fut transporté en Egypte, après avoir été vendu par ses frères, comme le fut Jésus, après avoir été condamné injustement pour un crime dont il était innocent, puis, enfin, élevé à une grande gloire, figurative de celle de Jésus.

Les apôtres, enfin, ont quitté leur pays pour faire valoir les talents qu'ils avaient reçus ; ainsi, le serviteur à qui son maître confie cinq talents, figure les âmes que Dieu appelle à la perfection. Du second serviteur, qui reçût deux talents, il n'est pas dit qu'il s'en alla, mais seulement qu'il gagna deux autres talents ; ce serviteur, à notre avis, figure ceux qui se sanctifient par les voies ordinaires. Quant au troisième serviteur, il figure le nombre trop grand de ceux qui se croient quittes envers Dieu, lorsqu'ils ne font rien.

L'homme n'est pas libre de rien faire, il n'est pas son maître, le mot *serviteur,* employé par l'Evangile, indique qu'il a un maître ; dès lors, il doit travailler pour ce maître.

Ce maître, c'est Dieu ; or, Dieu souverainement

sage, n'a rien fait d'inutile, ce qui serait cependant s'il avait fait une créature inutile. Toutes, à leurs façons, doivent concourir à sa gloire. Voilà la créature le soleil, elle a reçu le don d'échauffer et d'éclairer le globe terrestre ; qu'arriverait-il si elle enfouissait ce don ? Il arriverait que tous les habitants du globe périraient. On en peut dire autant de chaque créature en particulier ; le mot créature est synonyme de celui de serviteur, elle ne peut échapper à la mission qui lui est imposée, au service qui lui incombe. La grande erreur du méchant serviteur est de croire qu'il n'est pas serviteur et qu'il peut, à son gré, faire son service ou ne pas le faire ; l'homme est libre, il est vrai, mais à la condition de rendre compte de l'usage qu'il a fait de sa liberté. Nous convenons toutefois que peu de serviteurs ont, comme la créature le soleil, une utilité universelle.

Enfin, les considérants du jugement dernier viennent corroborer les conclusions des paraboles qui précèdent.

Pour quel motif, en effet, les hommes coupables seront-ils condamnés ? est-ce parce qu'ils ont commis le péché de Caïn, ou celui de Ruben et d'Absalon, ou bien celui de Sodome et de Gomorrhe.... ou, enfin, celui de Madeleine ?

De tous ces crimes, il n'est pas fait mention dans l'Evangile, mais il est dit : J'ai eu faim, j'ai eu soif et vous n'avez pas soulagé ma faim et satisfait ma soif, c'est-à-dire vous n'avez pas soulagé ma faim et ma soif spirituelles, en refusant de coopérer au salut de vos frères et de les secourir dans leurs misères du corps et de l'âme, comme vous y étiez obligés et selon la mesure de vos forces ; c'est le motif de la condamnation du mauvais riche.

Il est encore ajouté : *Eram in carcere et non visitastis me,* c'est-à-dire : Vous n'avez pas fait luire la lumière de la vérité à ceux qui étaient dans la prison de l'erreur et les chaînes du péché, selon ces paroles: *Veritas liberabit vos,* et le reste.

Ainsi, les motifs de la condamnation sont uniquement puisés dans le refus de service. Quant aux grands crimes dont il n'est pas question dans les exemples de culpabilité, quoiqu'ils proviennent de la fragilité, même de la malice humaine, lorsqu'ils sont une exception dans la vie d'un serviteur fidèle, ils ne sont pas un obstacle invincible au salut, comme il appert des exemples de David et de Pierre.

Toute créature a une fin à laquelle elle doit tendre nécessairement (ce terme pris dans son sens philosophique absolu); si elle s'écarte de cette fin elle n'a plus de raison d'être, elle doit être détruite.

Les impies eux-mêmes, ceux qui nient la loi divine et qui s'affranchissent de toute obligation vis-à-vis de leur créateur, ces hommes inconséquents, illogiques, n'en agissent pas autrement vis-à-vis des créatures qui leur sont soumises; garderaient-ils dans leurs écuries un bœuf ou un cheval qui refuseraient le service auquel ils sont tenus ?

L'homme est la fin des animaux, Dieu est la fin de l'homme. Voilà la règle ; nous autres chrétiens, consacrons notre vie au service de Dieu.

S¹ MATT. CAP. XXVI. V. 35. *Ait illi Petrus : Etiamsi oportuerit me mori, non te negabo.*

Ces paroles présomptueuses furent punies plus tard comme elles le méritaient, mais elles témoignent d'un naturel plein de courage chez Pierre. En effet, lorsqu'un ramassis de bandits, espèces de garibaldiens de l'époque, conduits par Judas, arrivent pour se saisir de J.-C., Pierre saisit une arme et, sans compter leur nombre, il se lance généreusement sur eux ; il en blesse un et eût continué ses exploits si J.-C. ne lui eût pas ordonné de remettre l'épée au fourreau.

Ce même homme, si courageux, dans quelques heures abandonnera lâchement son maître ; il ne savait pas que le courage naturel ne suffit pas pour confesser J.-C.

Le même phénomène se reproduit tous les jours ; on voit des hommes d'un courage héroïque, ayant bravé la mort sur maints champs de bataille, ayant affronté les fureurs d'un peuple irrité, ou bien ayant méprisé les dangers d'une mer furieuse pour lui arracher quelques victimes ; on voit ces mêmes hommes, devenus tout à coup tremblants, craindre de confesser leur foi et se cacher pour accomplir leurs devoirs religieux ; le respect humain a vaincu celui qui bravait l'univers.

Quel phénomène inexplicable ! tant de lâcheté et tant de cruauté dans le même homme ! Ah ! c'est que tous les actes héroïques enfantés par le courage naturel, non-seulement s'allient avec l'orgueil, mais sou-

vent sont enfantés par lui, tandis que, pour confesser
J.-C., il faut s'humilier, il faut accepter la croix et sa
folie ; si on y réfléchit bien, voilà la véritable explication de cette contradiction apparente.

Or, pour s'humilier, pour s'anéantir, pour préférer
Dieu au moi humain, que peut le courage naturel
fondé sur le moi ? Rien ; le moi ne peut rien
contre le moi ; la cause n'est pas supérieure à la
cause. Pour anéantir le moi par le moi il faut la
grâce, c'est-à-dire une puissance extérieure et supérieure à l'homme et qui se servira de l'homme comme
d'un instrument, car dans cette opération divine il
faut que l'homme devienne le coopérateur de Dieu ;
c'est une œuvre de compte à demi avec J.-C. La vérité éternelle l'avait annoncé : *Sine me, nihil potestis
facere.*

Autre phénomène, J.-C. est le seul Dieu dont on
rougisse; les mahométans ne rougissent pas de Mahomet, les luthériens ne rougissent pas de Luther, les
brahmines ne rougissent pas de Brahma, le pauvre
noir ne rougit pas de son fétiche, le voltairien ne rougit pas de son ignoble dieu Voltaire, et le chrétien
rougit de J.-C, qui, même sous le point de vue humain, est bien supérieur à tous ces dieux.

Ah ! c'est que ces dieux sont des camarades de révolte ; avec eux, l'orgueil humain subsiste et se développe, en les adorant, l'homme s'adore lui-même ;
mais l'obéissant Jésus confesse son péché ; il en demande pardon, il s'humilie sous les verges de la pénitence. Devant Dieu, il anéantit le moi humain ;
c'est pourquoi ce moi humain crie *tolle, tolle, tolle.*

Cette guerre de tous les dieux contre J.-C. est la

preuve palpable de sa divinité ; il ne fait pas partie du *pandæmonium*. Tibère a bien proposé qu'il fut admis au Panthéon, mais Dieu ne l'a pas permis.

Mais, enfin, dira-t-on, le courage naturel est un don de Dieu, il est inhérent à notre nature, il est constitutionnel. Ce don de Dieu est-il inutile ? Non, le courage naturel n'est pas inutile. Selon nous, l'homme est complet, lorsque les dons de la nature et ceux de la grâce se rencontrent dans le même homme; ainsi, à dose égale de grâce, l'homme naturellement courageux sera supérieur à l'homme naturellement lâche. Serait-ce une erreur de dire qu'il y a certains individus, comme il y a certains peuples, mieux préparés et plus aptes à recevoir la grâce. Quand un statuaire veut faire une statue, il prépare le piédestal ; le don naturel est le piédestal du surnaturel.

L'Evangile s'est établi non pas chez les Chinois, peuple mou et lâche, il a apparu et il s'est établi chez les peuples les plus éclairés et les plus virils du globe ; il s'est établi au milieu du monde romain : *In virtute romanâ*.

Dans ce moment, la puissance populaire s'était concentrée dans un seul homme ; cet homme réunissait, dans sa personne, la puissance du nombre et celle de l'unité ; c'était l'homme-peuple et ce peuple c'était l'univers. Car l'empereur romain, c'était l'empereur du monde ; auprès de lui, l'empereur Guillaume, de Berlin, n'est qu'un chef de tribu germanique, c'est Vitikind.

La raison humaine, arrivée à son complet développement, était représentée par trois écoles philosophiques : l'épicuréisme, le stoïcisme, le platonisme ; voilà les obstacles, voilà le piédestal.

La vérité divine, pour être mise en relief, devait lutter contre la toute-puissance de l'erreur ; plus la lutte sera gigantesque, plus grande sera la gloire de Dieu.

Lorsque, dans le monde antique, Dieu voulut faire éclater sa gloire, il lutta contre le Pharaon égyptien ; l'Egypte était alors le foyer de la science et de la puissance, car Moïse était contemporain du grand Sésostris.

Les peuples de la domination romaine étaient les caractères les plus énergiques du globe ; c'était les fils des Léonidas, des Codrus, des Décius, des Régulus et de tant d'autres héros, fils un peu dégénérés, il est vrai, mais l'empreinte seule était effacée, le naturel n'était pas détruit ; c'est ce naturel courageux qui reçut la greffe chrétienne, qui produisit cette nombreuse pléiade de héros qui forme le fondement de l'édifice chrétien.

Ainsi, l'homme parfait est le résultat du courage naturel et de la grâce ; ainsi, Pierre, le courageux Pierre, converti, devint le fondement inébranlable de l'Eglise ; et, plus tard, lorsqu'il dût souffrir le même supplice que son maître, ce généreux pénitent ne voulut pas être crucifié la tête haute, mais la tête en bas, proche la terre, pour indiquer qu'en lui la nature humaine avait été vaincue et renversée. Voilà comment Dieu fut glorifié par sa mort ; quel courage !

Il est remarquable que les platoniciens, pour indiquer la chute des démons, disent qu'ils habitent la région moyenne de l'air et qu'ils ont la tête en bas et les pieds en l'air.

Ce supplice de Pierre est la revanche éclatante de son apostasie ; sujet de cette méditation : Parmi les saints, j'aime Pierre et Madeleine, parce qu'ils ont ressenti les mêmes faiblesses que nous ; ils sont les intercesseurs naturels des pauvres pécheurs. J'ai visité le royal sanctuaire de Pierre, j'espère visiter la grotte de Madeleine.

St Matt. Cap. xxvii. V. 16. *Habebat autem tunc vinctum insignem qui dicebatur Barabbas. 17.... Quem vultis dimittam vobis Barabbam an Jesum ?*

En demandant aux Juifs lequel il fallait relâcher de Barabbas ou de Jésus, Pilate mettait ces deux hommes sur la même ligne ; c'était un outrage à la vérité, car Pilate savait très-bien que J.-C. était innocent. En agissant ainsi, il avouait implicitement la culpabilité de J.-C., il se dépouillait de son autorité et la transportait à la populace ; il donnait ainsi la mesure de sa faiblesse.

Le peuple est très-mobile : chez lui la fureur et la haine succèdent à l'amour sans intervalle.

Jésus était aimé et respecté du peuple ; mais sa condamnation par le grand Conseil des Juifs, l'approbation explicite du Gouverneur, qui sollicitait le relâchement de J.-C., non comme un acte d'équité rigoureuse, mais comme une faveur, changèrent promptement les dispositions du peuple.

Il est toujours flatté, ce pauvre peuple, quand on fait appel à sa souveraineté, et jaloux de l'exercer : il est aveugle et ce n'est jamais la raison qui le conduit, c'est la passion. La passion de chacun, mise en fermentation avec celle de son voisin, produit des explosions formidables.

C'est pourquoi le tyran populaire est le pire des tyrans ; c'est le vice multiple et irresponsable porté à sa plus haute puissance.

Il n'y a qu'une foule qui puisse préférer Jésus à Barabbas ; Hérode, le tyran, a renvoyé Jésus ; Pilate, le juge prévaricateur, a également reconnu l'innocence de Jésus ; un autre Hérode, incestueux, avait tué Jean, mais il ne l'avait pas déshonoré en lui préférant un criminel. Le peuple, lui, veut la mort et le déshonneur ; à Jésus, qui représente la lumière, la raison, la justice, la charité, il préfère Barabbas, qui représente les ténèbres, l'injustice, la violence, la haine ; pourquoi ? parce que lui, peuple, il a tous les instincts de Barabbas.

Barabbas, c'est le peuple, et nous connaissons, en France, un peuple souverain, qui préférerait Barabbas à Jésus.

Cette force du peuple, cette passion aveugle, lorsqu'un souffle généreux l'anime, produit des actes héroïques ; si la foi religieuse, surtout, l'anime, ce même peuple fera des miracles. Ce feu sanctifié ou sacré produira les Machabées, la légion Thébéenne ; l'Europe entière, animée de ce feu, verra surgir les armées qui ont refoulé en Orient les hordes Sarrazines ou musulmanes, chassé les Maures d'Espagne, les Albigeois de la France ; c'est encore ce feu qui produit les pèlerinages.

Ainsi, le peuple est aveugle, ce n'est qu'un instrument ; il porte au-dedans de lui un agent redoutable : le feu. Ce feu est comme la vapeur ; selon qu'il est bien ou mal dirigé il produira des miracles ou jonchera la terre de ruines ; il n'est pas, ce peuple, accessible à la raison, il n'entend que deux voix : la voix de la foi ou celle de ses instincts brutaux.

Si, au lieu d'être excité par les princes des prêtres, qui représentaient les puissances des ténèbres, il eût été éclairé et échauffé par les apôtres de la vérité, il aurait porté Jésus en triomphe, comme il l'avait fait le dimanche précédent ; mais c'était l'heure des ténèbres.

En remettant au caprice du peuple le sort de J.-C., Pilate avait perdu sa force morale ; il était gouverneur et juge, il avait le droit de commander et le devoir de se faire obéir. Le pouvoir lui avait été confié dans un intérêt social ; abandonner ce pouvoir était un crime ; il devait le conserver au péril de sa vie, selon ces paroles de N. S. : *Qui vult salvare animam*, etc., etc.

Pilate n'était pas méchant, mais il était faible, de plus, indifférent entre le bien et le mal ; l'indifférence et la faiblesse de caractère, dans un homme chargé du gouvernement des peuples, est un véritable fléau ; mieux vaudrait un justicier sévère, même cruel, à condition qu'il restera dans la justice.

Sous un justicier, les peuples sont contenus et l'ordre règne ; sous un roi faible, les factions surgissent, le désordre est à son comble et le sang coule de toutes parts. Ce sera un éternel problème de savoir s'il n'aurait pas été avantageux à la France d'avoir eu un **roi ferme, courageux et cruel,** plutôt que le saint roi

Louis XVI, si justement appelé le roi-martyr. Entre ces deux belluaires, un roi cruel et la révolution, le duel eût été formidable et le triomphe du roi n'est rien moins que certain.

Mais, telle n'était pas la position de Pilate, il avait derrière lui la puissance romaine ; celui qui porte l'épée doit se servir de l'épée. Au moyen d'une cohorte de soldats romains, il aurait dissipé cette canaille qui acclamait Barabbas ; puis, usant de l'autorité qui lui était confiée, il aurait proclamé l'innocence de Jésus.

Mais, déjà en capitulant avec le peuple, il s'était donné un maître, nous voulons dire un tyran.

Il faut remarquer que la faiblesse de Pilate pouvait être chez lui une défaillance de caractère, mais ce défaut était accru par cet autre défaut, qu'il était indifférent entre le bien et le mal. Cette disposition apparaît dans la proposition qu'il fait au peuple de choisir entre Barabbas et Jésus; l'homme sans conviction est incapable de sacrifice et de dévouement. Sous ce rapport, Pilate est le précurseur de ces hommes, si nombreux dans notre siècle, qui proclament que toutes les religions sont indifférentes à l'État et que toutes ont droit à la même protection, d'où il suit que toutes les morales qui en découlent sont indifférentes, celle de Jésus ou celle de Barabbas. Pilate est le chef des pseudo-libérâtres.

Ajoutons ces quelques mots, c'est qu'une place, un emploi, une *charge*, pour employer le mot chrétien, entraînent une responsabilité d'autant plus grande que la place est plus élevée et que, pour la bien remplir, il faut beaucoup d'intelligence et d'énergie et que le chrétien ne doit pas accepter, encore moins solliciter une place, s'il ne se sent pas le courage de défendre la vérité et de préférer publiquement Jésus à Barabbas.

Les Barabbas sont si nombreux !

St MATT. CAP. XXVII. V. 24. *Videns autem Pilatus, acceptâ aquâ, lavit manus coram populo, dicens : Innocens ego sum à sanguine justi hujus.*—25. *Et respondens universus populus, dixit : Sanguis ejus super nos et super filios nostros.*

Il est généralement convenu que Pilate est un juge prévaricateur et lâche; nous partageons cette manière de voir; toutefois, nous nous permettrons de faire observer qu'il fallait un certain courage pour confesser que Jésus-Christ était juste et cela devant un peuple en furie et pour déclarer, par une action publique, qu'il était innocent du sang de ce juste. Que de chrétiens sont plus lâches que Pilate ! Combien y en a-t-il qui, en présence d'une émeute populaire contre le Christ, confesseraient que J.-C. est juste et qu'ils détestent l'iniquité dont ce peuple veut se rendre coupable ? Cependant, ce courage de Pilate était insuffisant ; Dieu l'avait mis à la tête du peuple, il lui avait confié l'épée, il devait se servir de l'épée. L'homme à qui l'épée a été confiée a, non-seulement le droit mais le devoir de se servir de l'épée ; c'est un gros péché, un crime de laisser le glaive dans le fourreau lorsque Dieu ordonne de s'en servir.

Où est donc la gloire de l'archange saint Michel ? n'est-elle pas figurée par un glaive en action ?

Dieu est bon, mais il est juste ; s'il n'était que bon, il ne serait pas Dieu, il serait incomplet ; on se moquerait de lui.

De même, l'homme chargé de gouverner les peuples est incomplet s'il ne sait ou ne veut se servir de l'épée ; il déshonore Dieu, en blâmant implicitement sa justice. Est-ce que Phinée n'a pas été loué par le Saint-Esprit, pour avoir tué par l'épée le fornicateur et sa compagne? Cette vérité est trop méconnue de nos jours, la compassion pour le crime est une véritable connivence ; cette compassion, qu'est-ce autre chose que l'altération profonde de la notion du mal ? On ne punit pas, parce que le mal n'est plus le mal et il y a des chrétiens, ou plutôt des chrétiennes, qui rougissent du Dieu qui a créé l'enfer, instrument de sa justice.

Pilate devait donc se servir de l'épée ; ce n'était pas avec de l'eau qu'il devait laver ses mains, mais avec du sang.

La justice avait déclaré Jésus innocent, le glaive devait faire exécuter les arrêts de la justice ; c'était donc le moment de réunir les cohortes romaines et de tomber sur cette canaille qui criait : *Crucifigatur*.

Cette action vigoureuse et certainement peu sanglante aurait même épargné le sang des onze cent mille hommes tués au siège de Jérusalem, le premier mais non le dernier holocauste exigé du peuple déicide par la justice divine.

Rien n'est plus sanguinaire que la lâcheté et la faiblesse.

La fausse miséricorde a fait verser plus de sang que la cruauté ; le Fils de Dieu en a été la première victime. Et, pendant ce débat entre Pilate et les Juifs, dont la vie de Jésus était l'enjeu, que faisait la victime ? La victime, sans doute, permettait à son âme de ressentir les terreurs dont l'homme est atteint lorsqu'il entend les immenses clameurs de la démagogie réclamant son sang, mais elle est surtout préoccupée du sort de ses bourreaux, et J.-C. prie pour eux.

Il savait que ses apôtres et ses disciples entendraient, eux aussi, les cris de rage de la multitude et il a voulu être leur chef, leur modèle et leur consolation. Il a été bien certainement la consolation d'un saint roi mort, comme lui, sur un échafaud et qui, comme lui, a entendu les cris de haine et de fureur d'une populace délirante et furieuse. Ce saint roi, dans l'extrémité de sa détresse, a cru devoir faire un appel au peuple ; cet appel a été rejeté et il ne faut pas le regretter. Quel eût été, en effet, le sort de la France, si elle se fût déclarée solidaire de l'assassinat du saint roi ? ce qui était bien possible.

Voyons, en effet, ce qui est arrivé à la nation juive, lorsque Pilate, par une vaine formule qui ne l'absout pas, dit aux Juifs : Quant à moi, je me lave les mains du sang de ce juste ; vous, voyez ce qu'il vous convient de faire. Et tout le peuple *(universus populus)* répond : Que son sang retombe sur nous et sur nos enfants.

Remarquons ces mots de l'Evangéliste, *universus populus*, c'est tout le peuple qui est ici représenté; et, en effet, on était à la veille de la Pâque juive. A cette solennité tous les Juifs accouraient, non-seulement de la Judée, mais encore des pays où ils étaient disséminés. Ainsi, les enfants d'Israël étaient tous réunis à Jérusalem et tous s'écrièrent: Que son sang retombe sur nous et sur nos enfants ; voilà l'anathème prononcé, Dieu est chargé de l'exécution.

Exemple remarquable de la solidarité des pères avec les enfants : voilà des générations qui ne sont pas au monde et qui deviennent solidaires du crime de leurs parents. Adam avait engagé l'humanité dans son crime, parce que l'humanité toute entière était en lui, le peuple juif engage la nation juive, qui était virtuellement en lui ; le crime d'Adam était humanitaire, le crime du peuple juif est un crime national.

Voilà 1800 ans que la nation déicide expie publiquement son crime ; elle a été donnée en spectacle à toutes les nations, partout elle a été un objet de mépris et d'horreur. Elle a été miraculeusement conservée malgré les persécutions et les massacres auxquels elle a été en butte, pour servir de témoignage de la justice divine ; mêlée à toutes les nations, elle ne s'est confondue avec aucune, sa nationalité est restée indestructible. Elle n'a plus, depuis longtemps, sa patrie, son temple, image de son unité nationale, et cependant elle subsiste.

C'est le sentiment chrétien qui inspirait aux peuples modernes cette horreur instinctive de la nation juive ; le chrétien voyait dans le Juif l'assassin de son Dieu.

Nous sommes arrivés à une époque où l'horreur du Juif diminue ; c'est un symptôme des temps modernes et de l'affaiblissement de la foi, peut-être aussi une indication que la justice de Dieu va faire place à sa miséricorde, car l'épreuve doit prendre fin;

saint Paul a prédit formellement la conversion du peuple juif; c'est pour cette époque qu'Elie et Hénoch ont été réservés.

Nous avons dit que l'horreur du peuple juif diminuait et que cette diminution était un symptôme de l'affaiblissement de la foi ; on comprend, en effet, que les ennemis de la divinité de J.-C. sont les amis des Juifs, dont ils sont les complices.

On a vu, dernièrement, un Conseil municipal refuser toute allocation aux œuvres catholiques et donner gratuitement un terrain pour la construction d'une synagogue ; ce Conseil en portera la responsabilité. C'est le Conseil municipal de Dijon ; peut-être est-il plus bête que coupable.

St MATT. CAP. XXVII. V. 40. *Et dicentes : Vah qui destruis templum Dei, et in triduo illud reedificas, salva semet ipsum si Filius Dei es, descende de cruce.—V.41. Similiter et principes sacerdotum illudentes cum scribis et senioribus dicebant. 42 : Alios salvos fecit, seipsum non potest salvum facere: Si rex Israel est, descendat nunc de cruce et credimus ei.—43. Confidit in Deo, liberet nunc si vult eum ; dixit enim quia Filius Dei sum.*

Pauvre supplicié, toi qui te vantes de détruire le temple de Dieu et de le reconstruire en trois jours, sauve-toi toi-même ; si tu es le Fils de Dieu, descends de la croix, etc...

Il est remarquable que, dans le moment même où on reprochait à J.-C. de ne pas accomplir la promesse qu'il avait faite de détruire le temple de Dieu et de le reconstruire en trois jours, cette œuvre s'accomplissait.

Et, d'abord, J.-C. n'avait pas dit : Je détruirai ce temple de Dieu et le reconstruirai en trois jours ; J.-C. ne détruit rien, surtout il ne détruit pas le temple de Dieu ; il avait dit : Ce temple, que vous détruirez, je le reconstruirai en trois jours ; elle s'accomplissait donc, cette œuvre, mais autrement que les hommes ne le comprenaient.

C'était par la croix que cette œuvre s'accomplissait, et on lui criait de descendre de la croix ; mais, s'il fût descendu de la croix, cette œuvre ne se serait pas accomplie, car c'était de son corps, véritable temple de Dieu, que J.-C. avait parlé, et non du temple matériel de Jérusalem.

Règle générale, avons-nous dit, lorsque, au sens matériel, des paroles sont absurdes ou impossibles, c'est qu'elles ont une signification spirituelle ; et c'était le cas, car, naturellement parlant, il était absurde de reconstruire le temple de Jérusalem en trois jours et les peuples anciens, surtout en Orient, étaient habitués à ce langage figuratif.

C'était du temple de son corps que J.-C. avait parlé et non du temple matériel de Jérusalem ; et, de même qu'Hérode envoya demander au collège des prêtres et aux scribes où devait naître le Christ, de même il fallait s'informer auprès d'eux de la véritable signification du temple de Dieu, et ces dépositaires de la tradition, interprètes en même temps des saintes Écritures, l'auraient désigné. J.-C. appelait la lumière.

Toute législation a des interprètes autorisés : les juges, les savants, les docteurs officiels sont les interprètes autorisés par la société.

La théogonie païenne avait ses interprètes : Numa et le savant Varron étaient certainement interprètes du culte des démons, surtout Numa. Jamblique confesse qu'il y avait un langage spécial à ce culte et il rejette le mauvais succès trop ordinaire de la théurgie sur les innovations de toutes sortes que les Grecs y avaient faites, suivant leur génie volage : « Car ce « sont des esprits, dit-il, qui n'ont point d'arrêt et « qui ne sauraient garder une chose dans l'état où « ils l'ont reçue ; aussi changeants sur le reste que « sur le langage, qu'ils ont tout gâté en cette ma- « tière, *où toutes les paroles sont comptées et toutes essen- « tielles* ; les barbares, plus fermes sur les usages et « sur les termes anciens, en sont d'autant plus agréa- « bles aux dieux et leur parlent un langage qu'ils en- « tendent avec plaisir. »

Les Grecs sont révolutionnaires, les barbares sont autoritaires; c'est pourquoi les uns assistent au berceau des nations, les autres à leur tombeau, sinon les individus, du moins leur esprit.

Ce passage de Jamblique est très-remarquable, il prouve que le culte des démons avait une liturgie établie par eux; mais, le démon c'est le singe de Dieu; il n'est ni créateur, ni inventeur. Il y avait donc une liturgie primitive chez les adorateurs du vrai Dieu, même avant la loi mosaïque, qui a bien pu servir de modèle au démon ; il a pu également copier le culte de Melchisédech et puiser dans la révélation abrahamite, contemporaine de la naissance de l'idolâtrie.

L'épisode si extraordinaire du grand-prêtre Melchisédech militait fortement en faveur de cette liturgie primitive.

S'il y avait un grand-prêtre, c'est qu'il y avait des prêtres ordinaires, et s'il y avait un ordre selon Melchisédech, qui avait institué cet ordre ? Nous retrouvons là tous les linéaments d'une liturgie ; l'Eglise est aujourd'hui la seule interprète des paroles de J.-C. Le Sauveur du monde voulait donc amener la discussion et, par conséquent, la lumière sur le temple véritable de Dieu et sur la résurrection ; car les bourreaux et les juges n'y avaient rien compris. Ils disaient à J.-C. de descendre de sa croix et qu'alors ils croiraient en lui ; c'était un défi qu'on jetait à J.-C.

Beaucoup de chrétiens sont, peut-être, tentés de dire : Pourquoi n'a-t-il pas accepté ce défi ? pourquoi n'a-t-il pas confondu ses ennemis en descendant de la croix ? Oh! que ces hommes sont peu chrétiens, qu'ils sont charnels et aveugles, oh ! chose lamentable ! Si le Christ fut descendu de la croix, comment serait-il devenu la consolation et le modèle de tant d'âmes héroïques qui ont souffert, qui souffrent et qui souffriront injustement ou obscurément jusqu'à la fin des siècles ; le mystère de la croix, ce mystère privilégié de l'Homme-Dieu, que serait-il devenu ?

De quel droit le Seigneur, rénégat de la croix, aurait-il recommandé aux âmes la patience invincible dans les souffrances, si, le premier, il eût déserté l'étendard. Oh ! cette pensée est diabolique et J.-C. aurait pu répondre ce qu'il répondit à Pierre : *Vade post me, Satana ; scandalum es mihi, quia non sapis ea quæ Dei sunt, sed ea quæ hominum.* Oh! J.-C., je vous rends grâce de ce que vous êtes resté sur la croix, pour la gloire de Dieu et pour la consolation de l'humanité souffrante. En suivant ce perfide conseil, J.-C. ruinait son œuvre, sans obtenir la compensation qu'on lui promettait, car ils n'eussent pas cru en lui, ceux qui attribuaient les miracles de J.-C. à sa collusion avec Béelzébuth.

Nous ne connaissons ni l'étendue ni la limite de la puissance des démons; leur puissance sur la matière est grande, on leur attribue une action considérable dans les orages, dans les grêles, dans les tempêtes et dans tous les fléaux de la nature physique; dans tous les cas, la puissance de ces esprits immondes allait bien jusqu'à arracher les clous qui fixaient J.-C. à la croix. Cette descente de J.-C. de la croix était donc un pauvre argument, peu probant en faveur de celui qui l'employait.

Princes du peuple, vous n'auriez pas cru si J.-C. fut descendu de la croix, non, vous qui avez refusé de croire à un vrai miracle, seul digne de la puissance de Dieu, vous n'auriez pas cru à ce qui pouvait n'être qu'une simple apparence.

Les preuves de Dieu sont bien supérieures à celles des hommes.

S᷉ MATT. CAP. XXVII. V. 44. *Idipsum autem et latrones, qui crucifixi erant cum eo, improperabant ei.*

S᷉ L. 40. *Respondens autem alter increpabat eum dicens : Neque tu times Deum, quod in eâdem damnatione es.* 41. *Et nos quidem juste, nam digna factis recipimus ; hic vero nihil mali gessit.*

Ces deux voleurs, crucifiés à droite et à gauche de
J.-C., ne figurent-ils pas deux âmes recevant identiquement la même mesure de grâce ; tous les deux
sont à égale distance du corps et de l'âme de J.-C.,
tous les deux en reçoivent les influences salutaires,
tous les deux sont témoins de la douceur et de la résignation de J.-C. ; ils l'ont entendu excuser ses
bourreaux et prier pour eux ; tous les deux sont témoins des ténèbres qui couvrent la surface de la
terre ; tout est égal entre ces deux suppliciés, tout,
excepté la volonté.

L'un accepte, l'autre refuse, l'un maudit, l'autre
bénit ; c'est l'homme qui choisit sa damnation, Dieu
n'y est pour rien ; Dieu est charité, il n'est pas vengeance, il n'est que justice ; l'homme est l'unique
instrument de son supplice, c'est lui qui transforme
le bien en mal.

Dans l'Eucharistie, le corps de J.-C. donne la vie,
parce qu'en ce corps réside la vie ; et, cependant, le
sacrilège y puise la mort : *Mors est malis, vita bonis*.

De même, les élus puisent tous les biens dans la
charité de Dieu, les méchants y puisent tous les
maux ; la charité, c'est le paradis ! la charité, c'est
l'enfer !

Tout procède d'une même source, l'essence divine
ne peut changer.

Dieu est toujours charité intrinsèquement ; c'est
l'homme qui métamorphose, qui pervertit en haine,
en feu dévorant cet attribut divin ou cette essence divine.

Comprend-on l'infini en charité devenant l'infini
en flammes dévorantes ; l'infini dans un sens, le fini

dans un autre : l'infini dans la durée, le limité et le proportionné dans l'intensité à la proportionnalité du crime.

Concluons que l'homme mesure lui-même son supplice, car l'action dans le mal est de l'homme.

Dieu est l'auteur de tout bien.

Dans ces deux suppliciés on retrouve l'image des hommes sur la terre ; tous sont condamnés à porter leur croix. Mais, les uns, comme le bon larron, la portent en union avec J.-C. et elle est méritoire; elle est, de plus, adoucie par l'espérance du ciel.

D'autres, comme le mauvais larron, la portent en dehors de J.-C. ; non-seulement ces croix ne sont pas méritoires, mais elles sont aggravées par le désespoir.

Saint Augustin voit encore dans ces deux suppliciés l'image de ceux qui attendent le moment de la mort pour se convertir et il leur applique ces paroles, si énergiques dans leur concision : *Unus ne præsumes, unus ne desperes.*

www.ingramcontent.com/pod-product-compliance
Lightning Source LLC
Chambersburg PA
CBHW060226230426
43664CB00011B/1568